4th Oct 2018

Dear Julien

May you always find much joy in the myriad delicacies in the Menu of Life, and much pleasure in the oft-under-celebrated-yet-infinitely-worthy treasure-trove of small daily delights.

In gratitude, admiration, and friendship,

Fishel Tajtelbaum

PHYSIOLOGIE DU GOÛT

Brillat-Savarin

PHYSIOLOGIE DU GOÛT

Présentation de Jean-François Revel

Champs classiques

© Flammarion, 1982
© Flammarion, 2017 pour la présente édition
ISBN : 978-2-0814-1648-2

Sept questions à Hervé This

Comment avez-vous découvert la **Physiologie du goût** *? Quels souvenirs avez-vous de votre première lecture ?*

J'en avais longtemps évité la lecture, parce qu'il y avait le mot « physiologie » dans le titre, et, physico-chimiste de formation, j'imaginais un texte pour les médecins ou les biologistes. Mais je ne cessais de croiser les aphorismes de Brillat-Savarin dans mes lectures, et plusieurs d'entre eux me prenaient dans le sens du poil…

> « Je suis tombé dans le panneau entièrement »

J'ai sauté le pas en 1979, alors que je suivais des cours de lettres modernes à l'université Paris IV, en plus de mes études de physico-chimie : je m'étais intéressé aux néologismes, et j'avais lu que Brillat-Savarin en avait été un maître. C'est cet angle qui m'a permis de dépasser les premières pages, qui peuvent être considérées comme ennuyeuses par ceux qui préfèrent des anecdotes amusantes ou des considérations gourmandes.

Ce fut l'illumination : j'ai lu le livre, je l'ai relu, encore relu… J'ai même été jusqu'à composer un index, qui n'existait pas dans l'édition que j'avais ; puis j'ai dactylographié tout le texte (à l'époque, on n'avait pas Wikisource) afin de l'apprendre par cœur. Et je suis tombé dans le panneau, entièrement, de toutes mes fibres ; aussi sanguin et excessif que devait l'être Brillat-Savarin, j'ai adopté ses idées… avec quand même des réticences. La pire était à propos de l'aphorisme qui propose que l'on ne peut pas devenir rôtisseur (« On devient cuisinier mais on naît rôtisseur ») : je suis bien certain qu'on peut apprendre la rôtisserie, si l'on fait l'effort nécessaire. Mais j'étais naïf de me débattre ainsi : je n'avais alors pas compris que la véracité n'était pas le propos du livre.

Pourquoi, selon vous, est-ce une œuvre si marquante ?

Parce que c'est à la fois la naissance de la gastronomie et un sommet de la gastronomie littéraire. Bien sûr, le mot « gastronomie » est venu en français avec un poème de Joseph Berchoux, mais Brillat-Savarin définit, codifie cette notion, et, mieux, il la revêt d'une immense autorité… entièrement usurpée, car il n'est pas physiologiste. Pas plus qu'il n'est chimiste, médecin ou cuisinier. Non, il est juriste, et écrivain.

J'aurais volontiers ajouté qu'il était gourmand… mais l'était-il ? J'explique cette interrogation étrange : ceux qui ont lu le *Paradoxe sur le comédien*, de Denis Diderot, savent que la question n'est peut-être pas de ressentir les passions pour bien les jouer au théâtre. De même, pour embobiner tous les gourmands, faut-il vraiment être gourmand soi-même ? Ou bien faut-il garder la tête froide, afin de mieux manipuler son monde ?

« On aurait fait naître la gastronomie de la cuisse de Jupiter que l'on n'aurait pas fait aussi bien »

Car je sais aujourd'hui que Brillat-Savarin nous trompe pour mieux nous séduire. J'ai mis longtemps à le comprendre, mais mes yeux se sont dessillés à la vingt-quatrième lecture de son texte. Je relisais la *Physiologie du goût*, et ne cessais d'en découvrir les beautés : j'ai parlé des néologismes, mais j'aurais pu évoquer les anecdotes, les retours historiques, sa manière de « juriste » de manier l'argument d'autorité, les justifications de la gourmandise, les envolées littéraires, les indications sur les ingrédients, les techniques culinaires, voire les développements vers la chimie, comme quand Brillat-Savarin évoque cet « osmazôme » qui, selon lui, aurait été le principe sapide des viandes… alors qu'il s'agissait en réalité d'un extrait des viandes dans de l'alcool, imaginé et nommé par le chimiste Louis Jacques Thénard.

Bref, je relisais la *Physiologie du goût* quand, un jour, j'arrivai une fois de plus au chapitre consacré à la maigreur. Là, l'auteur nous dit en substance qu'il connaissait une jeune fille charmante dont il n'était pas amoureux (bizarre), que sa mère les laissait très libres (étrange), et que la jeune fille était morte parce que, pour maigrir, elle buvait une cuillerée de vinaigre par jour. C'était trop ! Impossible : on ne meurt pas d'une cuillerée de vinaigre par jour ! J'ai fait l'expérience personnellement, et j'affiche encore aujourd'hui un parfait embonpoint !

Grâce à cet excès littéraire, on comprendra que la *Physiologie du goût* tout entière est littérature, invention. Brillat-Savarin a recueilli des données imaginaires, afin de constituer le mythe de la gourmandise. On aurait fait naître la gastronomie de la cuisse de Jupiter que l'on n'aurait pas fait aussi bien. Et c'est la raison pour laquelle, même dans ses passages les moins chatoyants, cette œuvre est une réussite absolue. Son auteur nous mène par le bout du nez, que nous nous appelions Roland Barthes (qui fit une préface d'une édition) ou pas.

Ce texte peut-il encore parler aux gourmands d'aujourd'hui ?

Absolument, puisqu'il s'agit d'un mythe fondateur : on se délecte à tout âge, en tout temps, en tout lieu, des aventures de Dionysos, de Brahma, de Wotan ou de Cupidon. Si j'étais Brillat-Savarin, je vous « démontrerais » que ce n'est pas le rire qui est le propre de l'homme, mais la gourmandise. Elle est née avec l'évolution biologique, et elle restera pour l'éternité. D'ailleurs, il y a ce passage merveilleux : « Le Créateur, en obligeant l'homme à manger pour vivre, l'y invite par l'appétit et l'en récompense par le plaisir ».

Brillat-Savarin a-t-il inspiré vos travaux ?

Hélas oui, car rappelez-vous que j'ai été ébloui ! Mieux même, étant né deux siècles exactement après lui, je me suis un temps amusé à prétendre que j'en étais une réincarnation… au point que, comme lui, j'avais naguère ajouté à mon nom celui d'une tante (certains de mes livres, dans leur traduction allemande, sont signés des deux noms This et Benckhard).

> « **Je lui dois d'avoir justement nommé "gastronomie moléculaire" la discipline scientifique que j'ai créée** »

Plus sérieusement, j'avais « gobé » tout ce qui ressemblait à de la chimie, dans le livre, et cela m'avait lancé sur des pistes où je n'irais plus aujourd'hui. Mais qu'importe : je dois d'abord à Brillat-Savarin d'avoir justement nommé « gastronomie moléculaire » la discipline scientifique que j'ai créée en 1988 : l'exploration des phénomènes qui surviennent lors des transformations culinaires.

De plus, mes études sur les bouillons et mes explorations de la cuisson des viandes m'ont conduit à l'invention de l'« œuf parfait », par exemple. Encore récemment, j'ai analysé cet « osmazôme » de nos amis Brillat-Savarin et Thénard par résonance magnétique nucléaire. Ce sont des exemples parmi mille.

Finalement, bien des idées de la *Physiologie du goût* n'ont pas trouvé de confirmation scientifique, puisque ce n'est pas un texte de science, mais de fiction. Cela n'est pas grave : ce n'est pas l'objet qui est intéressant, mais ce que nous en faisons. Contrairement à ce que le prétend le fameux Shitao, qui écrivit au XVIIIe siècle un remarquable traité d'esthétique [1], la « poussière du monde » n'existe pas ; il n'y a pas de choses ennuyeuses, c'est notre seule désinvolture qui engendre la poussière du monde et sécrète l'ennui. Il est naïf de croire que la vertu du monde est dans le monde : elle est en nous !

Mais me voilà bien philosophe, alors que je suis physico-chimiste, et ce que dit Brillat-Savarin (j'insiste, c'est de l'invention) doit laisser la place, à côté du mythe, à des informations plus rationnelles, qui n'affaiblissent pas la beauté du monde, mais y contribuent : quand on sait pourquoi la lune brille, cela n'empêche pas d'être amoureux ! Et tout ce que l'on peut dire de la gourmandise la fait grandir, tout ce que l'on peut dire de nos mets les améliore, comme le disait justement le grand cuisinier La Varenne avec son « les morceaux caquetés en paraissent meilleurs ». Oui, mille fois oui : il faut parler quand nous mangeons, parce que nous sommes des êtres d'esprit et de langage !

---

1. Shitao, *Les Propos sur la peinture du moine Citrouille-amère*, Paris, Plon, 2007.

SEPT QUESTIONS À...

« La découverte d'un mets nouveau fait plus pour le bonheur du genre humain que la découverte d'une étoile », dit Brillat-Savarin : dans le match gastronomie contre science, avez-vous choisi votre camp ?

En réalité, le match n'est pas celui de la gastronomie contre la science, mais de la gastronomie contre l'astronomie. Et là, le « g » me fait basculer très certainement du côté de la gourmandise. D'autant que je suis plus attentif à ce qui apparaît sous le microscope que dans l'espace interstellaire, pour des raisons d'élégance intellectuelle (on voit que je suis d'aussi mauvaise foi que Brillat-Savarin).

> **Il n'y a pas d'opposition entre la gastronomie et la science**

Mais pour ce qui concerne la gastronomie et la science, il n'y a pas d'opposition, au contraire ! Vous vous souvenez que « la gastronomie, c'est la connaissance raisonnée de tout ce qui se rapporte à l'être humain en tant qu'il se nourrit. » D'où la terminologie de « gastronomie moléculaire ». C'est de la physico-chimie, la « marmite scientifique » où je suis tombé à l'âge de six ans : une passion absolue. À bien distinguer de la cuisine moléculaire, qui est cette fois une rénovation technique de la cuisine qui m'avait semblée bien nécessaire, à côté de l'activité scientifique.

Et puis, manger ? Oui, mais seulement en bonne compagnie. Cuisiner ? Je n'ai rien d'un artiste, et je suis trop rationnel et raisonneur pour faire de la cuisine mon activité professionnelle. Surtout, je serais malheureux sans ces équations merveilleuses qui font les sciences de la nature.

Si vous deviez citer votre passage préféré, ce serait ?

Là, c'est une colle, parce que j'aime tout le livre. Les éprouvettes gastronomiques, la fondue, les voyages en Amérique… Tout, vous dis-je. N'oubliez pas que je suis gourmand : quand mes enfants, petits, me demandaient si je préférais la fraise ou la framboise, je répondais que je préférais le cassis. Je refuse de choisir, car pourquoi se priver ? Et comme disait Churchill : « Je ne suis pas difficile ; je me contente du meilleur ».

Qu'aimeriez-vous dire à un lecteur qui découvrirait aujourd'hui ce livre pour la première fois ?

Si vous êtes rebuté par le début, sautez à des anecdotes « piquantes », comme on disait alors. Puis relisez. Et puis, pensez à moi, surtout quand vous arriverez au chapitre sur la maigreur. Ce livre est encore plus beau quand on sait qu'il est écrit par quelqu'un qui a mis tout son art littéraire, toute son intelligence, sa sensibilité, au service du plus grand des services qu'il pouvait nous rendre : encourager notre gourmandise.

Enfin, quand vous aurez terminé, méditez la fin de l'introduction : la dernière phrase est une cerise sur le gâteau.

Hervé This,
Physico-chimiste à l'Institut national de la recherche agronomique (INRA), inventeur de la gastronomie moléculaire, de la « cuisine moléculaire » et de la « cuisine note à note ».

BRILLAT-SAVARIN,
OU LE STYLE AIMABLE

à Georges Bernier

Ajouter une digression à un livre qui n'est lui-même que digressions ? Ou peut-être faudrait-il l'arc-bouter, le soutenir à l'aide d'un esprit de système que, malgré l'apparat trompeur et malicieux de sa table des matières, il n'offre guère ? Effrayée à l'idée d'un tel effort, mon imagination préfère paresser avec l'auteur, « le professeur », comme il se nomme lui-même. La décision de réorganiser son œuvre se dissipe aussi vite que la décision d'un gourmet de suivre un régime.

L'œil glisse : voici l'histoire de la dame qui attribue à la vertu érotique des truffes sa trop grande indulgence aux avances d'un galant ; voici le portrait (à savoir par cœur) des chevaliers et des abbés, ces deux catégories éminentes, et disparues après la Révolution, de gourmands ; voici les dévots, autre catégorie : « Les moutiers étaient de vrais magasins des plus adorables friandises... Les cuisiniers du clergé ont reculé les limites de l'art. » *Comment ne rougissez-vous pas, ô anticléricaux, en apprenant que sous l'Ancien Régime les meilleures liqueurs de France se faisaient à la Côte, chez les Visitandines ? (Celles de Niort ont inventé la confiture d'angélique. Adieu les pains de fleur d'oranger des sœurs de Château-Thierry ! Les Ursulines de Belley avaient pour les noix confites une recette...) Voici la halte de chasse, l'arrivée de* « femmes charmantes, de jeunes personnes rayonnantes de fraîcheur, les unes en cabriolet, les autres dans de simples carrioles... Je les ai vues étaler sur la pelouse la dinde à gelée transparente, le pâté de ménage, la salade toute prête à être retournée ». *Voici les éprouvettes gastronomiques, lot de phrases destinées à complimenter l'hôte et, selon la finesse du menu, plus ou moins élogieuses, ou, plutôt, toutes également élogieuses mais différentes par l'essence, comme sont différents quoique également parfaits en eux-mêmes de bons pigeons de volière bardés de lard et des cailles truffées, à la moelle, étendues sur des toasts beurrés au basilic. Voici Brillat-Savarin bugiste, ne manquant pas l'occasion de faire l'éloge du Bugey, de Belley sa ville natale, allant jusqu'à dresser la liste complète des Bugistes qui se sont illustrés dans la médecine. Le voici passant, en 1782, une journée chez les Bernardins, à Saint-Sulpice, aux environs de Belley, en montagne :* « en un coin de réfectoire, on voyait une pile de plus de cent bouteilles, continuellement arrosées par une fontaine naturelle ». *Voici Brillat-Savarin en émigration, ou plutôt en exil, car il ne fut jamais à proprement parler un émigré, un contre-révolutionnaire : bourgeois libéral, il fut membre de l'Assemblée Constituante en 1789, mais se détacha de la Révolution et émigra en 1793. Le voici donc en Suisse, d'abord, au* Lion d'Argent à *Lausanne,* « passant en revue » *trois services complets pour la somme de quinze batz, en compagnie du baron Rostaing qui, nous dit-il,* « a dans ses cartons un système de comptabilité militaire tellement clair qu'il faudra bien qu'on y vienne ». *Est-on venu au système du baron Rostaing ? Je l'ignore. Voici maintenant Brillat-Savarin passé aux Etats-Unis : nous le retrouvons en octobre 1794 en train de chasser dans le Connecticut, jouissant de l'hospitalité de la ferme d'un M. Bulow, en compagnie de quatre filles de ce M. Bulow* (« des robes très fraîches, des ceintures neuves, de jolis chapeaux »). *Il sirote au coin du feu* « un ample bowl de punch ». *La peinture de New York et de la Nouvelle-Angleterre à la fin du* XVIIIe *siècle est un des grands charmes de la* Physiologie du Goût. *Et, avant de creuser le sens de ce titre, attardons-nous encore à l'histoire d'un autre émigré, un Limousin nommé d'Albignac, qui fit fortune à Londres en se spécialisant dans la sauce de salade*, qu'il allait préparant lors des grands dîners, de maison en maison. Ou au récit de l'abominable Piège qui fut tendu, à Lyon, vers la fin de l'hiver 1780 au chevalier de Langeac, lequel y tomba, éprouvant la pire humiliation capable d'assaillir un gourmand.

Pourquoi « physiologie du goût » ? Pourquoi ce titre pompeux, qui, une fois passée la grande mode des « physiologies » sous la Restauration, a dû glacer plus d'un lecteur ? Appeler physiologie du goût un banal livre de cuisine eût été tout à fait dans l'esprit de ce temps. Nous dirions aujourd'hui phénoménologie du goût ou gastronomie structurale.

En fait, la Physiologie du Goût n'est pas un livre de cuisine, quoiqu'on y rencontre quelques recettes, toujours amenées par le récit d'un événement. Brillat-Savarin est plus prolixe sur les résultats finaux des recettes que sur le moyen de les exécuter. En effet, la Physiologie se présente comme un ouvrage sur les principes généraux de la « gastronomie » (le mot venait à peine, en ce temps-là, d'être tiré du grec). La Méditation II, Du Goût, et la Méditation III, De la Gastronomie, se lisent comme un traité de physiologie — au sens littéral du terme — et de chimie. L'auteur est un magistrat qui se prétend également chimiste, et qui doit bien l'être un peu. Il annonce une explication rationnelle et systématique des causes fondamentales des sensations gustatives en relation avec la préparation des aliments. Mais en réalité, la Physiologie du Goût est un recueil de souvenirs, ce sont les mémoires de l'auteur. C'est un livre dans un faux livre, un recueil d'historiettes relié en missel — sans qu'il soit jamais admis ouvertement que ce n'est pas un missel : « Quand j'écris et parle de moi au singulier, cela suppose une confabulation avec le lecteur ; il peut examiner, discuter, douter et même rire. Mais quand je m'arme du redoutable nous, je professe : il faut se soumettre. » (*Au passage, nous rapprenons que* confabulation *veut dire entretien familier ; plus loin nous saurons qu'un* magistère *est un fortifiant, et ce qu'est au juste le* pâtissier du petit four, *apparu au* XVIIe *siècle.*)

Le redoutable nous ? Il est plus bénin encore que le

moi. *Pour comprendre comment est faite toute cette potée, il faut noter que la* Physiologie du Goût *appartient à la manière* héroï-comique, *éteinte aujourd'hui. C'est une parodie, et en particulier dans les parties en apparence sérieuses, par exemple dans la* Méditation I, Des Sens, *une parodie de Condillac et des Idéologues, par un de leurs disciples amène et taquin. La* Physiologie du Goût *est au* Traité des Sensations *de Condillac et aux* Rapports du Physique et du Moral de l'Homme *de Cabanis ce que le* Roland Furieux *de l'Arioste est à la* Chanson de Roland *et à toute la poésie épique et chevaleresque. Plus le ton de Brillat-Savarin se hausse, s'ennoblit, se donne de pompe et de solennité, plus familière est la matière qu'il traite.*

Cette forme d'humour pourrait lasser si elle ne s'accompagnait de deux qualités qui lui sont indispensables : la modestie et la gaieté. S'il fallait trouver un mot qui caractérisât Brillat-Savarin, ce serait plutôt celui d'enjouement. La gravité enjouée, humectée d'universelle bienveillance, fait de sa Physiologie *le livre aimable et divertissant, amusant et bien élevé que son siècle hélas! crut trouver ailleurs, dans l'insipide et niais* Voyage autour de ma chambre *de Xavier de Maistre, un des rares cas d'authentique crétinisme fidèlement reflété dans une œuvre imprimée, qui ravissait Sainte-Beuve.*

Mais nous avons perdu le goût de la composition à secrets. Cacher l'anodin sous le sévère, ou le sérieux sous le bouffon, le systématique sous le décousu, cet art du cryptogramme, qui était l'une des formes de la discrétion en littérature, n'est plus compris aujourd'hui.

Brillat-Savarin échappe comme le mercure. C'est un bavard, le bavardage est chez lui un vice, un vertige. Anecdotier incapable de se refréner, il ne trouve pas de fait assez menu qui ne l'arrête, pas de détail hors de propos, si minime soit-il, qui ne l'attire invinciblement. Toute trivialité lui est bonne du moment qu'elle l'écarte de son sujet. C'est à sa manière qu'il faut le lire : il faut toujours chez lui dériver à autre chose, ne jamais finir ce que l'on a commencé, ni lire la page que l'on voulait lire.

Ajoutons à ces secrets les charmes impondérables de l'esprit et de la langue de ce « siècle » à part qui s'étend de

1780 à 1825 sans être ni le XVIII*ᵉ ni le* XIX*ᵉ, tout en étant dans les deux, source d'œuvres aussi opposées de matière, mais semblables littérairement, que Du Pape, les pamphlets de Courier ou* Racine et Shakespeare.

Mais après l'avoir trop longuement éludée, enfonçons-nous maintenant dans l'étude où, quoi que j'aie dit, notre auteur nous requiert d'entrer et de prendre nos responsabilités : la cuisine.

Se nourrir est lié par définition à l'oralité, avec sa double composante psychique : la mégalomanie et la culpabilité. Seuls ceux auxquels les hasards injustes de l'enfance et de l'adolescence ont permis de désexualiser passablement l'oralité peuvent aborder la nourriture en échappant à la fois aux deux déformations antithétiques de la gloutonnerie narcissique et du masochisme psychique. (Précisons qu'avec Bergler, v. La névrose de base, *trad. fr. Paris 1963, nous dissocions le masochisme-perversion, qui recherche la douleur physique pour obtenir l'orgasme, du masochisme psychique, recherche de situations désagréables par désir d'autopunition morale. De même, Nacht : le* Masochisme.*)*

Ces deux types humains empoisonnent toute discussion du problème de la cuisine. Le narcisse glouton est dégoûtant, le masochiste psychique est agaçant. Le premier retourne contre les aliments un esprit de conquête qu'il est incapable d'appliquer à la vie : il manque donc inévitablement d'esprit critique, ses jugements et ses renseignements sont peu sûrs, voire dangereux, car son euphorie ou son mécontentement proviennent non des plats qu'il absorbe mais de ses dispositions nerveuses du moment. Le second attribue à la cuisine, qu'il proclame toujours trop « compliquée », tous les malheurs de l'humanité : le colonialisme, le néo-capitalisme, le paternalisme, l'évasion fiscale, l'inflation, le poujadisme, l'académisme, l'aliénation, l'esclavage de la femme, la chasteté, l'obsession sexuelle, l'athéisme, la destructuration de la gauche, l'automobile, le week-end, l'esthétisme, le dilettantisme, le Tiercé, l'embourgeoisement du prolétariat, le malaise de l'armée, le racisme, le ballet, l'opéra, l'ironie et le rationalisme.

L'action combinée de ces deux types humains engendre les préjugés actuels touchant la cuisine, les sophismes de base que je m'en vais brièvement énumérer et réfuter. Je renverrai dos à dos les deux frères ennemis, le premier parce que, tout en défendant avec raison la gastronomie contre les attaques d'origine névrotique dont elle est l'objet, il en propage une image d'un égocentrisme petit-bourgeois sans attrait pour la jeunesse, cette jeunesse moderne qui est, comme on sait, la plus exigeante et la plus éclairée qu'on ait vu paraître depuis la jeunesse néolithique ; le second parce qu'en associant l'idée de mal manger à celles de progrès et de liberté, il commet un crime contre la jeunesse de 1990, qui sera nécessairement encore plus exigeante et plus éclairée que la nôtre.

Premier sophisme : *la bonne cuisine est liée à la richesse.* Réfutation : *certains des pays où le niveau de vie est le plus élevé sont aussi parmi ceux où l'on mange le plus mal. Par contre, certains pays où la population est pauvre ont une bonne cuisine. Bien plus : la bonne cuisine est souvent une lutte contre le gaspillage et contre la monotonie d'une alimentation à base de produits peu nombreux et peu coûteux.*

Second sophisme : *la bonne cuisine est « compliquée », elle demande du temps, la préparation de sauces savantes, elle est incompatible avec l'accélération de la vie moderne, etc.* Réfutation : *n'importe quelle statistique montre que la « vie moderne » se caractérise par l'augmentation des loisirs et la diminution du temps de travail. En outre, c'est une idée béotienne que d'associer la complication (et corollairement la durée de la préparation) à la grande cuisine. Il y a une grande cuisine simple et une grande cuisine compliquée, comme il y a une mauvaise cuisine simple et une mauvaise cuisine compliquée. Il y a des sauces qu'on exécute en quelques minutes et d'autres qui demandent des heures et sont inutiles. (Voir plus bas la critique d'Apicius par von Rumohr.)*

Troisième sophisme : *la bonne cuisine est conditionnée par la présence de la femme au foyer, par l'inégalité des sexes, c'est-à-dire par un état périmé de la société.* Réfutation : a) *je connais des dizaines de femmes qui n'ont jamais rien fichu depuis leur naissance et qui sont incapables d'exécuter la moindre vinaigrette ; et des hommes surmenés qui sont des chefs amateurs remarquables.* b) *L'oisiveté de la femme au foyer a toujours été un privilège de l'aristocratie et de la grande bourgeoisie. Les ouvrières et les paysannes ont toujours travaillé, et une grande partie de la cuisine française, les pot-au-feu et les ragoûts notamment, sont justement nés de là. Car c'est une sotte erreur que de confondre temps de cuisson et temps de présence. La plupart des plats qui « demandent cinq heures de cuisson » sont les vieux plats paysans faits par et pour les gens qui travaillent, les plats qu'on met sur le feu doux en partant aux champs et que l'on trouve prêts à être mangés au retour. Entre les dix minutes qu'exige le pilage de la pistade dont on badigeonne la daurade à griller en cinq minutes, et les quatre heures pendant lesquelles on doit laisser cuire une queue de bœuf sans la découvrir, on conviendra qu'une certaine marge peut trouver place pour l'activité non aliénée des femmes et des hommes futurs.* c) *Il existe deux cuisines : l'une domestique, l'autre professionnelle. C'est ici, en effet, qu'il nous faut, pour pouvoir progresser selon l'ordre des raisons, établir cette distinction sans laquelle aucun éclaircissement ne sera intelligible, et dont l'oubli prolonge et embrouille les stériles controverses dont je viens de parler.*

La cuisine domestique fait ce qu'elle peut, comme elle le peut. Elle a généralement fait très bien, aussi longtemps que les représentants des usines de produits alimentaires ne l'ont pas persuadée de l'élégance du contraire. L'essentiel est de ne pas se faire plus bête que l'on est, de ne pas faire le mal par principe, conformément à l'attitude maso-arrogante décrite plus haut, et conseillée par la presse féminine ; de ne pas faire passer à table avec une heure de retard pour donner à manger quelque chose de cru, de très cher et de très mauvais, arrosé d'un vin chimique servi dans des verres couverts d'une noble poussière. (Revenu présumé : 12 000 F par mois. Formule : « Eh ben dites donc, c'est rudement gentil ces petites choses-là. » *Voilà mon addition aux Eprouvettes Gastronomiques de Brillat-Savarin. Mais je suis injuste car, en dépit des efforts des firmes industrielles, on mange très bien presque partout, hors des restaurants.)*

L'un des chapitres les plus porteurs d'information de la Physiologie du Goût *est la* Méditation XXVIII. *Brillat-Savarin y raconte au début dans quelles circonstances, vers la fin du* XVIIIe *siècle, sont apparus les restaurants et les restaurateurs. Il nous donne également la cause de ce phénomène qui allait, au cours des deux siècles suivants, connaître un fabuleux développement, déterminer des comportements sociaux inconnus auparavant, faire fleurir une littérature, celle des guides et des critiques gastronomiques, dont on ne sait s'il faut admirer le plus la vigilance, l'influence ou la prolixité. Jusqu'à la fin du* XVIIIe *siècle, l'auberge n'était qu'un pis-aller, la taverne un bon ou un mauvais lieu, selon les cas, mais où l'on se rendait pour boire plus que pour y faire un bon repas. En revanche, à partir du début du* XIXe *siècle l'on va au restaurant (le mot d'ailleurs entre dans l'usage à ce moment-là), non plus lorsque, voyageur sans relations familiales ou autres dans une ville étrangère, l'on ne peut pas faire autrement, mais bien plutôt pour y manger mieux ou autre chose que ce que l'on mange chez soi. Autrement dit, à l'époque précise où Brillat-Savarin compose la* Physiologie du goût, *nous assistons à la naissance et déjà au triomphe de la cuisine purement professionnelle et commerciale, ce dernier adjectif n'ayant rien de péjoratif, et voulant dire simplement que le cuisinier professionnel dépend pour vivre, et éventuellement s'enrichir, du nombre de clients qui sont prêts à payer pour jouir de son talent, exactement comme en dépendent l'acteur, l'auteur, le peintre ou le musicien.*

Dès le premier quart du XIXe *siècle, la scission entre cuisine domestique et cuisine professionnelle est consommée, tout comme sont réunies les conditions qui vont susciter l'apparition du cuisinier-artiste, du cuisinier-vedette, du cuisinier-novateur doctrinaire et faiseur de livres, dont le prototype est Antonin Carême. Ah! jours lointains de Beauvilliers, de Véry, de Robert de Baleine, des Quatre Frères Provençaux...*

L'apparition de la cuisine purement professionnelle, proposée par un restaurateur qui ouvre chaque jour son établissement comme un directeur de troupe son théâtre, amène les cuisiniers à rechercher l'invention pour se distinguer de leurs concurrents.

Dès lors l'histoire de la gastronomie est une lutte perpétuelle entre la tradition et l'invention. Tantôt se produisent des complications excessives au nom de l'invention, tantôt les amateurs réagissent contre ces complications et abandonnent la cuisine savante pour rechercher les bons plats rustiques (la cuisine de bistrot : la soupe à l'oignon ou les tripes de la Mère Chose ou du Père Machin). Cycle éternel ! Il est intéressant de noter qu'à peu près au moment où Brillat-Savarin fait paraître la Physiologie du goût, *le public allemand se précipite sur un livre intitulé* L'Esprit de l'art culinaire *et qui est dû à un historien d'art allemand parmi les plus grands : C. F. von Rumohr*[1].

S'en prenant rétrospectivement à Apicius, l'auteur du fameux grand traité de cuisine de l'époque impériale romaine, von Rumohr attaque les idées du maître latin comme étant le comble de la cuisine destructive, laquelle selon lui, réduit tout à des ragoûts, à des gelées, à des pâtées toujours submergés de sauces composites, et n'admet les produits naturels qu'à condition qu'ils soient méconnaissables. Du reste, Rumohr distingue en cuisine les trois cycles qu'il distingue en peinture : le style sévère, le style aimable et le style hypocrite.

Ce qui frappe, en outre, est ce fait culturel neuf : des auteurs comme Brillat-Savarin ou von Rumohr, appartenant à la noblesse ou à la bourgeoisie de robe, des « intellectuels » se mettent à disserter sur l'art culinaire, ce qui eût été difficilement concevable au cours des siècles antérieurs, sinon précisément chez les contemporains d'Apicius, à l'apogée de l'Empire romain. Sans occuper dans la production savante de son temps, une place aussi éminente que von Rumohr, Brillat-Savarin était un juriste

---

1. *Geist der Kochkunst,* von Joseph König, überarbeitet und herausgegeben von C. F. von Rumohr, Stuttgart und Tübingen, 1822. Joseph König était le cuisinier de von Rumohr, auquel celui-ci attribue son livre par manière de facétie.

de valeur, conseiller à la Cour de cassation, auteur d'ouvrages aussi érudits que distingués, tels ses Vues et projets d'économie politique *(1802)* ou son Archéologie du département de l'Ain *(1820)*. *Cette participation de la classe intellectuelle à la polémique gastronomique ne cessera plus. Baudelaire lui-même fulminera une diatribe contre ce qu'il appelle le « faux chef-d'œuvre » de Brillat-Savarin, reprochant au prudent magistrat son goût... trop modéré pour le vin, c'est-à-dire la place trop réduite, selon Baudelaire, que tient l'œnologie sous sa plume.*

Cette intellectualisation de la gastronomie, au début du XIXe siècle, se marqua par le succès du célèbre Almanach des gourmands *que, de 1803 à 1812, publie chaque année Grimod de La Reynière, contemporain et précurseur de Brillat-Savarin. Etonné de ce succès, La Reynière écrit :* « Cet accueil inconcevable fait à une bagatelle à laquelle, en la commençant, nous n'attachions aucune importance, nous a prouvé que nous avions deviné le goût et les besoins du public[1]. » *Le goût du public, en fait, vient, durant ces années, de se sensibiliser aux modes culinaires ou, si l'on préfère, de les susciter. Elles n'ont pas cessé depuis ; et, le dernier avatar de ces polémiques inoffensives, nous venons de le vivre, depuis 1970, avec la querelle de* « la nouvelle cuisine », *qui ne cesse de rebondir. Car, écrit encore Grimod de La Reynière,* « il existe une mode pour les entrées et les entremets, comme pour les robes et les chapeaux[2] ».

Or une mode existe en grande partie parce qu'on la parle. D'où ce commentaire perpétuel qui, depuis bientôt deux siècles, bourdonne autour de la création et de la

---

1. Grimod de La Reynière, *Ecrits gastronomiques*, texte établi et remarquablement présenté par J. C. Bonnet, UGE, Coll. 10/18 (1977).
2. Au XIXe siècle, les *entrées* n'étaient pas des hors-d'œuvre et les *entremets* n'étaient pas des desserts. Un repas commençait par le *potage*, suivi du *relevé de potage*, en général un bouilli. Puis venait l'*entrée*, premier plat de résistance, suivi du *rot*, accompagné des *entremets de légumes*, que nous appellerions aujourd'hui garnitures. Il y avait aussi des *entremets sucrés*, mais ils ne dispensaient pas du *dessert*.

consommation gastronomiques. Commentaire qui, dès le début, sut pratiquer la « distanciation » par rapport à son objet, en dosant artistement une grandiloquence affectée et un humour sous-jacent. Sans conteste, l'auteur que je viens de citer, Alexandre-Balthazar-Laurent Grimod de La Reynière (1758-1838), qui, comme les dates de sa biographie permettent de le constater, survécut à huit régimes politiques sans jamais en suivre aucun à table, Grimod, donc, fut l'écrivain gastronomique qui inventa le style moderne de la critique gastronomique : style héroï-comique où le sérieux, la solennité même, voire une certaine préciosité, s'agrémente d'un badinage plaisant, d'une spirituelle complicité avec le lecteur, sans exclure un brin de terrorisme doctoral.

Toutefois, je ne saurais souscrire au jugement de Jean-Paul Aron, qui dit dans son Mangeur du XIXe siècle *: « Brillat-Savarin, semblable à un autre Améric Vespuce, a hérité toute la gloire qui revenait à Grimod de La Reynière. » En effet, Grimod, sans manquer de talent, manquait de l'essentiel, cet essentiel qui permit à Brillat de réussir le chef-d'œuvre où se « lia » d'un coup l'esprit du temps : un style. Ce « style aimable » qui fait de la* Physiologie du goût *beaucoup plus qu'un document historique : le missel déculpabilisant de l'épicurien modéré.*

J.-F. R. nov. 81.

On trouvera en fin de volume, p. 389, la traduction des citations latines contenues dans le texte.

PREMIÈRE PARTIE

APHORISMES
DU PROFESSEUR
POUR SERVIR DE PROLÉGOMÈNES
À SON OUVRAGE
ET DE BASE ÉTERNELLE À LA SCIENCE.

I. L'Univers n'est rien que par la vie, et tout ce qui vit se nourrit.

II. Les animaux se repaissent; l'homme mange; l'homme d'esprit seul sait manger.

III. La destinée des nations dépend de la manière dont elles se nourrissent.

IV. Dis-moi ce que tu manges, je te dirai ce que tu es.

V. Le Créateur, en obligeant l'homme à manger pour vivre, l'y invite par l'appétit, et l'en récompense par le plaisir.

VI. La gourmandise est un acte de notre jugement, par lequel nous accordons la préférence aux choses qui sont agréables au goût sur celles qui n'ont pas cette qualité.

VII. Le plaisir de la table est de tous les âges, de toutes les conditions, de tous les pays et de tous les jours; il peut s'associer à tous les autres plaisirs, et reste le dernier pour nous consoler de leur perte.

VIII. La table est le seul endroit où l'on ne s'ennuie jamais pendant la première heure.

IX. La découverte d'un mets nouveau fait plus pour le bonheur du genre humain que la découverte d'une étoile.

X. Ceux qui s'indigèrent ou qui s'enivrent ne savent ni boire ni manger.

XI. L'ordre des comestibles est des plus substantiels aux plus légers.

XII. L'ordre des boissons est des plus tempérées aux plus fumeuses et aux plus parfumées.

XIII. Prétendre qu'il ne faut pas changer de vins est une hérésie; la langue se sature; et, après le troisième verre, le meilleur vin n'éveille plus qu'une sensation obtuse.

XIV. Un dessert sans fromage est une belle à qui il manque un œil.

XV. On devient cuisinier, mais on naît rôtisseur.

XVI. La qualité la plus indispensable du cuisinier est l'exactitude : elle doit être aussi celle du convié.

XVII. Attendre trop longtemps un convive retardataire est un manque d'égards pour tous ceux qui sont présents.

XVIII. Celui qui reçoit ses amis et ne donne aucun soin personnel au repas qui leur est préparé, n'est pas digne d'avoir des amis.

XIX. La maîtresse de la maison doit toujours s'assurer que le café est excellent; et le maître, que les liqueurs sont de premier choix.

XX. Convier quelqu'un, c'est se charger de son bonheur pendant tout le temps qu'il est sous notre toit.

DIALOGUE
ENTRE
L'AUTEUR ET SON AMI

(Après les premiers compliments.)

L'AMI. — Ce matin, nous avons, en déjeunant, ma femme et moi, arrêté, dans notre sagesse, que vous feriez imprimer au plus tôt vos *Méditations gastronomiques*.

L'AUTEUR. — *Ce que femme veut, Dieu le veut.* Voilà, en sept mots, toute la charte parisienne. Mais je ne suis pas de la paroisse ; et un célibataire...

L'AMI. — Mon Dieu ! les célibataires sont tout aussi soumis que les autres, et quelquefois à notre grand préjudice. Mais ici le célibat ne peut pas vous sauver ; car ma femme prétend qu'elle a le droit d'ordonner, parce que c'est chez elle, à la campagne, que vous avez écrit vos premières pages.

L'AUTEUR. — Tu connais, cher docteur, ma déférence pour les dames ; tu as loué plus d'une fois ma soumission à leurs ordres ; tu étais aussi de ceux qui disaient que je ferais un excellent mari... Et cependant je ne ferai pas imprimer.

L'AMI. — Et pourquoi ?

L'AUTEUR. — Parce que, voué par état à des études sérieuses, je crains que ceux qui ne connaîtront mon livre que par le titre, ne croient que je ne m'occupe que de fariboles.

L'AMI. — Terreur panique ! Trente-six ans de travaux publics et continus ne sont-ils pas là pour vous établir une réputation contraire ? D'ailleurs, ma femme et moi nous croyons que tout le monde voudra vous lire.

L'AUTEUR. — Vraiment ?

L'AMI. — Les savants vous liront pour deviner et apprendre ce que vous n'avez fait qu'indiquer.

L'AUTEUR. — Cela pourrait bien être.

L'AMI. — Les femmes vous liront, parce qu'elles verront bien que...

L'AUTEUR. — Cher ami, je suis vieux, je suis tombé dans la sagesse : *Miserere mei*.

L'AMI. — Les gourmands vous liront, parce que vous leur rendez justice, et que vous leur assignez enfin le rang qui leur convient dans la société.

L'AUTEUR. — Pour cette fois, tu dis vrai : il est inconcevable qu'ils aient été si longtemps méconnus, ces chers gourmands ! j'ai pour eux des entrailles de père ; ils sont si gentils ! ils ont les yeux si brillants !

L'AMI. — D'ailleurs, ne nous avez-vous pas dit souvent que votre ouvrage manquait à nos bibliothèques ?

L'AUTEUR. — Je l'ai dit, le fait est vrai, et je me ferais étrangler plutôt que d'en démordre.

L'AMI. — Mais vous parlez en homme tout à fait persuadé, et vous allez venir avec moi chez...

L'AUTEUR. — Oh que non ! si le métier d'auteur a ses douceurs, il a aussi bien ses épines ; et je lègue tout cela à mes héritiers.

L'AMI. — Mais vous déshéritez vos amis, vos connaissances, vos contemporains. En aurez-vous bien le courage ?

L'AUTEUR. — Mes héritiers ! mes héritiers ! j'ai ouï dire que les ombres sont régulièrement flattées des louanges des vivants ; et c'est une espèce de béatitude que je veux me réserver pour l'autre monde.

L'AMI. — Mais êtes-vous bien sûr que ces louanges iront à leur adresse ? Etes-vous également assuré de l'exactitude de vos héritiers ?

L'AUTEUR. — Mais je n'ai aucune raison de croire qu'ils pourraient négliger un devoir en faveur duquel je les dispenserais de bien d'autres.

L'AMI. — Auront-ils, pourront-ils avoir pour votre production cet amour de père, ces attentions d'auteur, sans lesquels un ouvrage se présente toujours au public avec un certain air gauche ?

L'AUTEUR. — Mon manuscrit sera corrigé, mis au net, armé de toutes pièces ; il n'y aura plus qu'à imprimer.

L'AMI. — Et le chapitre des événements ? Hélas ! de pareilles circonstances ont occasionné la perte de bien des ouvrages précieux, et, entre autres, de celui du fameux Lecat, sur l'état de l'âme pendant le sommeil, travail de toute sa vie.

L'AUTEUR. — Ce fut sans doute une grande perte, et je suis bien loin d'aspirer à de pareils regrets.

L'AMI. — Croyez que des héritiers ont bien assez d'affaires pour compter avec l'Eglise, avec la justice, avec la faculté, avec eux-mêmes, et qu'il leur manquera, sinon la volonté, du moins le temps de se livrer aux divers soins qui précèdent, accompagnent et suivent la publication d'un livre, quelque peu volumineux qu'il soit.

L'AUTEUR. — Mais le titre ! mais le sujet ! mais les mauvais plaisants.

L'AMI. — Le seul mot *gastronomie* fait dresser toutes les oreilles ; le sujet est à la mode ; et les mauvais plaisants sont aussi gourmands que les autres. Ainsi voilà de quoi vous tranquilliser ; d'ailleurs, pouvez-vous ignorer que les plus graves personnages ont quelquefois fait des ouvrages légers ? Le président de Montesquieu, par exemple [1].

L'AUTEUR, *vivement*. — C'est ma foi vrai ! il a fait le *Temple de Cnide*, et on pourrait soutenir qu'il y a plus de véritable utilité à méditer sur ce qui est à la fois le besoin, le plaisir et l'occupation de tous les jours, qu'à

---

1. M. de Montucla, connu par une très bonne *Histoire des Mathématiques*, avait fait un *Dictionnaire de Géographie gourmande* ; il m'en a montré des fragments pendant mon séjour à Versailles. On assure que M. Berryat-Saint-Prix, qui professe avec distinction la science de la procédure, a fait un roman en plusieurs volumes.

nous apprendre ce que faisaient ou disaient, il y a plus de deux mille ans, une paire de morveux dont l'un poursuivait, dans les bosquets de la Grèce, l'autre qui n'avait guère envie de s'enfuir.

L'AMI. — Vous vous rendez donc enfin ?

L'AUTEUR. — Moi ! pas du tout ; c'est seulement le bout d'oreille d'auteur qui a paru, et ceci rappelle à ma mémoire une scène de la haute comédie anglaise, qui m'a fort amusé ; elle se trouve, je crois, dans la pièce intitulée : *The natural Daughter* (la Fille naturelle). Tu vas en juger [1].

Il s'agit de quakers, et tu sais que ceux qui sont attachés à cette secte tutoient tout le monde, sont vêtus simplement, ne vont point à la guerre, ne font jamais de serment, agissent avec flegme, et surtout ne doivent jamais se mettre en colère.

Or, le héros de la pièce est un jeune et beau quaker, qui paraît sur la scène avec un habit brun, un grand chapeau rabattu et des cheveux plats ; ce qui ne l'empêche pas d'être amoureux.

Un fat, qui se trouve son rival, enhardi par cet extérieur et par les dispositions qu'on lui suppose, le raille, le persifle et l'outrage, de manière que le jeune homme, s'échauffant peu à peu, devient furieux, et rosse de main de maître l'impertinent qui le provoque.

L'exécution faite, il reprend subitement son premier maintien, se recueille et dit d'un ton affligé : « Hélas ! je crois que la chair l'a emporté sur l'esprit. »

J'agis de même, et, après un mouvement bien pardonnable, je reviens à mon premier avis.

L'AMI. — Cela n'est plus possible ; vous avez, de votre aveu, montré le bout de l'oreille ; il y a de la prise, et je vous mène chez le libraire. Je vous dirai même qu'il en est plus d'un qui ont éventé votre secret.

---

1. Le lecteur a dû s'apercevoir que mon ami se laisse tutoyer sans réciprocité. C'est que mon âge est au sien comme d'un père à son fils ; et que, quoique devenu un homme considérable à tous égards, il serait désolé si je changeais de nombre.

L'AUTEUR. — Ne t'y hasarde pas, car je parlerai de toi ; et qui sait ce que j'en dirai ?

L'AMI. — Que pourrez-vous en dire ? Ne croyez pas m'intimider.

L'AUTEUR. — Je ne dirai pas que notre commune patrie[1] se glorifie de t'avoir donné naissance ; qu'à vingt-quatre ans tu avais déjà fait paraître un ouvrage élémentaire, qui depuis lors est demeuré classique ; qu'une réputation méritée t'attire la confiance ; que ton extérieur rassure les malades ; que ta dextérité les étonne ; que ta sensibilité les console : tout le monde sait cela. Mais je révélerai à tout Paris (*me redressant*), à toute la France (*me rengorgeant*), à l'univers entier, le seul défaut que je te connaisse.

L'AMI, *d'un ton sérieux*. — Et lequel, s'il vous plaît ?

L'AUTEUR. — Un défaut habituel, dont toutes mes exhortations n'ont pu te corriger.

L'AMI, *effrayé*. — Dites donc enfin ; c'est trop me tenir à la torture.

L'AUTEUR. — Tu manges trop vite[2].

(*Ici, l'ami prend son chapeau, et sort en souriant, se doutant bien qu'il a prêché un converti.*)

---

1. Belley, capitale du Bugey, pays charmant où l'on trouve de hautes montagnes, des collines, des fleuves, des ruisseaux limpides, des cascades, des abîmes, vrai jardin anglais de cent lieues carrées, et où, avant la Révolution, le Tiers Etat avait, par la constitution du pays, le *veto* sur les deux autres ordres.
2. Historique.

BIOGRAPHIE

Le docteur que j'ai introduit dans le Dialogue qui précède n'est point un être fantastique comme les Chloris d'autrefois, mais un docteur bel et bien vivant; et tous ceux qui me connaissent auront bientôt deviné le docteur RICHERAND.

En m'occupant de lui, j'ai remonté jusqu'à ceux qui l'ont précédé, et je me suis aperçu avec orgueil que l'arrondissement de Belley, au département de l'Ain, ma patrie, était depuis longtemps en possession de donner à la capitale du monde des médecins de haute distinction; et je n'ai pas résisté à la tentation de leur élever un modeste monument dans une courte notice.

Dans les jours de la régence, les docteurs GENIN et CIVOCT furent des praticiens de première classe, et firent refluer dans leur patrie une fortune honorablement acquise. Le premier était tout à fait *hypocratique*, et procédait en forme; le second, qui soignait beaucoup de belles dames, était plus doux, plus accommodant : *Res novas molientem,* eût dit Tacite.

Vers 1750, le docteur LA CHAPELLE se distingua dans la carrière périlleuse de la médecine militaire. On a de lui quelques bons ouvrages, et on lui doit l'importation du traitement des fluxions de poitrine par le beurre frais, méthode qui guérit comme par enchantement, quand on s'en sert dans les premières trente-six heures de l'invasion.

Vers 1760, le docteur DUBOIS obtenait les plus

grands succès dans le traitement des vapeurs, maladie pour lors à la mode, et tout aussi fréquente que les maux de nerfs qui l'ont remplacée. La vogue qu'il obtint était d'autant plus remarquable, qu'il était loin d'être beau garçon.

Malheureusement, il arriva trop tôt à une fortune indépendante, se laissa couler entre les bras de la paresse, et se contenta d'être convive aimable et conteur tout à fait amusant. Il était d'une constitution robuste et a vécu plus de quatre-vingt-huit ans, malgré les dîners, ou plutôt grâce aux dîners de l'ancien et du nouveau régime [1].

Sur la fin du règne de Louis XV, le docteur COSTE, natif de Châtillon, vint à Paris; il était porteur d'une lettre de Voltaire pour M. le duc de Choiseul, dont il eut le bonheur de gagner la bienveillance dès les premières visites.

Protégé par ce seigneur et par la duchesse de Grammont, sa sœur, le jeune Coste perça vite, et, après peu d'années, Paris commença à le compter parmi les médecins de grande espérance.

La même protection qui l'avait produit l'arracha à cette carrière tranquille et fructueuse, pour le mettre à la tête du service de santé de l'armée que la France envoyait en Amérique au secours des Etats-Unis, qui combattaient pour leur indépendance.

Après avoir rempli sa mission, le docteur Coste revint en France, passa à peu près inaperçu les mauvais temps de 1793, et fut élu maire de Versailles, où l'on se souvient encore de son administration à la fois active, douce et paternelle.

Bientôt le Directoire le rappela à l'administration de la médecine militaire; Bonaparte le nomma l'un des

---

1. Je souriais en écrivant cet article; il rappelait à mon souvenir un grand seigneur académicien, dont Fontenelle était chargé de faire l'éloge. Le défunt ne savait autre chose que bien jouer à tous les jeux; là-dessus, le secrétaire perpétuel eut le talent d'asseoir un panégyrique très bien tourné et de longueur convenable. (Voyez, au surplus, la *Méditation sur le plaisir de la table*, où le docteur est en action.)

trois inspecteurs généraux du service de la médecine des armées ; et le docteur y fut constamment l'ami, le protecteur et le père des jeunes gens qui se destinaient à cette carrière. Enfin, il fut nommé médecin de l'hôtel royal des Invalides, et en a rempli les fonctions jusqu'à sa mort.

D'aussi longs services ne pouvaient pas rester sans récompense sous le gouvernement des Bourbons ; et Louis XVIII fit un acte de toute justice en accordant à M. Coste le cordon de Saint-Michel.

Le docteur Coste est mort il y a quelques années, en laissant une mémoire vénérée, une fortune tout à fait philosophique, et une fille unique, épouse de M. de Lalot, qui s'est distingué à la Chambre des députés par une éloquence vive et profonde, et qui ne l'a pas empêché de sombrer sous voiles.

Un jour que nous avions dîné chez M. Favre, le curé de Saint-Laurent, notre compatriote, le docteur Coste me raconta la vive querelle qu'il avait eue, ce jour même, avec le comte de Cessac, alors le ministre directeur de l'administration de la guerre, au sujet d'une économie que celui-ci voulait proposer pour faire sa cour à Napoléon.

Cette économie consistait à retrancher aux soldats malades la moitié de leur portion d'eau panée, et à faire laver la charpie qu'on ôtait de dessus les plaies, pour la faire servir une seconde ou une troisième fois.

Le docteur s'était élevé avec violence contre des mesures qu'il qualifiait d'*abominables,* et il était encore si plein de son sujet, qu'il se remit en colère, comme si l'objet de son courroux eût encore été présent.

Je n'ai pu savoir si le comte avait été réellement converti et avait laissé son économie en portefeuille, mais ce qu'il y a de certain, c'est que les soldats malades purent toujours boire à volonté, et qu'on continua à jeter toute charpie qui avait servi.

Vers 1780, le docteur BORDIER, né dans les environs d'Ambérieux vint exercer la médecine à Paris. Sa pratique était douce, son système expectant et son diagnostic sûr.

Il fut nommé professeur en la faculté de médecine ; son style était simple ; mais ses leçons étaient paternelles et fructueuses. Les honneurs vinrent le chercher quand il n'y pensait pas, et il fut nommé médecin de l'impératrice Marie-Louise. Mais il ne jouit pas longtemps de cette place : l'empire s'écroula, et le docteur lui-même fut emporté par suite d'un mal de jambe contre lequel il avait lutté toute sa vie.

Le docteur Bordier était d'une humeur tranquille, d'un caractère bienfaisant et d'un commerce sûr.

Vers la fin du xviiie siècle parut le docteur BICHAT... BICHAT, dont tous les écrits portent l'empreinte du génie, qui usa sa vie dans des travaux faits pour avancer la science, qui réunissait l'élan de l'enthousiasme à la patience des esprits bornés, et qui, mort à trente ans, a mérité que des honneurs publics fussent décernés à sa mémoire.

Plus tard, le docteur MONTÈGRE porta dans la clinique un esprit philosophique. Il rédigea avec savoir la *Gazette de Santé*, et mourut à quarante ans, dans nos îles, où il était allé afin de compléter les traités qu'il projetait sur la fièvre jaune et le *vomito negro*.

Dans le moment actuel, le docteur RICHERAND est placé sur les plus hauts degrés de la médecine opératoire ; et ses *Eléments de physiologie* ont été traduits dans toutes les langues. Nommé de bonne heure professeur à la faculté de Paris, il est investi de la plus auguste confiance. On n'a pas la parole plus consolante, la main plus douce, ni l'acier plus rapide.

Le docteur RÉCAMIER[1], professeur en la même faculté, siège à côté de son compatriote...

Le présent ainsi assuré, l'avenir se prépare ; et sous les ailes de ces puissants professeurs s'élèvent des jeunes gens du même pays, qui promettent de suivre d'aussi honorables exemples.

Déjà les docteurs JANIN et MANJOT brûlent le pavé

---

1. Filleul de l'auteur ; c'est lui qui l'a soigné pendant sa dernière et courte maladie.

de Paris. Le docteur Manjot (rue du Bac, n° 39) s'adonne principalement aux maladies des enfants ; ses inspirations sont heureuses, et il doit bientôt en faire part au public.

J'espère que tout lecteur bien né pardonnera cette digression à un vieillard, à qui trente-cinq ans de séjour à Paris n'ont fait oublier ni son pays ni ses compatriotes. Il m'en coûte déjà assez de passer sous silence tant de médecins dont la mémoire subsiste vénérée dans le pays qui les vit naître, et qui, pour n'avoir pas eu l'avantage de briller sur le grand théâtre, n'ont eu ni moins de science ni moins de mérite.

PRÉFACE

Pour offrir au public l'ouvrage que je livre à sa bienveillance, je ne me suis pas imposé un grand travail, je n'ai fait que mettre en ordre des matériaux rassemblés depuis longtemps ; c'est une occupation amusante, que j'avais réservée pour ma vieillesse.

En considérant le plaisir de la table sous tous ses rapports, j'ai vu de bonne heure qu'il y avait là-dessus quelque chose de mieux à faire que des livres de cuisine, et qu'il y avait beaucoup à dire sur des fonctions si essentielles, si continues, et qui influent d'une manière si directe sur la santé, sur le bonheur, et même sur les affaires.

Cette idée-mère une fois arrêtée, tout le reste a coulé de source : j'ai regardé autour de moi, j'ai pris des notes, et souvent, au milieu des festins les plus somptueux, le plaisir d'observer m'a sauvé des ennuis du conviviat.

Ce n'est pas que, pour remplir la tâche que je me suis proposée, il n'ait fallu être physicien, chimiste, physiologue, et même un peu érudit. Mais ces études, je les avais faites sans la moindre prétention à être auteur ; j'étais poussé par une curiosité louable, par la crainte de rester en arrière de mon siècle et par le désir de pouvoir causer, sans désavantage, avec les savants, avec qui j'ai toujours aimé à me trouver [1].

---

1. Venez dîner avec moi jeudi prochain, me dit un jour M. Greffuhle ; je vous ferai trouver avec des savants ou avec des gens de lettres, choisissez. — Mon choix est fait, répondis-je ; nous

Je suis surtout médecin-amateur; c'est chez moi presque une manie, et je compte parmi mes plus beaux jours celui où, entré par la porte des professeurs et avec eux à la thèse de concours du docteur Cloquet, j'eus le plaisir d'entendre un murmure de curiosité parcourir l'amphithéâtre, chaque élève demandant à son voisin quel pouvait être le puissant professeur étranger qui honorait l'assemblée par sa présence.

Il est cependant un autre jour dont le souvenir m'est, je crois, aussi cher : c'est celui où je présentai au conseil d'administration de la société d'encouragement pour l'industrie nationale, mon *irrorateur*, instrument de mon invention, qui n'est autre chose que la fontaine de compression appropriée à parfumer les appartements.

J'avais apporté, dans ma poche, ma machine bien chargée; je tournai le robinet, et il s'en échappa, avec sifflement, une vapeur odorante, qui, s'élevant jusqu'au plafond, retombait en gouttelettes sur les personnes et sur les papiers.

C'est alors que je vis avec un plaisir inexprimable, les têtes les plus savantes de la capitale se courber sous mon *irroration*, et je me pâmais d'aise en remarquant que les plus mouillés étaient aussi les plus heureux.

En songeant quelquefois aux graves élucubrations auxquelles la latitude de mon sujet m'a entraîné, j'ai eu sincèrement la crainte d'avoir pu ennuyer; car, moi aussi, j'ai quelquefois bâillé sur les ouvrages d'autrui.

J'ai fait tout ce qui a été en mon pouvoir pour échapper à ce reproche; je n'ai fait qu'effleurer tous les sujets qui ont pu s'y prêter : j'ai semé mon ouvrage d'anecdotes, dont quelques-unes me sont personnelles; j'ai laissé à l'écart un grand nombre de faits extraordinaires et singuliers, qu'une saine critique doit faire rejeter; j'ai réveillé l'attention en rendant claires et populaires certaines connaissances que les

---

dînerons deux fois. » Ce qui eut effectivement lieu, et le repas des gens de lettres était notablement plus délicat et plus soigné (*Voyez la Méditation X*).

savants semblaient s'être réservées. Si, malgré tant d'efforts, je n'ai pas présenté à mes lecteurs de la science facile à digérer, je n'en dormirai pas moins sur les deux oreilles, bien certain que la majorité m'absoudra sur l'intention.

On pourrait bien me reprocher encore que je laisse quelquefois trop courir ma plume, et que, quand je conte, je tombe un peu dans la garrulité. Est-ce ma faute à moi si je suis vieux ? Est-ce ma faute si je suis comme Ulysse, qui avait vu les mœurs et les villes de beaucoup de peuples ? Suis-je donc blâmable de faire un peu de ma biographie ? Enfin il faut que le lecteur me tienne compte de ce que je lui fais grâce de mes *Mémoires politiques,* qu'il faudrait bien qu'il lût comme tant d'autres, puisque, depuis trente-six ans, je suis aux premières loges pour voir passer les hommes et les événements.

Surtout qu'on se garde bien de me ranger parmi les compilateurs : si j'en avais été réduit là, ma plume se serait reposée, et je n'en aurais pas vécu moins heureux.

J'ai dit, comme Juvénal :

Semper ego auditor tantum! nunquamne reponam!

et ceux qui s'y connaissent verront facilement qu'également accoutumé au tumulte de la société et au silence du cabinet, j'ai bien fait de tirer parti de l'une et de l'autre de ces positions.

Enfin, j'ai fait beaucoup pour ma satisfaction particulière ; j'ai nommé plusieurs de mes amis qui ne s'y attendaient guère ; j'ai rappelé quelques souvenirs aimables ; j'en ai fixé d'autres qui allaient m'échapper ; et, comme on dit dans le style familier, *j'ai pris mon café.*

Peut-être bien qu'un seul lecteur, dans la catégorie des allongés, s'écriera : « J'avais bien besoin de savoir si... A quoi pense-t-il, en disant que... etc., etc. ? » Mais je suis sûr que tous les autres lui imposeront silence, et qu'une majorité imposante accueillera avec bonté ces effusions d'un sentiment louable.

Il me reste quelque chose à dire sur mon style, car *le style est tout l'homme*, dit Buffon.

Et qu'on ne croie pas que je vienne demander une grâce qu'on n'accorde jamais à ceux qui en ont besoin, il ne s'agit que d'une simple explication.

Je devrais écrire à merveille ; car Voltaire, Jean-Jacques, Fénelon, Buffon, et plus tard Cochin et d'Aguesseau, ont été mes auteurs favoris ; je les sais par cœur.

Mais peut-être les dieux en ont-ils ordonné autrement ; et s'il en est ainsi, voici la cause de la volonté des dieux.

Je connais, plus ou moins bien, cinq langues vivantes ; ce qui m'a fait un répertoire immense de mots de toutes livrées.

Quand j'ai besoin d'une expression, et que je ne la trouve pas dans la case française, je prends dans la case voisine ; et de là, pour le lecteur, la nécessité de me traduire ou de me deviner : c'est son destin.

Je pourrais bien faire autrement, mais j'en suis empêché par un esprit de système auquel je tiens d'une manière invincible.

Je suis intimement persuadé que la langue française, dont je me sers, est comparativement pauvre. Que faire en cet état ? Emprunter ou voler.

Je fais l'un et l'autre, parce que ces emprunts ne sont pas sujets à restitution, et que le vol de mots n'est pas puni par le code pénal.

On aura une idée de mon audace, quand on saura que j'appelle *volante* (de l'espagnol) tout homme que j'envoie faire une commission, et que j'étais déterminé à franciser le verbe anglais *to sip*, qui signifie *boire à petites reprises*, si je n'avais exhumé le mot français *siroter*, auquel on donnait à peu près la même signification.

Je m'attends bien que les sévères vont crier à Bossuet, à Fénelon, à Racine, à Boileau, à Pascal, et autres du siècle de Louis XIV ; il me semble les entendre faire un vacarme épouvantable.

A quoi je réponds posément que je suis loin de

disconvenir du mérite de ces auteurs, tant nommés que sous-entendus ; mais que suit-il de là ?... Rien, si ce n'est qu'ayant bien fait avec un instrument ingrat, ils auraient incomparablement mieux fait avec un instrument supérieur. C'est ainsi qu'on doit croire que Tartini aurait encore bien mieux joué du violon, si son archet avait été aussi long que celui de Baillot.

Je suis donc du parti des *néologues* et même des *romantiques* ; ces derniers découvrent les trésors cachés ; les autres sont comme les navigateurs qui vont chercher au loin les provisions dont on a besoin.

Les peuples du nord, et surtout les Anglais, ont sur nous, à cet égard, un immense avantage : le génie n'y est jamais gêné par l'expression ; il crée ou emprunte. Aussi, dans tous les sujets qui admettent la profondeur et l'énergie, nos traducteurs ne font-ils que des copies pâles et décolorées.

J'ai autrefois entendu, à l'Institut, un discours fort gracieux sur le danger du néologisme et sur la nécessité de s'en tenir à notre langue telle qu'elle a été fixée par les auteurs du bon siècle.

Comme chimiste, je passai cette œuvre à la cornue ; il n'en resta que ceci : *Nous avons si bien fait qu'il n'y a pas moyen de mieux faire, ni de faire autrement.*

Or, j'ai vécu assez pour savoir que chaque génération en dit autant, et que la génération suivante ne manque jamais de s'en moquer.

D'ailleurs, comment les mots ne changeraient-ils pas quand les mœurs et les idées éprouvent des modifications continuelles ? Si nous faisons les mêmes choses que les anciens, nous ne les faisons pas de la même manière, et il est des pages entières, dans quelques livres français, qu'on ne pourrait traduire ni en latin ni en grec.

Toutes les langues ont eu leur naissance, leur apogée, leur déclin ; et aucune de celles qui ont brillé, depuis Sésostris jusqu'à Philippe-Auguste, n'existe plus que dans les monuments. La langue française aura le même sort, et, en l'an 2825, on ne me lira qu'à l'aide d'un dictionnaire, si toutefois on me lit...

J'ai eu, à ce sujet, une discussion à coups de canon avec l'aimable M. Andrieux, de l'Académie française.

Je me présentai en bon ordre, je l'attaquai vigoureusement ; et je l'aurais pris, s'il n'avait fait une prompte retraite, à laquelle je ne mis pas trop d'obstacle, m'étant souvenu, heureusement pour lui, qu'il était chargé d'une lettre dans le nouveau lexique.

Je finis par une observation importante ; aussi l'ai-je gardée pour la dernière.

Quand j'écris et parle de *moi* au singulier, cela suppose une confabulation avec le lecteur ; il peut examiner, discuter, douter et même rire. Mais quand je m'arme du redoutable *nous*, je professe ; il faut se soumettre.

> I am, Sir, oracle,
> And when I open my lips, let no dog bark.

(SHAKESPEARE, *Merchant of Venice*, act. 1, sc. I).

MÉDITATION I

DES SENS

Les sens sont les organes par lesquels l'homme se met en rapport avec les objets extérieurs.

NOMBRE DES SENS. 1. — On doit en compter au moins six :

La *vue*, qui embrasse l'espace et nous instruit, par le moyen de la lumière, de l'existence et des couleurs des corps qui nous environnent ;

L'*ouïe*, qui reçoit, par l'intermédiaire de l'air, l'ébranlement causé par les corps bruyants ou sonores ;

L'*odorat*, au moyen duquel nous flairons les odeurs des corps qui en sont doués ;

Le *goût*, par lequel nous apprécions tout ce qui est sapide ou esculent ;

Le *toucher*, dont l'objet est la consistance et la surface des corps ;

Enfin le *génésique*, ou *amour physique*, qui entraîne les sexes l'un vers l'autre, et dont le but est la reproduction de l'espèce.

Il est étonnant que, presque jusqu'à Buffon, un sens si important ait été méconnu, et soit resté confondu ou plutôt annexé au toucher.

Cependant la sensation dont il est le siège n'a rien de commun avec celle du tact; il réside dans un appareil aussi complet que la bouche ou les yeux; et ce qu'il y a de singulier, c'est que chaque sexe ayant tout ce qu'il faut pour éprouver cette sensation il est néanmoins nécessaire que les deux se réunissent pour atteindre au but que la nature s'est proposé. Et si le *goût*, qui a pour but la conservation de l'individu, est incontestablement un sens, à plus forte raison doit-on accorder ce titre aux organes destinés à la conservation de l'espèce.

Donnons donc au *génésique* la place *sensuelle* qu'on ne peut lui refuser, et reposons-nous sur nos neveux du soin de lui assigner son rang.

MISE EN ACTION DES SENS. 2. — S'il est permis de se porter, par l'imagination, jusqu'aux premiers moments de l'existence du genre humain, il est aussi permis de croire que les premières sensations ont été purement directes, c'est-à-dire qu'on a vu sans précision, ouï confusément, flairé sans choix, mangé sans savourer, et joui avec brutalité.

Mais toutes ces sensations ayant pour centre commun l'âme, attribut spécial de l'espèce humaine, et cause toujours active de perfectibilité, elles y ont été réfléchies, comparées, jugées; et bientôt tous les sens ont été amenés au secours les uns des autres, pour l'utilité et le bien-être du *moi sensitif*, ou, ce qui est la même chose, de l'*individu*.

Ainsi, le toucher a rectifié les erreurs de la vue; le son, au moyen de la parole articulée, est devenu l'interprète de tous les sentiments; le goût s'est aidé de la vue et de l'odorat; l'ouïe a comparé les sons, apprécié les distances; et le génésique a envahi les organes de tous les autres sens.

Le torrent des siècles, en roulant sur l'espèce humaine, a sans cesse amené de nouveaux perfectionnements, dont la cause, toujours active, quoique presque inaperçue, se trouve dans les réclamations de nos sens, qui, toujours et tour à tour, demandent à être très agréablement occupés.

Ainsi, la vue a donné naissance à la peinture, à la sculpture et aux spectacles de toute espèce ;

Le son, à la mélodie, à l'harmonie, à la danse et à la musique, avec toutes ses branches et ses moyens d'exécution ;

L'odorat à la recherche, à la culture et à l'emploi des parfums ;

Le goût, à la production, au choix et à la préparation de tout ce qui peut servir d'aliment ;

Le toucher, à tous les arts, à toutes les adresses, à toutes les industries ;

Le génésique, à tout ce qui peut préparer ou embellir la réunion des sexes, et, depuis François Ier, à l'amour romanesque, à la coquetterie et à la mode ; à la coquetterie surtout, qui est née en France, qui n'a de nom qu'en français, et dont l'élite des nations vient chaque jour prendre des leçons dans la capitale de l'univers.

Cette proposition, tout étrange qu'elle paraisse, est cependant facile à prouver ; car on ne pourrait s'exprimer avec clarté, dans aucune langue ancienne, sur ces trois grands mobiles de la société actuelle.

J'avais fait sur ce sujet un dialogue qui n'aurait pas été sans attraits ; mais je l'ai supprimé, pour laisser à mes lecteurs le plaisir de le faire chacun à sa manière ; il y a de quoi déployer de l'esprit, et même de l'érudition, pendant toute une soirée.

Nous avons dit plus haut que le génésique avait envahi les organes de tous les autres sens ; il n'a pas influé avec moins de puissance sur toutes les sciences ; et, en y regardant d'un peu plus près, on verra que tout ce qu'elles ont de plus délicat et de plus ingénieux est dû au désir, à l'espoir ou à la reconnaissance, qui se rapportent à la réunion des sexes.

Telle est donc, en bonne réalité, la généalogie des sciences, même les plus abstraites, qu'elles ne sont que le résultat immédiat des efforts continus que nous avons faits pour gratifier nos sens.

PERFECTIONNEMENT DES SENS. 3. — Ces sens, nos favoris, sont cependant loin d'être parfaits, et je ne m'arrêterai pas à le prouver. J'observerai seulement que la vue, ce sens si éthéré, et le toucher, qui est à l'autre bout de l'échelle, ont acquis, avec le temps, une puissance additionnelle très remarquable.

Par le moyen des *besicles*, l'œil échappe, pour ainsi dire, à l'affaiblissement sénile qui opprime la plupart des autres organes.

Le *télescope* a découvert des astres jusqu'alors inconnus et inaccessibles à tous nos moyens de mensuration ; il s'est enfoncé à des distances telles, que des corps lumineux et nécessairement immenses ne se présentent à nous que comme des taches nébuleuses et presque imperceptibles.

Le *microscope* nous a initiés dans la connaissance de la configuration intérieure des corps ; il nous a montré une végétation et des plantes dont nous ne soupçonnions pas même l'existence. Enfin, nous avons vu des animaux cent mille fois au-dessous du plus petit de ceux qu'on aperçoit à l'œil nu ; ces animalcules se meuvent cependant, se nourrissent et se reproduisent : ce qui suppose des organes d'une ténuité à laquelle l'imagination ne peut pas atteindre.

D'un autre côté, la mécanique a multiplié les forces ; l'homme a exécuté tout ce qu'il a pu concevoir, et a remué des fardeaux que la nature avait créés inaccessibles à sa faiblesse.

A l'aide des armes et du levier, l'homme a subjugué toute la nature ; il l'a soumise à ses plaisirs, à ses besoins, à ses caprices ; il en a bouleversé la surface, et un faible bipède est devenu le roi de la création.

La vue et le toucher, ainsi agrandis dans leur puissance, pourraient appartenir à une espèce bien supérieure à l'homme ; ou plutôt l'espèce humaine serait tout autre, si tous les sens avaient été ainsi améliorés.

Il faut remarquer cependant que, si le toucher a acquis un grand développement comme puissance musculaire, la civilisation n'a presque rien fait pour lui comme organe sensitif ; mais il ne faut désespérer de rien, et se ressouvenir que l'espèce humaine est encore bien jeune, et que ce n'est qu'après une longue série de siècles que les sens peuvent agrandir leur domaine.

Par exemple, ce n'est que depuis environ quatre siècles qu'on a découvert l'*harmonie,* science toute céleste, et qui est aux sons ce que la peinture est aux couleurs [1].

Sans doute les anciens savaient chanter, accompagnés d'instruments à l'unisson; mais là se bornaient leurs connaissances; ils ne savaient ni décomposer les sons ni en apprécier les rapports.

Ce n'est que depuis le XVe siècle qu'on a fixé la tonalisation, réglé la marche des accords, et qu'on s'en est aidé pour soutenir la voix et renforcer l'expression des sentiments.

Cette découverte, si tardive et cependant si naturelle, a dédoublé l'ouïe; elle y a montré deux facultés en quelque sorte indépendantes, dont l'une reçoit les sons, et l'autre en apprécie la résonance.

Les docteurs allemands disent que ceux qui sont sensibles à l'harmonie ont un sens de plus que les autres.

Quant à ceux pour qui la musique n'est qu'un amas de sons confus, il est bon de remarquer que presque tous chantent faux; et il faut croire, ou que chez eux l'appareil auditif est fait de manière à ne recevoir que des vibrations courtes et sans ondulations, ou plutôt que les deux oreilles n'étant pas au même diapason, la différence en longueur et en sensibilité de leurs parties constituantes fait qu'elles ne transmettent au cerveau

---

[1]. Nous savons qu'on a soutenu le contraire, mais ce système est sans appui.

Si les anciens avaient connu l'harmonie, leurs écrits nous auraient conservé quelques notions précises à cet égard, au lieu qu'on ne se prévaut que de quelques phrases obscures, qui se prêtent à toutes les inductions.

D'ailleurs, on ne peut suivre la naissance et les progrès de l'harmonie dans les monuments qui nous restent; c'est une obligation que nous avons aux Arabes, qui nous firent présent de l'orgue, qui, faisant entendre à la fois plusieurs sons continus, fit naître la première idée de l'harmonie.

qu'une sensation obscure et indéterminée, comme deux instruments qui ne joueraient ni dans le même ton ni dans la même mesure, et ne feraient entendre aucune mélodie suivie.

Les derniers siècles qui se sont écoulés, ont aussi donné à la sphère du goût d'importantes extensions : la découverte du sucre et de ses diverses préparations, les liqueurs alcooliques, les glaces, la vanille, le thé, le café, nous ont transmis des saveurs d'une nature jusqu'alors inconnue.

Qui sait si le toucher n'aura pas son tour, et si quelque hasard heureux ne nous ouvrira pas, de ce côté-là, quelque source de jouissances nouvelles : ce qui est d'autant plus probable que la sensibilité tactile existe par tout le corps, et conséquemment peut partout être excitée.

PUISSANCE DU GOÛT. 4. — On a vu que l'amour physique a envahi toutes les sciences : il agit en cela avec cette tyrannie qui le caractérise toujours.

Le goût, cette faculté plus prudente, plus mesurée, quoique non moins active ; le goût, disons-nous, est parvenu au même but avec une lenteur qui assure la durée de ses succès.

Nous nous occuperons ailleurs à en considérer la marche ; mais déjà nous pourrons remarquer que celui qui a assisté à un repas somptueux, dans une salle ornée de glaces, de peintures, de sculptures, de fleurs, embaumée de parfums, enrichie de jolies femmes, remplie des sons d'une douce harmonie ; celui-là, disons-nous, n'aura pas besoin d'un grand effort d'esprit pour se convaincre que toutes les sciences ont été mises à contribution pour rehausser et encadrer convenablement les jouissances du goût.

BUT DE L'ACTION DES SENS. 5. — Jetons maintenant un coup d'œil général sur le système de nos sens pris dans leur ensemble ; et nous verrons que l'auteur de la création a eu deux buts, dont l'un est la conséquence de l'autre : savoir : la conservation de l'individu et la durée de l'espèce.

Telle est la destinée de l'homme, considéré comme

être sensitif : c'est à cette double fin que se rapportent toutes ses actions.

L'œil aperçoit les objets extérieurs, révèle les merveilles dont l'homme est environné, et lui apprend qu'il fait partie d'un grand tout.

L'ouïe perçoit les sons, non seulement comme sensation agréable, mais encore comme avertissement du mouvement des corps qui peuvent occasionner quelque danger.

La sensibilité veille pour donner, par le moyen de la douleur, avis de toute lésion immédiate.

La main, ce serviteur fidèle, a non seulement préparé sa retraite, assuré ses pas, mais encore saisi, de préférence, les objets que l'instinct lui fait croire propres à réparer les pertes causées par l'entretien de la vie.

L'odorat les explore ; car les substances délétères sont presques toujours de mauvaise odeur.

Alors le goût se décide, les dents sont mises en action, la langue s'unit au palais pour savourer, et bientôt l'estomac commencera l'assimilation.

Dans cet état, une langueur inconnue se fait sentir, les objets se décolorent, le corps plie, les yeux se ferment ; tout disparaît, et les sens sont dans un repos absolu.

A son réveil, l'homme voit que rien n'a changé autour de lui ; cependant un feu secret fermente dans son sein ; un organe nouveau s'est développé ; il sent qu'il a besoin de partager son existence.

Ce sentiment actif, inquiet, impérieux, est commun aux deux sexes ; il les rapproche, les unit, et quand le germe d'une existence nouvelle est fécondé, les individus peuvent dormir en paix : ils viennent de remplir le plus saint de leurs devoirs en assurant la durée de l'espèce [1].

---

1. M. de Buffon a peint, avec tous les charmes de la plus brillante éloquence, les premiers moments de l'existence d'Eve. Appelé à traiter un sujet presque semblable, nous n'avons prétendu donner qu'un dessin au simple trait ; les lecteurs sauront bien y ajouter le color.

Tels sont les aperçus généraux et philosophiques que j'ai cru devoir offrir à mes lecteurs, pour les amener naturellement à l'examen plus spécial de l'organe du goût.

MÉDITATION II

DU GOÛT

DÉFINITION DU GOÛT. 6. — Le goût est celui de nos sens qui nous met en relation avec les corps sapides, au moyen de la sensation qu'ils causent dans l'organe destiné à les apprécier.

Le goût, qui a pour excitateurs l'appétit, la faim et la soif, est la base de plusieurs opérations dont le résultat est que l'individu croît, se développe, se conserve et répare les pertes causées par les évaporations vitales.

Les corps organisés ne se nourrissent pas tous de la même manière; l'auteur de la création, également varié dans ses méthodes et sûr dans ses effets, leur a assigné divers modes de conservation.

Les végétaux, qui se trouvent au bas de l'échelle des êtres vivants, se nourrissent par des racines qui, implantées dans le sol natal, choisissent, par le jeu d'une mécanique particulière, les diverses substances qui ont la propriété de servir à leur croissance et à leur entretien.

En remontant un peu plus haut, on rencontre les corps doués de la vie animale, mais privés de locomotion; ils naissent dans un milieu qui favorise leur existence, et des organes spéciaux en extraient tout ce qui est nécessaire pour soutenir la portion de vie et de durée qui leur a été accordée; ils ne cherchent pas leur nourriture, la nourriture vient les chercher.

Un autre mode a été fixé pour la conservation des animaux qui parcourent l'univers, et dont l'homme est sans contredit le plus parfait. Un instinct particulier l'avertit qu'il a besoin de se repaître; il cherche, il saisit les objets dans lesquels il soupçonne la propriété d'apaiser ses besoins; il mange, se restaure, et parcourt ainsi, dans la vie, la carrière qui lui est assignée.

Le goût peut se considérer sous trois rapports :

Dans l'homme physique, c'est l'appareil au moyen duquel il apprécie les saveurs;

Considéré dans l'homme moral, c'est la sensation qu'excite, au centre commun, l'organe impressionné par un corps savoureux; enfin, considéré dans sa cause matérielle, le goût est la propriété qu'a un corps d'impressionner l'organe et de faire naître la sensation.

Le goût paraît avoir deux usages principaux :

1° Il nous invite, par le plaisir, à réparer les pertes continuelles que nous faisons par l'action de la vie.

2° Il nous aide à choisir, parmi les diverses substances que la nature nous présente, celles qui sont propres à nous servir d'aliments.

Dans ce choix, le goût est puissamment aidé par l'odorat, comme nous le verrons plus tard; car on peut établir, comme maxime générale, que les substances nutritives ne sont repoussantes ni au goût ni à l'odorat.

MÉCANIQUE DU GOÛT. 7. — Il n'est pas facile de déterminer en quoi consiste l'organe du goût. Il est plus compliqué qu'il ne paraît.

Certes, la langue joue un grand rôle dans le mécanisme de la dégustation; car considérée comme douée d'une force musculaire assez franche, elle sert à gâcher, retourner, pressurer et avaler les aliments.

De plus, au moyen des papilles plus ou moins nombreuses dont elle est parsemée, elle s'imprègne des particules sapides et solubles des corps avec lesquels elle se trouve en contact; mais tout cela ne suffit pas, et plusieurs autres parties adjacentes concourent à compléter la sensation, savoir : les joues, le palais et surtout la fosse nasale, sur laquelle les physiologistes n'ont peut-être pas assez insisté.

Les joues fournissent la salive, également nécessaire à la mastication et à la formation du bol alimentaire ; elles sont, ainsi que le palais, douées d'une portion de facultés appréciatives ; je ne sais pas même si, dans certains cas, les gencives n'y participent pas un peu ; et, sans l'odoration qui s'opère dans l'arrière-bouche, la sensation du goût serait obtuse et tout à fait imparfaite.

Les personnes qui n'ont pas de langue, ou à qui elle a été coupée, ont encore assez bien la sensation du goût. Le premier cas se trouve dans tous les livres ; le second m'a été assez bien expliqué par un pauvre diable auquel les Algériens avaient coupé la langue, pour le punir de ce qu'avec quelques-uns de ses camarades de captivité, il avait formé le projet de se sauver et de s'enfuir.

Cet homme, que je rencontrai à Amsterdam, où il gagnait sa vie à faire des commissions, avait eu quelque éducation, et on pouvait facilement s'entretenir avec lui par écrit.

Après avoir observé qu'on lui avait enlevé toute la partie antérieure de la langue jusqu'au filet, je lui demandai s'il trouvait encore quelque saveur à ce qu'il mangeait, et si la sensation du goût avait survécu à l'opération cruelle qu'il avait subie.

Il me répondit que ce qui le fatiguait le plus était d'avaler (ce qu'il ne faisait qu'avec quelque difficulté) ; qu'il avait assez bien conservé le goût ; qu'il appréciait, comme les autres, ce qui était peu sapide ou agréable ; mais que les choses fortement acides ou amères lui causaient d'intolérables douleurs.

Il m'apprit encore que l'abscision de la langue était commune dans les royaumes d'Afrique ; qu'on l'appliquait spécialement à ceux qu'on croyait avoir été chefs de quelque complot, et qu'on avait des instruments qui y étaient appropriés. J'aurais voulu qu'il m'en fît la description ; mais il me montra, à cet égard, une répugnance tellement douloureuse, que je n'insistai pas.

Je réfléchis sur ce qu'il me disait, et, remontant aux siècles d'ignorance, où l'on perçait et coupait la langue aux blasphémateurs, et à l'époque où ces lois avaient été faites, je me crus en droit de conclure qu'elles étaient d'origine africaine, et importées par le retour des croisés.

On a vu plus haut que la sensation du goût résidait principalement dans les papilles de la langue. Or, l'anatomie nous apprend que toutes les langues n'en sont pas également munies ; de sorte qu'il en est telle où l'on en trouve trois fois plus que dans telle autre. Cette circonstance explique pourquoi, de deux convives assis au même banquet, l'un est délicieusement affecté, tandis que l'autre a l'air de ne manger que comme contraint : c'est que ce dernier a la langue faiblement outillée, et que l'empire de la saveur a aussi ses aveugles et ses sourds.

SENSATION DU GOÛT. 8. — On a ouvert cinq ou six avis sur la manière dont s'opère la sensation du goût ; j'ai aussi le mien, et le voici :

La sensation du goût est une opération chimique qui se fait par voie humide, comme nous disions autrefois, c'est-à-dire qu'il faut que les molécules sapides soient dissoutes dans un fluide quelconque, pour pouvoir ensuite être absorbées par les houppes nerveuses, papilles ou suçoirs, qui tapissent l'intérieur de l'appareil dégustateur.

Ce système, neuf ou non, est appuyé de preuves physiques et presques palpables.

L'eau pure ne cause point la sensation du goût, parce qu'elle ne contient aucune particule sapide. Dissolvez-y un grain de sel, quelques gouttes de vinaigre, la sensation aura lieu.

Les autres boissons, au contraire, nous impressionnent parce qu'elles ne sont autre chose que des solutions plus ou moins chargées de particules appréciables.

Vainement la bouche se remplirait-elle de particules divisées d'un corps insoluble, la langue éprouverait la sensation du toucher, et nullement celle du goût.

Quant aux corps solides et savoureux, il faut que les dents les divisent, que la salive et les autres fluides gustuels les imbibent, et que la langue les presse contre le palais pour en exprimer un suc qui, pour lors suffisamment chargé de sapidité, est apprécié par les papilles dégustatrices, qui délivrent au corps ainsi trituré le passeport qui lui est nécessaire pour être admis dans l'estomac.

Ce système, qui recevra encore d'autres développements, répond sans effort aux principales questions qui peuvent se présenter.

Car, si on demande ce qu'on entend par corps sapides, on répond que c'est tout corps soluble et propre à être absorbé par l'organe du goût.

Et si on demande comment le corps sapide agit, on répond qu'il agit toutes les fois qu'il se trouve dans un état de dissolution tel qu'il puisse pénétrer dans les cavités chargées de recevoir et de transmettre la sensation.

En un mot, rien de sapide que ce qui est déjà dissous ou prochainement soluble.

DES SAVEURS. 9. — Le nombre des saveurs est infini, car tout corps soluble a une saveur spéciale, qui ne ressemble entièrement à aucune autre.

Les saveurs se modifient en outre par leur agrégation simple, double, multiple ; de sorte qu'il est impossible d'en faire le tableau, depuis la plus attrayante jusqu'à la plus insupportable, depuis la fraise jusqu'à la coloquinte. Aussi, tous ceux qui l'ont essayé ont-ils à peu près échoué.

Ce résultat ne doit pas étonner : car étant donné qu'il existe des séries indéfinies de saveurs simples qui peuvent se modifier par leur adjonction réciproque en tout nombre et en toute quantité, il faudrait une langue nouvelle pour exprimer tous ces effets, des montagnes d'*in-folios* pour les définir, et des caractères numériques inconnus pour les étiqueter.

Or, comme jusqu'ici ne s'est encore présentée aucune circonstance où quelque saveur ait dû être appréciée avec une exactitude rigoureuse, on a été forcé de s'en tenir à un petit nombre d'expressions générales, telles que *doux*, *sucré*, *acide*, *acerbe*, et autres pareilles, qui s'expriment, en dernière analyse, par les deux suivantes : *agréable* ou *désagréable* au goût, et suffisent pour se faire entendre et pour indiquer à peu près la propriété gustuelle du corps sapide dont on s'occupe.

Ceux qui viendront après nous en sauront davantage ; et il n'est déjà plus permis de douter que la chimie ne leur révèle les causes ou les éléments primitifs des saveurs.

INFLUENCE DE L'ODORAT SUR LE GOÛT. 10. — L'ordre que je me suis prescrit m'a insensiblement amené au moment de rendre à l'odorat les droits qui lui appartiennent et de reconnaître les services importants qu'il nous rend dans l'appréciation des saveurs ; car, parmi les auteurs qui me sont tombés sous la main, je n'en ai trouvé aucun qui me paraisse lui avoir fait pleine et entière justice.

Pour moi, je suis non seulement persuadé que, sans la participation de l'odorat, il n'y a point de dégustation complète, mais encore je suis tenté de croire que l'odorat et le goût ne forment qu'un seul sens, dont la bouche est le laboratoire, et le nez la cheminée ; ou, pour parler plus exactement, dont l'un sert à la dégustation des corps tactiles, et l'autre à la dégustation des gaz.

Ce système peut être rigoureusement défendu ; cependant, comme je n'ai point la prétention de faire secte, je ne le hasarde que pour donner à penser à mes lecteurs, et pour montrer que j'ai vu de près le sujet que je traite. Maintenant, je continue ma démonstration au sujet de l'importance de l'odorat, sinon comme partie constituante du goût, du moins comme accessoire obligé.

Tout corps sapide est nécessairement odorant : ce qui le place dans l'empire de l'odorat comme dans l'empire du goût.

On ne mange rien sans le sentir avec plus ou moins de réflexion ; et, pour les aliments inconnus, le nez fait toujours fonction de sentinelle avancée, qui crie : *Qui va là ?*

Quand on intercepte l'odorat, on paralyse le goût ; c'est ce qui se prouve par trois expériences que tout le monde peut vérifier avec un egal succès.

Première expérience : Quand la membrane nasale est irritée par un violent *coryza* (rhume de cerveau), le goût est entièrement oblitéré ; on ne trouve aucune saveur à ce qu'on avale ; et cependant la langue reste dans son état naturel.

Seconde expérience : Si on mange en se serrant le nez, on est tout étonné de n'éprouver la sensation du goût que d'une manière obscure et imparfaite ; par ce moyen, les médicaments les plus repoussants passent presque inaperçus.

Troisième expérience : On observe le même effet, si, au moment où l'on avale, au lieu de laisser revenir la langue à sa place naturelle, on continue à la tenir attachée au palais ; en ce cas, on intercepte la circulation de l'air, l'odorat n'est point frappé, et la gustation n'a pas lieu.

Ces divers effets dépendent de la même cause, le défaut de coopération de l'odorat : ce qui fait que le corps sapide n'est apprécié que pour son suc, et non pour le gaz odorant qui en émane.

ANALYSE DE LA SENTATION DU GOÛT. 11. — Les principes étant ainsi posés, je regarde comme certain que le goût donne lieu à des sentiments de trois ordres différents, savoir : la sensation *directe*, la sensation *complète* et la sensation *réfléchie*.

La sensation *directe* est ce premier aperçu qui naît du travail immédiat des organes de la bouche, pendant que le corps appréciable se trouve encore sur la langue antérieure.

La sensation *complète* est celle qui se compose de ce premier aperçu et de l'impression qui naît quand l'aliment abandonne cette première position, passe dans l'arrière-bouche, et frappe tout l'organe par son goût et par son parfum.

Enfin, la sensation *réfléchie* est le jugement que

porte l'âme sur les impressions qui lui sont transmises par l'organe.

Mettons ce système en action, en voyant ce qui se passe dans l'homme qui mange ou qui boit.

Celui qui mange une pêche, par exemple, est d'abord frappé agréablement par l'odeur qui en émane ; il la met dans sa bouche, et éprouve une sensation de fraîcheur et d'acidité qui l'engage à continuer ; mais ce n'est qu'au moment où il avale et que la bouchée passe sous la fosse nasale que le parfum lui est révélé ; ce qui complète la sensation que doit causer une pêche. Enfin, ce n'est que lorsqu'il a avalé que, jugeant ce qu'il vient d'éprouver, il se dit à lui-même : « Voilà qui est délicieux ! »

Pareillement, quand on boit, tant que le vin est dans la bouche, on est agréablement, mais non parfaitement impressionné ; ce n'est qu'au moment où l'on cesse d'avaler qu'on peut véritablement goûter, apprécier et découvrir le parfum particulier à chaque espèce ; et il faut un petit intervalle de temps pour que le gourmet puisse dire : « Il est bon, passable ou mauvais. Peste ! c'est du Chambertin ! Oh ! mon Dieu ! c'est du Surène ! »

On voit par-là que c'est conséquemment aux principes, et par suite d'une pratique bien entendue, que les vrais amateurs *sirotent* leur vin (*they sip it*) ; car à chaque gorgée, quand ils s'arrêtent, ils ont la somme entière du plaisir qu'ils auraient éprouvé s'ils avaient bu le verre d'un seul trait.

La même chose se passe encore, mais avec bien plus d'énergie, quand le goût doit être désagréablement affecté.

Voyez ce malade que la Faculté contraint à s'ingérer un énorme verre d'une médecine noire, telle qu'on les buvait sous le règne de Louis XIV.

L'odorat, moniteur fidèle, l'avertit de la saveur repoussante de la liqueur traîtresse ; ses yeux s'arrondissent comme à l'approche du danger ; le dégoût est sur ses lèvres, et déjà son estomac se soulève. Cependant on l'exhorte, il s'arme de courage, se gargarise d'eau-de-vie, se serre le nez et boit...

Tant que le breuvage empesté remplit la bouche et tapisse l'organe, la sensation est confuse et l'état supportable; mais, à la dernière gorgée, les arrière-goûts se développent, les odeurs nauséabondes agissent, et tous les traits du patient expriment une horreur et un goût que la peur de la mort peut seule affronter.

S'il est question, au contraire, d'une boisson insipide, comme, par exemple, un verre d'eau, on n'a ni goût ni arrière-goût; on n'éprouve rien, on ne pense à rien; on a bu, et voilà tout.

ORDRE DES DIVERSES IMPRESSIONS DU GOÛT. 12. — Le goût n'est pas si richement doté que l'ouïe; celle-ci peut entendre et comparer plusieurs sons à la fois : le goût, au contraire, est simple en actualité, c'est-à-dire qu'il ne peut être impressionné par deux saveurs en même temps.

Mais il peut être double et même multiple par succession, c'est-à-dire que, dans le même acte de gulturation, on peut éprouver successivement une seconde et même une troisième sensation, qui vont en s'affaiblissant graduellement, et qu'on désigne par les mots arrière-goût, parfum ou fragrance; de la même manière que lorsqu'un son principal est frappé, une oreille exercée y distingue une ou plusieurs séries de consonances, dont le nombre n'est pas encore parfaitement connu.

Ceux qui mangent vite et sans attention ne discernent pas les impressions du second degré; elles sont l'apanage exclusif du petit nombre d'élus; et c'est par leur moyen qu'ils peuvent classer, par ordre d'excellence, les diverses substances soumises à leur examen.

Ces nuances fugitives vibrent encore longtemps dans l'organe du goût; les professeurs prennent, sans s'en douter, une position appropriée, et c'est toujours le cou allongé et le nez à bâbord qu'ils rendent leurs arrêts.

JOUISSANCES DONT LE GOÛT EST L'OCCASION. 13. — Jetons maintenant un coup d'œil philosophique sur le plaisir ou la peine dont le goût peut être l'occasion.

Nous trouvons d'abord l'application de cette vérité malheureusement trop générale, savoir : que l'homme est bien plus fortement organisé pour la douleur que pour le plaisir.

Effectivement, l'injection des substances acerbes, âcres ou amères au dernier degré, peut nous faire essuyer des sensations extrêmement pénibles ou douloureuses. On prétend même que l'acide hydrocyanique ne tue si promptement que parce qu'il cause une douleur si vive que les forces vitales ne peuvent la supporter sans s'éteindre.

Les sensations agréables ne parcourent, au contraire, qu'une échelle peu étendue, et s'il y a une différence assez sensible entre ce qui est insipide et ce qui flatte le goût, l'intervalle n'est pas très grand entre ce qui est reconnu pour bon et ce qui est réputé excellent ; ce qui est éclairci par l'exemple suivant : *premier terme*, un bouilli sec et dur ; *deuxième terme*, un morceau de veau ; *troisième terme*, un faisan cuit à point.

Cependant le goût, tel que la nature nous l'a accordé, est encore celui de nos sens qui, tout bien considéré, nous procure le plus de jouissances :

1° Parce que le plaisir de manger est le seul qui, pris avec modération, ne soit pas suivi de fatigue ;

2° Parce qu'il est de tous les temps, de tous les âges et de toutes les conditions ;

3° Parce qu'il revient nécessairement au moins une fois par jour, et qu'il peut être répété, sans inconvénient, deux ou trois fois dans cet espace de temps ;

4° Parce qu'il peut se mêler à tous les autres et même nous consoler de leur absence ;

5° Parce que les impressions qu'il reçoit sont à la fois plus durables et plus dépendantes de notre volonté ;

6° Enfin, parce qu'en mangeant nous éprouvons un certain bien-être indéfinissable et particulier, qui vient de la conscience instinctive ; que, par cela même que nous mangeons, nous réparons nos pertes et nous prolongeons notre existence.

C'est ce qui sera plus amplement développé au chapitre où nous traiterons spécialement *du plaisir de la table*, pris au point où la civilisation actuelle l'a amené.

SUPRÉMATIE DE L'HOMME. 14. — Nous avons été élevés dans la douce croyance que, de toutes les créatures qui marchent, nagent, rampent ou volent, l'homme est celle dont le goût est le plus parfait.

Cette foi est menacée d'être ébranlée.

Le docteur Gall, fondé sur je ne sais quelles inspections, prétend qu'il est des animaux chez qui l'appareil gustuel est plus développé, et partant plus parfait que celui de l'homme.

Cette doctrine est malsonnante et sent l'hérésie.

L'homme, de droit divin roi de toute la nature, et au profit duquel la terre a été couverte et peuplée, doit nécessairement être muni d'un organe qui puisse le mettre en rapport avec tout ce qu'il y a de sapide chez ses sujets.

La langue des animaux ne passe pas la portée de leur intelligence; dans les poissons, ce n'est qu'un os mobile; dans les oiseaux généralement, un cartilage membraneux; dans les quadrupèdes, elle est souvent revêtue d'écailles ou d'aspérités, et d'ailleurs elle n'a point de mouvements circonflexes.

La langue de l'homme, au contraire, par la délicatesse de sa contexture et des diverses membranes dont elle est environnée et avoisinée, annonce assez la sublimité des opérations auxquelles elle est destinée.

J'y ai, en outre, découvert au moins trois mouvements inconnus aux animaux, et que je nomme mouvements de *spication*, de *rotation* et de *verrition* (*verro*, lat., je balaie). Le premier a lieu quand la langue sort en forme d'épi d'entre les lèvres qui la compriment; le second, quand la langue se meut circulairement dans l'espace compris entre l'intérieur des joues et le palais; le troisième, quand la langue, se recourbant en dessus ou en dessous, ramasse les portions qui peuvent rester dans le canal demi-circulaire formé par les lèvres et les gencives.

Les animaux sont bornés dans leurs goûts : les uns ne vivent que de végétaux, d'autres ne mangent que de la chair ; d'autres se nourrissent exclusivement de graines ; aucun d'eux ne connaît les saveurs composées.

L'homme, au contraire, est *omnivore* ; tout ce qui est mangeable est soumis à son vaste appétit ; ce qui entraîne, pour conséquence immédiate des pouvoirs dégustateurs proportionnés à l'usage général qu'il doit en faire. Effectivement, l'appareil du goût est d'une rare perfection chez l'homme, et pour bien nous en convaincre, voyons-le manœuvrer.

Dès qu'un corps esculent est introduit dans la bouche, il est confisqué, gaz et sucs, sans retour.

Les lèvres s'opposent à ce qu'il rétrograde ; les dents s'en emparent et le broient ; la salive l'imbibe ; la langue le gâche et le retourne ; un mouvement aspiratoire le pousse vers le gosier ; la langue se soulève pour le faire glisser ; l'odorat le flaire en passant, et il est précipité dans l'estomac pour y subir des transformations ultérieures, sans que, dans toute cette opération, il se soit échappé une parcelle, une goutte ou un atome, qui n'ait pas été soumis au pouvoir appréciateur.

C'est aussi par suite de cette perfection que la gourmandise est l'apanage exclusif de l'homme.

Cette gourmandise est même contagieuse, et nous la transmettons assez promptement aux animaux que nous avons appropriés à notre usage, et qui font en quelque sorte société avec nous, tels que les éléphants, les chiens, les chats et même les perroquets.

Si quelques animaux ont la langue plus grosse, le palais plus développé, le gosier plus large, c'est que cette langue, agissant comme muscle, est destinée à remuer de grands poids ; le palais à presser ; le gosier à avaler de plus grosses portions ; mais toute analogie bien entendue s'oppose à ce qu'on puisse en induire que le sens est plus parfait.

D'ailleurs, le goût ne devant s'estimer que par la nature de la sensation qu'il porte au centre commun, l'impression reçue par l'animal ne peut pas se comparer à celle qui a lieu dans l'homme ; cette dernière, étant à la fois plus claire et plus précise, suppose nécessairement une qualité supérieure dans l'organe qui la transmet.

Enfin, que peut-on désirer dans une faculté susceptible d'un tel point de perfection, que les gourmands de Rome distinguaient, au goût, le poisson pris entre les ponts de celui qui avait été pêché plus bas ? N'en voyons-nous pas, de nos jours, qui ont découvert la saveur particulière de la cuisse sur laquelle la perdrix s'appuie en dormant ? Et ne sommes-nous pas environnés de gourmets qui peuvent indiquer la latitude sous laquelle un vin a mûri tout aussi sûrement qu'un élève de Biot ou d'Arago sait prédire une éclipse ?

Que s'ensuit-il de là ? Qu'il faut rendre à César ce qui est à César, proclamer l'homme *le grand gourmand de la nature*, et ne pas s'étonner si le bon docteur fait quelquefois comme Homère : *Auch zuweiller schlaffert der guter G*★★★.

MÉTHODE ADOPTÉE PAR L'AUTEUR. 15. — Jusqu'ici nous n'avons examiné le goût que sous le rapport de sa constitution physique ; et à quelques détails anatomiques près, que peu de personnes regretteront, nous nous sommes tenus au niveau de la science. Mais là ne finit pas la tâche que nous nous sommes imposée ; car c'est surtout de son histoire morale que ce sens réparateur tire son importance et sa gloire.

Nous avons donc rangé suivant un ordre analytique les théories et les faits qui composent l'ensemble de cette histoire, de manière qu'il puisse en résulter de l'instruction sans fatigue.

C'est ainsi que, dans les chapitres qui vont suivre, nous montrerons comment les sensations, à force de se répéter et de se réfléchir, ont perfectionné l'organe et étendu la sphère de ses pouvoirs ; comment le besoin de manger, qui n'était d'abord qu'un instinct, est devenu une passion influente, qui a pris un ascendant bien marqué sur tout ce qui tient à la société.

Nous dirons aussi comment toutes les sciences qui s'occupent de la composition des corps se sont accordées pour classer et mettre à part ceux de ces corps qui sont appréciables par le goût, et comment les voyageurs ont marché vers le même but, en soumettant à nos essais les substances que la nature ne semblait pas avoir destinées à jamais se rencontrer.

Nous suivrons la chimie au moment où elle a pénétré dans nos laboratoires souterrains pour y éclairer nos préparateurs, poser des principes, créer des méthodes et dévoiler des causes qui, jusque-là, étaient restées occultes.

Enfin, nous verrons comment, par le pouvoir combiné du temps et de l'expérience, une science nouvelle nous est tout à coup apparue, qui nourrit, restaure, conserve, persuade, console, et, non contente de jeter à pleines mains des fleurs sur la carrière de l'individu, contribue encore puissamment à la force et à la prospérité des empires.

Si, au milieu de ces graves élucubrations, une anecdote piquante, un souvenir aimable, quelque aventure d'une vie agitée, se présentent au bout de la plume, nous la laisserons couler, pour reposer un peu l'attention de nos lecteurs, dont le nombre ne nous effraie point, et avec lesquels, au contraire, nous nous plairons à confabuler ; car, si ce sont des hommes, nous sommes sûrs qu'ils sont aussi indulgents qu'instruits ; et si ce sont des dames, elles sont nécessairement charmantes.

Ici le professeur plein de son sujet, laissa tomber sa main, et s'éleva dans les hautes régions.

Il remonta le torrent des âges, et prit dans leur berceau les sciences qui ont pour but la gratification du goût ; il en suivit les progrès à travers la nuit des temps ; et voyant que pour les jouissances qu'elles nous procurent, les premiers siècles ont toujours été moins avantagés que ceux qui les ont suivis, il saisit sa lyre, et chanta sur le mode dorien, la Mélopée historique qu'on trouvera parmi les *Variétés* (Voyez à la fin du volume).

MÉDITATION III

DE LA GASTRONOMIE

ORIGINE DES SCIENCES. 16. —Les sciences ne sont pas comme Minerve, qui sortit tout armée du cerveau de Jupiter; elles sont filles du temps, et se forment insensiblement, d'abord par la collection des méthodes indiquées par l'expérience, et plus tard par la découverte des principes qui se déduisent de la combinaison de ces méthodes.

Ainsi les premiers vieillards que leur prudence fit appeler auprès du lit des malades, ceux que la compassion poussa à soigner les plaies, furent aussi les premiers médecins.

Les bergers d'Egypte, qui observèrent que quelques astres, après une certaine période, venaient correspondre au même endroit du ciel, furent les premiers astronomes.

Celui qui, le premier, exprima par des caractères cette proposition si simple : *deux plus deux égalent quatre*, créa les mathématiques, cette science si puissante, et qui a véritablement élevé l'homme sur le trône de l'univers.

Dans le cours des soixante dernières années qui viennent de s'écouler, plusieurs sciences nouvelles sont venues prendre place dans le système de nos connaissances, et entre autres, la stéréotomie, la géométrie descriptive et la chimie des gaz.

Toutes ces sciences, cultivées pendant un nombre infini de générations, feront des progrès d'autant plus sûrs que l'imprimerie les affranchit du danger de reculer. Eh ! qui sait, par exemple, si la chimie des gaz ne viendra pas à bout de maîtriser ces éléments jusqu'à présent si rebelles, de les mêler, de les combiner dans des proportions jusqu'ici non tentées, et d'obtenir, par ce moyen, des substances et des effets qui reculeraient de beaucoup les limites de nos pouvoirs.

ORIGINE DE LA GASTRONOMIE. 17. — La gastronomie s'est présentée à son tour, et toutes ses sœurs se sont approchées pour lui faire place.

Eh ! que pouvait-on refuser à celle qui nous soutient de la naissance au tombeau, qui accroît les délices de l'amour et la confiance de l'amitié, qui désarme la haine, facilite les affaires, et nous offre, dans le court trajet de la vie, la seule jouissance qui, n'étant pas suivie de fatigue, nous délasse encore de toutes les autres !

Sans doute, tant que les préparations ont été exclusivement confiées à des serviteurs salariés, tant que le secret en est resté dans les souterrains, tant que les cuisiniers seuls se sont réservé cette matière et qu'on n'a écrit que des dispensaires, les résultats de ces travaux n'ont été que les produits d'un art.

Mais enfin, trop tard peut-être, les savants se sont approchés.

Ils ont examiné, analysé et classé les substances alimentaires, et les ont réduites à leurs plus simples éléments.

Ils ont sondé les mystères de l'assimilation, et suivant la matière inerte dans ses métamorphoses, ils ont vu comment elle pouvait prendre vie.

Ils ont suivi la diète dans ses effets passagers ou permanents, sur quelques jours, sur quelques mois, ou sur toute la vie.

Ils ont apprécié son influence jusque sur la faculté de penser, soit que l'âme se trouve impressionnée par les sens, soit qu'elle sente sans le secours de ces organes ; et de tous ces travaux ils ont déduit une haute théorie, qui embrasse tout l'homme et toute la partie de la création qui peut s'animaliser.

Tandis que toutes ces choses se passaient dans les

cabinets des savants, on disait tout haut dans les salons que la science qui nourrit les hommes vaut bien au moins celle qui enseigne à les faire tuer ; les poètes chantaient les plaisirs de la table, et les livres qui avaient la bonne chère pour objet présentaient des vues plus profondes et des maximes d'un intérêt plus général.

Telles sont les circonstances qui ont précédé l'avènement de la gastronomie.

DÉFINITION DE LA GASTRONOMIE. 18. — La gastronomie est la connaissance raisonnée de tout ce qui a rapport à l'homme, en tant qu'il se nourrit.

Son but est de veiller à la conservation des hommes, au moyen de la meilleure nourriture possible.

Elle y parvient en dirigeant, par des principes certains, tous ceux qui recherchent, fournissent ou préparent les choses qui peuvent se convertir en aliments.

Ainsi, c'est elle, à vrai dire, qui fait mouvoir les cultivateurs, les vignerons, les pêcheurs, les chasseurs et la nombreuse famille des cuisiniers, quel que soit le titre ou la qualification sous laquelle ils déguisent leur emploi à la préparation des aliments.

La gastronomie tient :

A l'histoire naturelle, par la classification qu'elle fait des substances alimentaires ;

A la physique, par l'examen de leurs compositions et de leurs qualités ;

A la chimie, par les diverses analyses et décompositions qu'elle leur fait subir ;

A la cuisine, par l'art d'apprêter les mets et de les rendre agréables au goût ;

Au commerce, par la recherche des moyens d'acheter au meilleur marché possible ce qu'elle consomme, et de débiter le plus avantageusement ce qu'elle présente à vendre ;

Enfin, à l'économie politique, par les ressources qu'elle présente à l'impôt, et par les moyens d'échange qu'elle établit entre les nations.

La gastronomie régit la vie tout entière ; car les

pleurs du nouveau-né appellent le sein de sa nourrice ; et le mourant reçoit encore avec quelque plaisir la potion suprême qu'hélas ! il ne doit plus digérer.

Elle s'occupe aussi de tous les états de la société ; car si c'est elle qui dirige les banquets des rois rassemblés, c'est encore elle qui a calculé le nombre de minutes d'ébullition qui est nécessaire pour qu'un œuf frais soit cuit à point.

Le sujet matériel de la gastronomie est tout ce qui peut être mangé ; son but direct, la conservation des individus, et ses moyens d'exécution, la culture qui produit, le commerce qui échange, l'industrie qui prépare, et l'expérience qui invente les moyens de tout disposer pour le meilleur usage.

OBJETS DIVERS DONT S'OCCUPE LA GASTRONOMIE. 19. — La gastronomie considère le goût dans ses jouissances comme dans ses douleurs ; elle a découvert les excitations graduelles dont il est susceptible ; elle en a régularisé l'action, et a posé les limites que l'homme qui se respecte ne doit jamais outrepasser.

Elle considère aussi l'action des aliments sur le moral de l'homme, sur son imagination, son esprit, son jugement, son courage et ses perceptions, soit qu'il veille, soit qu'il dorme, soit qu'il agisse, soit qu'il repose.

C'est la gastronomie qui fixe le point d'esculence de chaque substance alimentaire, car toutes ne sont pas présentables dans les mêmes circonstances.

Les unes doivent être prises avant que d'être parvenues à leur entier développement, comme les câpres, les asperges, les cochons de lait, les pigeons à la cuiller, et autres animaux qu'on mange dans le premier âge ; d'autres, au moment où elles ont atteint toute la perfection qui leur est destinée, comme les melons, la plupart des fruits, le mouton, le bœuf, et tous les animaux adultes ; d'autres, quand elles commencent à se décomposer, telles que les nèfles, la bécasse, et surtout le faisan ; d'autres, enfin, après que les opérations de l'art leur ont ôté leurs qualités malfaisantes, telles que la pomme de terre, le manioc, et d'autres.

C'est encore la gastronomie qui classe ces substances d'après leurs qualités diverses, qui indique celles qui peuvent s'associer, et qui, mesurant leurs divers degrés d'alibilité, distingue celles qui doivent faire la base de nos repas d'avec celles qui n'en sont que des accessoires, et d'avec celles encore qui, n'étant déjà plus nécessaires, sont cependant une distraction agréable, et deviennent l'accompagnement obligé de la confabulation conviviale.

Elle ne s'occupe pas avec moins d'intérêt des boissons qui nous sont destinées, suivant le temps, les lieux et les climats. Elle enseigne à les préparer, à les conserver, et surtout à les présenter dans un ordre tellement calculé, que la jouissance qui en résulte aille toujours en augmentant, jusqu'au moment où le plaisir finit et où l'abus commence.

C'est la gastronomie qui inspecte les hommes et les choses, pour transporter d'un pays à l'autre tout ce qui mérite d'être connu, et qui fait qu'un festin savamment ordonné est comme un abrégé du monde, où chaque partie figure par ses représentants.

UTILITÉ DES CONNAISSANCES GASTRONOMIQUES. 20. — Les connaissances gastronomiques sont nécessaires à tous les hommes, puisqu'elles tendent à augmenter la somme de plaisir qui leur est destinée : cette utilité augmente en proportion de ce qu'elle est appliquée à des classes plus aisées de la société ; enfin elles sont indispensables à ceux qui, jouissant d'un grand revenu, reçoivent beaucoup de monde, soit qu'en cela ils fassent acte d'une représentation nécessaire, soit qu'ils suivent leur inclination, soit enfin qu'ils obéissent à la mode.

Ils y trouvent cet avantage spécial, qu'il y a de leur part quelque chose de personnel dans la manière dont leur table est tenue ; qu'ils peuvent surveiller jusqu'à un certain point les dépositaires forcés de leur confiance, et même les diriger en beaucoup d'occasions.

Le prince de Soubise avait un jour l'intention de donner une fête ; elle devait se terminer par un souper, et il en avait demandé le menu :

Le maître d'hôtel se présente à son lever avec une belle pancarte à vignettes, et le premier article sur lequel le prince jeta les yeux fut celui-ci : *cinquante jambons.* « Eh quoi ! Bertrand, dit-il, je crois que tu extravagues ; cinquante jambons ! veux-tu donc régaler tout mon régiment ? — Non, mon prince ; il n'en paraîtra qu'un sur la table ; mais le surplus ne m'est pas moins nécessaire pour mon espagnole, mes blonds, mes garnitures, mes... — Bertrand vous me volez, et cet article ne passera pas. — Ah ! monseigneur, dit l'artiste, pouvant à peine retenir sa colère, vous ne connaissez pas nos ressources ! Ordonnez, et ces cinquante jambons qui vous offusquent, je vais les faire entrer dans un flacon de cristal pas plus gros que le pouce. »

Que répondre à une assertion aussi positive ? Le prince sourit, baissa la tête, et l'article passa.

INFLUENCE DE LA GASTRONOMIE DANS LES AFFAIRES.
21. — On sait que chez les hommes encore voisins de l'état de nature aucune affaire de quelque importance ne se traite qu'à table ; c'est au milieu des festins que les sauvages décident la guerre ou font la paix ; et, sans aller si loin, nous voyons que les villageois font toutes leurs affaires au cabaret.

Cette observation n'a pas échappé à ceux qui ont souvent à traiter les plus grands intérêts ; ils ont vu que l'homme repu n'était pas le même que l'homme à jeun ; que la table établissait une espèce de lien entre celui qui traite et celui qui est traité ; qu'elle rendait les convives plus aptes à recevoir certaines impressions, à se soumettre à de certaines influences ; de là est née la gastronomie politique. Les repas sont devenus un moyen de gouvernement, et le sort des peuples s'est décidé dans un banquet. Ceci n'est ni un paradoxe ni même une nouveauté, mais une simple observation de faits. Qu'on ouvre tous les historiens, depuis Hérodote jusqu'à nos jours, et on verra que, sans même en excepter les conspirations, il ne s'est jamais passé un grand événement qui n'ait été conçu, préparé et ordonné dans les festins.

ACADÉMIE DES GASTRONOMES. 22. — Tel est, au premier aperçu, le domaine de la gastronomie, domaine fertile en résultats de toute espèce, et qui ne peut que s'agrandir par les découvertes et les travaux des savants qui vont le cultiver; car il est impossible que, avant le laps de peu d'années, la gastronomie n'ait pas ses académiciens, ses cours, ses professeurs, et ses propositions de prix.

D'abord, un gastronome riche et zélé établira chez lui des assemblées périodiques, où les plus savants théoriciens se réuniront aux artistes, pour discuter et approfondir les diverses parties de la science alimentaire.

Bientôt (et telle est l'histoire de toutes les académies) le gouvernement interviendra, régularisera, protégera, instituera, et saisira l'occasion de donner au peuple une compensation pour tous les orphelins que le canon a faits, pour toutes les Arianes que la générale a fait pleurer.

Heureux le dépositaire au pouvoir qui attachera son nom à cette institution si nécessaire! Ce nom sera répété d'âge en âge avec ceux de Noé, de Bacchus, de Triptolème, et des autres bienfaiteurs de l'humanité; il sera, parmi les ministres, ce que Henri IV est parmi les rois, et son éloge sera dans toutes les *bouches*, sans qu'aucun règlement en fasse une nécessité.

MÉDITATION IV

DE L'APPÉTIT

DÉFINITION DE L'APPÉTIT. 23. — Le mouvement et la vie occasionnent, dans le corps vivant, une déperdition continuelle de substance; et le corps humain, cette machine si compliquée, serait bientôt hors de service, si la Providence n'y avait placé un ressort qui l'avertit du moment où ses forces ne sont plus en équilibre avec ses besoins.

Ce moniteur est l'appétit. On entend par ce mot la première impression du besoin de manger.

L'appétit s'annonce par un peu de langueur dans l'estomac et une légère sensation de fatigue.

En même temps, l'âme s'occupe d'objets analogues à ses besoins; la mémoire se rappelle les choses qui ont flatté le goût; l'imagination croit les voir; il y a là quelque chose qui tient du rêve. Cet état n'est pas sans charmes; et nous avons entendu des milliers d'adeptes s'écrier dans la joie de leur cœur : « Quel plaisir d'avoir un bon appétit, quand on a la certitude de faire bientôt un excellent repas ! »

Cependant l'appareil nutritif s'émeut tout entier : l'estomac devient sensible; les sucs gastriques s'exaltent; les gaz intérieurs se déplacent avec bruit; la bouche se remplit de sucs, et toutes les puissances digestives sont sous les armes, comme des soldats qui n'attendent plus que le commandement pour agir. Encore quelques moments, on aura des mouvements spasmodiques, on bâillera, on souffrira, on aura faim.

On peut observer toutes les nuances de ces divers états dans tout salon où le dîner se fait attendre.

Elles sont tellement dans la nature, que la politesse la plus exquise ne peut en déguiser les symptômes; d'où j'ai dégagé cet apophtegme : *De toutes les qualités du cuisinier, la plus indispensable est l'exactitude.*

ANECDOTE. 24. — J'appuie cette grave maxime par les détails d'une observation faite dans une réunion dont je faisais partie,

Quorum pars magna fui,

et où le plaisir d'observer me sauva des angoisses de la misère.

J'étais un jour invité à dîner chez un haut fonctionnaire public. Le billet d'invitation était pour cinq heures et demie, et au moment indiqué, tout le monde était rendu ; car on savait qu'il aimait qu'on fût exact, et grondait quelquefois les paresseux.

Je fus frappé, en arrivant, de l'air de consternation que je vis régner dans l'assemblée : on se parlait à l'oreille, on regardait dans la cour à travers les carreaux de la croisée ; quelques visages annonçaient la stupeur : il était certainement arrivé quelque chose d'extraordinaire.

Je m'approchai de celui des convives que je crus le plus en état de satisfaire ma curiosité, et lui demandai ce qu'il y avait de nouveau. « Hélas ! me répondit-il avec l'accent de la plus profonde affliction, monseigneur vient d'être mandé au conseil-d'Etat ; il part en ce moment, et qui sait quand il reviendra ! — N'est-ce que cela ? répondis-je d'un air d'insouciance qui était bien loin de mon cœur. C'est tout au plus l'affaire d'un quart d'heure ; quelque renseignement dont on aura eu besoin ; or sait qu'il y a ici aujourd'hui dîner officiel ; on n'a aucune raison pour nous faire jeûner. » Je parlais ainsi ; mais au fond de l'âme, je n'étais pas sans inquiétude, et j'aurais voulu être bien loin.

La première heure se passa bien ; on s'assit auprès de ceux avec qui on était lié ; on épuisa les sujets banals de conversation, et on s'amusa à faire des conjectures sur la cause qui avait pu faire appeler aux Tuileries notre cher amphitryon.

A la seconde heure, on commença à apercevoir quelques symptômes d'impatience : on se regardait avec inquiétude ; et les premiers qui murmurèrent furent trois ou quatre convives qui, n'ayant pas trouvé de place pour s'asseoir, n'étaient pas en position commode pour attendre.

A la troisième heure, le mécontentement fut général, et tout le monde se plaignait. « Quand reviendra-t-il ? disait l'un. — A quoi pense-t-il ? disait l'autre. — C'est à en mourir ! disait un troisième. » Et on se faisait, sans jamais la résoudre, la question suivante : « S'en ira-t-on ? ne s'en ira-t-on pas ? »

A la quatrième heure, tous les symptômes s'aggravèrent : on étendait les bras, au hasard d'éborgner les voisins ; on entendait de toutes parts des bâillements chantants ; toutes les figures étaient empreintes des couleurs qui annoncent la concentration ; et on ne m'écouta pas quand je me hasardai de dire que celui dont l'absence nous attristait tant était sans doute le plus malheureux de tous.

L'attention fut un instant distraite par une apparition. Un des convives, plus habitué que les autres, pénétra jusque dans les cuisines ; il en revint tout essoufflé : sa figure annonçait la fin du monde, et il s'écria d'une voix à peine articulée, et de ce ton sourd qui exprime à la fois la crainte de faire du bruit et l'envie d'être entendu : « Monseigneur est parti sans donner d'ordre, et, quelle que soit son absence, on ne servira pas qu'il ne revienne. » Il dit : et l'effroi que causa son allocution ne sera pas surpassé par l'effet de la trompette du jugement dernier.

Parmi tous ces martyrs, le plus malheureux était le bon d'Aigrefeuille, que tout Paris a connu ; son corps n'était que souffrance, et la douleur du Laocoon était sur son visage. Pâle, égaré, ne voyant rien, il vint se hucher sur un fauteuil, croisa ses petites mains sur son gros ventre, et ferma les yeux, non pour dormir, mais pour attendre la mort.

Elle ne vint cependant pas. Vers les dix heures, on entendit une voiture rouler dans la cour ; tout le monde se leva d'un mouvement spontané. L'hilarité succéda à la tristesse ; et, après cinq minutes, on était à table.

Mais l'heure de l'appétit était passée. On avait l'air étonné de commencer à dîner à une heure si indue ; les mâchoires n'eurent point ce mouvement isochrone qui annonce un travail régulier ; et j'ai su que plusieurs convives en avaient été incommodés.

La marche indiquée en pareil cas est de ne point manger immédiatement après que l'obstacle a cessé ; mais d'avaler un verre d'eau sucrée, ou une tasse de bouillon, pour consoler l'estomac, d'attendre ensuite douze ou quinze minutes, sinon l'organe convulsé se trouve opprimé par le poids des aliments dont on le surcharge.

GRANDS APPÉTITS. 25. — Quand on voit, dans les livres primitifs, les apprêts qui se faisaient pour recevoir deux ou trois personnes, ainsi que les portions énormes qu'on servait à un seul hôte, il est difficile de se refuser à croire que les hommes qui vivaient plus près que nous du berceau du monde ne fussent aussi doués d'un bien plus grand appétit.

Cet appétit était censé s'accroître en raison directe de la dignité du personnage ; et celui à qui on ne servait pas moins que le dos entier d'un taureau de cinq ans était destiné à boire dans une coupe dont il avait peine à supporter le poids.

Quelques individus ont existé depuis, pour porter témoignage de ce qui a pu se passer autrefois, et les recueils sont pleins d'exemples d'une voracité à peine croyable, et qui s'étendait à tout, même aux objets les plus incommodes.

Je ferai grâce à mes lecteurs de ces détails quelquefois assez dégoûtants, et je préfère leur conter deux faits particuliers, dont j'ai été témoin, et qui n'exigent pas de leur part une foi bien implicite.

J'allai, il y a environ quarante ans, faire une visite volante au curé de Bregnier, homme de grande taille, et dont l'appétit avait une *réputation bailliagère*.

Quoiqu'il fût à peine midi, je le trouvai déjà à table. On avait emporté la soupe et le bouilli, et à ces deux plats obligés avait succédé un gigot de mouton à la royale, un assez beau chapon et une salade copieuse.

Dès qu'il me vit paraître, il demanda pour moi un couvert, que je refusai, et je fis bien ; car, seul et sans aide, il se débarrassa très lestement du tout, savoir : du gigot jusqu'à l'ivoire, du chapon jusqu'aux os, et de la salade jusqu'au fond du plat.

On apporta bientôt un assez grand fromage blanc, dans lequel il fit une brèche angulaire de quatre-vingt-dix degrés. Il arrosa le tout d'une bouteille de vin et d'une carafe d'eau, après quoi il se reposa.

Ce qui m'en fit plaisir, c'est que, pendant toute cette opération, qui dura à peu près trois quarts d'heure, le vénérable pasteur n'eut point l'air affairé. Les gros morceaux qu'il jetait dans sa bouche profonde ne l'empêchaient ni de parler ni de rire ; et il expédia tout ce qu'on avait servi devant lui sans y mettre plus d'appareil que s'il n'avait mangé que trois mauviettes.

C'est ainsi que le général Bisson, qui buvait chaque jour huit bouteilles de vin à son déjeuner, n'avait pas l'air d'y toucher ; il avait un plus grand verre que les autres, et le vidait plus souvent ; mais on eût dit qu'il n'y faisait pas attention ; et tout en humant ainsi seize livres de liquide, il n'était pas plus empêché de plaisanter et de donner ses ordres que s'il n'eût dû boire qu'un carafon.

Le second fait rappelle à ma mémoire le brave général P. Sibuet, mon compatriote, longtemps premier aide-de-camp du général Masséna, et mort au champ d'honneur en 1813, au passage de la Bober.

Prosper était âgé de dix-huit ans, et avait cet appétit heureux par lequel la nature annonce qu'elle s'occupe à achever un homme bien constitué, lorsqu'il entra un soir dans la cuisine de Genin, aubergiste chez lequel les anciens de Belley avaient coutume de s'assembler pour manger des marrons et boire du vin blanc nouveau qu'on appelle *vin bourru*.

On venait de tirer de la broche un magnifique dindon, beau, bien fait, doré, cuit à point, et dont le fumet aurait tenté un saint.

Les anciens, qui n'avaient plus faim, n'y firent pas beaucoup d'attention ; mais les puissances digestives du jeune Prosper en furent ébranlées ; l'eau lui en vint à la bouche, et il s'écria : « Je ne fais que sortir de table, je n'en gage pas moins que je mangerai ce gros dindon à moi tout seul. — Sez vosu mezé, z'u payo, répondit Bouvier du Bouchet, gros fermier qui se trouvait présent ; è sez voscaca en rotaz, i-zet vo ket pairé et may ket mezerai la restaz[1]. »

L'exécution commença immédiatement. Le jeune athlète détacha proprement une aile, l'avala en deux bouchées, après quoi il se nettoya les dents en grugeant le cou de la volaille, et but un verre de vin pour servir d'entracte.

Bientôt il attaqua la cuisse, la mangea avec le même sang-froid, et dépêcha un second verre de vin pour préparer les voies au passage du surplus.

Aussitôt la seconde aile suivit la même route : elle disparut, et l'officiant, toujours plus animé, saisissait déjà le dernier membre, quand le malheureux fermier s'écria d'une voix dolente : « Hai ! ze vaie *praou* qu'izet fotu ; m'ez, monche Chibouet, poez kaet zu daive paiet, lessé m'en à m'en mesiet on mocho[2]. »

Prosper était aussi bon garçon qu'il fut depuis bon militaire ; il consentit à la demande de son anti-partenaire, qui eut, pour sa part, la carcasse, encore assez opime, de l'oiseau en consommation, et paya ensuite de fort bonne grâce et le principal et les accessoires obligés.

Le général Sibuet se plaisait beaucoup à citer cette prouesse de son jeune âge ; il disait que ce qu'il avait fait, en associant le fermier, était de pure courtoisie ; il assurait que, sans cette assistance, il se sentait toute la puissance nécessaire pour gagner la gageure ; ce qui, à quarante ans, lui restait d'appétit ne permettait pas de douter de son assertion.

---

1. « Si vous le mangez, je vous le paie ; mais si vous restez en route, c'est vous qui paierez, et moi qui mangerai le reste. »
2. « Hélas ! je vois bien que c'en est fini ; mais monsieur Sibuet, puisque je dois le payer, laissez-m'en au moins un morceau. »

Je cite avec plaisir cet échantillon du patois du Bugey, où l'on trouve le *th* des Grecs et des Anglais, et dans le mot *praou* et autres semblables, une diphtongue qui n'existe dans aucune langue, et dont on ne peut peindre le son par aucun caractère connu. (Voyez le troisième volume des *Mémoires de la Société royale des Antiquaires de France.*)

MÉDITATION V

DES ALIMENTS EN GÉNÉRAL

Section première

DÉFINITIONS. 26. — Qu'entend-on par aliments ?
Réponse populaire : L'aliment est tout ce qui nous nourrit.
Réponse scientifique : On entend par aliments les substances qui, soumises à l'estomac, peuvent s'animaliser par la digestion, et réparer les pertes que fait le corps humain par l'usage de la vie.

Ainsi, la qualité distinctive de l'aliment consiste dans la propriété de subir l'assimilation animale.

TRAVAUX ANALYTIQUES. 27. — Le règne animal et le règne végétal sont ceux qui, jusqu'à présent, ont fourni des aliments au genre humain. On n'a encore tiré des minéraux que des remèdes ou des poisons.

Depuis que la chimie analytique est devenue une science certaine, on a pénétré très avant dans la double nature des éléments dont notre corps est composé, et des substances que la nature semble avoir destinées à en réparer les pertes.

Ces études avaient entre elles une grande analogie, puisque l'homme est composé en grande partie des mêmes substances que les animaux dont il se nourrit, et qu'il a bien fallu chercher aussi, dans les végétaux, les affinités par suite desquelles ils deviennent eux-mêmes animalisables.

On a fait, dans ces deux voies, les travaux les plus louables et en même temps les plus minutieux, et on a suivi, soit le corps humain, soit les aliments par lesquels il se répare, d'abord par les particules secondaires, et ensuite dans leurs éléments, au-delà desquels il ne nous a point encore été permis de pénétrer.

Ici, j'avais l'intention de placer un petit traité de chimie alimentaire, et d'apprendre à mes lecteurs en combien de millièmes de carbone, d'hydrogène, etc., on pourrait réduire eux et les mets qui les nourrissent ; mais j'ai été arrêté par la réflexion que je ne pouvais guère remplir cette tâche qu'en copiant les excellents traités de chimie qui sont entre les mains de tout le monde. J'ai craint encore de tomber dans des détails stériles, et me suis réduit à une nomenclature raisonnée, sauf à faire passer, par-ci par-là, quelques résultats chimiques, en termes moins hérissés et plus intelligibles.

OSMAZOME. 28. — Le plus grand service rendu par la chimie à la science alimentaire est la découverte ou plutôt la précision de l'osmazôme.

L'osmazôme est cette partie éminemment sapide des viandes, qui est soluble à l'eau froide, et qui se distingue de la partie extractive en ce que cette dernière n'est soluble que dans l'eau bouillante.

C'est l'osmazôme qui fait le mérite des bons potages ; c'est lui qui, en se caramélisant, forme le roux des viandes ; c'est par lui que se forme le rissolé des rôtis ; enfin, c'est de lui que sort le fumet de la venaison et du gibier.

L'osmazôme se retire surtout des animaux adultes à chairs rouges, noires, et qu'on est convenu d'appeler chairs faites ; on n'en trouve point ou presque point dans l'agneau, le cochon de lait, le poulet, et même dans le blanc des plus grosses volailles : c'est par cette raison que les vrais connaisseurs ont toujours préféré l'entre-cuisse ; chez eux, l'instinct du goût avait prévenu la science.

C'est aussi la prescience de l'osmazôme qui a fait chasser tant de cuisiniers, convaincus de distraire le premier bouillon ; c'est elle qui fit la réputation des soupes de primes, qui a fait adopter les croûtes au pot comme confortatives dans le bain, et qui fit inventer au chanoine Chevrier des marmites fermantes à clef ; c'est le même à qui l'on ne servait jamais des épinards le vendredi qu'autant qu'ils avaient été cuits dès le dimanche, et remis chaque jour sur le feu avec nouvelle addition de beurre frais.

Enfin, c'est pour ménager cette substance, quoique encore inconnue, que s'est introduite la maxime que, pour faire de bon bouillon, la marmite ne devait que *sourire*, expression fort distinguée pour le pays d'où elle est venue.

L'osmazôme, découvert après avoir fait si longtemps les délices de nos pères, peut se comparer à l'alcool, qui a grisé bien des générations avant qu'on ait su qu'on pouvait le mettre à nu par la distillation.

A l'osmazôme succède, par le traitement à l'eau bouillante, ce qu'on entend plus spécialement par matière extractive : ce dernier produit, réuni à l'osmazôme, compose le jus de viande.

PRINCIPE DES ALIMENTS. La fibre est ce qui compose le tissu de la chair et ce qui se présente à l'œil après la cuisson. La fibre résiste à l'eau bouillante, et conserve sa forme, quoique dépouillée d'une partie de ses enveloppes. Pour bien dépecer les viandes, il faut avoir soin que la fibre fasse un angle droit, ou à peu près, avec la lame du couteau : la viande ainsi coupée a un aspect plus agréable, se goûte mieux, et se mâche plus facilement.

Les os sont principalement composés de gélatine et de phosphate de chaux.

La quantité de gélatine diminue à mesure qu'on avance en âge. A soixante-dix ans, les os ne sont plus qu'un marbre imparfait ; c'est ce qui les rend si cassants, et fait une loi de prudence aux vieillards d'éviter toute occasion de chute.

L'albumine se trouve également dans la chair et dans le sang ; elle se coagule à une chaleur au-dessous de 40 degrés : c'est elle qui forme l'écume du pot-au-feu.

La gélatine se rencontre également dans les os, les parties molles et cartilagineuses ; sa qualité distinctive est de se coaguler à la température ordinaire de l'atmosphère, deux parties et demie sur cent d'eau chaude suffisent pour cela.

La gélatine est la base de toutes les gelées grasses et maigres, blancs-mangers, et autres préparations analogues.

La graisse est une huile concrète qui se forme dans les interstices du tissu cellulaire, et s'agglomère quelquefois en masse dans les animaux que l'art ou la nature y prédispose, comme les cochons, les volailles, les ortolans et les becfigues; dans quelques-uns de ces animaux, elle perd son insipidité, et prend un léger arôme qui la rend fort agréable.

Le sang se compose d'un sérum albumineux, de fibrine, d'un peu de gélatine et d'un peu d'osmazôme; il se coagule à l'eau chaude, et devient un aliment très nourrissant (*v. g.* le boudin).

Tous les principes que nous venons de passer en revue sont communs à l'homme et aux animaux dont il a coutume de se nourrir. Il n'est donc point étonnant que la diète animale soit éminemment restaurante et fortifiante; car les particules dont elle se compose, ayant avec les nôtres une grande similitude et ayant déjà été animalisées, peuvent facilement s'animaliser de nouveau lorsqu'elles sont soumises à l'action vitale de nos organes digesteurs.

RÈGNE VÉGÉTAL. 29. — Cependant le règne végétal ne présente à la nutrition ni moins de variétés ni moins de ressources.

La fécule nourrit parfaitement, et d'autant mieux qu'elle est moins mélangée de principes étrangers.

On entend par fécule la farine ou poussière qu'on peut obtenir des graines céréales, des légumineuses et de plusieurs espèces de racines, parmi lesquelles la pomme de terre tient jusqu'à présent le premier rang.

La fécule est la base du pain, des pâtisseries et des purées de toute espèce, et entre ainsi, pour une très grande partie, dans la nourriture de presque tous les peuples.

On a observé qu'une pareille nourriture amollit la fibre et même le courage. On en donne pour preuve les Indiens, qui vivent presque exclusivement de riz, et qui sont soumis à quiconque a voulu les asservir.

Presque tous les animaux domestiques mangent avec avidité la fécule, et ils en sont, au contraire, singulièrement fortifiés, parce que c'est une nourriture plus substantielle que les végétaux secs ou verts qui sont leur pâture habituelle.

Le sucre n'est pas moins considérable, soit comme aliment, soit comme médicament.

Cette substance, autrefois reléguée aux Indes ou aux colonies, est devenue indigène au commencement de ce siècle. On l'a découverte et suivie dans le raisin, les navets, la châtaigne, et surtout la betterave ; de sorte que, rigoureusement parlant, l'Europe pourrait, sous ce rapport, se suffire et se passer de l'Amérique ou de l'Inde. C'est un service éminent que la science a rendu à la société, et un exemple qui peut avoir dans la suite des résultats plus étendus. (*Voyez ci-après, article* SUCRE.)

Le sucre, soit à l'état solide, soit dans les diverses plantes où la nature l'a placé, est extrêmement nourrissant ; les animaux en sont friands ; et les Anglais, qui en donnent beaucoup à leurs chevaux de luxe, ont remarqué qu'ils en soutiennent bien mieux les diverses épreuves auxquelles on les soumet.

Le sucre, qu'aux jours de Louis XIV on ne trouvait que chez les apothicaires, a donné naissance à diverses professions lucratives, telles que les *pâtissiers du petit four*, les confiseurs, les liquoristes et autres marchands de friandises.

Les huiles douces proviennent aussi du règne végétal ; elles ne sont esculentes qu'autant qu'elles sont unies à d'autres substances, et doivent surtout être regardées comme un assaisonnement.

Le gluten, qu'on trouve particulièrement dans le froment, concourt puissamment à la fermentation du pain dont il fait partie ; les chimistes ont été jusqu'à lui donner une nature animale.

On fait à Paris, pour les enfants et les oiseaux, et pour les hommes dans quelques départements, des pâtisseries où le gluten domine, parce qu'une partie de la fécule a été soustraite au moyen de l'eau.

Le mucilage doit sa qualité nutritive aux diverses substances auxquelles il sert de véhicule.

La gomme peut devenir, au besoin, un aliment ; ce qui ne doit pas étonner, puisqu'à très peu de chose près elle contient les mêmes éléments que le sucre.

La gélatine végétale qu'on extrait de plusieurs espèces de fruits, notamment des pommes, des groseilles, des coings et de quelques autres, peut aussi servir d'aliment ; elle en fait mieux la fonction, unie au sucre, mais toujours beaucoup moins que les gelées animales qu'on retire des os, des cornes, des pieds de veau et de la colle de poisson. Cette nourriture est en général légère, adoucissante et salutaire. Aussi la cuisine et l'office s'en emparent et se la disputent.

DIFFÉRENCE DU GRAS AU MAIGRE. Au jus près, qui, comme nous l'avons dit, se compose d'osmazôme et d'extractif, on trouve dans les poissons la plupart des substances que nous avons signalées dans les animaux terrestres, telles que la fibrine, la gélatine, l'albumine : de sorte qu'on peut dire avec raison que c'est le jus qui sépare le régime gras du maigre.

Ce dernier est encore marqué par une autre particularité : c'est que le poisson contient en outre une quantité notable de phosphore et d'hydrogène, c'est-à-dire ce qu'il y a de plus combustible dans la nature. D'où il suit que l'ichtyophagie est une diète échauffante : ce qui pourrait légitimer certaines louanges données jadis à quelques ordres religieux, dont le régime était directement contraire à celui de leurs vœux déjà réputé le plus fragile.

OBSERVATION PARTICULIÈRE. 30. — Je n'en dirai pas davantage sur cette question de physiologie ; mais je ne dois pas omettre un fait dont on peut facilement vérifier l'existence.

Il y a quelques années que j'allai voir une maison de campagne, dans un petit hameau des environs de Paris, situé sur le bord de la Seine, en avant de l'île Saint-Denis, et consistant principalement en huit cabanes de pêcheurs. Je fus frappé de la quantité d'enfants que je vis fourmiller sur la route.

J'en marquai mon étonnement au batelier avec lequel je traversai la rivière : « Monsieur, me dit-il, nous ne sommes ici que huit familles, et nous avons cinquante-trois enfants, parmi lesquels il se trouve quarante-neuf filles et seulement quatre garçons; et de ces quatre garçons, en voilà un qui m'appartient. » En disant ces mots, il se redressait d'un air de triomphe, et me montrait un petit marmot de cinq à six ans, couché sur le devant du bateau, où il s'amusait à gruger des écrevisses crues. Ce petit hameau s'appelle...

De cette observation, qui remonte à plus de dix ans, et de quelques autres que je ne puis pas aussi facilement indiquer, j'ai été amené à penser que ce mouvement génésique causé par la diète ichtyaque pourrait bien être plus irritant que pléthorique et substantiel; et j'y persiste d'autant plus volontiers que, tout récemment, le docteur Bailly a prouvé, par une suite de faits observés pendant près d'un siècle, que toutes les fois que, dans les naissances annuelles, le nombre des filles est notablement plus grand que celui des garçons, la surabondance des femelles est toujours due à des circonstances débilitantes; ce qui pourrait bien nous indiquer aussi l'origine des plaisanteries qu'on a faites de tout temps au mari dont la femme accouche d'une fille.

Il y aurait encore beaucoup de choses à dire sur les aliments considérés dans leur ensemble, et sur les diverses modifications qu'ils peuvent subir par le mélange qu'on peut en faire; mais j'espère que ce qui précède suffira, et au-delà, pour le plus grand nombre de mes lecteurs. Je renvoie les autres aux traités *ex professo*, et je finis par deux considérations qui ne sont pas sans quelque intérêt.

La première est que l'animalisation se fait à peu près de la même manière que la végétation, c'est-à-dire que le courant réparateur formé par la digestion est aspiré de diverses manières par les cribles ou suçoirs dont nos organes sont pourvus, et devient chair, ongle, os ou cheveu, comme la même terre arrosée de la même eau produit un radis, une laitue ou un pissenlit, selon les graines que le jardinier lui a confiées.

La seconde est qu'on n'obtient point, dans l'organisation vitale, les mêmes produits que dans la chimie absolue ; car les organes destinés à produire la vie et le mouvement agissent puissamment sur les principes qui leur sont soumis.

Mais la nature qui se plaît à s'envelopper de voiles et à nous arrêter au second ou au troisième pas, a caché le laboratoire où elle fait ses transformations ; et il est véritablement difficile d'expliquer comment, étant convenu que le corps humain contient de la chaux, du soufre, du phosphore, du fer et dix autres substances encore, tout cela peut cependant se soutenir et se renouveler pendant plusieurs années avec du pain et de l'eau.

MÉDITATION VI

SECTION II

SPÉCIALITÉS. 31. — Lorsque j'ai commencé d'écrire, ma table des matières était faite, et mon livre tout entier dans ma tête ; cependant je n'ai avancé qu'avec lenteur, parce qu'une partie de mon temps est consacrée à des travaux plus sérieux.

Durant cet intervalle de temps, quelques parties de la matière que je croyais m'être réservées ont été effleurées ; des livres élémentaires de chimie et de matière médicale ont été mis entre les mains de tout le monde ; et des choses que je croyais enseigner pour la première fois sont devenues populaires : par exemple, j'avais employé à la chimie du pot-au-feu plusieurs pages dont la substance se trouve dans deux ou trois ouvrages récemment publiés.

En conséquence, j'ai dû revoir cette partie de mon travail, et l'ai tellement resserrée qu'elle se trouve réduite à quelques principes élémentaires, à des théories qui ne sauraient être trop propagées, et à quelques observations, fruit d'une longue expérience, et qui, je l'espère, seront nouvelles pour la grande partie de mes lecteurs.

§ Ier. POT-AU-FEU, POTAGE, ETC. 32. — On appelle pot-au-feu un morceau de bœuf destiné à être traité à l'eau bouillante légèrement salée, pour en extraire les parties solubles.

Le bouillon est le liquide qui reste après l'opération consommée.

Enfin, on appelle *bouilli* la chair dépouillée de sa partie soluble.

L'eau dissout d'abord une partie de l'osmazôme; puis l'albumine, qui, se coagulant avant le 50e degré de Réaumur, forme l'écume qu'on enlève ordinairement; puis, le surplus de l'osmazôme avec la partie extractive ou jus; enfin, quelques portions de l'enveloppe des fibres, qui sont détachées par la continuité de l'ébullition.

Pour avoir du bon bouillon, il faut que l'eau s'échauffe lentement, afin que l'albumine ne se coagule pas dans l'intérieur avant d'être extraite; et il faut que l'ébullition s'aperçoive à peine, afin que les diverses parties qui sont successivement dissoutes puissent s'unir intimement et sans trouble.

On joint au bouillon des légumes ou des racines pour en relever le goût, et du pain ou des pâtes pour le rendre plus nourrissant : c'est ce qu'on appelle un potage.

Le potage est une nourriture saine, légère, nourrissante, et qui convient à tout le monde; il réjouit l'estomac, et le dispose à recevoir et à digérer. Les personnes menacées d'obésité n'en doivent prendre que le bouillon.

On convient généralement qu'on ne mange nulle part d'aussi bon potage qu'en France; et j'ai trouvé, dans mes voyages, la confirmation de cette vérité. Ce résultat ne doit point étonner ; car le potage est la base de la diète nationale française, et l'expérience des siècles a dû le porter à sa perfection.

§ II. DU BOUILLI. 33. — Le bouilli est une nourriture saine, qui apaise promptement la faim, se digère assez bien, mais qui seule ne restaure pas beaucoup, parce que la viande a perdu dans l'ébullition une partie des sucs animalisables.

On tient, comme règle générale en administration, que le bœuf bouilli a perdu la moitié de son poids.

Nous comprenons sous quatre catégories les personnes qui mangent le bouilli :

1° Les routiniers, qui en mangent, parce que leurs parents en mangeaient, et qui, suivant cette pratique avec une soumission implicite, espèrent bien aussi être imités par leurs enfants ;

2° Les impatients, qui, abhorrant l'inactivité à table, ont contracté l'habitude de se jeter immédiatement sur la première matière qui se présente (*materiam subjectam*) ;

3° Les inattentifs, qui, n'ayant pas reçu du ciel le feu sacré, regardent les repas comme les heures d'un travail obligé, mettent sur le même niveau tout ce qui peut les nourrir, et sont à table comme l'huître sur son banc ;

4° Les dévorants, qui, doués d'un appétit dont ils cherchent à dissimuler l'étendue, se hâtent de jeter dans leur estomac une première victime pour apaiser le feu gastrique qui les dévore, et servir de base aux divers envois qu'ils se proposent d'acheminer pour la même destination.

Les professeurs ne mangent jamais de bouilli, par respect pour les principes et parce qu'ils ont fait entendre en chaire cette vérité incontestable : *le bouilli est de la chair moins son jus*[1].

---

1. Cette vérité commence à percer, et le bouilli a disparu dans les dîners véritablement soignés ; on le remplace par un filet rôti, un turbot ou une matelote.

§ III. VOLAILLES. 34. — Je suis grand partisan des causes secondes, et crois fermement que le genre entier des gallinacées a été créé uniquement pour doter nos garde-mangers et enrichir nos banquets.

Effectivement, depuis la caille jusqu'au coq d'Inde, partout où on rencontre un individu de cette nombreuse famille, on est sûr de trouver un aliment léger, savoureux, et qui convient également au convalescent et à l'homme qui jouit de la plus robuste santé.

Car, quel est celui d'entre nous qui, condamné par la Faculté à la chère des pères du désert, n'a pas souri à l'aile de poulet proprement coupée qui lui annonçait qu'enfin il allait être rendu à la vie sociale ?

Nous ne nous sommes pas contentés des qualités que la nature avait données aux gallinacées ; l'art s'en est emparé, et, sous prétexte de les améliorer, il en a fait des martyrs. Non seulement on les prive des moyens de se reproduire, mais on les tient dans la solitude, on les jette dans l'obscurité, on les force à manger, et on les amène ainsi à un embonpoint qui ne leur était pas destiné.

Il est vrai que cette graisse ultra-naturelle est aussi délicieuse, et que c'est au moyen de ces pratiques damnables qu'on leur donne cette finesse et cette succulence qui en font les délices de nos meilleures tables.

Ainsi améliorée, la volaille est pour la cuisine ce qu'est la toile pour les peintres, et pour les charlatans le chapeau de Fortunatus ; on nous la sert bouillie, rôtie, frite, chaude ou froide, entière ou par parties, avec ou sans sauce, désossée, écorchée, farcie, et toujours avec un égal succès.

Trois pays de l'ancienne France se disputent l'honneur de fournir les meilleures volailles, savoir : le pays de Caux, le Mans et la Bresse.

Relativement aux chapons, il y a du doute, et celui qu'on tient sous la fourchette doit paraître le meilleur ; mais, pour les poulardes, la préférence appartient à celles de Bresse, qu'on appelle *poulardes fines*, et qui sont rondes comme une pomme ; c'est grand dommage qu'elles soient rares à Paris, où elles n'arrivent que dans des bourriches votives.

§ IV. DU COQ-D'INDE. 35. — Le dindon est certainement un des plus beaux cadeaux que le Nouveau Monde ait faits à l'ancien.

Ceux qui veulent toujours en savoir plus que les autres ont dit que le dindon était connu aux Romains, qu'il en fut servi un aux noces de Charlemagne, et qu'ainsi c'est mal à propos qu'on attribue aux jésuites l'honneur de cette savoureuse importation.

A ces paradoxes on pourrait n'opposer que deux choses :

1° Le nom de l'oiseau, qui atteste son origine, car autrefois l'Amérique était désignée sous le nom d'*Indes occidentales*;

2° La figure du coq-d'Inde, qui est évidemment tout étrangère.

Un savant ne pourrait pas s'y tromper.

Mais, quoique déjà bien persuadé, j'ai fait à ce sujet des recherches assez étendues, dont je fais grâce au lecteur, et qui m'ont donné pour résultat :

1° Que le dindon a paru en Europe vers la fin du XVIIe siècle;

2° Qu'il a été importé par les jésuites, qui en élevaient une grande quantité, spécialement dans une ferme qu'ils possédaient aux environs de Bourges;

3° Que c'est de là qu'ils se sont répandus peu à peu sur la surface de la France; c'est ce qui fait qu'en beaucoup d'endroits, et dans le langage familier, on disait autrefois et on dit encore un *jésuite*, pour désigner un dindon;

4° Que l'Amérique est le seul endroit où on a trouvé le dindon sauvage et dans l'état de nature (il n'en existe pas en Afrique);

5° Que dans les fermes de l'Amérique septentrionale, où il est fort commun, il provient, soit des œufs qu'on a pris et fait couver, soit des jeunes dindonneaux qu'on a surpris dans les bois et apprivoisés : ce qui fait qu'ils sont plus près de l'état de nature, et conservent davantage leur plumage primitif.

Et vaincu par ces preuves, je conserve aux bons pères une double part de reconnaissance ; car ils ont aussi importé le quinquina, qui se nomme en anglais *jesuit's barck* (écorces des jésuites).

Les mêmes recherches m'ont appris que l'espèce du coq-d'Inde s'acclimate insensiblement en France avec le temps. Des observateurs éclairés m'ont appris que, vers le milieu du siècle précédent, sur vingt dindons éclos, dix à peine venaient à bien, tandis que maintenant, toutes choses égales, sur vingt on en élève quinze. Les pluies d'orage leur sont surtout funestes. Les grosses gouttes de pluie, chassées par le vent, frappent sur leur tête tendre et mal abritée, et les font périr.

DES DINDONIPHILES. 36. — Le dindon est le plus gros, et sinon le plus fin, du moins le plus savoureux de nos oiseaux domestiques.

Il jouit encore de l'avantage unique de réunir autour de soi toutes les classes de la société.

Quand les vignerons et les cultivateurs de nos campagnes veulent se régaler dans les longues soirées d'hiver, que voit-on rôtir au feu brillant de la cuisine où la table est mise ? un dindon.

Quand le fabricant utile, quand l'artiste laborieux rassemble quelques amis pour jouir d'un relâche d'autant plus doux qu'il est plus rare, quelle est la pièce obligée du dîner qu'il leur offre ? un dindon farci de saucisses ou de marrons de Lyon.

Et dans nos cercles le plus éminemment gastronomiques, dans ces réunions choisies, où la politique est forcée de céder le pas aux dissertations sur le goût, qu'attend-on ? que désire-t-on ? que voit-on au second service ? une dinde truffée !... Et mes Mémoires secrets contiennent la note que son suc restaurateur a plus d'une fois éclairci des farces éminemment diplomatiques.

INFLUENCE FINANCIÈRE DU DINDON. 37. — L'importation des dindons est devenue la cause d'une addition importante à la fortune publique, et donne lieu à un commerce assez considérable.

Au moyen de l'éducation des dindons, les fermiers acquittent plus facilement le prix de leurs baux ; les jeunes filles amassent souvent une dot suffisante, et les citadins qui veulent se régaler de cette chère étrangère sont obligés de céder leurs écus en compensation.

Dans cet article purement financier, les dindes truffées demandent une attention particulière.

J'ai quelque raison de croire que, depuis le commencement de novembre jusqu'à la fin de février, il se consomme à Paris trois cents dindes truffées par jour : en tout trente-six mille dindes.

Le prix commun de chaque dinde, ainsi conditionnée, est au moins de 20 F en tout 720 000 F ; ce qui fait un fort joli mouvement d'argent. A quoi il faut joindre une somme pareille pour les volailles, faisans, poulets et perdrix pareillement truffés, qu'on voit chaque jour étalés dans les magasins de comestibles, pour le supplice des contemplateurs qui se trouvent trop courts pour y atteindre.

EXPLOIT DU PROFESSEUR. 38. — Pendant mon séjour à Hartfort dans le Connecticut, j'ai eu le bonheur de tuer une dinde sauvage. Cet exploit mérite de passer à la postérité, et je le conterai avec d'autant plus de complaisance que c'est moi qui en suis le héros.

Un vénérable propriétaire américain (*american farmer*) m'avait invité à aller chasser chez lui ; il demeurait sur les derrières de l'Etat (*back grounds*), me promettait des perdrix, des écureuils gris, des dindes sauvages (*wild cocks*), et me donnait la faculté d'y mener avec moi un ami ou deux à mon choix.

En conséquence, un beau jour d'octobre 1794, nous nous acheminâmes, M. King et moi, montés sur deux chevaux de louage avec l'espoir d'arriver vers le soir à la ferme de M. Bulow, située à cinq mortelles lieues de Hartfort, dans le Connecticut.

M. King était un chasseur d'une espèce extraordinaire ; il aimait passionnément cet exercice ; mais, quand il avait tué une pièce de gibier, il se regardait comme un meurtrier, et faisait sur le sort du défunt des réflexions morales et les élégies qui ne l'empêchaient pas de recommencer.

Quoique le chemin fût à peine tracé, nous arrivâmes sans accident, et nous fûmes reçus avec cette hospitalité cordiale et silencieuse qui s'exprime par des actes, c'est-à-dire qu'en peu d'instants tout fut examiné, caressé et hébergé, hommes, chevaux et chiens, suivant les convenances respectives.

Deux heures environ furent employées à examiner la ferme et ses dépendances ; je décrirais tout cela si je voulais, mais j'aime mieux montrer au lecteur quatre beaux brins de fille (*buxom lasses*) dont M. Bulow était père, et pour qui notre arrivée était un grand événement.

Leur âge était de seize à vingt ans ; elles étaient rayonnantes de fraîcheur et de santé, et il y avait dans toute leur personne tant de simplicité, de souplesse et d'abandon, que l'action la plus commune suffisait pour leur prêter mille charmes.

Peu après notre retour de la promenade, nous nous assîmes autour d'une table abondamment servie. Un superbe morceau de *corn'd beef* (bœuf à mi-sel), une oie daubée (*stew'd*), et une magnifique jambe de mouton (*gigot*), puis des racines de toute espèce (*plenty*), et aux deux bouts de la table deux énormes pots d'un cidre excellent, dont je ne pouvais pas me rassasier.

Quand nous eûmes montré à notre hôte que nous étions de vrais chasseurs, du moins par l'appétit, il s'occupa du but de notre voyage : il nous indiqua de son mieux les endroits où nous trouverions du gibier, les points de reconnaissance qui nous guideraient au retour, et surtout les fermes où nous pourrions trouver de quoi nous rafraîchir.

Pendant cette conversation, les dames avaient préparé d'excellent thé, dont nous avalâmes plusieurs tasses ; après quoi on nous montra une chambre à deux lits, où l'exercice et la bonne chère nous procurèrent un sommeil délicieux.

Le lendemain, nous nous mîmes en chasse un peu

tard ; et parvenus au bout des défrichements faits par les ordres de M. Bulow, je me trouvai, pour la première fois, dans une forêt vierge, et où la cognée ne s'était jamais fait entendre.

Je m'y promenais avec délices, observant les bienfaits et les ravages du temps qui crée et détruit, et je m'amusais à suivre toutes les périodes de la vie d'un chêne, depuis le moment où il sort de la terre avec deux feuilles jusqu'à celui où il ne reste plus de lui qu'une longue trace noire, qui est la poussière de son cœur.

M. King me reprocha mes distractions, et nous nous mîmes à chasser. Nous tuâmes d'abord quelques-unes de ces jolies petites perdrix grises qui sont si rondes et si tendres. Nous abattîmes ensuite six à sept écureuils gris, dont on fait grand cas dans ce pays ; enfin notre heureuse étoile nous amena au milieu d'une compagnie de coqs-d'Inde.

Ils partirent à peu d'intervalle les uns des autres, d'un vol bruyant, rapide, et en faisant de grands cris. M. King tira sur le premier et courut après : les autres étaient hors de portée ; enfin le plus paresseux s'éleva à dix pas de moi ; je le tirai dans une clairière, et il tomba raide mort.

Il faut être chasseur pour concevoir l'extrême joie que me causa un si beau coup de fusil. J'empoignai la superbe volatile, et je la retournais en tous sens depuis un quart d'heure quand j'entendis M. King qui criait à l'aide ; j'y courus, et je trouvai qu'il ne m'appelait que pour l'aider dans la recherche d'un dindon qu'il prétendait avoir tué, et qui n'en avait pas moins disparu.

Je mis mon chien sur la trace ; mais il nous conduisit dans des halliers si épais et si épineux, qu'un serpent n'y aurait pas pénétré ; il fallut donc y renoncer, ce qui mit mon camarade dans un accès d'humeur qui dura jusqu'au retour.

Le surplus de notre chasse ne mérite pas les honneurs de l'impression. Au retour, nous nous égarâmes dans ces bois indéfinis, et nous courions grand risque d'y passer la nuit, sans les voix argentines des demoiselles Bulow et la pédale de leur papa, qui avait eu la bonté de venir au-devant de nous, et qui nous aidèrent à nous en tirer.

Les quatre sœurs s'étaient mises sous les armes : des robes très fraîches, des ceintures neuves, de jolis chapeaux et une chaussure soignée annoncèrent qu'on avait fait quelque frais pour nous; et j'eus de mon côté, l'intention d'être aimable pour celle de ces demoiselles qui vint prendre mon bras, tout aussi propriétairement que si elle eût été ma femme.

En arrivant à la ferme, nous trouvâmes le souper servi; mais, avant que d'en profiter, nous nous assîmes un instant auprès d'un feu vif et brillant qu'on avait allumé pour nous, quoique le temps n'eût pas indiqué cette précaution. Nous nous en trouvâmes très bien, et fûmes délassés comme par enchantement.

Cette pratique venait sans doute des Indiens, qui ont toujours du feu dans leur case. Peut-être aussi est-ce une tradition de saint François de Sales, qui disait que le feu était bon douze mois de l'année.(*Non liquet.*)

Nous mangeâmes comme des affamés; un ample bowl de punch vint nous aider à finir la soirée, et une conversation où notre hôte mit bien plus d'abandon que la veille nous conduisit assez avant dans la nuit.

Nous parlâmes de la guerre de l'indépendance, où M. Bulow avait servi comme officier supérieur; de M. de la Fayette, qui grandit sans cesse dans le souvenir des Américains, qui ne le désignent que par sa qualité (*the marquis*); de l'agriculture, qui, en ce temps, enrichissait les Etats-Unis, et enfin de cette chère France, que j'aimais bien plus depuis que j'avais été forcé de la quitter.

Pour reposer la conversation, M. Bulow disait de temps à autre à sa fille aînée : « Mariah! give us a song. » Et elle nous chanta, sans se faire prier, et avec un embarras charmant la chanson nationale *Yankee doodle*, la complainte de la reine Marie et celle du major André, qui sont tout à fait populaires en ce pays. Mariah avait pris quelques leçons, et, dans ces lieux élevés, passait pour une virtuose ; mais son chant tirait surtout son mérite de la qualité de sa voix, qui était à la fois douce, fraîche et accentuée.

Le lendemain, nous partîmes malgré les instances les plus amicales ; car là aussi j'avais des devoirs à remplir. Pendant qu'on préparait les chevaux, M. Bulow m'ayant pris à part, me dit ces paroles remarquables.

« Vous voyez en moi, mon cher Monsieur, un homme heureux, s'il y en a un sous le ciel : tout ce qui vous entoure et ce que vous avez vu chez moi sort de mes propriétés. Ces bas, mes filles les ont tricotés ; mes souliers et mes habits proviennent de mes troupeaux ; ils contribuent aussi, avec mon jardin et ma basse-cour, à me fournir une nourriture simple et substantielle : et ce qui fait l'éloge de notre gouvernement, c'est qu'on compte dans le Connecticut des milliers de fermiers tout aussi contents que moi, et dont les portes, de même que les miennes, n'ont pas de serrures.

Les impôts ici ne sont presque rien ; et tant qu'ils sont payés, nous pouvons dormir sur les deux oreilles. Le Congrès favorise de tout son pouvoir notre industrie naissante ; des facteurs se croisent en tout sens pour nous débarrasser de ce que nous avons à vendre ; et j'ai de l'argent comptant pour longtemps, car je viens de vendre, au prix de vingt-quatre dollars le tonneau, la farine que je donne ordinairement pour huit.

Tout nous vient de la liberté que nous avons conquise et fondée sur de bonnes lois. Je suis maître chez moi, et vous ne vous en étonnerez pas quand vous saurez qu'on n'y entend jamais le bruit du tambour, et que, hors le 4 juillet, anniversaire glorieux de notre indépendance, on n'y voit ni soldats, ni uniformes, ni baïonnettes. »

Pendant tout le temps que dura notre retour, j'eus l'air absorbé dans de profondes réflexions : on croira peut-être que je m'occupais de la dernière allocution de M. Bulow, mais j'avais bien d'autres sujets de méditation ; je pensais à la manière dont je ferais cuire mon coq-d'Inde, et je n'étais pas sans embarras, parce que je craignais de ne pas trouver à Hartford tout ce que j'aurais désiré, car je voulais m'élever un trophée en étalant avec avantage mes dépouilles opimes.

Je fais un douloureux sacrifice en supprimant les détails du travail profond dont le but était de traiter d'une manière distinguée les convives américains que j'avais engagés. Il suffira de dire que les ailes de perdrix furent servies en papillote, et les écureuils gris courbouillonnés au vin de Madère.

Quant au dindon, qui faisait notre unique plat de rôti, il fut charmant à la vue, flatteur à l'odorat et délicieux au goût. Aussi, jusqu'à la consommation de la dernière de ses particules, on entendait tout autour de la table : « Very good ! exceedingly good ! oh ! dear sir, what a glorious bit ! » Très bon, extrêmement bon ! oh ! mon cher monsieur, quel glorieux morceau [1] !

§ V. DU GIBIER. 39. — On entend par gibier les animaux bons à manger qui vivent dans les bois et les campagnes, dans l'état de liberté naturelle.

Nous disons *bons à manger,* parce que quelques-uns de ces animaux ne sont pas compris sous la dénomination de gibier. Tels sont les renards, blaireaux, corbeaux, pies, chats-huants et autres : on les appelle *bêtes puantes.*

Nous divisons le gibier en trois séries :

La première commence à la grive et contient en

---

[1]. La chair de la dinde sauvage est plus colorée et plus parfumée que celle de la dinde domestique.

J'ai appris avec plaisir que mon estimable collègue, M. Bosc, en avait tué dans la Caroline, qu'il les avait trouvées excellentes, et surtout bien meilleures que celles que nous élevons en Europe. Aussi conseille-t-il à ceux qui en élèvent de leur donner le plus de liberté possible, de les conduire aux champs, et même dans les bois, pour en rehausser le goût et les rapprocher d'autant de l'espèce primitive. (*Annales d'Agriculture,* cah. du 28 février.)

descendant, tous les oiseaux de moindre volume, appelés petits oiseaux.

La seconde commence en remontant au râle de genêt, à la bécasse, à la perdrix, au faisan, au lapin et au lièvre ; c'est le gibier proprement dit : gibier de terre et gibier de marais, gibier de poil, gibier de plume.

La troisième est plus connue sous le nom de venaison ; elle se compose du sanglier, du chevreuil et de tous les autres animaux fissipèdes.

Le gibier fait les délices de nos tables ; c'est une nourriture saine, chaude, savoureuse, de haut goût, et facile à digérer toutes les fois que l'individu est jeune.

Mais ces qualités n'y sont pas tellement inhérentes qu'elle ne dépendent beaucoup de l'habileté du préparateur qui s'en occupe. Jetez dans un pot du sel, de l'eau et un morceau de bœuf, vous en retirerez du bouilli et du potage. Au bœuf substituez du sanglier ou du chevreuil, vous n'aurez rien de bon ; tout l'avantage, sous ce rapport, appartient à la viande de boucherie.

Mais sous les ordres d'un chef instruit, le gibier subit un grand nombre de modifications et transformations savantes, et fournit la plupart des mets de haute saveur qui constituent la cuisine transcendante.

Le gibier tire aussi une grande partie de son prix de la nature du sol où il se nourrit ; le goût d'une perdrix rouge du Périgord n'est pas le même que celui d'une perdrix rouge de Sologne ; et quand le lièvre tué dans les plaines des environs de Paris ne paraît qu'un plat assez insignifiant, un levreau né sur les côteaux brûlés du Valromey ou du haut Dauphiné est peut-être le plus parfumé de tous les quadrupèdes.

Parmi les petits oiseaux, le premier, par ordre d'excellence, est sans contredit le becfigue.

Il s'engraisse au moins autant que le rouge-gorge ou l'ortolan, et la nature lui a donné en outre une amertume légère et un parfum unique si exquis, qu'ils engagent, remplissent et béatifient toutes les puissances dégustatrices. Si un becfigue était de la grosseur d'un faisan, on le paierait certainement à l'égal d'un arpent de terre.

C'est grand dommage que cet oiseau privilégié se voie si rarement à Paris : il en arrive à la vérité quelques-uns, mais il leur manque la graisse qui fait tout leur mérite, et on peut dire qu'ils ressemblent à peine à ceux qu'on voit dans les départements de l'est ou du midi de la France [1].

Peu de gens savent manger les petits oiseaux ; en voici la méthode telle qu'elle m'a été confidentiellement transmise par le chanoine Charcot, gourmand par état et gastronome parfait, trente ans avant que le nom fût connu.

Prenez par le bec un petit oiseau bien gras, saupoudrez-le d'un peu de sel, ôtez-en le gésier, enfoncez-le adroitement dans votre bouche, mordez et tranchez tout près de vos doigts, et mâchez vivement : il en résulte un suc assez abondant pour envelopper tout l'organe, et vous goûterez un plaisir inconnu au vulgaire.

Odi profanum vulgus, et arceo.   HOR.

La caille est, parmi le gibier proprement dit, ce qu'il y a de plus mignon et de plus aimable. Une caille bien grasse plaît également par son goût, sa forme et sa

---

[1]. J'ai entendu parler à Belley, dans ma jeunesse, du jésuite Fabi, né dans ce diocèse, et du goût particulier qu'il avait pour les becfigues.

Dès qu'on en entendait crier, on disait : « Voilà les becfigues, le père Fabi est en route. » Effectivement, il ne manquait jamais d'arriver le 1er septembre avec un ami : ils venaient s'en régaler pendant tout le passage ; chacun se faisait un plaisir de les inviter, et ils partaient vers le 25.

Tant qu'il fut en France, il ne manqua jamais de faire son voyage ornithophilique, et ne l'interrompit que quand il fut envoyé à Rome, où il mourut pénitencier, en 1688.

Le Père Fabi (Honoré) était un homme de grand savoir ; il a fait divers ouvrages de théologie et de physique, dans l'un desquels il cherche à prouver qu'il avait découvert la circulation du sang avant ou du moins aussitôt qu'Harvey.

couleur. On fait acte d'ignorance toutes les fois qu'on la sert autrement que rôtie ou en papillotes, parce que son parfum est très fugace, et que toutes les fois que l'animal est en contact avec un liquide il se dissout, s'évapore et se perd.

La bécasse est encore un oiseau très distingué, mais peu de gens en connaissent tous les charmes. Une bécasse n'est dans toute sa gloire que quand elle a été rôtie sous les yeux d'un chasseur, et surtout du chasseur qui l'a tuée ; alors la rôtie est confectionnée suivant les règles voulues, et la bouche s'inonde de délices.

Au-dessus du précédent et même de tous devrait se placer le faisan ; mais peu de mortels savent le présenter à point.

Un faisan mangé dans la première huitaine de sa mort ne vaut ni une perdrix, ni un poulet, car son mérite consiste dans son arôme.

La science a considéré l'expansion de cet arôme, l'expérience l'a mis en action, et un faisan saisi pour son infocation est un morceau digne des gourmands les plus exaltés.

On trouvera dans les *Variétés* la manière de rôtir un faisan *à la sainte alliance*. Le moment est venu où cette méthode, jusqu'ici concentrée dans un petit cercle d'amis, doit s'épancher au-dehors pour le bonheur de l'humanité. Un faisan aux truffes est moins bon qu'on ne pourrait le croire ; l'oiseau est trop sec pour oindre le tubercule ; et d'ailleurs le fumet de l'un et le parfum de l'autre se neutralisent en s'unissant, ou plutôt ne se conviennent pas.

§ VI. DU POISSON. 40. — Quelques savants, d'ailleurs peu orthodoxes, ont prétendu que l'Océan avait été le berceau commun de tout ce qui existe ; que l'espèce humaine elle-même était née dans la mer, et qu'elle ne devait son état actuel qu'à l'influence de l'air et aux habitudes qu'elle a été obligée de prendre pour séjourner dans ce nouvel élément.

Quoi qu'il en soit, il est au moins certain que l'empire des eaux contient une immense quantité d'êtres de toutes les formes et de toutes les dimensions, qui jouissent des propriétés vitales dans des proportions très différentes, et suivant un mode qui n'est point le même que celui des animaux à sang chaud.

Il n'est pas moins vrai qu'il présente, en tout temps et partout, une masse énorme d'aliments, etc., et que, dans l'état actuel de la science, il introduit sur nos tables la plus agréable variété.

Le poisson, moins nourrissant que la chair, plus succulent que les végétaux, est un *mezzo termine* qui convient à presque tous les tempéraments, et qu'on peut permettre même aux convalescents.

Les Grecs et les Romains, quoique moins avancés que nous dans l'art d'assaisonner le poisson, n'en faisaient pas moins très grand cas, et poussaient la délicatesse jusqu'à pouvoir deviner au goût en quelles eaux ils avaient été pris.

Ils en conservaient dans des viviers; et on connaît la cruauté de Vadius Pollion, qui nourrissait des murènes avec les corps des esclaves qu'il faisait mourir : cruauté que l'empereur Domitien désapprouva hautement, mais qu'il aurait dû punir.

Un grand débat s'est élevé sur la question de savoir lequel doit l'emporter, du poisson de mer ou poisson d'eau douce.

Le différend ne sera probablement jamais jugé, conformément au proverbe espagnol, *sobre los gustos, no hay disputa*. Chacun est affecté à sa manière : ces sensations fugitives ne peuvent s'exprimer par aucun caractère connu, et il n'y a pas d'échelle pour estimer si un cabillaud, une sole, ou un turbot, valent mieux qu'une truite saumonée, un brochet de haut bord, ou même une tanche de six ou sept livres.

Il est bien convenu que le poisson est beaucoup moins nourrissant que la viande, soit parce qu'il ne contient point d'osmazôme, soit parce qu'étant bien plus léger en poids, sous le même volume, il contient moins de matière. Le coquillage, et spécialement les huîtres, fournissent peu de substance nutritive; c'est ce qui fait qu'on en peut manger beaucoup sans nuire au repas qui suit immédiatement.

On se souvient qu'autrefois, un festin de quelque apparat commençait ordinairement par des huîtres, et qu'il se trouvait toujours un bon nombre de convives qui ne s'arrêtaient pas sans en avoir avalé *une grosse* (douze douzaines, cent quarante-quatre). J'ai voulu savoir quel était le poids de cette avant-garde, et j'ai vérifié qu'une douzaine d'huîtres (eau comprise) pesait *quatre onces*, poids marchand : ce qui donne pour la grosse *trois livres*. Or, je regarde comme certain que les mêmes personnes, qui n'en dînaient pas moins bien après les huîtres, eussent été complètement rassasiées si elles avaient mangé la même quantité de viande, quand même ç'aurait été de la chair de poulet.

ANECDOTE. En 1798, j'étais à Versailles, en qualité de commissaire du Directoire, et j'avais des relations assez fréquentes avec le sieur Laperte, greffier du tribunal du département ; il était grand amateur d'huîtres, et se plaignait de n'en avoir jamais à satiété, ou, comme il le disait, *tout mon saoul*.

Je résolus de lui procurer cette satisfaction, et, à cet effet, je l'invitai à dîner avec moi le lendemain.

Il vint ; je lui tins compagnie jusqu'à la troisième douzaine, après quoi je le laissai aller seul. Il alla ainsi jusqu'à la trente-deuxième, c'est-à-dire pendant plus d'une heure, car l'ouvreuse n'était pas bien habile.

Cependant j'étais dans l'inaction, et comme c'est à table qu'elle est vraiment pénible, j'arrêtai mon convive au moment où il était le plus en train : « Mon cher, lui dis-je, votre destin n'est pas de manger aujourd'hui *votre saoul* d'huîtres, dînons. » Nous dînâmes, et il se comporta avec la vigueur et la tenue d'un homme qui aurait été à jeun.

MURIA-GARUM. 41. — Les anciens tiraient du poisson deux assaisonnements de très haut goût, le *muria* et le *garum*.

Le premier n'était que la saumure de thon, ou, pour parler plus exactement, la substance liquide que le mélange de sel faisait découler de ce poisson.

Le *garum*, qui était plus cher, nous est beaucoup moins connu. On croit qu'on le tirait par expression des entrailles marinées du scombre ou maquereau ; mais alors rien ne rendrait raison de ce haut prix. Il y a lieu de croire que c'était une sauce étrangère, et peut-être n'était-ce autre chose que le *soy* qui nous vient de l'Inde, et qu'on sait être le résultat de poissons fermentés avec des champignons.

Certains peuples, par leur position, sont réduits à vivre presque uniquement de poisson ; ils en nourrissent pareillement leurs animaux de travail, que l'habitude finit par soumettre à ces aliments insolites ; ils en fument même leurs terres, et cependant la mer qui les environne ne cesse pas de leur en fournir toujours la même quantité.

On a remarqué que ces peuples ont moins de courage que ceux qui se nourrissent de chair ; ils sont pâles, ce qui n'est point étonnant, parce que, d'après les éléments dont le poisson est composé, il doit plus augmenter la lymphe que réparer le sang.

On a pareillement observé, parmi les nations ichtyophages, des exemples nombreux de longévité, soit parce qu'une nourriture peu substantielle et plus légère leur sauve les inconvénients de la pléthore, soit que les sucs qu'elle contient, n'étant destinés par la nature qu'à former au plus des arêtes et des cartilages qui n'ont jamais une grande durée, l'usage habituel qu'en font les hommes retarde chez eux de quelques années la solidification de toutes les parties du corps, qui devient enfin la cause nécessaire de la mort naturelle.

Quoi qu'il en soit, le poisson, entre les mains d'un préparateur habile, peut devenir une source inépuisable de jouissances gustuelles ; on le sert entier, dépecé, tronçonné, à l'eau, à l'huile, au vin, froid, chaud, et toujours il est également bien reçu ; mais il ne mérite jamais un accueil plus distingué que lorsqu'il paraît sous la forme d'une matelote.

Ce ragoût, quoique imposé par la nécessité aux mariniers qui parcourent nos fleuves, et perfectionné seulement par les cabaretiers du bord de l'eau, ne leur est pas moins redevable d'une bonté que rien ne surpasse ; et les ichtyophiles ne le voient jamais paraître sans exprimer leur ravissement, soit à cause de la franchise de son goût, soit parce qu'il réunit plusieurs qualités, soit enfin parce qu'on peut en manger presque indéfiniment sans craindre ni la satiété ni l'indigestion.

La gastronomie analytique a cherché à examiner quels sont, sur l'économie animale, les effets du régime ichtyaque, et des observations unanimes ont démontré qu'il agit fortement sur le génésique, et éveille chez les deux sexes l'instinct de la reproduction.

L'effet une fois connu, on en trouvera d'abord deux causes tellement immédiates qu'elles étaient à la portée de tout le monde, savoir : 1° diverses manières de préparer le poisson, dont les assaisonnements sont évidemment irritants, tels que le caviar, les harengs saurs, le thon mariné, la morue, le stock-fish, et autres pareils ; 2° les sucs divers dont le poisson est imbibé, qui sont éminemment inflammables, et s'oxygènent et se rancissent par la digestion.

Une analyse plus profonde en a découvert une troisième encore plus active, savoir : la présence du phosphore qui se trouve tout formé dans les laites, et qui ne manque pas de se montrer en décomposition.

Ces vérités physiques étaient sans doute ignorées de ces législateurs ecclésiastiques qui imposèrent la diète quadragésimale à diverses communautés de moines, telles que les Chartreux, les Récollets, les Trappistes et les Carmes déchaux réformés par sainte Thérèse ; car on ne peut pas supposer qu'ils aient eu pour but de rendre encore plus difficile l'observance du vœu de chasteté, déjà si anti-social.

Sans doute, dans cet état de choses, des victoires éclatantes ont été remportées, des sens bien rebelles ont été soumis ; mais aussi que de chutes ! que de défaites ! Il faut qu'elles aient été bien avérées, puisqu'elles finirent par donner à un ordre religieux une réputation semblable à celle d'Hercule chez les filles de Danaüs, ou du maréchal de Saxe auprès de mademoiselle Lecouvreur.

Au reste, ils auraient pu être éclairés par une anecdote déjà ancienne, puisqu'elle nous est venue par les croisades.

Le sultan Saladin, voulant éprouver jusqu'à quel point pouvait aller la continence des derviches, en prit deux dans son palais, et pendant un certain espace de temps les fit nourrir des viandes les plus succulentes.

Bientôt la trace des sévérités qu'ils avaient exercées sur eux-mêmes s'effaça, et leur embonpoint commença à reparaître.

Dans cet état, on leur donna pour compagnes deux odalisques d'une beauté toute puissante, mais elles échouèrent dans leurs attaques les mieux dirigées, et les deux saints sortirent d'une épreuve aussi délicate, purs comme le diamant de Visapour.

Le sultan les garda encore dans son palais, et, pour célébrer leur triomphe, leur fit faire pendant plusieurs semaines une chère également soignée, mais exclusivement en poisson.

A peu de jours, on les soumit de nouveau au pouvoir réuni de la jeunesse et de la beauté ; mais cette fois la nature fut la plus forte, et les trop heureux cénobites succombèrent... étonnamment.

Dans l'état actuel de nos connaissances, il est probable que, si le cours des choses ramenait quelque ordre monacal, les supérieurs chargés de les diriger adopteraient un régime plus favorable à l'accomplissement de leurs devoirs.

RÉFLEXION PHILOSOPHIQUE. 42. — Le poisson, pris dans la collection de ses espèces, est pour le philosophe un sujet inépuisable de méditation et d'étonnement.

Les formes variées de ces étranges animaux, les sens qui leur manquent, la restriction de ceux qui leur ont été accordés, leurs diverses manières d'exister, l'influence qu'a dû exercer sur tout cela la différence du milieu dans lequel ils sont destinés à vivre, respirer et se mouvoir, étendent la sphère de nos idées et des modifications indéfinies qui peuvent résulter de la matière, du mouvement et de la vie.

Quant à moi, j'ai pour eux un sentiment qui ressemble au respect, et qui naît de la persuasion intime où je suis que ce sont des créatures évidemment antédiluviennes ; car le grand cataclysme qui noya nos grands-oncles vers le XVIIIe siècle de la création du monde ne fut pour les poissons qu'un temps de joie, de conquête, de festivité.

§ VII. DES TRUFFES. 43. — Qui dit *truffe* prononce un grand mot qui réveille des souvenirs érotiques et gourmands chez le sexe portant jupes, et des souvenirs gourmands et érotiques chez le sexe portant barbe.

Cette duplication honorable vient de ce que cet éminent tubercule passe non seulement pour délicieux au goût, mais encore parce qu'on croit qu'il élève une puissance dont l'exercice est accompagné des plus doux plaisirs.

L'origine de la truffe est inconnue ; on la trouve, mais on ne sait ni comment elle naît, ni comment elle végète. Les hommes les plus habiles s'en sont occupés : on a cru en reconnaître les graines, on a promis qu'on en sèmerait à volonté. Efforts inutiles ! promesses mensongères ! jamais la plantation n'a été suivie de la récolte, et ce n'est peut-être pas un grand malheur ; car, comme le prix des truffes tient un peu au caprice, peut-être les estimerait-on moins si on les avait en quantité et à bon marché.

« Réjouissez-vous, chère amie, disais-je un jour à madame de V..., on vient de présenter à la Société d'encouragement un métier au moyen duquel on fera de la dentelle superbe, et qui ne coûtera presque rien.

— Eh ! me répondit cette belle avec un regret de souveraine indifférence, si la dentelle était à bon marché, croyez-vous qu'on voudrait porter de semblables guenilles ? »

DE LA VERTU ÉROTIQUE DES TRUFFES. 44. — Les Romains ont connu la truffe ; mais il ne paraît pas que l'espèce française soit parvenue jusqu'à eux. Celles dont ils faisaient leurs délices leur venaient de Grèce, d'Afrique, et principalement de Libye; la substance en était blanche ou rougeâtre, et les truffes de Libye étaient les plus recherchées, comme à la fois plus délicates et plus parfumées.

... *Gustus elementa per omnia quærunt.* JUVÉNAL.

Des Romains jusqu'à nous il y a eu un long interrègne, et la résurrection des truffes est assez récente; car j'ai lu plusieurs anciens dispensaires où il n'en est pas fait mention; on peut même dire que la génération qui s'écoule au moment où j'écris en a été presque témoin.

Vers 1780, les truffes étaient rares à Paris; on n'en trouvait, et seulement en petite quantité, qu'à l'hôtel des Américains et à l'hôtel de Provence, et une dinde truffée était un objet de luxe, qu'on ne voyait qu'à la table des plus grands seigneurs, ou chez les filles entretenues.

Nous devons leur multiplication aux marchands de comestibles, dont le nombre s'est fort accru, et qui, voyant que cette marchandise prenait faveur, en ont fait demander dans tout le royaume, et qui, les payant bien et les faisant arriver par les courriers de la malle et par la diligence, en ont rendu la recherche générale; car, puisqu'on ne peut pas les planter, ce n'est qu'en les recherchant avec soin qu'on peut en augmenter la consommation.

On peut dire qu'au moment où j'écris (1825) la gloire de la truffe est à son apogée. On n'ose pas dire qu'on s'est trouvé à un repas où il n'y aurait pas eu une pièce truffée. Quelque bonne en soi que puisse être une entrée, elle se présente mal si elle n'est pas enrichie de truffes. Qui n'a pas senti sa bouche se mouiller en entendant parler de *truffes à la provençale*?

Un sauté de truffes est un plat dont la maîtresse de la maison se réserve de faire les honneurs; bref, la truffe est le diamant de la cuisine.

J'ai cherché la raison de cette préférence; car il m'a

semblé que plusieurs autres substances avaient un droit égal à cet honneur, et je l'ai trouvée dans la persuasion assez générale où l'on est que la truffe dispose aux plaisirs génésiques ; et, qui plus est, je me suis assuré que la plus grande partie de nos perfections, de nos prédilections et de nos admirations, proviennent de la même cause ; tant est puissant et général le servage où nous tient ce sens tyrannique et capricieux !

Cette découverte m'a conduit à désirer de savoir si l'effet est réel et l'opinion fondée en réalité.

Une pareille recherche est sans doute scabreuse et pourrait prêter à rire aux malins ; mais honni soit qui mal y pense ! toute vérité est bonne à découvrir.

Je me suis d'abord adressé aux dames, parce qu'elles ont le coup d'œil juste et le tact fin ; mais je me suis bientôt aperçu que j'aurais dû commencer cette disquisition quarante ans plus tôt, et je n'ai reçu que des réponses ironiques ou évasives ; une seule y a mis de la bonne foi, et je vais la laisser parler ; c'est une femme spirituelle sans prétention, vertueuse sans bégueulerie, et pour qui l'amour n'est plus qu'un souvenir aimable.

« Monsieur, me dit-elle, dans le temps où l'on soupait encore, je soupai un jour chez moi en trio avec mon mari et un de ses amis. Verseuil (c'était le nom de cet ami) était beau garçon, ne manquait pas d'esprit, et venait souvent chez moi ; mais il ne m'avait jamais rien dit qui pût le faire regarder comme mon amant ; et s'il me faisait la cour, c'était d'une manière si enveloppée qu'il n'y a qu'une sotte qui eût pu s'en fâcher. Il paraissait, ce jour-là, destiné à me tenir compagnie pendant le reste de la soirée, car mon mari avait un rendez-vous d'affaires, et devait nous quitter bientôt. Notre souper, assez léger d'ailleurs, avait cependant pour base une superbe volaille truffée. Le subdélégué de Périgueux nous l'avait envoyée. En ce temps, c'était un cadeau ; et d'après son origine, vous pensez bien que c'était une perfection. Les truffes surtout étaient délicieuses, et vous savez que je les aime beaucoup : cependant je me contins ; je ne bus aussi qu'un seul verre de Champagne ; j'avais je ne sais quel pressentiment de femme que la soirée ne se passerait pas sans quelque événement. Bientôt mon mari partit et me laissa seule avec Verseuil, qu'il regardait comme tout à fait sans conséquence. La conversation roula d'abord sur des sujets indifférents, mais elle ne tarda pas à prendre une tournure plus serrée et plus intéressante. Verseuil fut successivement flatteur, expansif, affectueux, caressant, et voyant que je ne faisais que plaisanter de tant de belles choses, il devint si pressant que je ne pus plus me tromper sur ses prétentions. Alors je me réveillai comme d'un songe, et me défendis avec d'autant plus de franchise, que mon cœur ne me disait rien pour lui. Il persistait avec une action qui pouvait devenir tout à fait offensante ; j'eus beaucoup de peine à le ramener ; et j'avoue, à ma honte, que je n'y parvins que parce que j'eus l'art de lui faire croire que toute espérance ne lui serait pas interdite. Enfin, il me quitta ; j'allai me coucher et dormis tout d'un somme. Mais le lendemain fut le jour du jugement ; j'examinai ma conduite de la veille, et je la trouvai répréhensible. J'aurais dû arrêter Verseuil dès les premières phrases, et ne pas me prêter à une conversation qui ne présageait rien de bon. Ma fierté aurait dû se réveiller plus tôt, mes yeux s'armer de sévérité ; j'aurais dû sonner, crier, me fâcher, faire enfin tout ce que je ne fis pas. Que vous dirai-je, Monsieur ? je mis tout cela sur le compte des truffes ; je suis réellement persuadée qu'elles m'avaient donné une prédisposition dangereuse ; et si je n'y renonçai pas (ce qui eût été trop rigoureux), du moins je n'en mange jamais sans que le plaisir qu'elles me causent ne soit mêlé d'un peu de défiance. »

Un aveu, quelque franc qu'il soit, ne peut jamais faire doctrine. J'ai donc cherché des renseignements ultérieurs ; j'ai rassemblé mes souvenirs, j'ai consulté les hommes qui, par état, sont investis de plus de confiance individuelle ; je les ai réunis en comité, en tribunal, en sénat, en sanhédrin, en aréopage ; et nous avons rendu la décision suivante pour être commentée par les littérateurs du xxve siècle.

« La truffe n'est point un aphrodisiaque positif; mais elle peut, en certaines occasions, rendre les femmes plus tendres et les hommes plus aimables. »

On trouve en Piémont les truffes blanches qui sont très estimées; elles ont un petit goût d'ail qui ne nuit point à leur perfection, parce qu'il ne donne lieu à aucun retour désagréable.

Les meilleures truffes de France viennent du Périgord et de la haute Provence; c'est vers le mois de janvier qu'elles ont tout leur parfum.

Il en vient aussi en Bugey, qui sont de très haute qualité; mais cette espèce a le défaut de ne pas se conserver. J'ai fait, pour les offrir aux flâneurs des bords de la Seine, quatre tentatives dont une seule a réussi; mais pour lors ils jouirent de la bonté de la chose et du mérite de la difficulté vaincue.

Les truffes de Bourgogne et du Dauphiné sont de qualité inférieure; elles sont dures et manquent d'avoine; ainsi, il y a truffes et truffes, comme il y a fagots et fagots.

On se sert, le plus souvent, pour trouver les truffes, de chiens et de cochons qu'on dresse à cet effet; mais il est des hommes dont le coup d'œil est si exercé, qu'à l'inspection d'un terrain, ils peuvent dire, avec quelque certitude, si on y peut trouver des truffes, et quelle en est la grosseur et la qualité.

LES TRUFFES SONT-ELLES INDIGESTES ? — Il ne nous reste plus qu'à examiner si la truffe est indigeste.

Nous répondrons négativement.

Cette décision officielle et en dernier ressort est fondée :

1° Sur la nature de l'objet même à examiner (la truffe est un aliment facile à mâcher, léger de poids, et qui n'a en soi rien de dur ni de coriace);

2° Sur nos observations pendant plus de cinquante ans, qui se sont écoulés sans que nous ayons vu en indigestion aucun mangeur de truffes;

3° Sur l'attestation des plus célèbres praticiens de

Paris, cité admirablement gourmande, et truffivore par excellence ;

4° Enfin, sur la conduite journalière de ces docteurs de la loi qui, toutes choses égales, consomment plus de truffes qu'aucune autre classe de citoyens ; témoin, entre autres, le docteur Malouet, qui en absorbait des quantités à indigérer un éléphant, et qui n'en a pas moins vécu jusqu'à quatre-vingt-six ans.

Ainsi on peut regarder comme certain que la truffe est un aliment aussi sain qu'agréable, et qui, pris avec modération, passe comme une lettre à la poste.

Ce n'est pas qu'on ne puisse être indisposé à la suite d'un grand repas où, entre autres choses, on aurait mangé des truffes ; mais ces accidents n'arrivent qu'à ceux qui, s'étant déjà, au premier service, bourrés comme des canons, se crèvent encore au second, pour ne pas laisser passer intactes les bonnes choses qui leur sont offertes.

Alors ce n'est point la faute des truffes ; et on peut assurer qu'ils seraient encore plus malades si, au lieu de truffes, ils avaient, en pareilles circonstances, avalé la même quantité de pommes de terre.

Finissons par un fait qui montre combien il est facile de se tromper quand on n'observe pas avec soin :

J'avais un jour invité à dîner M. S***, vieillard fort aimable, et gourmand au plus haut de l'échelle. Soit parce que je connaissais ses goûts, soit pour prouver à tous mes convives que j'avais leur jouissance à cœur, je n'avais pas épargné les truffes, et elles se présentaient sous l'égide d'un dindon vierge avantageusement farci.

M. S*** en mangea avec énergie ; et comme je savais que jusque-là il n'en était pas mort, je le laissai faire, en l'exhortant à ne pas se presser, parce que personne ne voulait attenter à la propriété qui lui était acquise.

Tout se passa très bien, et on se sépara assez tard ; mais, arrivé chez lui, M. S*** fut saisi de violentes coliques d'estomac, avec des envies de vomir, une toux convulsive et un malaise général.

Cet état dura quelque temps et donnait de l'inquiétude ; on criait déjà à l'indigestion de truffes, quand la nature vint au secours du patient. M. S*** ouvrit sa large bouche, et éructa violemment un seul fragment de truffe qui alla frapper la tapisserie, et rebondit avec force, non sans danger pour ceux qui lui donnaient des soins.

Au même instant, tous les symptômes fâcheux cessèrent ; la tranquillité reparut, la digestion reprit son cours, le malade s'endormit, et se réveilla le lendemain dispos et tout à fait sans rancune.

La cause du mal fut bientôt connue. M. S*** mange depuis longtemps ; ses dents n'ont pas su soutenir le travail qu'il leur a imposé ; plusieurs de ces précieux osselets ont émigré, et les autres ne conservent pas la coïncidence désirable.

Dans cet état de choses, une truffe avait échappé à la mastication, et s'était, presque entière, précipitée dans l'abîme ; l'action de la digestion l'avait portée vers le pylore, où elle s'était momentanément engagée : c'est cet engagement mécanique qui avait causé le mal, comme l'expulsion en fut le remède.

Ainsi il n'y eut jamais indigestion, mais seulement supposition d'un corps étranger.

C'est ce qui fut décidé par le comité consultatif qui vit la pièce de conviction, et qui voulut bien m'agréer pour rapporteur.

M. S*** n'en est pas, pour cela, resté moins fidèlement attaché à la truffe ; il l'aborde toujours avec la même audace ; mais il a soin de la mâcher avec plus de précision, de l'avaler avec plus de prudence ; et il remercie Dieu, dans la joie de son cœur, de ce que cette précaution sanitaire lui procure une prolongation de jouissances.

§ VIII. DU SUCRE. — Au terme où la science est parvenue aujourd'hui, on entend par *sucre* une substance douce au goût, cristallisable, et qui, par la fermentation, se résout en acide carbonique et en alcool.

Autrefois on entendait par *sucre* le suc épaissi et cristallisé de la canne (*arundo saccharifera*).

Ce roseau est originaire des Indes; cependant il est certain que les Romains ne connaissaient pas le sucre comme chose usuelle, ni comme cristallisation.

Quelques pages des livres anciens peuvent bien faire croire qu'on avait remarqué, dans certains roseaux, une partie extractive et douce. Lucain a dit :

Quique bibunt tenera dulces ab arundine succos.

Mais d'une eau édulcorée par le sucre et la canne, au sucre tel que nous l'avons, il y a loin; et chez les Romains, l'art n'était point encore assez avancé pour y parvenir.

C'est dans les colonies du Nouveau Monde que le sucre a véritablement pris naissance; la canne y a été importée, il y a environ deux siècles; elle y prospère. On a cherché à utiliser le doux jus qui en découle; et, de tâtonnements en tâtonnements, on est parvenu à en extraire successivement du vesou, du sirop, du sucre terré, de la mélasse, et du sucre raffiné à différents degrés.

La culture de la canne à sucre est devenue un objet de la plus haute importance; car elle est une source de richesse, soit pour ceux qui la font cultiver, soit pour ceux qui commercent de son produit, soit pour ceux qui l'élaborent, soit enfin pour les gouvernements qui le soumettent aux impositions.

DU SUCRE INDIGÈNE. On a cru, pendant longtemps, qu'il ne fallait pas moins que la chaleur des tropiques pour faire élaborer le sucre; mais, vers 1740, Margraff le découvrit dans quelques plantes des zones tempérées, et entre autres dans la betterave; et cette vérité fut poussée jusqu'à la démonstration par les travaux que fit à Berlin le professeur Achard.

Au commencement du XIXe siècle, les circonstances ayant rendu le sucre rare, et par conséquent cher en France, le gouvernement en fit l'objet de la recherche des savants.

Cet appel eut un plein succès : on s'assura que le sucre était assez abondamment répandu dans le règne végétal ; on le découvrit dans le raisin, dans la châtaigne, dans la pomme de terre, et surtout dans la betterave.

Cette dernière plante devint l'objet d'une grande culture et d'une foule de tentatives qui prouvèrent que l'ancien monde pouvait, sous ce rapport, se passer du nouveau. La France se couvrit de manufactures qui travaillèrent avec divers succès, et la saccharification s'y naturalisa : art nouveau, et que les circonstances peuvent quelque jour rappeler.

Parmi ces manufactures, on distingua surtout celle qu'établit à Passy, près de Paris, M. Benjamin Delessert, citoyen respectable, dont le nom est toujours uni à ce qui est bon et utile.

Par une suite d'opérations bien entendues, il parvint à débarrasser la pratique de ce qu'elle avait de douteux, ne fit point mystère de ses découvertes, même à ceux qui auraient été tentés de devenir ses rivaux, reçut la visite du chef du gouvernement, et demeura chargé de fournir à la consommation du palais des Tuileries.

Des circonstances nouvelles, la restauration et la paix, ayant ramené le sucre des colonies à des prix assez bas, les manufactures de sucre de betterave ont perdu une grande partie de leurs avantages. Cependant il en est encore plusieurs qui prospèrent ; et M. Benjamin Delessert en fait chaque année quelques milliers, sur lesquels il ne perd point et qui lui fournissent l'occasion de conserver des méthodes auxquelles il peut devenir utile d'avoir recours [1].

---

[1]. On peut ajouter qu'à la séance générale, sa Société d'encouragement pour l'industrie nationale a décerné une médaille d'or à M. Crespel, manufacturier d'Arras, qui fabrique chaque année plus de cent cinquante milliers de sucre de betterave, dont il fait un commerce avantageux, même lorsque le sucre de canne descend à 2 fr. 20 c. le kilogramme : ce qui provient de ce qu'on est parvenu à tirer parti des marcs, qu'on distille pour en extraire les esprits, et qu'on emploie ensuite à la nourriture des bestiaux.

Lorsque le suc de betterave fut dans le commerce, les gens de parti, les roturiers et les ignorants, trouvèrent qu'il avait mauvais goût, qu'il sucrait mal; quelques-uns même prétendirent qu'il était malsain.

Des expériences exactes et multipliées ont prouvé le contraire; et M. le comte Chaptal en a inséré le résultat dans son excellent livre : *La Chimie appliquée à l'Agriculture*, tome II, page 13, 1re édition.

« Les sucres qui proviennent de ces diverses plantes, dit ce célèbre chimiste, sont rigoureusement de même nature et ne diffèrent en aucune manière, lorsqu'on les a portés par le raffinage au même degré de pureté. Le goût, la cristallisation, la couleur, la pesanteur, sont absolument identiques, et l'on peut défier l'homme le plus habitué à juger ces produits ou à les consommer de les distinguer l'un de l'autre. »

On aura un exemple frappant de la force des préjugés et de la peine que la vérité trouve à s'établir, quand on saura que, sur cent sujets de la Grande-Bretagne pris indistinctement, il n'y en a pas dix qui croient qu'on puisse faire du sucre avec de la betterave.

DIVERS USAGES DU SUCRE. Le sucre est entré dans le monde par l'officine des apothicaires. Il devait y jouer un grand rôle; car, pour désigner quelqu'un à qui il aurait manqué quelque chose essentiel, on disait : *C'est comme un apothicaire sans sucre.*

Il suffisait qu'il vînt de là pour qu'on le reçût avec défaveur : les uns disaient qu'il était échauffant, d'autres, qu'il attaquait la poitrine; quelques-uns, qu'il disposait à l'apoplexie : mais la calomnie fut obligée de s'enfuir devant la vérité, et il y a plus de quatre-vingts ans que fut proféré ce mémorable apophtegme : *Le sucre ne fait mal qu'à la bourse.*

Sous une égide aussi impénétrable, l'usage du sucre est devenu chaque jour plus fréquent, plus général, et il n'est pas de substance alimentaire qui ait subi plus d'amalgames et de transformations.

Bien des personnes aiment à manger le sucre pur, et dans quelques cas, la plupart désespérés, la Faculté l'ordonne sous cette forme, comme un remède qui ne peut nuire, et qui n'a du moins rien de repoussant.

Mêlé à l'eau, il donne l'eau sucrée, boisson rafraîchissante, saine, agréable, et quelquefois salutaire comme remède.

Mêlé à l'eau en plus forte dose et concentré par le feu, il donne les sirops, qui se chargent de tous les parfums, et présentent à toute heure un rafraîchissement qui plaît à tout le monde par sa variété.

Mêlé à l'eau, dont l'art vient ensuite soustraire le calorique, il donne les glaces, qui sont d'origine italienne, et dont l'importation paraît due à Catherine de Médicis.

Mêlé au vin, il donne un cordial, un restaurant tellement reconnu, que, dans quelques pays, on en mouille des rôties qu'on porte aux nouveaux mariés la première nuit de leurs noces, de la même manière qu'en pareille occasion on leur porte en Perse des pieds de mouton au vinaigre.

Mêlé à la farine et aux œufs, il donne les biscuits, les macarons, les croquignoles, les babas, et cette multitude de pâtisseries légères qui constitue l'art assez récent du pâtissier petit-fournier.

Mêlé avec le lait, il donne les crèmes, les blancs-mangers et autres préparations d'office qui terminent si agréablement un second service, en substituant au goût substantiel des viandes un parfum plus fin et plus éthéré.

Mêlé au café, il en fait ressortir l'arôme.

Mêlé au café et au lait, il donne un aliment léger, agréable, facile à se procurer, et qui convient parfaitement à ceux pour qui le travail de cabinet suit immédiatement le déjeuner. Le café au lait plaît aussi souverainement aux dames ; mais l'œil clairvoyant de la science a découvert que son usage trop fréquent pouvait leur nuire dans ce qu'elles ont de plus cher.

Mêlé aux fruits et aux fleurs, il donne les confitures, les marmelades, les conserves, les pâtes et les candis, méthode conservatrice qui nous fait jouir du parfum de ces fruits et de ces fleurs longtemps après l'époque que la nature avait fixée pour leur durée.

Peut-être, envisagé sous ce dernier rapport, le sucre pourrait-il être employé avec avantage dans l'art de l'embaumement, encore peu avancé parmi nous.

Enfin le sucre, mêlé à l'alcool, donne des liqueurs spiritueuses, inventées, comme on sait, pour réchauffer la vieillesse de Louis XIV, et qui, saisissant le palais par leur énergie, et l'odorat par les gaz parfumés qui y sont joints, forment en ce moment le *nec plus ultra* des jouissances du goût.

L'usage du sucre ne se borne pas là. On peut dire qu'il est le condiment universel, et qu'il ne gâte rien. Quelques personnes en usent avec les viandes, quelquefois avec les légumes, et souvent avec les fruits à la main. Il est de rigueur dans les boissons composées le plus à la mode, telles que le punch, le négus, le sillabub, et autres d'origine exotique; et ses applications varient à l'infini, parce qu'elles se modifient au gré des peuples et des individus.

Telle est cette substance que les Français du temps de Louis XIII connaissaient à peine de nom, et qui, pour ceux du xixe siècle, est devenue une denrée de première nécessité; car il n'est pas de femme, surtout dans l'aisance, qui ne dépense plus d'argent pour son sucre que pour son pain.

M. Delacroix, littérateur aussi aimable que fécond, se plaignait à Versailles du prix du sucre, qui, à cette époque dépassait 5 francs la livre. « Ah! disait-il d'une voix douce et tendre, si jamais le sucre revient à trente sous, je ne boirai jamais d'eau qu'elle ne soit sucrée. » Ses vœux ont été exaucés; il vit encore, et j'espère qu'il se sera tenu parole.

§ IX. ORIGINE DU CAFÉ. 46. — Le premier cafier a été trouvé en Arabie, et, malgré les diverses transplantations que cet arbuste a subies, c'est encore de là que nous vient le meilleur café.

Une ancienne tradition porte que le café fut découvert par un berger, qui s'aperçut que son troupeau était dans une agitation et une hilarité particulières toutes les fois qu'il avait brouté les baies du cafier.

Quoi qu'il en soit de cette vieille histoire, l'honneur de la découverte n'appartiendrait qu'à moitié au chevrier observateur; le surplus appartient incontestablement à celui qui, le premier, s'est avisé de torréfier cette fève.

Effectivement la décoction du café cru est une boisson insignifiante; mais la carbonisation y développe un arôme et y forme une huile qui caractérisent le café tel que nous le prenons, et qui resteraient éternellement inconnus sans l'intervention de la chaleur.

Les Turcs, qui sont nos maîtres en cette partie, n'emploient point le moulin pour triturer le café; ils le pilent dans des mortiers et avec des pilons de bois; et quand ces instruments ont été longtemps employés à cet usage, ils deviennent précieux et se vendent à de grands prix.

Il m'appartenait, à plusieurs titres, de vérifier si, en résultat, il y avait quelque différence, et laquelle des deux méthodes était préférable.

En conséquence, j'ai torréfié avec soin une livre de bon moka; je l'ai séparée en deux portions égales, dont l'une a été moulue, et l'autre pilée à la manière des Turcs.

J'ai fait du café avec l'une et l'autre des poudres; j'en ai pris de chacune pareil poids, et j'y ai versé pareil poids d'eau bouillante, agissant en tout avec une égalité parfaite.

J'ai goûté ce café et l'ai fait déguster par les plus gros bonnets. L'opinion unanime a été que celui qui résultait de la poudre pilée était évidemment supérieur à celui provenu de la poudre moulue.

Chacun pourra répéter l'expérience. En attendant, je puis donner un exemple assez singulier de l'influence que peut avoir telle ou telle manière de manipuler.

« Monsieur, disait un jour Napoléon au sénateur Laplace, comment se fait-il qu'un verre d'eau dans lequel je fais fondre un morceau de sucre me paraisse beaucoup meilleur que celui dans lequel je mets pareille quantité de sucre pilé ? — Sire, répondit le savant, il existe trois substances dont les principes sont exactement les mêmes, savoir : le sucre, la gomme et l'amidon ; elles ne diffèrent que par certaines conditions dont la nature s'est réservé le secret ; et je crois qu'il est possible que, dans la collision qui s'exerce par le pilon, quelques portions sucrées passent à l'état de gomme ou d'amidon, et causent la différence qui a lieu en ce cas. »

Ce fait a eu quelque publicité, et des observations ultérieures ont confirmé la première.

DIVERSES MANIÈRES DE FAIRE LE CAFÉ. Il y a quelques années que toutes les idées se portèrent simultanément sur la meilleure manière de faire le café ; ce qui provenait, sans presque qu'on s'en doutât, de ce que le chef du gouvernement en prenait beaucoup.

On proposait de le faire sans le brûler, sans le mettre en poudre, de l'infuser à froid, de le faire bouillir pendant trois quarts d'heure, de le soumettre à l'autoclave, etc.

J'ai essayé dans le temps toutes ces méthodes, et celles qu'on a proposées jusqu'à ce jour, et je me suis fixé, en connaissance de cause, à celle qu'on appelle *à la Dubelloy,* qui consiste à verser de l'eau bouillante sur du café mis dans un vase de porcelaine ou d'argent, percé de très petits trous. On prend cette première décoction, on la chauffe jusqu'à l'ébullition, on la repasse de nouveau, et on a un café aussi clair et aussi bon que possible.

J'ai essayé, entre autres, de faire du café dans une bouilloire à haute pression ; mais j'ai eu pour résultat un café chargé d'extractif et d'amertume, bon tout au plus à gratter le gosier d'un Cosaque.

EFFETS DU CAFÉ. Les docteurs ont émis diverses opinions sur les propriétés sanitaires du café, et n'ont pas toujours été d'accord entre eux ; nous passerons à côté de cette mêlée, pour ne nous occuper que de la plus importante, savoir, de son influence sur les organes de la pensée.

Il est hors de doute que le café porte une grande excitation dans les puissances cérébrales : aussi tout homme qui en boit pour la première fois est sûr d'être privé d'une partie de son sommeil.

Quelquefois cet effet est adouci ou modifié par l'habitude ; mais il est beaucoup d'individus sur lesquels cette excitation a toujours lieu, et qui, par conséquent, sont obligés de renoncer à l'usage du café.

J'ai dit que cet effet était modifié par l'habitude, ce qui ne l'empêche pas d'avoir lieu d'une autre manière ; car j'ai observé que les personnes que le café n'empêche pas de dormir pendant la nuit en ont besoin pour se tenir éveillées pendant le jour, et ne manquent pas de s'endormir pendant la soirée quand elles n'en ont pas pris après leur dîner.

Il en est encore beaucoup d'autres qui sont soporeuses toute la journée quand elles n'ont pas pris leur tasse de café dès le matin.

Voltaire et Buffon prenaient beaucoup de café ; peut-être devaient-ils à cet usage, le premier, la clarté admirable qu'on observe dans ses œuvres, le second, l'harmonie enthousiastique qu'on trouve dans son style. Il est évident que plusieurs pages des *Traités* sur *l'homme,* sur le *chien,* le *tigre,* le *lion* et le *cheval,* ont été écrites dans un état d'exaltation cérébrale extraordinaire.

L'insomnie causée par le café n'est pas pénible ; on a des perceptions très claires, et nulle envie de dormir : voilà tout. On n'est pas agité et malheureux comme quand l'insomnie provient de toute autre cause : ce qui n'empêche pas que cette excitation intempestive ne puisse à la longue devenir très nuisible.

Autrefois, il n'y avait que les personnes au moins d'un âge mûr qui prissent du café ; maintenant tout le monde en prend, et peut-être est-ce le coup de fouet que l'esprit en reçoit qui fait marcher la foule immense qui assiège toutes les avenues de l'Olympe et du temple de Mémoire.

Le cordonnier auteur de la tragédie de la *Reine de*

Palmyre, que tout Paris a entendu lire il y a quelques années, prenait beaucoup de café : aussi s'est-il élevé plus haut que le *menuisier de Nevers,* qui n'était qu'ivrogne.

Le café est une liqueur beaucoup plus énergique qu'on ne croit communément. Un homme bien constitué peut vivre longtemps en buvant deux bouteilles de vin chaque jour. Le même homme ne soutiendrait pas aussi longtemps une pareille quantité de café ; il deviendrait imbécile ou mourrait de consomption.

J'ai vu à Londres, sur la place de Leicester, un homme que l'usage immodéré du café avait réduit en boule (*cripple*) ; il avait cessé de souffrir, s'était accoutumé à cet état, et s'était réduit à cinq ou six tasses par jour.

C'est une obligation pour tous les papas et mamans du monde d'interdire sévèrement le café à leurs enfants, s'ils ne veulent pas avoir de petites machines sèches, rabougries et vieilles à vingt ans. Cet avis est surtout fort à propos pour les Parisiens, dont les enfants n'ont pas toujours autant d'éléments de force et de santé que s'ils étaient nés dans certains départements, dans celui de l'Ain par exemple.

Je suis de ceux qui ont été obligés de renoncer au café ; et je finis cet article en racontant *comme quoi* j'ai été un jour rigoureusement soumis à son pouvoir.

Le duc de Massa, pour lors ministre de la Justice, m'avait demandé un travail que je voulais soigner, et pour lequel il m'avait donné peu de temps ; car il le voulait du jour au lendemain.

Je me résignai donc à passer la nuit ; et, pour me prémunir contre l'envie de dormir, je fortifiai mon dîner de deux grandes tasses de café, également fort et parfumé.

Je revins chez moi à sept heures pour y recevoir les papiers qui m'avaient été annoncés ; mais je n'y trouvai qu'une lettre qui m'apprenait que, par suite de je ne sais quelle formalité de bureau, je ne les recevrais que le lendemain.

Ainsi désappointé, dans toute la force du terme, je

retournai dans la maison où j'avais dîné, et j'y fis une partie de piquet sans éprouver aucune de ces distractions auxquelles je suis ordinairement sujet.

J'en fis honneur au café; mais, tout en recueillant cet avantage, je n'étais pas sans inquiétude sur la manière dont je passerais la nuit.

Cependant je me couchai à l'heure ordinaire, pensant que, si je n'avais pas un sommeil bien tranquille, du moins je dormirais quatre à cinq heures, ce qui me conduirait tout doucement au lendemain.

Je me trompais : j'avais déjà passé deux heures au lit, que je n'en étais que plus réveillé; j'étais dans un état d'agitation mentale très vive, et je me figurais mon cerveau comme un moulin dont les rouages sont en mouvement sans avoir quelque chose à moudre.

Je sentis qu'il fallait user cette disposition, sans quoi le besoin de repos ne viendrait point; et je m'occupai à mettre en vers un petit conte que j'avais lu depuis peu dans un livre anglais.

J'en vins assez facilement à bout; et comme je n'en dormais ni plus ni moins, j'en entrepris un second, mais ce fut inutilement. Une douzaine de vers avaient épuisé ma verve poétique, et il fallut y renoncer.

Je passai donc la nuit sans dormir, et sans même être assoupi un seul instant; je me levai et passai la journée dans le même état, sans que ni les repas ni les occupations y apportassent aucun changement. Enfin, quand je me couchai à mon heure accoutumée, je calculai qu'il y avait quarante heures que je n'avais pas fermé les yeux.

§ X. DU CHOCOLAT. — SON ORIGINE. 47. — Ceux qui, les premiers, abordèrent en Amérique, y furent poussés par la soif de l'or. A cette époque, on ne connaissait presque de valeurs que celles qui sortaient des mines : l'agriculture, le commerce, étaient dans l'enfance, et l'économie politique n'était pas encore née. Les Espagnols trouvèrent donc des métaux précieux, découverte à peu près stérile, puisqu'ils se déprécient en se multipliant, et que nous avons bien des moyens plus actifs pour augmenter la masse des richesses.

Mais ces contrées, où un soleil de toutes les chaleurs fait fermenter des champs d'une extrême fécondité, se sont trouvées propres à la culture du sucre et du café ; on y a, en outre, découvert la pomme de terre, l'indigo, la vanille, le kina, le cacao, etc. ; et ce sont là de véritables trésors.

Si ces découvertes ont eu lieu, malgré les barrières qu'opposait à la curiosité une nation jalouse, on peut raisonnablement espérer qu'elles seront décuplées dans les années qui vont suivre, et que les recherches que feront les savants de la vieille Europe dans tant de pays inexplorés enrichiront les trois règnes d'une multitude de substances qui nous donneront des sensations nouvelles, comme a fait la vanille, ou augmenteront nos ressources alimentaires comme le cacao.

On est convenu d'appeler *chocolat* le mélange qui résulte de l'amande de cacao grillée avec le sucre et la cannelle : telle est la définition classique du chocolat. Le sucre en fait partie intégrante ; car, avec du cacao tout seul, on ne fait que de la pâte de cacao et non du chocolat. Quant au sucre, à la cannelle et au cacao, on joint l'arôme délicieux de la vanille, on atteint le *nec plus ultra* de la perfection à laquelle cette préparation peut être portée.

C'est à ce petit nombre de substances que le goût et l'expérience ont réduit les nombreux ingrédients qu'on avait tenté d'associer au cacao, tels que le poivre, le piment, l'anis, le gingembre, l'aciole et autres, dont on a successivement fait l'essai.

Le cacaoyer est indigène de l'Amérique méridionale ; on le trouve également dans les îles et sur le continent : mais on convient maintenant que les arbres qui donnent le meilleur fruit sont ceux qui croissent sur les bords du Maracaïbo, dans les vallées de Caracas et dans la riche province de Sokomusco. L'amande y est plus grosse, le sucre moins acerbe et l'arôme plus exalté. Depuis que ces pays sont devenus plus accessibles, la comparaison a pu se faire tous les jours, et les palais exercés ne s'y trompent plus.

Les dames espagnoles du Nouveau Monde aiment le chocolat jusqu'à la fureur, au point que, non contentes d'en prendre plusieurs fois par jour, elles s'en font quelquefois apporter à l'église. Cette sensualité leur a souvent attiré la censure des évêques ; mais ils ont fini par fermer les yeux : et le révérend père Escobar, dont la métaphysique fut aussi subtile que sa morale était accommodante, déclara formellement que le chocolat à l'eau ne rompait pas le jeûne, étirant ainsi, en faveur de ses pénitentes, l'ancien adage : *Liquidum non frangit jejunium*.

Le chocolat fut apporté en Espagne vers le XVIIe siècle, et l'usage en devint promptement populaire, par le goût très prononcé que marquèrent, pour cette boisson aromatique, les femmes et surtout les moines. Les mœurs n'ont point changé à cet égard ; et encore aujourd'hui, dans toute la Péninsule, on présente du chocolat dans toutes les occasions où il est de la politesse d'offrir quelques rafraîchissements.

Le chocolat passa les monts avec Anne d'Autriche, fille de Philippe II et épouse de Louis XIII. Les moines espagnols le firent aussi connaître par les cadeaux qu'ils en firent à leurs confrères de France. Les divers ambassadeurs d'Espagne contribuèrent aussi à le mettre en vogue ; et au commencement de la Régence, il était plus universellement en usage que le café, parce qu'alors on le prenait comme un aliment agréable, tandis que le café ne passait encore que comme une boisson de luxe et de curiosité.

On sait que Linnée appelle le cacao *cacao theobroma* (boisson des dieux). On a cherché une cause à cette qualification emphatique : les uns l'attribuent à ce que ce savant aimait passionnément le chocolat ; les autres, à l'envie qu'il avait de plaire à son confesseur ; d'autres, enfin, à sa galanterie, en ce que c'est une reine qui en avait la première introduit l'usage. (*Incertum*.)

PROPRIÉTÉS DU CHOCOLAT. Le chocolat a donné lieu

à de profondes dissertations, dont le but était d'en déterminer la nature et les propriétés, et de le placer dans la catégorie des aliments chauds, froids ou tempérés; et il faut avouer que ces doctes écrits ont peu servi à la manifestation de la vérité.

Mais, avec le temps et l'expérience, ces deux grands maîtres, il est resté pour démontré que le chocolat, préparé avec soin, est un aliment aussi salutaire qu'agréable; qu'il est nourrissant, de facile digestion; qu'il n'a pas pour la beauté les inconvénients qu'on reproche au café, dont il est au contraire le remède; qu'il est très convenable aux personnes qui se livrent à une grande contention d'esprit, aux travaux de la chaire ou du barreau, et surtout aux voyageurs; qu'enfin il convient aux estomacs les plus faibles; qu'on en a eu de bons effets dans les maladies chroniques, et qu'il devient la dernière ressource dans les affections du pylore.

Ces diverses propriétés, le chocolat les doit à ce que, n'étant, à vrai dire, qu'un *oleosaccharum*, il est peu de substances qui contiennent, à volume égal, plus de particules alimentaires : ce qui fait qu'il s'animalise presque en entier.

Pendant la guerre le cacao était rare, et surtout très cher : on s'occupa de le remplacer; mais tous les efforts furent vains; et un des bienfaits de la paix a été de nous débarrasser de ces divers brouets, qu'il fallait bien goûter par complaisance, et qui n'étaient pas plus du chocolat que l'infusion de chicorée n'est du café moka.

Quelques personnes se plaignent de ne pouvoir digérer le chocolat; d'autres, au contraire, prétendent qu'il ne les nourrit pas assez et qu'il passe trop vite.

Il est très probable que les premiers ne doivent s'en prendre qu'à eux-mêmes, et que le chocolat dont ils usent est de mauvaise qualité et mal fabriqué; car le chocolat bon et bien fait doit passer dans tout estomac où il reste un peu de pouvoir digestif.

Quant aux autres, le remède est facile : il faut qu'ils renforcent leur déjeuner par le petit pâté, la côtelette ou le rognon à la brochette ; qu'ils versent sur le tout un bon bol de sokomusco, et qu'ils remercient Dieu de leur avoir donné un estomac d'une activité supérieure.

Ceci me donne occasion de consigner ici une observation sur l'exactitude de laquelle on peut compter.

Quand on a bien et copieusement déjeuné, si on avale sur le tout une ample tasse de bon chocolat, on aura parfaitement digéré trois heures après, et on dînera quand même... Par zèle pour la science et à force d'éloquence, j'ai fait tenter cette expérience à bien des dames, qui assuraient qu'elles en mourraient ; elles s'en sont toujours trouvées à merveille, et n'ont pas manqué de glorifier le professeur.

Les personnes qui font usage du chocolat sont celles qui jouissent d'une santé plus constamment égale, et qui sont le moins sujettes à une foule de petits maux qui nuisent au bonheur de la vie ; leur embonpoint est aussi plus stationnaire : ce sont deux avantages que chacun peut vérifier dans sa société et parmi ceux dont le régime est connu.

C'est ici le vrai lieu de parler des propriétés du chocolat à l'ambre, propriétés que j'ai vérifiées par un grand nombre d'expériences, et dont je suis fier d'offrir le résultat à mes lecteurs [1].

Or donc, que tout homme qui aura bu quelques traits de trop à la coupe de la volupté ; que tout homme qui aura passé à travailler une portion notable du temps qu'on doit employer à dormir ; que tout homme d'esprit qui se sentira temporairement devenu bête ; que tout homme qui trouvera l'air humide, le temps long et l'atmosphère difficile à porter ; que tout homme qui sera tourmenté d'une idée fixe qui lui ôtera la liberté de penser ; que tous ceux-là, disons-nous, s'administrent un bon demi-litre de chocolat ambré, à raison de soixante-douze grains d'ambre par demi-kilogramme, et ils verront merveilles.

---

1. Voyez aux Variétés.

Dans ma manière particulière de spécifier les choses, je nomme le chocolat à l'ambre *chocolat des affligés* parce que, dans chacun des divers états que j'ai désignés, on éprouve je ne sais quel sentiment *qui leur est commun*, et qui ressemble à l'affliction.

DIFFICULTÉS POUR FAIRE DE BON CHOCOLAT. On fait, en Espagne, de fort bon chocolat ; mais on s'est dégoûté d'en faire venir, parce que tous les préparateurs ne sont pas également habiles, et que, quand on l'a reçu mauvais, on est bien forcé de le consommer comme il est.

Les chocolats d'Italie conviennent peu aux Français : en général le cacao en est trop rôti ; ce qui rend le chocolat amer et peu nourrissant, parce qu'une partie de l'amande a passé à l'état de charbon.

Le chocolat étant devenu tout à fait usuel en France, tout le monde s'est avisé d'en faire ; mais peu sont arrivés à la perfection, parce que cette fabrication est bien loin d'être sans difficulté.

D'abord il faut connaître le bon cacao et *vouloir* en faire usage dans toute sa pureté, car il n'est pas de caisse de premier choix qui n'ait ses infériorités, et un intérêt mal entendu laisse souvent passer des amandes avariées, que le désir de bien faire devrait faire rejeter.

Le rôtissage du cacao est encore une opération délicate ; elle exige un certain tact presque voisin de l'inspiration. Il est des ouvriers qui le tiennent de la nature et qui ne se trompent jamais.

Il faut encore un talent particulier pour bien régler la quantité de sucre qui doit entrer dans la composition ; elle ne doit point être invariable et routinière, mais se déterminer en raison composée du degré d'arôme de l'amande et de celui de torréfaction auquel on s'est arrêté.

La trituration et le mélange ne demandent pas moins de soins, en ce que c'est de leur perfection absolue que dépend en partie le plus ou moins de digestibilité du chocolat.

D'autres considérations doivent présider au choix et à la dose des aromates, qui ne doit pas être la même pour les chocolats destinés à être pris comme aliments et pour ceux qui sont destinés à être mangés comme friandise. Elle doit varier aussi suivant que la masse doit ou ne doit pas recevoir de la vanille ; de sorte que, pour faire du chocolat exquis, il faut résoudre une quantité d'équations très subtiles, dont nous profitons sans nous douter qu'elles ont eu lieu.

Depuis quelque temps, on a employé les machines pour la fabrication du chocolat ; nous ne pensons pas que cette méthode ajoute rien à sa perfection ; mais elle diminue de beaucoup la main-d'œuvre : et ceux qui ont adopté cette méthode pourraient donner la marchandise à meilleur marché. Cependant ils vendent ordinairement plus cher : ce qui nous apprend trop que le véritable esprit commercial n'est point encore naturalisé en France ; car, en bonne justice, la facilité procurée par les machines doit profiter également au marchand et au consommateur.

Amateur de chocolat, nous avons à peu près parcouru l'échelle des préparateurs, et nous nous sommes fixé à M. Debauve, rue des Saints-Pères, n° 26, chocolatier du roi, en nous réjouissant de ce que le rayon solaire est tombé sur le plus digne.

Il n'y a pas à s'en étonner : M. Debauve, pharmacien très distingué, apporte dans la fabrication du chocolat, des lumières qu'il avait acquises pour en faire usage dans une sphère plus étendue.

Ceux qui n'ont pas manipulé ne se doutent pas des difficultés qu'on éprouve pour parvenir à la perfection, en quelque matière que ce soit, ni de ce qu'il faut d'attention, de tact et d'expérience pour nous présenter un chocolat qui soit sucré sans être fade, ferme sans être acerbe, aromatique sans être malsain, et lié sans être féculent.

Tels sont les chocolats de M. Debauve : ils doivent leur suprématie à un bon choix de matériaux, à une volonté ferme que rien d'inférieur ne sorte de sa manufacture, et au coup d'œil du maître qui embrasse tous les détails de la fabrication.

En suivant les lumières d'une saine doctrine,

M. Debauve a cherché, en outre, à offrir à ses nombreux clients des médicaments agréables contre quelques tendances maladives.

Ainsi, aux personnes qui manquent d'embonpoint, il offre le chocolat analeptique au salep ; à celles qui ont les nerfs délicats, le chocolat antispasmodique à la fleur d'orange ; aux tempéraments susceptibles d'irritation, le chocolat au lait d'amandes ; à quoi il ajoutera sans doute le *chocolat des affligés*, ambré et dosé *secundum artem*.

Mais son principal mérite est surtout de nous offrir, à un prix modéré, un excellent chocolat usuel, où nous trouvons le matin un déjeuner suffisant ; qui nous délecte, à dîner, dans les crèmes, et nous réjouit encore, sur la fin de la soirée, dans les glaces, les croquettes et autres friandises de salon, sans compter la distraction agréable des pastilles et diablotins, avec ou sans devises.

Nous ne connaissons M. Debauve que par ses préparations, nous ne l'avons jamais vu ; mais nous savons qu'il contribue puissamment à affranchir la France du tribut qu'elle payait autrefois à l'Espagne, en ce qu'il fournit à Paris et aux provinces un chocolat dont la réputation croît sans cesse. Nous savons encore qu'il reçoit journellement de nouvelles commandes de l'étranger : c'est donc sous ce rapport, et comme membre fondateur de la Société d'encouragement pour l'industrie nationale, que nous lui accordons ici un suffrage et une mention dont on verra bien que nous ne sommes pas prodigue.

MANIÈRE OFFICIELLE DE PRÉPARER LE CHOCOLAT. Les Américains préparent leur pâte de cacao sans sucre. Lorsqu'ils veulent prendre du chocolat, ils font apporter de l'eau bouillante ; chacun râpe dans sa tasse la quantité qu'il veut de cacao, verse l'eau chaude dessus, et ajoute le sucre et les aromates comme il juge convenable.

Cette méthode ne convient ni à nos mœurs, ni à nos goûts, et nous voulons que le chocolat nous arrive tout préparé.

En cet état, la chimie transcendante nous a appris qu'il ne faut ni le racler au couteau, ni le broyer au pilon, parce que la collision sèche qui a lieu dans ces deux cas amidonise quelques portions de sucre, et rend cette boisson plus fade.

Ainsi, pour faire du chocolat, c'est-à-dire pour le rendre propre à la consommation immédiate, on en prend environ une once et demie pour une tasse, qu'on fait dissoudre doucement dans l'eau, à mesure qu'elle s'échauffe, en la remuant avec une spatule de bois ; on la fait bouillir pendant un quart d'heure, pour que la solution prenne consistance, et on sert chaudement.

« Monsieur, me disait, il y a plus de cinquante ans, madame d'Arestrel, supérieure du couvent de la Visitation à Belley, quand vous voudrez prendre du bon chocolat, faites-le faire, dès la veille, dans une cafetière de faïence, et laissez-le là. Le repos de la nuit le concentre et lui donne un velouté qui le rend bien meilleur. Le bon Dieu ne peut pas s'offenser de ce petit raffinement, car il est lui-même tout excellence. »

MÉDITATION VII

THÉORIE DE LA FRITURE [1]. 48. — C'était un beau jour du mois de mai : le soleil versait ses rayons les plus doux sur les toits enfumés de la ville aux jouissances, et les rues (chose rare) ne présentaient ni boue, ni poussière.

---

1. Ce mot *friture* s'applique à l'action de *frire*, au moyen employé pour *frire* et à la chose *frite*.

Les lourdes diligences avaient depuis longtemps cessé d'ébranler le pavé ; les tombereaux massifs se reposaient encore, et on ne voyait plus circuler que ces voitures découvertes, d'où les beautés indigènes et exotiques, abritées sous les chapeaux les plus élégants, ont coutume de laisser tomber des regards tant dédaigneux sur les chétifs, et tant coquets sur les beaux garçons.

Il était donc trois heures après midi quand le professeur vint s'asseoir dans le fauteuil aux méditations.

Sa jambe droite était verticalement appuyée sur le parquet ; la gauche, en s'étendant, formait une diagonale ; il avait les reins convenablement adossés, et ses mains étaient posées sur les têtes de lion qui terminent les sous-bras de ce meuble vénérable.

Son front élevé indiquait l'amour des études sévères, et sa bouche le goût des distractions aimables. Son air était recueilli, et sa pose telle, que tout homme qui l'eût vu n'aurait pas manqué de dire : « Cet *ancien des jours* doit être un sage. »

Ainsi établi, le professeur fit appeler son préparateur en chef, et bientôt le serviteur arriva, prêt à recevoir des conseils, des leçons ou des ordres.

ALLOCUTION. « Maître La Planche, dit le professeur avec cet accent grave qui pénètre jusqu'au fond des cœurs, tous ceux qui s'asseyent à ma table vous proclament *potagiste* de première classe, ce qui est fort bien, car le potage est la première consolation de l'estomac besoigneux ; mais je vois avec peine que vous n'êtes encore qu'un *friturier* incertain.

Je vous entendis hier gémir sur cette sole triomphale que vous nous servîtes pâle, mollasse et décolorée. Mon ami R...[1] jeta sur vous un regard désapprobateur ; M. H. R. porta à l'ouest son nez gnomonique,

---

1. M. R..., né à Seyssel, district de Belley, vers 1757. Electeur du grand collège, on peut le proposer à tous comme exemple des résultats heureux d'une conduite prudente jointe à la plus inflexible probité.

et le président S... déplora cet accident à l'égal d'une calamité publique.

Ce malheur vous arriva pour avoir négligé la théorie dont vous ne sentez pas toute l'importance. Vous êtes un peu opiniâtre, et j'ai de la peine à vous faire concevoir que les phénomènes qui se passent dans votre laboratoire ne sont autre chose que l'exécution des lois éternelles de la nature ; et que certaines choses que vous faites sans attention, et seulement parce que vous les avez vu faire à d'autres, n'en dérivent pas moins des plus hautes abstractions de la science.

Ecoutez donc avec attention, et instruisez-vous pour n'avoir plus désormais à rougir de vos œuvres.

§ 1er. CHIMIE. Les liquides que vous exposez à l'action du feu ne peuvent pas tous se charger d'une égale quantité de chaleur ; la nature les y a disposés inégalement : c'est un ordre de choses dont elle s'est réservé le secret, et que nous appelons *capacité du calorique*.

Ainsi, vous pourriez tremper impunément votre doigt dans l'esprit-de-vin bouillant, vous le retireriez bien vite de l'eau-de-vie, plus vite encore si c'était de l'eau, et une immersion rapide dans l'huile bouillante vous ferait une blessure cruelle ; car l'huile peut s'échauffer au moins trois fois plus que l'eau.

C'est par une suite de cette disposition que les liquides chauds agissent d'une manière différente sur les corps sapides qui y sont plongés. Ceux qui sont traités à l'eau se ramollissent, se dissolvent et se réduisent en bouillie ; il en provient du bouillon ou des extraits : ceux au contraire qui sont traités à l'huile se resserrent, se colorent d'une manière plus ou moins foncée, et finissent par se charbonner.

Dans le premier cas, l'eau dissout et entraîne les sucs intérieurs des aliments qui y sont plongés, dans le second, ces sucs sont conservés, parce que l'huile ne peut pas les dissoudre ; et si ces corps se dessèchent, c'est que la continuation de la chaleur finit par en vaporiser les parties humides.

Les deux méthodes ont aussi des noms différents, et

on appelle *frire* l'action de faire bouillir dans l'huile ou la graisse des corps destinés à être mangés. Je crois déjà avoir dit que, sous le raport officinal, *huile* ou *graisse* sont à peu près synonymes, la graisse n'étant qu'une huile concrète, ou l'huile une graisse liquide.

§ II. APPLICATION. Les choses frites sont bien reçues dans les festins ; elles y introduisent une variation piquante ; elles sont agréables à la vue, conservent leur goût primitif, et peuvent se manger à la main, ce qui plaît toujours aux dames.

La friture fournit encore au cuisinier bien des moyens pour masquer ce qui a paru la veille, et leur donne au besoin des secours pour les cas imprévus : car il ne faut pas plus de temps pour frire une carpe de quatre livres que pour cuire un œuf à la coque.

Tout le mérite d'une bonne friture provient de la *surprise* ; c'est ainsi qu'on appelle l'invasion du liquide bouillant qui carbonise ou roussit, à l'instant même de l'immersion, la surface extérieure du corps qui lui est soumis.

Au moyen de la *surprise*, il se forme une espèce de voûte qui contient l'objet, empêche la graisse de le pénétrer, et concentre les sucs, qui subissent ainsi une coction intérieure qui donne à l'aliment tout le goût dont il est susceptible.

Pour que la *surprise* ait lieu, il faut que le liquide brûlant ait acquis assez de chaleur pour que son action soit brusque et instantanée ; mais il n'arrive à ce point qu'après avoir été exposé assez longtemps à un feu vif et flamboyant.

On connaît par le moyen suivant que la friture est chaude au degré désiré : Vous couperez un morceau de pain en forme de mouillette, et vous le tremperez dans la poêle pendant cinq à six secondes ; si vous le retirez ferme et coloré, opérez immédiatement l'immersion, sinon il faut pousser le feu et recommencer l'essai.

La *surprise* une fois opérée, modérez le feu, afin que la coction ne soit pas trop précipitée, et que les sucs que vous avez renfermés subissent, au moyen d'une chaleur prolongée, le changement qui les unit et en rehausse le goût.

Vous avez sans doute observé que la surface des objets bien frits ne peut plus dissoudre ni le sel ni le sucre, dont ils ont cependant besoin, suivant leur nature diverse. Ainsi, vous ne manquerez pas de réduire ces deux substances en poudre très fine, afin qu'elles contractent une grande facilité d'adhérence, et qu'au moyen du saupoudroir la friture puisse s'en assaisonner par juxtaposition.

Je ne vous parle pas du choix des huiles et des graisses : les dispensaires divers dont j'ai composé votre bibliothèque vous ont donné là-dessus des lumières suffisantes.

Cependant n'oubliez pas, quand il vous arrivera quelques-unes de ces truites qui dépassent à peine un quart de livre, et qui proviennent des ruisseaux d'eau vive qui murmurent loin de la capitale ; n'oubliez pas, dis-je, de les frire avec ce que vous aurez de plus fin en huile d'olive : ce mets si simple, dûment saupoudré et rehaussé de tranches de citron, est digne d'être offert à une éminence[1].

Traitez de même les éperlans, dont les adeptes font tant de cas. L'éperlan est le becfigue des eaux ; même petitesse, même parfum, même supériorité.

Ces deux prescriptions sont encore fondées sur la nature des choses. L'expérience a appris qu'on ne doit se servir d'huile d'olive que pour les opérations qui peuvent s'achever en peu de temps ou qui n'exigent pas une grande chaleur, parce que l'ébullition prolongée y développe un goût empyreumatique et désagréa-

---

[1]. M. Aulissin, avocat napolitain très instruit et joli amateur violoncelliste, dînait un jour chez moi, et, mangeant quelque chose qui lui parut fort à son gré, me dit : « Questo è un vero *boccone di cardinale*! — Pourquoi, lui répondis-je dans la même langue, ne dites-vous pas comme nous : *un morceau de roi*? — Monsieur, répliqua l'amateur, nous autres Italiens, nous croyons que les rois ne peuvent pas être gourmands, parce que leurs repas sont trop courts et trop solennels : mais les cardinaux ! eh !!! » Et il fit le petit hurlement qui lui est familier : *hou, hou, hou, hou, hou, hou!*

ble qui provient de quelques parties de parenchyme dont il est très difficile de la débarrasser et qui se charbonnent.

Vous avez essayé mon enfer, et le premier, vous avez eu la gloire d'offrir à l'univers étonné un immense turbot frit. Il y eut ce jour-là grande jubilation parmi les élus.

Allez : continuez à soigner tout ce que vous faites, et n'oubliez jamais que, du moment où les convives ont mis le pied dans mon salon, c'est *nous* qui demeurons chargé du soin de leur bonheur. »

MÉDITATION VIII

DE LA SOIF

49. — La soif est le sentiment intérieur du besoin de boire.

Une chaleur d'environ trente-deux degrés de Réaumur vaporisant sans cesse les divers fluides dont la circulation entretient la vie, la déperdition qui en est la suite aurait bientôt rendu ces fluides inaptes à remplir leur destination, s'ils n'étaient souvent renouvelés et rafraîchis : c'est ce besoin qui fait sentir la soif.

Nous croyons que le siège de la soif réside dans tout le système digesteur. Quand on a soif (et en notre qualité de chasseur nous y avons souvent été exposé), on sent distinctement que toutes les parties inhalantes de la bouche, du gosier et de l'estomac, sont entreprises et nérétisées ; et si quelquefois on apaise la soif par l'application des liquides ailleurs qu'à ses organes, comme par exemple le bain, c'est qu'aussitôt qu'ils sont introduits dans la circulation, ils sont rapidement portés vers le siège du mal, et s'y appliquent comme remèdes.

Physiologie du goût. 5.

DIVERSES ESPÈCES DE SOIF. En envisageant ce besoin dans toute son étendue, on peut compter trois espèces de soif : la soif latente, la soif factice, et la soif adurante.

La soif latente ou habituelle est cet équilibre insensible qui s'établit entre la vaporisation transpiratoire et la nécessité d'y fournir ; c'est elle qui, sans que nous éprouvions quelque douleur, nous invite à boire pendant le repas, et fait que nous pouvons boire presque à tous les moments de la journée. Cette soif nous accompagne partout et fait en quelque façon partie de notre existence.

La soif factice, qui est spéciale à l'espèce humaine, provient de cet instinct inné qui nous porte à chercher dans les boissons une force que la nature n'y a pas mise, et qui n'y survient que par la fermentation. Elle constitue une jouissance artificielle plutôt qu'un besoin naturel : cette soif est véritablement inextinguible, parce que les boissons qu'on prend pour l'apaiser ont l'effet immanquable de la faire renaître ; cette soif, qui finit par devenir habituelle, constitue les ivrognes de tous les pays ; et il arrive presque toujours que l'impotation ne cesse que quand la liqueur manque, ou qu'elle a vaincu le buveur et l'a mis hors de combat.

Quand au contraire on n'apaise la soif que par l'eau pure, qui paraît en être l'antidote naturel, on ne boit jamais une gorgée au-delà du besoin.

La soif adurante est celle qui survient par l'augmentation du besoin et par l'impossibilité de satisfaire la soif latente.

On l'appelle *adurante,* parce qu'elle est accompagnée de l'ardeur de la langue, de la sécheresse du palais, et d'une chaleur dévorante dans tout le corps.

Le sentiment de la soif est tellement vif, que le mot est, presque dans toutes les langues, le synonyme d'une appétence excessive et d'un désir impérieux ; ainsi on a soif d'or, de richesses, de pouvoir, de vengeance, etc., expressions qui n'eussent pas passé, s'il ne suffisait pas d'avoir eu soif une fois dans sa vie pour en sentir la justesse.

L'appétit est accompagné d'une sensation agréable, tant qu'il ne va pas jusqu'à la faim ; la soif n'a point de crépuscule, et dès qu'elle se fait sentir, il y a malaise, anxiété, et cette anxiété est affreuse quand on n'a pas l'espoir de se désaltérer.

Par une juste compensation, l'action de boire peut, suivant les circonstances, nous procurer des jouissances extrêmement vives ; et quand on apaise une soif à haut degré, ou qu'à une soif modérée on oppose une boisson délicieuse, tout l'appareil papillaire est en titillation depuis la pointe de la langue jusque dans les profondeurs de l'estomac.

On meurt aussi beaucoup plus vite de soif que de faim. On a des exemples d'hommes qui, ayant de l'eau, se sont soutenus pendant plus de huit jours sans manger, tandis que ceux qui sont absolument privés de boissons ne passent jamais le cinquième jour.

La raison de cette différence se tire de ce que celui-ci meurt seulement d'épuisement et de faiblesse, tandis que le premier est saisi d'une fièvre qui le brûle et va toujours en s'exaspérant.

On ne résiste pas toujours si longtemps à la soif ; et, en 1787, on vit mourir un de ces cent-suisses de la garde de Louis XVI, pour être resté seulement vingt-quatre heures sans boire.

Il était au cabaret avec quelques-uns de ses camarades : là, comme il présentait son verre, un d'entre eux lui reprocha de boire plus souvent que les autres et de ne pouvoir s'en passer un moment.

C'est sur ce propos qu'il gagea de demeurer vingt-quatre heures sans boire, pari qui fut accepté, et qui était de dix bouteilles de vin à consommer.

Dès ce moment, le soldat cessa de boire, quoiqu'il restât encore plus de deux heures à voir faire les autres avant que de se retirer.

La nuit se passa bien, comme on peut croire ; mais, dès la pointe du jour, il trouva très dur de ne pouvoir prendre son petit verre d'eau-de-vie, ainsi qu'il n'y manquait jamais.

Toute la matinée, il fut inquiet et troublé ; il allait,

venait, se levait, s'asseyait sans raison, et avait l'air de ne savoir que faire.

A une heure, il se coucha, croyant être plus tranquille : il souffrait, il était vraiment malade ; mais vainement ceux qui l'entouraient l'invitaient-ils à boire, il prétendait qu'il irait bien jusqu'au soir ; il voulait gagner la gageure, à quoi se mêlait sans doute un peu d'orgueil militaire qui l'empêchait de céder à la douleur.

Il se soutint ainsi jusqu'à sept heures ; mais à sept heures et demie, il se trouva mal, tourna à la mort, et expira sans pouvoir goûter à un verre de vin qu'on lui présentait.

Je fus instruit de tous ces détails dès le soir même par le sieur Schneider, honorable fifre de la compagnie des cent-suisses, chez lequel je logeais à Versailles.

CAUSES DE LA SOIF. 50. — Diverses circonstances unies ou séparées peuvent contribuer à augmenter la soif. Nous allons en indiquer quelques-unes qui n'ont pas été sans influence sur nos usages.

La chaleur augmente la soif ; et de là le penchant qu'ont toujours eu les hommes à fixer leurs habitations sur le bord des fleuves.

Les travaux corporels augmentent la soif ; aussi les propriétaires qui emploient des ouvriers ne manquent jamais de les fortifier par des boissons ; et de là le proverbe que le vin qu'on leur donne est toujours le mieux vendu.

La danse augmente la soif : et de là le recueil des boissons corroborantes ou rafraîchissantes qui ont toujours accompagné les réunions dansantes.

La déclamation augmente la soif ; de là le verre d'eau que tous les lecteurs s'étudient à boire avec grâce, et qui se verra bientôt sur les bords de la chaire, à côté du mouchoir blanc[1].

---

[1]. Le chanoine Delestra, prédicateur fort agréable, ne manquait jamais d'avaler une noix confite, dans l'intervalle de temps qu'il laissait à ses auditeurs, entre chaque point de son discours, pour tousser, cracher et moucher.

Les jouissances génésiques augmentent la soif ; de là ces descriptions poétiques de Chypre, Amathonte, Gnide et autres lieux habités par Vénus, où on ne manque jamais de trouver des ombrages frais et des ruisseaux qui serpentent, coulent et murmurent.

Les chants augmentent la soif ; et de là la réputation universelle qu'ont eue les musiciens d'être infatifables buveurs. Musicien moi-même, je m'élève contre ce préjugé, qui n'a plus maintenant ni sel ni vérité.

Les artistes qui circulent dans nos salons boivent avec autant de discrétion que de sagacité ; mais ce qu'ils ont perdu d'un côté, ils le regagnent de l'autre ; et s'ils ne sont plus ivrognes, ils sont gourmands jusqu'au troisième ciel, tellement qu'on assure qu'au Cercle d'Harmonie transcendante, la célébration de la fête de sainte Cécile a duré quelquefois plus de vingt-quatre heures.

EXEMPLE. 51. — L'exposition à un courant d'air très rapide est une cause très active de l'augmentation de la soif ; et je pense que l'observation suivante sera lue avec plaisir, surtout par les chasseurs.

On sait que les cailles se plaisent beaucoup dans les hautes montagnes, où la réussite de leur ponte est plus assurée, parce que la récolte s'y fait beaucoup plus tard.

Lorsqu'on moissonne le seigle, elles passent dans les orges et les avoines ; et quand on vient à faucher ces dernières, elles se retirent dans les parties où la maturité est moins avancée.

C'est alors le moment de les chasser, parce qu'on trouve dans un petit nombre d'arpents de terre les cailles qui, un mois auparavant, étaient disséminées dans toute une commune, et que, la saison étant sur sa fin, elles sont grosses et grasses à satisfaction.

C'est dans ce but que je me trouvais un jour avec quelques amis sur une montagne de l'arrondissement de Nantua, dans le canton connu sous le nom de *Plan d'Hotonne,* et nous étions sur le point de commencer la chasse par un des plus beaux jours du mois de septembre et sous l'influence d'un soleil brillant, inconnu aux *cockneys*[1].

Mais, pendant que nous déjeunions, il s'éleva un vent du nord extrêmement violent, et bien contraire à nos plaisirs ; ce qui ne nous empêcha pas de nous mettre en campagne.

A peine avions-nous chassé un quart d'heure, que le plus douillet de la troupe commença à dire qu'il avait soif ; sur quoi on l'aurait sans doute plaisanté, si chacun de nous n'avait pas aussi éprouvé le même besoin.

Nous bûmes tous, car l'âne cantinier nous suivait ; mais le soulagement ne fut pas long. La soif ne tarda pas à reparaître avec une telle intensité, que quelques-uns se croyaient malades, d'autres prêts à le devenir, et on parlait de s'en retourner, ce qui nous aurait fait un voyage de dix lieues en pure perte.

J'avais eu le temps de recueillir mes idées, et j'avais découvert la raison de cette soif extraordinaire. Je rassemblai donc les camarades, et je leur dis que nous étions sous l'influence de quatre causes qui se réunissaient pour nous altérer : la diminution notable de la colonne qui pesait sur notre corps, qui devait rendre la circulation plus rapide ; l'action du soleil qui nous échauffait directement ; la marche qui activait la transpiration ; et, plus que tout cela, l'action du vent qui, nous perçant à jour, enlevait le produit de cette transpiration, soutirait le fluide, et empêchait toute moiteur de la peau.

J'ajoutai que, sur le tout, il n'y avait aucun danger ; que l'ennemi étant connu, il fallait le combattre : et il demeura arrêté qu'on boirait à chaque demi-heure.

La précaution ne fut cependant qu'insuffisante, cette soif était invincible : ni le vin, ni l'eau-de-vie, ni le vin mêlé d'eau, ni l'eau mêlée de vin, n'y purent rien. Nous avions soif même en buvant, et nous fûmes mal à notre aise toute la journée.

---

1. C'est le nom par lequel on désigne les habitants de Londres qui n'en sont pas sortis ; il équivaut à celui de *badauds*.

Cette journée finit cependant comme une autre : le propriétaire du domaine de Latour nous donna l'hospitalité, en joignant nos provisions aux siennes.

Nous dînâmes à merveille ; et bientôt nous allâmes nous enterrer dans le foin et y jouir d'un sommeil délicieux.

Le lendemain, ma théorie reçut la sanction de l'expérience. Le vent tomba tout à fait pendant la nuit ; et quoique le soleil fût aussi beau et même plus chaud que la veille, nous chassâmes encore une partie de la journée sans éprouver une soif incommode.

Mais le plus grand mal était fait : nos cantines, quoique remplies avec une sage prévoyance, n'avaient pu résister aux charges réitérées que nous avions faites sur elles, ce n'étaient plus que des corps sans âmes, et nous tombâmes dans les futailles des cabaretiers.

Il fallut bien s'y résoudre, mais ce ne fut pas sans murmurer ; et j'adressai au vent dessiccateur une allocution pleine d'invectives, quand je vis qu'un mets digne de la table des rois, un plat d'épinards à la graisse de cailles, allait être arrosé d'un vin à peine aussi bon que celui de Surène [1].

MÉDITATION IX

DES BOISSONS [2]

52. — On doit entendre par *boisson* tout liquide qui peut se mêler à nos aliments.

---

1. Surène, village fort agréable, à deux lieues de Paris. Il est renommé par ses mauvais vins. On dit proverbialement que, pour boire un verre de vin de Surène, il faut être trois, savoir : le buveur et deux acolytes pour le soutenir et empêcher que le cœur ne lui manque. On en dit autant du vin de Périeux, ce qui n'empêche pas qu'on ne le boive.
2. Ce chapitre est purement philosophique. Le détail des diverses boissons connues ne pouvait pas entrer dans le plan que je me suis formé : c'eût été à n'en plus finir.

L'eau paraît être la boisson la plus naturelle. Elle se trouve partout où il y a des animaux, remplace le lait pour les adultes, et nous est aussi nécessaire que l'air.

EAU. L'eau est la seule boisson qui apaise véritablement la soif, et c'est par cette raison qu'on n'en peut boire qu'une assez petite quantité. La plupart des autres liqueurs dont l'homme s'abreuve ne sont que des palliatifs ; et s'il s'en était tenu à l'eau, on n'aurait jamais dit de lui qu'un de ses privilèges était de boire sans avoir soif.

PROMPT EFFET DES BOISSONS. Les boissons s'absorbent dans l'économie animale avec une extrême facilité ; leur effet est prompt, et le soulagement qu'on en reçoit en quelque sorte instantané. Servez à un homme fatigué les aliments les plus substantiels, il mangera avec peine, et n'en éprouvera d'abord que peu de bien. Donnez-lui un verre de vin ou d'eau-de-vie, à l'instant même il se trouve mieux et vous le voyez renaître.

Je puis appuyer cette théorie sur un fait assez remarquable, que je tiens de mon neveu le colonel Guigard, peu conteur de son naturel, mais sur la véracité duquel on peut compter.

Il était à la tête d'un détachement qui revenait du siège de Jaffa, et n'était éloigné que de quelques centaines de toises du lieu où l'on devait s'arrêter et rencontrer de l'eau, quand on commença à trouver sur la route les corps de quelques soldats qui devaient le précéder d'un jour de marche, et qui étaient morts de chaleur.

Parmi les victimes de ce climat brûlant se trouvait un carabinier, qui était de la connaissance de plusieurs personnes du détachement.

Il devait être mort depuis plus de vingt-quatre heures, et le soleil, qui l'avait frappé toute la journée, lui avait rendu le visage noir comme un corbeau.

Quelques camarades s'en approchèrent, soit pour le voir une dernière fois, soit pour en hériter, s'il y avait de quoi, et ils s'étonnèrent en voyant que ses membres étaient encore flexibles, et qu'il y avait même encore un peu de chaleur autour de la région du cœur.

« Donnez-lui une goutte de *sacré-chien*, dit le *lustig* de la troupe ; je garantis que, s'il n'est pas encore bien loin dans l'autre monde, il reviendra pour y goûter. »

Effectivement, à la première cuillerée du spiritueux, le mort ouvrit les yeux ; on s'écria, on lui en frotta les tempes, on lui en fit avaler encore un peu, et, au bout d'un quart d'heure, il put, avec un peu d'aide, se soutenir sur un âne.

On le conduisit ainsi jusqu'à la fontaine ; on le soigna pendant la nuit, on lui fit manger quelques dattes, on le nourrit avec précaution ; et le lendemain, remonté sur un âne, il arriva au Caire avec les autres.

BOISSONS FORTES. 53. — Une chose très digne de remarque est cette espèce d'instinct, aussi général qu'impérieux, qui nous porte à la recherche des boissons fortes.

Le vin, la plus aimable des boissons, soit qu'on le doive à Noé, qui planta la vigne, soit qu'on le doive à Bacchus, qui a exprimé le jus de raisin, date de l'enfance du monde ; et la bière, qu'on attribue à Osiris, remonte jusqu'aux temps au-delà desquels il n'y a rien de certain.

Tous les hommes, même ceux qu'on est convenu d'appeler sauvages, ont été tellement tourmentés par cette appétence des boissons fortes, qu'ils sont parvenus à s'en procurer, quelles qu'aient été les bornes de leurs connaissances.

Ils ont fait aigrir le lait de leurs animaux domestiques ; ils ont extrait le jus de divers fruits, de diverses racines, où ils ont soupçonné les éléments de la fermentation, et partout où on a rencontré les hommes en société, on les a trouvés munis de liqueurs fortes, dont ils faisaient usage dans leurs festins, dans leurs sacrifices, à leurs mariages, à leurs funérailles, enfin à tout ce qui avait parmi eux quelque air de fête et de solennité.

On a bu et chanté le vin pendant bien des siècles, avant de se douter qu'il fût possible d'en extraire la partie spiritueuse qui en fait la force ; mais les Arabes nous ayant appris l'art de la distillation, qu'ils avaient inventée pour extraire le parfum des fleurs, et surtout de la rose tant célébrée dans leurs écrits, on commença à croire qu'il était possible de découvrir dans le vin la cause de l'exaltation de saveur qui donne au goût une excitation si particulière ; et, de tâtonnements en tâtonnements, on découvrit l'alcool, l'esprit de vin, l'eau-de-vie.

L'alcool est le monarque des liquides, et porte au dernier degré l'exaltation palatale : ses diverses préparations ont ouvert de nouvelles sources de jouissances [1] ; il donne à certains médicaments [2] une énergie qu'ils n'auraient pas sans cet intermède ; il est même devenu dans nos mains une arme formidable, car les nations du Nouveau Monde ont été presque autant domptées et détruites par l'eau-de-vie que par les armes à feu.

La méthode qui nous a fait découvrir l'alcool a conduit encore à d'autres résultats importants ; car, comme elle consiste à séparer et mettre à nu les parties qui constituent un corps et le distinguent de tous les autres, elle a dû servir de modèle à ceux qui se sont livrés à des recherches analogues, et qui nous ont fait connaître des substances tout à fait nouvelles, telles que la kinine, la morphine, la strychnine et autres semblables, découvertes ou à découvrir.

Quoi qu'il en soit, cette soif d'une espèce de liquide que la nature avait enveloppé de voiles, cette appétence extraordinaire qui agit sur toutes les races d'hommes, sous tous les climats et sous toutes les températures, est bien digne de fixer l'attention de l'observateur philosophe.

J'y ai songé comme un autre, et je suis tenté de mettre l'appétence des liqueurs fermentées, qui n'est pas connue des animaux, à côté de l'inquiétude de l'avenir, qui leur est également étrangère, et de les

---

1. Les liqueurs de table.
2. Les élixirs.

regarder l'une et l'autre comme des attributs distincts du chef-d'œuvre de la dernière révolution sublunaire.

MÉDITATION X

ET ÉPISODIQUE

SUR LA FIN DU MONDE

54. — J'ai dit : *la dernière révolution sublunaire*, et cette pensée, ainsi exprimée, m'a entraîné bien loin, bien loin.

Des monuments irrécusables nous apprennent que notre globe a déjà éprouvé plusieurs changements absolus, qui ont été autant de *fins du monde*; et je ne sais quel instinct nous avertit que d'autres révolutions doivent se succéder encore.

Déjà, souvent, on a cru ces révolutions prêtes à arriver, et bien des gens existent que la comète aqueuse prédite par le bon Jérôme Lalande a envoyé jadis à confesse.

D'après ce qui a été dit à cet égard, on est tout disposé à environner cette catastrophe de vengeances, d'anges exterminateurs, de trompettes, et autres accessoires non moins terribles.

Hélas! il ne faut pas tant de fracas pour nous détruire, nous ne valons pas tant de pompes; et si la volonté du Seigneur est telle, il peut changer la surface du globe sans y mettre tant d'appareil.

Supposons, par exemple, qu'un de ces astres errants, dont personne ne connaît la route ni la mission, et dont l'apparition a toujours été accompagnée d'une terreur traditionnelle; supposons, dis-je, qu'une comète passe assez près du soleil pour se charger d'un calorique surabondant, et nous approche assez pour causer sur la terre six mois d'un état général de 60 degrés de Réaumur (une fois plus chaud que celui de la comète de 1811).

A la fin de cette saison funérale, tout ce qui vit ou végète aura péri, tous les bruits auront cessé ; la terre roulera silencieuse jusqu'à ce que d'autres circonstances aient développé d'autres germes ; et cependant la cause de ce désastre sera restée perdue dans les vastes champs de l'air et ne nous aura pas seulement approchés de plusieurs millions de lieues.

Cet événement, tout aussi possible qu'un autre, m'a toujours paru un beau sujet de rêverie, et je n'ai pas hésité un moment de m'y arrêter.

Il est curieux de suivre, par l'esprit, cette chaleur ascensionnelle, d'en prévoir les effets, le développement, l'action, et de se demander :

Quid pendant le premier jour, pendant le second, et ainsi de suite jusqu'au dernier ?

Quid sur l'air, la terre et l'eau, la formation, le mélange et la détonation des gaz ?

Quid sur les hommes, regardés dans le rapport de l'âge, du sexe, de la force, de la faiblesse ?

Quid sur la subordination aux lois, la soumission à l'autorité, le respect des personnes et des propriétés ?

Quid sur les moyens à chercher ou les tentatives à faire pour se dérober au danger ?

Quid sur les liens d'amour, d'amitié, de parenté, sur l'égoïsme, le dévouement ?

Quid sur les sentiments religieux, la foi, la résignation, l'espérance, etc., etc. ?

L'histoire pourra fournir quelques données sur les influences morales ; car déjà plusieurs fois la fin du monde a été prédite, et même indiquée à un jour déterminé.

J'ai véritablement quelque regret de ne pas apprendre à mes lecteurs comment j'ai réglé tout cela dans ma sagesse ; mais je ne veux pas les priver du plaisir de s'en occuper eux-mêmes. Cela peut abréger quelques insomnies pendant la nuit, et préparer quelques *siestas* pendant le jour.

Le grand danger dissout tous les liens. On a vu, dans la grande fièvre jaune qui eut lieu à Philadelphie vers 1792, des maris fermer à leurs femmes la porte du domicile conjugal, des enfants abandonner leur père, et autres phénomènes pareils en grand nombre.

Quod a nobis Deus avertat!

MÉDITATION XI

DE LA GOURMANDISE

55. — J'ai parcouru les dictionnaires au mot *Gourmandise*, et je n'ai point été satisfait de ce que j'y ai trouvé. Ce n'est qu'une confusion perpétuelle de la *gourmandise* proprement dite avec la *gloutonnerie* et la *voracité* : d'où j'ai conclu que les lexicographes, quoique très estimables d'ailleurs, ne sont pas de ces savants aimables qui embouchent avec grâce une aile de perdrix au suprême pour l'arroser, le petit doigt en l'air, d'un verre de vin de Laffite ou du Clos-Vougeot.

Ils ont oublié, complètement oublié la gourmandise sociale, qui réunit l'élégance athénienne, le luxe romain et la délicatesse française, qui dispose avec sagacité, fait exécuter savamment, savoure avec énergie, et juge avec profondeur : qualité précieuse, qui pourrait bien être une vertu et qui est du moins bien certainement la source de nos plus pures jouissances.

DÉFINITIONS. Définissons donc et entendons-nous.

La gourmandise est une préférence passionnée, raisonnée et habituelle pour les objets qui flattent le goût.

La gourmandise est ennemie des excès ; tout homme qui s'indigère ou s'enivre court risque d'être rayé des contrôles.

La gourmandise comprend aussi la friandise qui n'est autre que la même préférence appliquée aux mets légers, délicats, de peu de volume, aux confitures, aux pâtisseries, etc. C'est une modification introduite en faveur des femmes et des hommes qui leur ressemblent.

Sous quelque rapport qu'on envisage la gourmandise, elle ne mérite qu'éloge et encouragement.

Sous le rapport physique, elle est le résultat et la preuve de l'état sain et parfait des organes destinés à la nutrition.

Au moral, c'est une résignation implicite aux ordres du Créateur, qui, nous ayant ordonné de manger pour vivre, nous y invite par l'appétit, nous soutient par la saveur, et nous en récompense par le plaisir.

AVANTAGES DE LA GOURMANDISE. Sous le rapport de l'économie politique, la gourmandise est le lien commun qui unit les peuples par l'échange réciproque des objets qui servent à la consommation journalière.

C'est elle qui fait voyager d'un pôle à l'autre les vins, les eaux-de-vie, les sucres, les épiceries, les marinades, les salaisons, les provisions de toute espèce, et jusqu'aux œufs et aux melons.

C'est elle qui donne un prix proportionnel aux choses qui sont médiocres, bonnes ou excellentes, soit que ces qualités leur viennent de l'art, soit qu'elles les aient reçues de la nature.

C'est elle qui soutient l'espoir et l'émulation de cette foule de pêcheurs, chasseurs, horticulteurs et autres, qui remplissent journellement les offices les plus somptueux du résultat de leur travail et de leurs découvertes.

C'est elle enfin qui fait vivre la multitude industrieuse des cuisiniers, pâtissiers, confiseurs et autres préparateurs sous divers titres, qui, à leur tour, emploient pour leurs besoins d'autres ouvriers de toute espèce, ce qui donne lieu en tout temps et à toute heure à une circulation de fonds dont l'esprit le plus exercé ne peut ni calculer le mouvement ni assigner la quotité.

Et remarquons bien que l'industrie qui a la gourmandise pour objet présente d'autant plus d'avantage, qu'elle s'appuie, d'une part, sur les plus grandes fortunes, et de l'autre sur des besoins qui renaissent tous les jours.

Dans l'état de société où nous sommes maintenant parvenus, il est difficile de se figurer un peuple qui vivrait uniquement de pain et de légumes. Cette nation, si elle existait, serait infailliblement subjuguée par les armées carnivores, comme les Indous, qui ont été successivement la proie de tous ceux qui ont voulu les attaquer ; ou bien elle serait convertie par la cuisine de ses voisins, comme jadis les Béotiens, qui devinrent gourmands après la bataille de Leuctres.

SUITE. 56. — La gourmandise offre de grandes ressources à la fiscalité : elle alimente les octrois, les douanes, les impositions indirectes. Tout ce que nous consommons paie le tribut, et il n'est point de trésor public dont les gourmands ne soient le plus ferme soutien.

Parlerons-nous de cet essaim de préparateurs qui, depuis plusieurs siècles, s'échappent annuellement de la France pour exploiter les gourmandises exotiques ? La plupart réussissent, et obéissant ensuite à un instinct qui ne meurt jamais dans le cœur des Français, rapportent dans leur patrie le fruit de leur économie. Cet apport est plus considérable qu'on ne pense, et ceux-là, comme les autres, auront aussi un arbre généalogique.

Mais si les peuples étaient reconnaissants, qui mieux que les Français auraient dû élever à la gourmandise un temple, des autels ?

POUVOIR DE LA GOURMANDISE. 57. — En 1815, le traité du mois de novembre imposa à la France la condition de payer aux alliés sept cent cinquante millions en trois ans.

A cette charge se joignit celle de faire face aux réclamations particulières des habitants des divers pays, dont les souverains réunis avaient stipulé les intérêts, montant à plus de trois cents millions.

Enfin, il faut ajouter à tout cela les réquisitions de toute espèce faites en nature par les généraux ennemis, qui en chargeaient des fourgons qu'ils faisaient filer vers les frontières, et qu'il a fallu que le trésor public payât plus tard ; en tout, plus de quinze cents millions.

On pouvait, on devait même craindre que des paiements aussi considérables, et qui s'effectuaient jour par jour *en numéraire*, n'amenassent la gêne dans le trésor, la dépréciation de toutes les valeurs fictives, et par suite tous les malheurs qui menacent un pays sans argent et sans moyens de s'en procurer.

« Hélas ! disaient les gens de bien en voyant passer le fatal tombereau qui allait se remplir dans la rue Vivienne ; hélas ! voilà notre argent qui émigre en masse ; l'an prochain on s'agenouillera devant un écu ; nous allons tomber dans l'état déplorable d'un homme ruiné ; toutes les entreprises resteront sans succès ; on ne trouvera point à emprunter ; il y aura étisie, marasme, mort civile. »

L'événement démentit ces terreurs ; et, au grand étonnement de tous ceux qui s'occupent de finances, les paiements se firent avec facilité, le crédit augmenta, on se jeta avec avidité vers les emprunts, et pendant tout le temps que dura cette *superpurgation,* le cours du change, cette mesure infaillible de la circulation monétaire, fut en notre faveur, c'est-à-dire qu'on eut la preuve arithmétique qu'il entrait en France plus d'argent qu'il n'en sortait.

Quelle est la puissance qui vint à notre secours ? quelle est la divinité qui opéra ce miracle ? la gourmandise.

Quand les Bretons, les Germains, les Teutons, les Cimmériens et les Scythes, firent irruption en France, ils y apportèrent une voracité rare et des estomacs d'une capacité peu commune.

Ils ne se contentèrent pas longtemps de la chère officielle que devait leur fournir une hospitalité forcée ; ils aspirèrent à des jouissances plus délicates ; et bientôt la ville reine ne fut plus qu'un immense réfectoire. Ils mangeaient, ces intrus, chez les restaurateurs, chez les traiteurs, dans les cabarets, dans les tavernes, dans les échoppes, et jusque dans les rues.

Ils se gorgeaient de viandes, de poissons, de gibier, de truffes, de pâtisseries, et surtout de nos fruits.

Ils buvaient avec une avidité égale à leur appétit, et demandaient toujours les vins les plus chers, espérant d'y trouver des jouissances inouïes, qu'ils étaient ensuite tout étonnés de ne pas éprouver.

Les observateurs superficiels ne savaient que penser de cette mangerie sans fin et sans terme ; mais les vrais Français riaient et se frottaient les mains en disant : « Les voilà sous le charme, et ils nous auront rendu ce soir plus d'écus que le trésor public ne leur en a compté ce matin. »

Cette époque fut favorable à tous ceux qui fournissaient aux jouissances du goût. Véry acheva sa fortune ; Achard commença la sienne ; Beauvilliers en fit une troisième : et Mme Sullot, dont le magasin, au Palais-Royal, n'avait pas deux toises carrées, vendait par jour jusqu'à douze mille petits pâtés[1].

Cet effet dure encore, les étrangers affluent de toutes les parties de l'Europe, pour rafraîchir, durant la paix, les douces habitudes qu'ils contractèrent pendant la guerre ; il faut qu'ils viennent à Paris ; quand ils y sont, il faut qu'ils se régalent à tout prix. Et si nos effets publics ont quelque faveur, on le doit moins à l'intérêt avantageux qu'ils présentent qu'à la confiance d'instinct qu'on ne peut s'empêcher d'avoir dans un peuple chez qui les gourmands sont heureux[2].

PORTRAIT D'UNE JOLIE GOURMANDE. 58. — La gourmandise ne messied point aux femmes, elle convient à la délicatesse de leurs organes, et leur sert de compen-

---

1. Quand l'armée d'invasion passa en Champagne, elle prit six cent mille bouteilles de vin dans les caves de M. Moët, d'Epernay, renommé pour la beauté de ses caves.

Il s'est consolé de cette perte énorme quand il a vu que les pillards en avaient gardé le goût, et que les commandes qu'il reçoit du Nord ont plus que doublé depuis cette époque.

2. Les calculs sur lesquels cet article est fondé m'ont été fournis par M. M. B....., gastronome aspirant, à qui les titres ne manquent pas, car il est financier et musicien.

sation pour quelques plaisirs dont il faut bien qu'elles se privent, et pour quelques maux auxquels la nature paraît les avoir condamnées.

Rien n'est plus agréable à voir qu'une jolie gourmande sous les armes : sa serviette est avantageusement mise ; une de ses mains est posée sur la table ; l'autre voiture à sa bouche de petits morceaux élégamment coupés, ou l'aile de perdrix qu'il faut mordre ; ses yeux sont brillants, ses lèvres vernissées, sa conversation agréable, tous ses mouvements gracieux ; elle ne manque pas de ce grain de coquetterie que les femmes mettent à tout. Avec tant d'avantages, elle est irrésistible ; et Caton le censeur lui-même se laisserait émouvoir.

ANECDOTE. Ici cependant se place pour moi un souvenir amer.

J'étais un jour bien commodément placé à table à côté de la jolie madame M... d, et je me réjouissais intérieurement d'un si bon lot, quand, se tournant tout à coup vers moi : « A votre santé ! » me dit-elle. Je commençai de suite une phrase d'actions de grâces ; mais je n'achevai pas, car la coquette se portant vers son voisin de gauche : « Trinquons !... » Ils trinquèrent, et cette brusque transition me parut une perfidie qui me fit au cœur une blessure que bien des années n'ont pas encore guérie.

LES FEMMES SONT GOURMANDES. Le penchant du beau sexe pour la gourmandise a quelque chose qui tient de l'instinct, car la gourmandise est favorable à la beauté.

Une suite d'observations exactes et rigoureuses a démontré qu'un régime succulent, délicat et soigné, repousse longtemps et bien loin les apparences extérieures de la vieillesse.

Il donne aux yeux plus de brillant, à la peau plus de fraîcheur, et aux muscles plus de soutien ; et comme il est certain, en physiologie, que c'est la dépression des muscles qui cause les rides, ces redoutables ennemis de la beauté, il est également vrai de dire que, toutes choses égales, ceux qui savent manger sont comparativement de dix ans plus jeunes que ceux à qui cette science est étrangère.

Les peintres et les sculpteurs sont bien pénétrés de cette vérité, car jamais ils ne représentent ceux qui font abstinence par choix ou par devoir, comme les avares et les anachorètes, sans leur donner la pâleur de la maladie, la maigreur de la misère et les rides de la décrépitude.

EFFETS DE LA GOURMANDISE SUR LA SOCIABILITÉ. 59. — La gourmandise est un des principaux liens de la société ; c'est elle qui étend graduellement cet esprit de convivialité qui réunit chaque jour les divers états, les fond en un seul tout, anime la conversation, et adoucit les angles de l'inégalité conventionnelle.

C'est elle aussi qui motive les efforts que doit faire tout amphitryon pour bien recevoir ses convives, ainsi que la reconnaissance de ceux-ci, quand ils voient qu'on s'est savamment occupé d'eux ; et c'est ici le lieu de honnir à jamais ces mangeurs stupides qui avalent, avec une indifférence coupable, les morceaux les plus distingués, ou qui aspirent avec une distraction sacrilège un nectar odorant et limpide.

Loi générale : Toute disposition de haute intelligence nécessite des éloges explicites ; et une louange délicate est obligée partout où s'annonce l'envie de plaire.

INFLUENCE DE LA GOURMANDISE SUR LE BONHEUR CONJUGAL. 60. — Enfin, la gourmandise, quand elle est partagée, a l'influence la plus marquée sur le bonheur qu'on peut trouver dans l'union conjugale.

Deux époux gourmands ont, au moins une fois par jour, une occasion agréable de se réunir : car, même ceux qui font lit à part (et il y en a un grand nombre) mangent du moins à la même table ; ils ont un sujet de conversation toujours renaissant ; ils parlent non seulement de ce qu'ils mangent, mais encore de ce qu'ils ont mangé, de ce qu'ils mangeront, de ce qu'ils ont observé chez les autres, des plats à la mode, des inventions nouvelles, etc., etc. ; et on sait que les causeries familières (*chit chat*) sont pleines de charmes.

La musique a sans doute aussi des attraits bien puissants pour ceux qui l'aiment : mais il faut s'y mettre, c'est une besogne.

D'ailleurs, on est quelquefois enrhumé, la musique est égarée, les instruments sont discords, on a la migraine, il y a du chômage.

Au contraire, un besoin partagé appelle les époux à table, le même penchant les y retient ; ils ont naturellement l'un pour l'autre ces petits égards qui annoncent l'envie d'obliger ; et la manière dont se passent les repas entre pour beaucoup dans le bonheur de la vie.

Cette observation, assez neuve en France, n'avait point échappé au moraliste anglais Fielding ; et il l'a développée en peignant, dans son roman de *Paméla*, la manière diverse dont deux couples mariés finissent leur journée.

Le premier est un lord, l'aîné, et par conséquent le possesseur de tous les biens de la famille.

Le second est son frère puîné, époux de Paméla, déshérité à cause de ce mariage, et vivant du produit de sa demi-paie, dans un état de gêne assez voisin de l'indigence.

Le lord et sa femme arrivent de différents côtés, et se saluent froidement, quoiqu'ils ne se soient pas vus de la journée. Ils s'asseyent à une table splendidement servie, entourés de laquais brillants d'or, se servent en silence et mangent sans plaisir. Cependant, après que les domestiques se sont retirés, une espèce de conversation s'engage entre eux ; bientôt l'aigreur s'en mêle : elle devient querelle ; et ils se lèvent furieux pour aller, chacun dans son appartement, méditer sur les douceurs du veuvage.

Son frère, au contraire, en arrivant dans son modeste appartement, est accueilli avec le plus tendre empressement et les plus douces caresses. Il s'assied près d'une table frugale ; mais les mets qui lui sont servis peuvent-ils ne pas être excellents ? C'est Paméla elle-même qui les a apprêtés ! Ils mangent avec délices, en causant de leurs affaires, de leurs projets, de leurs amours. Une demi-bouteille de Madère leur sert à prolonger le repas et l'entretien; bientôt le même lit les reçoit; et, après les transports d'un amour partagé, un doux sommeil leur fera oublier le présent et rêver un meilleur avenir.

Honneur à la gourmandise, telle que nous la présentons à nos lecteurs, et tant qu'elle ne détourne l'homme ni de ses occupations ni de ce qu'il doit à sa fortune! car, de même que les dissolutions de Sardanapale n'ont pas fait prendre les femmes en horreur, ainsi les excès de Vitellius ne peuvent pas faire tourner le dos à un festin savamment ordonné.

La gourmandise devient-elle gloutonnerie, voracité, crapule, elle perd son nom et ses avantages, échappe à nos attributions, et tombe dans celles du moraliste, qui la traitera par ses conseils, ou du médecin, qui la guérira par les remèdes.

La *gourmandise,* telle que le professeur l'a caractérisée dans cet article, n'a de nom qu'en français; elle ne peut être désignée ni par le mot latin *gula,* ni par l'anglais *gluttony,* ni par l'allemand *lusternheit*; nous conseillons donc à ceux qui seraient tentés de traduire ce livre instructif de conserver le substantif, et de changer seulement l'article : c'est ce que tous les peuples ont fait pour la coquetterie et tout ce qui s'y rapporte.

NOTE D'UN GASTRONOME PATRIOTE.

Je remarque avec orgueil que la coquetterie et la gourmandise, ces deux grandes modifications que l'extrême sociabilité a apportées à nos plus impérieux besoins, sont toutes deux d'origine française.

MÉDITATION XII

DES GOURMANDS

N'EST PAS GOURMAND QUI VEUT. 61. — Il est des individus à qui la nature a refusé une finesse d'organes ou une tenue d'attention sans lesquelles les mets les plus succulents passent inaperçus.

La physiologie a déjà reconnu la première de ces variétés, en nous montrant la langue de ces infortunés mal pourvue des houppes nerveuses destinées à inhaler et apprécier les saveurs. Elles n'éveillent chez eux qu'un sentiment obtus; ils sont pour les saveurs ce que les aveugles sont pour la lumière.

La seconde se compose des distraits, des babillards, des affairés, des ambitieux, et autres, qui veulent s'occuper de deux choses à la fois, et ne mangent que pour se remplir.

NAPOLÉON. Tel était entre autres Napoléon : il était irrégulier dans ses repas, et mangeait vite et mal; mais là se retrouvait aussi cette volonté absolue qu'il mettait à tout. Dès que l'appétit se faisait sentir, il fallait qu'il fût satisfait, et son service était monté de manière qu'en tout lieu et à toute heure, on pouvait, au premier mot, lui présenter de la volaille, des côtelettes et du café.

GOURMANDS PAR PRÉDESTINATION. Mais il est une classe privilégiée qu'une prédestination matérielle et organique appelle aux jouissances du goût.

J'ai été de tout temps *Lavatérien* et *Galliste :* je crois aux dispositions innées.

Puisqu'il est des individus qui sont évidemment venus au monde pour mal voir, mal marcher, mal entendre, parce qu'ils sont nés myopes, boiteux ou sourds, pourquoi n'y en aurait-il pas d'autres qui ont été prédestinés à éprouver plus spécialement certaines séries de sensations ?

D'ailleurs, pour peu qu'on ait du penchant à l'observation, on rencontre à chaque instant, dans le monde, des physionomies qui portent l'empreinte irrécusable d'un sentiment dominant, tel qu'une impertinence dédaigneuse, le contentement de soi-même, la misanthropie, la sensualité, etc., etc. A la vérité, on peut porter tout cela avec une figure insignifiante ; mais quand la physionomie a un cachet déterminé, il est rare qu'elle soit trompeuse.

Les passions agissent sur les muscles ; et très souvent, quoiqu'un homme se taise, on peut lire sur son visage les divers sentiments dont il est agité. Cette tension, pour peu qu'elle soit habituelle, finit par laisser des traces sensibles, et donne ainsi à la physionomie un caractère permanent et reconnaissable.

PRÉDESTINATION SENSUELLE. 62. — Les prédestinés de la gourmandise sont en général d'une stature moyenne ; ils ont le visage rond ou carré, les yeux brillants, le front petit, le nez court, les lèvres charnues et le menton arrondi. Les femmes sont potelées, plus jolies que belles, et visant un peu à l'obésité.

Celles qui sont principalement friandes ont les traits plus fins, l'air plus délicat, sont plus mignonnes, et se distinguent surtout par un coup de langue qui leur est particulier.

C'est sous cet extérieur qu'il faut chercher les convives les plus aimables : ils acceptent tout ce qu'on leur offre, mangent lentement, et savourent avec réflexion. Ils ne se hâtent point de s'éloigner des lieux où ils ont reçu une hospitalité distinguée ; et on les a pour la soirée, parce qu'ils connaissent tous les jeux et passe-temps qui sont les accessoires ordinaires d'une réunion gastronomique.

Ceux, au contraire, à qui la nature a refusé l'aptitude aux jouissances du goût, ont le visage, le nez et les yeux longs ; quelle que soit leur taille, ils ont dans leur tournure quelque chose d'allongé. Ils ont les cheveux noirs et plats, et manquent surtout d'embonpoint ; ce sont eux qui ont inventé les pantalons.

Les femmes que la nature a affligées du même malheur sont anguleuses, s'ennuient à table, et ne vivent que de boston et de médisance.

Cette théorie physiologique ne trouvera, je l'espère, que peu de contradicteurs, parce que chacun peut la vérifier autour de soi : je vais cependant encore l'appuyer par des faits.

Je siégeais un jour à un très grand repas, et j'avais en face une très jolie personne dont la figure était tout à fait sensuelle. Je me penchai vers mon voisin, et lui dis tout bas qu'avec des traits pareils il était impossible que cette demoiselle ne fût pas très gourmande. « Quelle folie ! me répondit-il ; elle a tout au plus quinze ans ; ce n'est pas encore l'âge de la gourmandise... Au surplus, observons. »

Les commencements ne me furent pas favorables : j'eus peur de m'être compromis ; car pendant les deux premiers services, la jeune fille fut d'une discrétion qui m'étonnait, et je craignais d'être tombé sur une exception, car il y en a pour toutes les règles. Mais enfin le dessert vint, dessert aussi brillant que copieux, et qui me rendit l'espérance. Mon espoir ne fut pas déçu : non seulement elle mangea de tout ce qu'on lui offrait, mais encore elle se fit servir des plats qui étaient les plus éloignés d'elle. Enfin elle goûta à tout ; et le voisin s'étonnait de ce que ce petit estomac pouvait contenir tant de choses. Ainsi fut vérifié mon diagnostic, et la science triompha encore une fois.

A deux ans de là, je rencontrai encore la même personne : c'était huit jours après son mariage : elle s'était développée tout à fait à son avantage ; elle laissait pointer un peu de coquetterie ; et étalant tout de que la mode permet de montrer d'attraits, elle était ravissante. Son mari était à peindre : il ressemblait à un certain ventriloque qui savait rire d'un côté et pleurer de l'autre, c'est-à-dire qu'il paraissait très content de ce qu'on admirait sa femme ; mais dès qu'un amateur avait l'air d'insister, il était saisi du frisson d'une jalousie très apparente. Ce dernier sentiment prévalut ; il emporta sa femme dans un département éloigné, et là, pour moi, finit sa biographie.

Je fis une autre fois une remarque pareille sur le duc Decrès, qui a été si longtemps ministre de la marine.

On sait qu'il était gros, court, brun, crépu et carré ; qu'il avait le visage au moins rond, le menton relevé, les lèvres épaisses et la bouche d'un géant ; aussi je le proclamai sur-le-champ amateur prédestiné de la bonne chère et des belles.

Cette remarque physiognomonique, je la coulai bien doucement et bien bas dans l'oreille d'une dame fort jolie et que je croyais discrète. Hélas ! je me trompais ! elle était fille d'Eve, et mon secret l'eût étouffée. Aussi, dans la soirée, l'excellence fut instruite de l'induction scientifique que j'avais tirée de l'ensemble de ses traits.

C'est ce que j'appris le lendemain par une lettre fort aimable que m'écrivit le duc, et par laquelle il se défendait avec modestie, de posséder les deux qualités, d'ailleurs fort estimables, que j'avais découvertes en lui.

Je ne me tins pas pour battu. Je répondis que la nature ne fait rien en vain ; qu'elle l'avait évidemment formé pour de certaines missions ; que s'il ne les remplissait pas, il contrarierait son vœu ; qu'au reste, je n'avais aucun droit à de pareilles confidences, etc.

La correspondance resta là ; mais, peu de temps après, tout Paris fut instruit par les voix des journaux de la mémorable bataille qui eut lieu entre le ministre et son cuisinier, bataille qui fut longue, disputée et où l'excellence n'eut pas toujours le dessus. Or, si après une pareille aventure le cuisinier ne fut pas renvoyé (et il ne le fut pas), je puis, je crois, en tirer la conséquence que le duc était absolument dominé par les talents de cet artiste, et qu'il désespérait d'en trouver un autre qui sût flatter aussi agréablement son goût ; sans quoi il n'aurait jamais pu surmonter la répugnance toute naturelle qu'il devait éprouver à être servi par un préposé aussi belliqueux.

Comme je traçais ces lignes par une belle soirée d'hiver, M. Cartier, ancien premier violon de l'Opéra et démonstrateur habile, entre chez moi et s'assied près de mon feu. J'étais plein de mon sujet, et le considérant avec attention : « Cher professeur, lui dis-je, comment se fait-il que vous ne soyez pas gourmand, quand vous en avez tous les traits ? — Je l'étais très fort, répondit-il, mais je m'abstiens. — Serait-ce par sagesse ? lui répliquai-je. Il ne répondit pas, mais il poussa un soupir à la Walter Scott, c'est-à-dire tout semblable à un gémissement.

GOURMANDS PAR ÉTAT. 63. — S'il est des gourmands par prédestination, il en est aussi par état ; et je dois en signaler ici quatre grandes théories : les financiers, les médecins, les gens de lettres et les dévots.

LES FINANCIERS. Les financiers sont les héros de la gourmandise. Ici, *héros* est le mot propre, car il y avait combat ; et l'aristocratie nobiliaire eût écrasé les financiers sous le poids de ses titres et de ses écussons, si ceux-ci n'y eussent opposé une table somptueuse et leurs coffres-forts. Les cuisiniers combattaient les généalogistes ; et quoique les ducs n'attendissent pas d'être sortis pour persifler l'amphitryon qui les traitait, ils étaient venus et leur présence attestait leur défaite.

D'ailleurs tous ceux qui amassent beaucoup d'argent avec facilité sont presque indispensablement obligés d'être gourmands.

L'inégalité des conditions entraîne l'inégalité des richesses, mais l'inégalité des richesses n'amène pas l'inégalité des besoins, et tel qui pourrait payer chaque jour un dîner suffisant pour cent personnes, est souvent rassasié après avoir mangé une cuisse de poulet. Il faut donc que l'art use de toutes ses ressources pour ranimer cette ombre d'appétit par des mets qui le soutiennent sans dommage et le caressent sans l'étouffer. C'est ainsi que Mondor est devenu gourmand, et que de toutes parts les gourmands ont accouru auprès de lui.

Aussi, dans toutes les séries d'apprêts que nous présentent les livres de cuisine élémentaire, il y en a toujours un ou plusieurs qui portent pour qualification : à la *financière*. Et on sait que ce n'est pas le roi, mais les fermiers-généraux qui mangeaient autrefois le premier plat de petits pois, qui se payait toujours huit cents francs.

Les choses ne se passent pas autrement de nos jours ; les tables financières continuent à offrir tout ce que la nature a de plus parfait, les serres de plus précoce, l'art de plus exquis ; et les personnages les plus historiques ne dédaignent point de s'asseoir à ces festins.

LES MÉDECINS. 64. — Des causes d'une autre nature, quoique non moins puissantes, agissent sur les médecins : ils sont gourmands par séduction ; et il faudrait qu'ils fussent de bronze pour résister à la force des choses.

Les chers docteurs sont d'autant mieux accueillis que la santé, qui est sous leur patronage, est le plus précieux de tous les biens ; aussi sont-ils enfants gâtés dans toute la force du terme.

Toujours impatiemment attendus, ils sont accueillis avec empressement. C'est une jolie malade qui les engage ; c'est une jeune personne qui les caresse ; c'est un père, c'est un mari, qui leur recommandent ce qu'ils ont de plus cher. L'espérance les tourne par la droite, la reconnaissance par la gauche ; on les embecque comme des pigeons ; ils se laissent faire, et en six mois l'habitude est prise, ils sont gourmands sans retour (*past redemption.*)

C'est ce que j'osai exprimer un jour dans un repas où je figurais, moi neuvième, sous la présidence du docteur Corvisart. C'était vers 1806 :

« Vous êtes, m'écriai-je du ton inspiré d'un prédicateur puritain, vous êtes les derniers restes d'une corporation qui jadis couvrait toute la France. Hélas ! les membres en sont anéantis ou dispersés : plus de fermiers-généraux, d'abbés, de chevaliers, de moines blancs ; tout le corps dégustateur réside en vous seuls. Soutenez avec fermeté un si grand poids, dussiez-vous essuyer le sort des trois cents Spartiates au pas des Thermophyles. »

Je dis, et il n'y eut pas une réclamation : nous agîmes en conséquence, et la vérité reste.

Je fis à ce dîner une observation qui mérite d'être citée.

Le docteur Corvisart, qui était fort aimable quand il voulait, ne buvait que du vin de Champagne frappé de glace. Aussi, dès le commencement du repas et pendant que les autres convives s'occupaient à manger, il était bruyant, conteur, anecdotier. Au dessert, au contraire, et quand la conversation commençait à s'animer, il devenait sérieux, taciturne et quelquefois morose.

De cette observation et de plusieurs autres conformes, j'ai déduit le théorème suivant : *Le vin de Champagne, qui est excitant dans ses premiers effets* (ab initio), *est stupéfiant dans ceux qui suivent* (in recessu) ; ce qui est au surplus un effet notoire du gaz acide carbonique qu'il contient.

OBJURGATION. 65. — Puisque je tiens les docteurs à diplôme, je ne veux pas mourir sans leur reprocher l'extrême sévérité dont ils usent envers leurs malades.

Dès qu'on a le malheur de tomber dans leurs mains, il faut subir une kyrielle de défenses, et renoncer à tout ce que nos habitudes ont d'agréable.

Je m'élève contre la plupart de ces interdictions comme inutiles.

Je dis *inutiles*, parce que les malades n'appètent presque jamais ce qui leur serait nuisible.

Le médecin rationnel ne doit jamais perdre de vue la tendance naturelle de nos penchants, ni oublier que si les sensations douloureuses sont funestes par leur nature, celles qui sont agréables disposent à la santé. On a vu un peu de vin, une cuillerée de café, quelques gouttes de liqueur, rappeler le sourire sur les faces les plus hippocratiques.

Au surplus, il faut qu'ils sachent bien, ces ordonnateurs sévères, que leurs prescriptions restent presque toujours sans effet ; le malade cherche à s'y soustraire : ceux qui l'environnent ne manquent jamais de raisons pour lui complaire, et on n'en meurt ni plus ni moins.

La ration d'un Russe malade, en 1815, aurait grisé un fort de la halle, et celles des Anglais eût rassasié un Limousin. Et il n'y avait pas de retranchement à y faire, car des inspecteurs militaires parcouraient sans cesse nos hôpitaux, et surveillaient à la fois la fourniture et la consommation.

J'émets mon avis avec d'autant plus de confiance qu'il est appuyé sur des faits nombreux, et que les praticiens les plus heureux se rapprochent de ce système.

Le chanoine Rollet, mort il y a environ cinquante ans, était buveur, suivant l'usage de ces temps antiques : il tomba malade, et la première phrase du médecin fut employée à lui interdire tout usage du vin. Cependant, à la visite suivante, le docteur trouva le patient couché, et devant son lit un corps de délit presque complet ; savoir : une table couverte d'une nappe bien blanche, un gobelet de cristal, une bouteille de belle apparence, et une serviette pour s'essuyer les lèvres.

A cette vue il entra dans une violente colère et parlait de se retirer, quand le malheureux chanoine lui cria d'une voix lamentable : « Ah ! docteur, souvenez-vous que quand vous m'avez défendu de boire, vous ne m'avez pas défendu le plaisir de voir la bouteille. »

Le médecin qui traitait M. de Moutlusin de Pont de Veyle fut bien encore plus cruel, car non seulement il interdit l'usage du vin à son malade, mais encore il lui prescrivit de boire de l'eau à grandes doses.

Peu de temps après le départ de l'ordonnateur, Mme de Moutlusin, jalouse d'appuyer l'ordonnance et de contribuer au retour de la santé de son mari, lui présenta un grand verre d'eau la plus belle et la plus limpide.

Le malade le reçut avec docilité, et se mit à boire avec résignation ; mais il s'arrêta à la première gorgée, et rendant le vase à sa femme : « Prenez cela, ma chère, lui dit-il, et gardez-le pour une autre fois : j'ai toujours ouï dire qu'il ne fallait pas badiner avec les remèdes. »

LES GENS DE LETTRES. 66. — Dans l'empire gastronomique, le quartier des gens de lettres est tout près de celui des médecins.

Sous le règne de Louis XIV, les gens de lettres étaient ivrognes ; ils se conformaient à la mode, et les mémoires du temps sont tout à fait édifiants à ce sujet. Maintenant ils sont gourmands : en quoi il y a amélioration.

Je suis bien loin d'être de l'avis du cynique Geoffroy, qui disait que si les productions modernes manquent de force, cela vient de ce que les auteurs ne boivent que de l'eau sucrée.

Je crois, au contraire, qu'il a fait une double méprise, et qu'il s'est trompé sur le fait et sur la conséquence.

L'époque actuelle est riche en talents ; ils se nuisent peut-être par leur multitude ; mais la postérité, jugeant avec plus de calme, y verra bien des sujets d'admiration : c'est ainsi que nous-mêmes avons rendu justice aux chefs-d'œuvre de Racine et de Molière, qui furent froidement reçus par les contemporains.

Jamais la position des gens de lettres dans la société n'a été plus agréable. Ils ne logent plus dans les régions élevées qu'on leur reprochait autrefois ; les domaines de la littérature sont devenus plus fertiles ; les flots de l'Hippocrène roulent aussi des paillettes d'or : égaux de tout le monde, ils n'entendent plus le langage du protectorat ; et, pour comble de biens, la gourmandise les comble de ses plus chères faveurs.

On engage les gens de lettres à cause de l'estime qu'on fait de leurs talents, parce que leur conversation a en général quelque chose de piquant, et aussi parce que depuis quelque temps, il est de règle que toute société doit avoir son homme de lettres.

Ces messieurs arrivent toujours un peu tard ; on ne les accueille que mieux, parce qu'on les a désirés ; on les affriande pour qu'ils reviennent ; on les régale pour qu'ils étincellent ; et comme ils trouvent cela fort naturel, ils s'y accoutument, deviennent, sont et demeurent gourmands.

Les choses même ont été si loin qu'il y a eu un peu de scandale. Quelques furets ont prétendu que certains déjeuneurs s'étaient laissé séduire, que certaines promotions étaient issues de certains pâtés, et que le temple de l'immortalité s'était ouvert à la fourchette. Mais c'étaient de méchantes langues ; ces bruits sont tombés comme tant d'autres : ce qui est fait est bien fait, et je n'en fais ici mention que pour montrer que je suis au courant de tout ce qui tient à mon sujet.

LES DÉVOTS. 67. — Enfin la gourmandise compte beaucoup de dévots parmi ses plus fidèles sectateurs.

Nous entendons par *dévots* ce qu'entendaient Louis XIV et Molière, c'est-à-dire ceux dont toute la religion consiste en pratiques extérieures ; les gens pieux et charitables n'ont rien à faire là.

Voyons donc comment la vocation leur vient. Parmi ceux qui veulent faire leur salut, le plus grand nombre cherche le chemin le plus doux ; ceux qui fuient les hommes, couchent sur la dure et revêtent le cilice, ont toujours été et ne peuvent jamais être que des exceptions.

Or, il est des choses damnables sans équivoque, et qu'on ne peut jamais se permettre, comme le bal, les spectacles, le jeu, et autres passe-temps semblables.

Pendant qu'on les abomine, ainsi que ceux qui les mettent en pratique, la gourmandise se présente et se glisse avec une face tout à fait théologique.

De droit divin, l'homme est le roi de la nature, et tout ce que la terre produit a été créé pour lui. C'est pour lui que la caille s'engraisse, pour lui que le moka a un si doux parfum, pour lui que le sucre est favorable à la santé.

Comment donc ne pas user, du moins avec la modération convenable, des biens que la Providence nous offre, surtout si nous continuons à les regarder comme des choses périssables, surtout si elles exaltent notre reconnaissance envers l'auteur de toutes choses.

Des raisons non moins fortes viennent encore renforcer celles-ci. Peut-on trop bien recevoir ceux qui dirigent nos âmes et nous tiennent dans la voie du salut ? Ne doit-on pas rendre aimables, et par cela même plus fréquentes, des réunions dont le but est excellent ?

Quelquefois aussi les dons de Comus arrivent sans qu'on les cherche : c'est un souvenir de collège, c'est le don d'une vieille amitié, c'est un pénitent qui s'humilie, c'est un collatéral qui se rappelle, c'est un protégé qui se reconnaît. Comment repousser de pareilles offrandes ? Comment ne pas les assortir ? C'est une pure nécessité.

D'ailleurs, les choses se sont toujours passées ainsi :

Les moutiers étaient de vrais magasins des plus adorables friandises ; et voilà pourquoi certains amateurs les regrettent si amèrement [1].

Plusieurs ordres monastiques, les Bernardins surtout, faisaient profession de bonne chère. Les cuisiniers du clergé ont reculé les limites de l'art ; et quand M. de Pressigni (mort archevêque de Besançon) revint du conclave qui avait nommé Pie VI, il disait que le meilleur dîner qu'il eût fait à Rome avait été chez le général des Capucins.

LES CHEVALIERS ET LES ABBÉS. 68. — Nous ne pouvons mieux finir cet article qu'en faisant une mention honorable de deux corporations que nous avons vues dans toute leur gloire, et que la révolution a éclipsées : les chevaliers et les abbés.

---

1. Les meilleures liqueurs de France se faisaient à la Côte, chez les Visitandines ; celles de Niort ont inventé la confiture d'angélique, on vante les pains de fleur d'orange des sœurs de Château-Thierry : et les Ursulines de Belley avaient pour les noix confites une recette qui en faisait un trésor d'amour et de friandise. Il est à craindre, hélas ! qu'elle ne soit perdue.

Qu'ils étaient gourmands, ces chers amis! Il était impossible de s'y méprendre à leurs narines ouvertes, à leurs yeux écarquillés, à leurs lèvres vernissées, à leur langue promeneuse; cependant chaque classe avait une manière de manger qui lui était particulière.

Les chevaliers avaient quelque chose de militaire dans leur pose; ils s'administraient les morceaux avec dignité, les travaillaient avec calme, et promenaient horizontalement, du maître à la maîtresse de la maison, des regards approbateurs.

Les abbés, au contraire, se pelotonnaient pour se rapprocher de l'assiette; leur main droite s'arrondissait comme la patte du chat qui tire les marrons du feu; leur physionomie était toute jouissance, et leur regard avait quelque chose de concentré qu'il est plus facile de concevoir que de peindre.

Comme les trois quarts de ceux qui composent la génération actuelle n'ont rien vu qui ressemble aux chevaliers et aux abbés que nous venons de désigner, et qu'il est cependant indispensable de les reconnaître pour bien entendre beaucoup de livres écrits dans le XVIIe siècle, nous emprunterons à l'auteur du *Traité historique sur le Duel* quelques passages qui ne laisseront rien à désirer à ce sujet (Voyez les *Variétés*, n° 20).

LONGÉVITÉ ANNONCÉE AUX GOURMANDS. 69. — D'après mes dernières lectures, je suis heureux, on ne peut pas plus heureux, de pouvoir donner à mes lecteurs une bonne nouvelle, savoir, que la bonne chère est bien loin de nuire à la santé, et que, toutes choses égales, les gourmands vivent plus longtemps que les autres. C'est ce qui est arithmétiquement prouvé dans un mémoire très bien fait, lu dernièrement à l'Académie des Sciences par le docteur Villermé.

Il a comparé les divers états de la société où l'on fait bonne chère avec ceux où l'on se nourrit mal, et en a parcouru l'échelle tout entière. Il a également comparé entre eux les divers arrondissements de Paris où l'aisance est plus ou moins généralement répandue, et où l'on sait que, sous ce rapport, il existe une extrême différence, comme, par exemple, entre le faubourg Saint-Marceau et la Chaussée-d'Antin.

Enfin le docteur a poussé ses recherches jusqu'aux départements de la France, et comparé, sous le même rapport, ceux qui sont plus ou moins fertiles : partout il a obtenu pour résultat général que la mortalité diminue dans la même proportion que les moyens qu'on a de se bien nourrir augmentent ; et qu'ainsi ceux que la fortune soumet au malheur de se mal nourrir peuvent du moins être sûrs que la mort les en délivrera plus vite.

Les deux extrêmes de cette progression sont que, dans l'état de la vie le plus favorisé, il ne meurt dans un an qu'un individu sur cinquante, tandis que, parmi ceux qui sont le plus exposés à la misère, il en meurt un sur quatre dans le même espace de temps.

Ce n'est pas que ceux qui font excellente chère ne soient jamais malades ; hélas ! ils tombent aussi quelquefois dans le domaine de la faculté, qui a coutume de les désigner sous la qualification de *bons malades ;* mais comme ils ont une plus grande dose de vitalité, et que toutes les parties de l'organisation sont mieux entretenues, la nature a plus de ressources, et le corps résiste incomparablement mieux à la destruction.

Cette vérité physiologique peut également s'appuyer sur l'histoire, qui nous apprend que toutes les fois que des circonstances impérieuses, telles que la guerre, les sièges, le dérangement des saisons, ont diminué les moyens de se nourrir, cet état de détresse a toujours été accompagné de maladies contagieuses et d'un grand surcroît de mortalité.

La caisse Lafarge, si connue des Parisiens, aurait sans doute prospéré, si ceux qui l'ont établie avaient fait entrer dans leurs calculs la vérité de fait développée par le docteur Villermé.

Ils avaient calculé la mortalité d'après les tables de Buffon, de Parcieux et autres, qui sont toutes établies sur des nombres pris dans toutes les classes et dans tous les âges d'une population. Mais comme ceux qui placent des capitaux pour se faire un avenir ont en général échappé aux dangers de l'enfance, et sont accoutumés à un ordinaire réglé, soigné, et quelquefois succulent, *la mort n'a pas donné,* les espérances ont été déçues, et la spéculation a manqué.

Cette cause n'a sans doute pas été seule; mais elle est élémentaire.

Cette dernière observation nous a été fournie par M. le professeur Pardessus.

M. du Belloy, archevêque de Paris, qui a vécu près d'un siècle, avait un appétit assez prononcé; il aimait la bonne chère, et j'ai vu plusieurs fois sa figure patriarcale s'animer à l'arrivée d'un morceau distingué. Napoléon lui marquait, en toute occasion, déférence et respect.

MÉDITATION XIII

ÉPROUVETTES GASTRONOMIQUES

70. — On a vu dans le chapitre précédent que le caractère distinctif de ceux qui ont plus de prétentions que de droits aux honneurs de la gourmandise, consiste en ce qu'au sein de la meilleure chère leurs yeux restent ternes et leur visage inanimé.

Ceux-là ne sont pas dignes qu'on leur prodigue des trésors dont ils ne sentent pas le prix : il nous a donc paru très intéressant de pouvoir les signaler, et nous avons cherché les moyens de parvenir à une connaissance si importante pour l'assortiment des hommes et pour la connaissance des convives.

Nous nous sommes occupés de cette recherche avec cette suite qui force le succès, et c'est à notre persévérance que nous devons l'avantage de présenter au corps honorable des amphitryons la découverte des *éprouvettes gastronomiques,* découverte qui honorera le XIXe siècle.

Nous entendons par *éprouvettes gastronomiques*, des mets d'une saveur reconnue et d'une excellence tellement indisputable, que leur apparition seule doit émouvoir, chez un homme bien organisé, toutes les puissances dégustatrices ; de sorte que tous ceux chez lesquels, en pareil cas, on n'aperçoit ni l'éclair du désir, ni la radiance de l'extase, peuvent justement être notés comme indignes des honneurs de la séance et des plaisirs qui y sont attachés.

La méthode des éprouvettes, dûment examinée et délibérée en grand conseil, a été inscrite au livre d'or dans les termes suivants, pris d'une langue qui ne change plus :

Utcumque ferculum, eximii et benè noti saporis, appositum fuerit, fiat autopsia convivæ, et nisi facies ejus ac oculi vertantur ad extasim, notetur ut indignus.

Ce qui a été traduit comme il suit par le traducteur juré du grand conseil :

« Toutes les fois qu'on servira un mets d'une saveur distinguée et bien connue, on observera attentivement les convives, et on notera comme indignes tous ceux dont la physionomie n'annoncera pas le ravissement. »

La force des éprouvettes est relative, et doit être appropriée aux facultés et aux habitudes des diverses classes de la société. Toutes circonstances appréciées, elle doit être calculée pour cause, admiration et surprise : c'est un dynamomètre dont la force doit augmenter à mesure qu'on monte dans les hautes zones de la société. Ainsi, l'éprouvette destinée à un petit rentier de la rue Coquenard ne fonctionnerait déjà plus chez un second commis, et ne s'apercevrait même pas à un dîner d'élus (*select few*) chez un financier ou un ministre.

Dans l'énumération que nous allons faire des mets qui ont été élevés à la dignité d'éprouvettes, nous commencerons par ceux qui sont à plus basse pression ; nous monterons ensuite graduellement, pour en éclairer la théorie, de manière non seulement que chacun puisse s'en servir avec fruit, mais qu'il puisse encore en inventer de nouvelles sur le même principe, y donner son nom, et en faire usage dans la sphère où le hasard l'a placé.

Nous avons eu un moment l'intention de donner ici comme pièces justificatives, la recette pour confectionner les diverses préparations que nous indiquons comme éprouvettes ; mais nous nous en sommes abstenu ; nous avons cru que ce serait faire injustice aux divers recueils qui ont paru depuis et compris celui de Beauvilliers, et tout récemment le *Cuisinier des cuisiniers*. Nous nous contentons d'y renvoyer, ainsi qu'à ceux de Viaud et d'Appert, en observant qu'on trouve dans ce dernier divers aperçus scientifiques auparavant inconnus dans les ouvrages de cette espèce.

Il est à regretter que le public n'ait pas pu jouir de la relation tachygraphique de ce qui fut dit au conseil, lorsqu'il délibéra sur les éprouvettes. Tout cela est resté dans la nuit du secret ; mais il est du moins une circonstance qu'il m'a été permis de révéler.

Quelqu'un[1] proposa des éprouvettes négatives et par privation.

Ainsi, par exemple, un accident qui aurait détruit un plat d'une haute saveur, une bourriche devant arriver par le courrier et qui aurait été retardée, soit que le fait eût été vrai, soit qu'il ne fût qu'une supposition ; à ces fâcheuses nouvelles, on aurait observé et noté la tristesse graduelle imprimée sur le front des convives, et on aurait pu se procurer ainsi une bonne échelle de sensibilité gastrique.

Mais cette proposition, quoique séduisante au premier coup d'œil, ne résista pas à un examen plus approfondi. Le président observa, et observa avec grande raison, que de pareils événements, qui n'agiraient que superficiellement sur les organes disgraciés des indifférents, pourraient exercer sur les vrais croyants une influence funeste, et peut-être leur

---

1. M. F..... S....., qui, par sa physionomie classique, la finesse de son goût et ses talents administratifs, a tout ce qu'il faut pour devenir un financier parfait.

occasionner un saisissement mortel. Ainsi, malgré quelque insistance de la part de l'auteur, la proposition fut rejetée à l'unanimité.

Nous allons maintenant donner l'état des mets que nous avons jugés propres à servir d'éprouvettes ; nous les avons divisés en trois séries d'ascension graduelle, suivant l'ordre et la méthode ci-devant indiqués.

ÉPROUVETTES GASTRONOMIQUES

PREMIÈRE SÉRIE. — REVENU PRÉSUMÉ : 5 000 F (MÉDIOCRITÉ.) Une forte rouelle de veau piquée de gros lard et cuite dans son jus ;

Un dindon de ferme farci de marrons de Lyon ;

Des pigeons de volière gras, bardés et cuits à propos ;

Des œufs à la neige ;

Un plat de choucroute (*saur-kraut*) hérissé de saucisses et couronné de lard fumé de Strasbourg ;

EXPRESSION : « Peste ! voilà qui a bonne mine : allons, il faut y faire honneur !... »

IIe SÉRIE. — REVENU PRÉSUMÉ : 15 000 F (AISANCE). Un filet de bœuf à cœur rose piqué, et cuit dans son jus ;

Un quartier de chevreuil, sauce hachée aux cornichons ;

Un turbot au naturel ;

Un gigot de présalé à la provençale ;

Un dindon truffé ;

Des petits pois en primeur ;

EXPRESSION : « Ah ! mon ami, quelle aimable apparition ! il y a vraiment nopces[1] et festins. »

IIIe SÉRIE. — REVENU PRÉSUMÉ : 30 000 F ET PLUS. (RICHESSE.) Une pièce de volaille de sept livres, bourrée de truffes du Périgord jusqu'à sa conversion en sphéroïde ;

---

1. Pour que cette phrase soit convenablement articulée, il faut faire sentir le *p*.

Un énorme pâté de foie gras de Strasbourg, ayant forme de bastion ;

Une grosse carpe du Rhin à Chambord, richement dotée et parée ;

Des cailles truffées à la moelle, étendues sur des toasts beurrés au basilic ;

Un brochet de rivière piqué, farci et baigné d'une crème d'écrevisses, *secundum artem* ;

Un faisan à son point, piqué au toupet, gisant sur une rôtie travaillée à la sainte-alliance ;

Cent asperges de cinq à six lignes de diamètre, en primeur, sauce à l'osmazôme ;

Deux douzaines d'ortolans à la provençale, comme il est dit dans le *Secrétaire et le Cuisinier* ;

Une pyramide de meringue à la vanille et à la rose. (Cette éprouvette n'a d'effet nécessaire que sur les dames et sur les hommes à mollets d'abbés, etc.)

EXPRESSION : « Ah ! monsieur ou monseigneur, que votre cuisinier est un homme admirable ! on ne recontre ces choses-là que chez vous ! »

OBSERVATION GÉNÉRALE. Pour qu'une éprouvette produise certainement son effet, il est nécessaire qu'elle soit comparativement en large proportion : l'expérience, fondée sur la connaissance du genre humain, nous a appris que la rareté la plus savoureuse perd son influence quand elle n'est pas en proportion exubérante ; car le premier mouvement qu'elle imprime aux convives est justement arrêté par la crainte qu'ils peuvent avoir d'être mesquinement servis, ou d'être, dans certaines positions, obligés de refuser par politesse : ce qui arrive souvent chez les avares fastueux.

J'ai eu plusieurs fois occasion de vérifier l'effet des éprouvettes gastronomiques ; j'en rapporte un exemple qui suffira :

J'assistais à un dîner de gourmands de la quatrième catégorie, où nous ne nous trouvions que deux profanes : mon ami J... R... et moi.

Après un premier service de haute distinction, on

servit entre autres choses un énorme coq vierge[1] de Barbezieux, truffé à tout rompre, et un gibraltar de foie gras de Strasbourg.

Cette apparition produisit sur l'assemblée un effet marqué, mais difficile à décrire, à peu près comme le rire silencieux indiqué par Cooper, et je vis bien qu'il y avait lieu à observation.

Effectivement toutes les conversations cessèrent par la plénitude des cœurs; toutes les attentions se fixèrent sur l'adresse des prospecteurs; et quand les assiettes de distribution eurent passé, je vis se succéder, tour à tour, sur toutes les physionomies, le feu du désir, l'extase de la jouissance, le repos parfait de la béatitude.

MÉDITATION XIV

DU PLAISIR DE LA TABLE

71. — L'homme est incontestablement, des êtres sensitifs qui peuplent notre globe, celui qui éprouve le plus de souffrances.

La nature l'a primitivement condamné à la douleur

---

1. Des hommes dont l'avis peut faire doctrine m'ont assuré que la chair de coq vierge est, sinon plus tendre, du moins certainement de plus haut goût que celle du chapon. J'ai trop d'affaires en ce bas monde pour faire cette expérience, que je délègue à mes lecteurs : mais je crois qu'on peut d'avance se ranger à cet avis, parce qu'il y a dans la première de ces chairs un élément de sapidité qui manque dans la seconde.

Une femme de beaucoup d'esprit m'a dit qu'elle connaît les gourmands à la manière dont ils prononcent le mot *bon* dans les phrases : *Voilà qui est bon, voilà qui est bien bon,* et autres pareilles ; elle assure que les adeptes mettent, à ce monosyllabe si court, un accent de vérité, de douceur et d'enthousiasme auquel les palais disgraciés ne peuvent jamais atteindre.

par la nudité de sa peau, par la forme de ses pieds, et par l'instinct de guerre et de destruction qui accompagne l'espèce humaine partout où on l'a rencontrée.

Les animaux n'ont point été frappés de cette malédiction; et sans quelques combats causés par l'instinct de la reproduction, la douleur, dans l'état de nature, serait absolument inconnue à la plupart des espèces : tandis que l'homme qui ne peut éprouver le plaisir que passagèrement et par un petit nombre d'organes, peut toujours, et dans toutes les parties de son corps, être soumis à d'épouvantables douleurs.

Cet arrêt de la destinée a été aggravé, dans son exécution, par une foule de maladies qui sont nées des habitudes de l'état social ; de sorte que le plaisir le plus vif et le mieux conditionné que l'on puisse imaginer ne peut, soit en intensité, soit en durée, servir de compensation pour les douleurs atroces qui accompagnent certains dérangements, tels que la goutte, la rage des dents, les rhumatismes aigus, la strangurie, ou qui sont causés par les supplices rigoureux en usage chez certains peuples.

C'est cette crainte pratique de la douleur qui fait que, même sans s'en apercevoir, l'homme se jette avec élan du côté opposé, et s'attache avec abandon au petit nombre de plaisirs que la nature a mis dans son lot.

C'est pour la même raison qu'il les augmente, les étire, les façonne, les adore enfin, puisque, sous le règne de l'idolâtrie, et pendant une longue suite de siècles, tous les plaisirs ont été des divinités secondaires, présidées par des dieux supérieurs.

La sévérité des religions nouvelles a détruit tous ces patronages : Bacchus, l'Amour et Comus, Diane, ne sont plus que des souvenirs poétiques; mais la chose subsiste : et sous la plus sérieuse de toutes les croyances, on se régale à l'occasion des mariages, des baptêmes et même des sépultures.

ORIGINE DU PLAISIR DE LA TABLE. 72. — Les repas, dans le sens que nous donnons à ce mot, ont commencé avec le second âge de l'espèce humaine, c'est-à-dire au moment où elle a cessé de se nourrir de fruits. Les apprêts et la distribution des viandes ont nécessité le rassemblement de la famille, les chefs distribuant à leurs enfants le produit de leur chasse, et les enfants adultes rendant ensuite le même service à leurs parents vieillis.

Ces réunions, bornées d'abord aux relations les plus proches, se sont étendues peu à peu à celles de voisinage et d'amitié.

Plus tard, et quand le genre humain se fut étendu, le voyageur fatigué vint s'asseoir à ces repas primitifs, et raconta ce qui se passait dans les contrées lointaines. Ainsi naquit l'hospitalité, avec ses droits réputés sacrés chez tous les peuples ; car il n'en est aucun si féroce qu'il fût qui ne se fît un devoir de respecter les jours de celui avec qui il avait consenti de partager le pain et le sel.

C'est pendant le repas que durent naître ou se perfectionner les langues, soit parce que c'était une occasion de rassemblement toujours renaissante, soit parce que le loisir qui accompagne et suit le repas dispose naturellement à la confiance et à la loquacité.

DIFFÉRENCE ENTRE LE PLAISIR DE MANGER ET LE PLAISIR DE LA TABLE. 73. — Tels durent être, par la nature des choses, les éléments du plaisir de la table, qu'il faut bien distinguer du plaisir de manger, qui est son antécédent nécessaire.

Le plaisir de manger est la sensation actuelle et directe d'un besoin qui se satisfait.

Le plaisir de la table est la sensation réfléchie qui naît des diverses circonstances de faits, de lieux, de choses et de personnages qui accompagnent le repas.

Le plaisir de manger nous est commun avec les animaux ; il ne suppose que la faim et ce qu'il faut pour la satisfaire.

Le plaisir de la table est particulier à l'espèce humaine ; il suppose des soins antécédents pour les apprêts du repas, pour le choix du lieu et le rassemblement des convives.

Le plaisir de manger exige, sinon la faim, au moins

de l'appétit; le plaisir de la table est le plus souvent indépendant de l'un et de l'autre.

Ces deux états peuvent toujours s'observer dans nos festins.

Au premier service, et en commençant la session, chacun mange avidement, sans parler, sans faire attention à ce qui peut être dit; et, quel que soit le rang qu'on occupe dans la société, on oublie tout pour n'être qu'un ouvrier de la grande manufacture. Mais, quand le besoin commence à être satisfait, la réflexion naît, la conversation s'engage, un autre ordre de choses commence; et celui qui, jusque-là, n'était que consommateur, devient convive plus ou moins aimable, suivant que le maître de toutes choses lui en a dispensé les moyens.

EFFETS. 74. — Le plaisir de la table ne comporte ni ravissements, ni extases, ni transports, mais il gagne en durée ce qu'il perd en intensité, et se distingue surtout par le privilège particulier dont il jouit, de nous disposer à tous les autres, ou du moins de nous consoler de leur perte.

Effectivement, à la suite d'un repas bien entendu, le corps et l'âme jouissent d'un bien-être particulier.

Au physique, en même temps que le cerveau se rafraîchit, la physionomie s'épanouit, le coloris s'élève, les yeux brillent, une douce chaleur se répand dans tous les membres.

Au moral, l'esprit s'aiguise, l'imagination s'échauffe, les bons mots naissent et circulent; et si La Fare et Saint-Aulaire vont à la postérité avec la réputation d'auteurs spirituels, ils le doivent surtout à ce qu'ils furent convives aimables.

D'ailleurs, on trouve souvent rassemblés autour de la même table toutes les modifications que l'extrême sociabilité a introduites parmi nous : l'amour, l'amitié, les affaires, les spéculations, la puissance, les sollicitations, le protectorat, l'ambition, l'intrigue : voilà pourquoi le conviviat touche à tout; voilà pourquoi il produit des fruits de toutes les saveurs.

ACCESSOIRES INDUSTRIELS. 75. — C'est par une conséquence immédiate de ces antécédents que toute l'industrie humaine s'est concentrée pour augmenter la durée et l'intensité du plaisir de la table.

Des poètes se plaignirent de ce que le cou étant trop court s'opposait à la durée du plaisir de la dégustation; d'autres déploraient le peu de capacité de l'estomac; et on en vint jusqu'à délivrer ce viscère du soin de digérer un premier repas, pour se donner le plaisir d'en avaler un second.

Ce fut l'effort suprême tenté pour amplifier les jouissances du goût; mais si, de ce côté, on ne peut pas franchir les bornes posées par la nature, on se jeta dans les accessoires, qui, du moins offraient plus de latitude.

On orna de fleurs les vases et les coupes; on en couronna les convives; on mangea sous la voûte du ciel, dans les jardins, dans les bosquets, en présence de toutes les merveilles de la nature.

Au plaisir de la table on joignit les charmes de la musique et le son des instruments. Ainsi, pendant que la cour du roi des Phéaciens se régalait, le chantre Phémius célébrait les faits et les guerriers des temps passés.

Souvent des danseurs, des bateleurs et des mimes des deux sexes et de tous les costumes, venaient occuper les yeux sans nuire aux jouissances du goût; les parfums les plus exquis se répandaient dans les airs; on alla jusqu'à se faire servir par la beauté sans voile, de sorte que tous les sens étaient appelés à une jouissance devenue universelle.

Je pourrais employer plusieurs pages à prouver ce que j'avance. Les auteurs grecs, romains, et nos vieilles chroniques, sont là prêts à être copiés; mais ces recherches ont déjà été faites, et ma facile érudition aurait peu de mérite; je donne donc pour constant ce que d'autres ont prouvé : c'est un droit dont j'use souvent, et dont le lecteur doit me savoir gré.

DIX-HUITIÈME ET DIX-NEUVIÈME SIÈCLES. 76. — Nous avons adopté, plus ou moins, suivant les circonstances, ces divers moyens de béatification, et nous y avons joint encore ceux que les découvertes nouvelles nous ont révélés.

Sans doute la délicatesse de nos mœurs ne pouvait pas laisser subsister les vomitoires des Romains; mais nous avons mieux fait, et nous sommes parvenus au même but par une voie avouée par le bon goût.

On a inventé des mets tellement attrayants qu'ils font renaître sans cesse l'appétit; ils sont en même temps si légers, qu'ils flattent le palais sans presque surcharger l'estomac. Sénèque aurait dit : *Nubes esculentas*.

Nous sommes donc parvenus à une telle progression alimentaire, que si la nécessité des affaires ne nous forçait pas à nous lever de table, ou si le besoin du sommeil ne venait pas s'interposer, la durée des repas serait à peu près indéfinie, et on n'aurait aucune donnée certaine pour déterminer le temps qui pourrait s'écouler depuis le premier coup de Madère jusqu'au dernier verre de ponche.

Au surplus, il ne faut pas croire que tous ces accessoires soient indispensables pour constituer le plaisir de la table. On goûte ce plaisir dans presque toute son étendue toutes les fois qu'on réunit les quatre conditions suivantes : chère au moins passable, bon vin, convives aimables, temps suffisant.

C'est ainsi que j'ai souvent désiré avoir assisté au repas frugal qu'Horace destinait au voisin qu'il aurait invité, ou à l'hôte que le mauvais temps aurait contraint à chercher un abri auprès de lui; savoir : un bon poulet, un chevreau (sans doute bien gras), et pour dessert, des raisins, des figues et des noix. En y joignant du vin récolté sous le consulat de Manlius (*nata mecum consule Manlio*), et la conversation de ce poète voluptueux, il me semble que j'aurais soupé de la manière la plus confortable.

At mihi cum longum post tempus venerat hospes,
Sive operum vacuo, longum conviva per imbrem
Vicinus, benè erat, non piscibus urbe petitis,

Sed pullo atque hædo, tum[1] *pensilis uva secundas*
Et nux ornabat mensas, cum duplice ficu.

C'est encore ainsi qu'hier ou demain trois paires d'amis se seront régalés du gigot à l'eau et du rognon de Pontoise, arrosés d'Orléans et de Médoc bien limpides ; et qu'ayant fini la soirée dans une causerie pleine d'abandon et de charmes, ils auront totalement oublié qu'il existe des mets plus fins et des cuisiniers plus savants.

Au contraire, quelque recherchée que soit la bonne chère, quelque somptueux que soient les accessoires, il n'y a pas plaisir de table, si le vin est mauvais, les convives ramassés sans choix, les physionomies tristes, et le repas consommé avec précipitation.

ESQUISSE. Mais, dira peut-être le lecteur impatienté, comment donc doit être fait, en l'an de grâce 1825, un repas, pour réunir toutes les conditions qui procurent au suprême degré le plaisir de la table ?

Je vais répondre à cette question. Recueillez-vous, lecteurs, et prêtez attention : c'est Gasterea, c'est la plus jolie des muses qui m'inspire ; je serai plus clair qu'un oracle, et mes préceptes traverseront les siècles.

« Que le nombre des convives n'excède pas douze, afin que la conversation puisse être constamment générale ;

Qu'ils soient tellement choisis, que leurs occupations soient variées, leurs goûts analogues, et avec de tels points de contact qu'on ne soit point obligé d'avoir recours à l'odieuse formalité des présentations ;

Que la salle à manger soit éclairée avec luxe, le couvert d'une propreté remarquable, et l'atmosphère à la température de treize à seize degrés au thermomètre de Réaumur ;

Que les hommes soient spirituels sans prétention et les femmes aimables sans être trop coquettes [2] ;

---

1. Le dessert se trouve précisément désigné et distingué par l'adverbe *tum* et par les mots *secundas mensas*.
2. J'écris à Paris, entre le Palais-Royal et la Chaussée d'Antin.

Que les mets soient d'un choix exquis, mais en nombre resserré ; et les vins de première qualité, chacun dans son degré ;

Que la progression, pour les premiers, soit des plus substantiels aux plus légers ; et pour les seconds, des plus lampants aux plus parfumés ;

Que le mouvement de consommation soit modéré, le dîner étant la dernière affaire de la journée ; et que les convives se tiennent comme des voyageurs qui doivent arriver ensemble au même but ;

Que le café soit brûlant, et les liqueurs spécialement de choix de maître.

Que le salon qui doit recevoir les convives soit assez spacieux pour organiser une partie de jeu pour ceux qui ne peuvent pas s'en passer, et pour qu'il reste cependant assez d'espace pour les colloques post-méridiens ;

Que les convives soient retenus par les agréments de la société et ranimés par l'espoir que la soirée ne se passera pas sans quelque jouissance ultérieure ;

Que le thé ne soit pas trop chargé ; que les rôties soient artistement beurrées, et le ponche fait avec soin ;

Que la retraite ne commence pas avant onze heures, mais qu'à minuit tout le monde soit couché. »

Si quelqu'un a assisté à un repas réunissant toutes ces conditions, il peut se vanter d'avoir assisté à sa propre apothéose, et on aura d'autant moins de plaisir qu'un plus grand nombre d'entre elles auront été oubliées ou méconnues.

J'ai dit que le plaisir de la table tel que je l'ai caractérisé était susceptible d'une assez longue durée ; je vais le prouver en donnant la relation véridique et circonstanciée du plus long repas que j'aie fait en ma vie : c'est un bonbon que je mets dans la bouche du lecteur, pour le récompenser de la complaisance qu'il a de me lire avec plaisir. La voici :

J'avais, au fond de la rue du Bac, une famille de parents, composée comme il suit : le docteur, soixante-dix-huit ans ; le capitaine, soixante-seize ans ;

leur sœur Jeannette, soixante-quatorze. Je les allais voir quelquefois, et ils me recevaient toujours avec beaucoup d'amitié.

« Parbleu ! me dit un jour le docteur Dubois, en se levant sur la pointe des pieds pour me frapper sur l'épaule, il y a longtemps que tu nous vantes tes *fondues* (œufs brouillés au fromage) ; tu ne cesses de nous en faire venir l'eau à la bouche, il est temps que cela finisse. Nous irons un jour déjeuner chez toi, le capitaine et moi, et nous verrons ce que c'est. » (C'est, je crois, vers 1801, qu'il me faisait cette agacerie.) « Très volontiers, lui répondis-je, et vous l'aurez dans toute sa gloire, car c'est moi qui la ferai. Votre proposition me rend tout à fait heureux. Ainsi, à demain dix heures, heure militaire [1]. »

Au temps indiqué, je vis arriver mes deux convives, rasés de frais, bien peignés, bien poudrés : deux petits vieillards encore verts et bien portants.

Ils sourirent de plaisir quand ils virent la table prête, du linge blanc, trois couverts mis, et à chaque place, deux douzaines d'huîtres, avec un citron luisant et doré.

Aux deux bouts de la table s'élevait une bouteille de vin de Sauterne, soigneusement essuyée, fors le bouchon, qui indiquait d'une manière certaine qu'il y avait longtemps que le tirage avait eu lieu.

Hélas ! j'ai vu disparaître, ou à peu près, ces déjeuners d'huîtres, autrefois si fréquents et si gais, où on les avalait par milliers ; ils ont disparu avec les abbés, qui n'en mangeaient jamais moins d'une grosse, et les chevaliers, qui n'en finissaient plus ; je les regrette, mais en philosophe : si le temps modifie les gouvernements, quels droits n'a-t-il pas eus sur de simples usages !

Après les huîtres, qui furent trouvées très fraîches, on servit des rognons à la brochette, une caisse de foie gras aux truffes, et enfin la fondue.

---

1. Toutes les fois qu'un rendez-vous est annoncé ainsi, on doit servir à l'heure sonnante : les retardataires sont réputés déserteurs.

On en avait rassemblé les éléments dans une casserole, qu'on apporta sur la table avec un réchaud à l'esprit de vin. Je fonctionnai sur le champ de bataille, et les cousins ne perdirent pas un de mes mouvements.

Ils se récrièrent sur le charme de cette préparation, et m'en demandèrent la recette, que je leur promis, tout en leur contant à ce sujet deux anecdotes que le lecteur rencontrera peut-être ailleurs.

Après la fondue vinrent les fruits de la saison et les confitures, une tasse de vrai moka fait *à la Dubelloy*, dont la méthode commençait à se propager, et enfin deux espèces de liqueurs, un esprit pour déterger, et une huile pour adoucir.

Le déjeuner bien fini, je proposai à mes convives de prendre un peu d'exercice, et pour cela faire le tour de mon appartement, appartement qui est loin d'être élégant, mais qui est vaste, confortable, et où mes amis se trouvaient d'autant mieux que les plafonds et les dorures datent du milieu du règne de Louis XV.

Je leur montrai l'argile originale du buste de ma jolie cousine, Mme Récamier, par Chinard, et son portrait en miniature par Augustin ; ils en furent si ravis, que le docteur, avec ses grosses lèvres, baisa le portrait, et que le capitaine se permit sur le buste une licence pour laquelle je le battis, car si tous les admirateurs de l'original venaient en faire autant, ce sein si voluptueusement contourné serait bientôt dans le même état que l'orteil de saint Pierre de Rome, que les pèlerins ont raccourci à force de le baiser.

Je leur montrai ensuite quelques plâtres des meilleurs sculpteurs antiques, des peintures qui ne sont pas sans mérite, mes fusils, mes instruments de musique, et quelques belles éditions tant françaises qu'étrangères.

Dans le voyage polymathique, ils n'oublièrent pas ma cuisine. Je leur fis voir mon pot-au-feu économique, ma coquille à rôtir, mon tourne-broche à pendule et mon vaporisateur. Ils examinèrent tout avec une curiosité minutieuse, et s'étonnèrent d'autant plus, que chez eux tout se faisait encore comme du temps de la Régence.

Au moment où nous rentrâmes dans mon salon, deux heures sonnèrent. « Peste ! dit le docteur, voilà l'heure du dîner, et ma sœur Jeannette nous attend ! Il faut aller la rejoindre. Ce n'est pas que je sente une grande envie de manger, mais il me faut mon potage. C'est une si vieille habitude, que quand je passe une journée sans en prendre, je dis comme Titus : *Diem perdidi*. — Cher docteur, lui répondis-je, pourquoi aller si loin pour trouver ce que vous avez sous la main ? Je vais envoyer quelqu'un à la cousine, pour la prévenir que vous restez avec moi, et que vous me faites le plaisir d'accepter un dîner pour lequel vous aurez quelque indulgence, parce qu'il n'aura pas tous les mérites d'un *impromptu* fait à loisir. »

Il y eut à ce sujet, entre les deux frères, délibération oculaire, et ensuite consentement formel. Alors j'expédiai un *volante* pour le faubourg Saint-Germain ; je dis un mot à mon maître-queux, et après un intervalle de temps tout à fait modéré, et partie avec ses ressources, partie avec celles des restaurateurs voisins, il nous servit un petit dîner bien retroussé et tout à fait appétissant.

Ce fut pour moi une grande satisfaction que de voir le sang-froid et l'aplomb avec lequel mes deux amis s'assirent, s'approchèrent de la table, étalèrent leurs serviettes, et se préparèrent à agir.

Ils éprouvèrent deux surprises auxquelles je n'avais pas moi-même pensé ; car je leur fis servir du parmesan avec le potage, et leur offris après, un verre de Madère sec. C'étaient deux nouveautés importées depuis peu par M. le prince de Talleyrand, le premier de nos diplomates, à qui nous devons tant de mots fins, spirituels, profonds, et que l'attention publique a toujours suivi avec un intérêt distinct, soit dans sa puissance, soit dans sa retraite.

Le dîner se passa très bien, tant dans sa partie substantielle que dans ses accessoires obligés ; et mes amis y mirent autant de complaisance que de gaîté.

Après le dîner, je proposai un piquet, qui fut refusé ; ils préférèrent le *far niente* des Italiens, disait le capitaine ; et nous nous constituâmes en petit cercle autour de la cheminée.

Malgré les délices du *far niente*, j'ai toujours pensé que rien ne donne plus de douceur à la conversation qu'une occupation quelconque, quand elle n'absorbe pas l'attention ; ainsi je proposai le thé.

Le thé était une étrangeté pour des Français de la vieille roche ; cependant il fut accepté. Je le fis en leur présence et ils en prirent quelques tasses avec d'autant plus de plaisir qu'ils ne l'avaient jamais regardé que comme un remède.

Une longue pratique m'avait appris qu'une complaisance en amène une autre, et quand on est une fois engagé dans cette voie on perd le pouvoir de refuser. Aussi c'est avec un ton presque impératif que je parlai de finir par un bol de ponche ?

« Mais tu me tueras, disait le docteur. — Mais vous nous griserez », disait le capitaine. A quoi je ne répondais qu'en demandant à grands cris des citrons, du sucre et du rhum.

Je fis donc le ponche, et pendant que j'y étais occupé, on exécutait des rôties (*toast*) bien minces, délicatement beurrées et salées à point.

Cette fois il y eut réclamation. Les cousins assurèrent qu'ils avaient bien assez mangé, et qu'ils n'y toucheraient pas ; mais comme je connais l'attrait de cette préparation si simple, je répondis que je ne souhaitais qu'une chose ; c'est qu'il y en eût assez. Effectivement, peu après le capitaine prenait la dernière tranche, et je le surpris regardant s'il n'en restait pas ou si on n'en faisait pas d'autres ; ce que j'ordonnai à l'instant.

Cependant le temps avait coulé, et ma pendule marquait plus de huit heures. « Sauvons-nous, dirent mes hôtes ; il faut bien que nous allions manger une feuille de salade avec notre pauvre sœur, qui ne nous a pas vus de la journée. »

A cela je n'eus pas d'objection ; et, fidèle aux

devoirs de l'hospitalité vis-à-vis de deux vieillards aussi aimables, je les accompagnai jusqu'à leur voiture, et je les vis partir.

On demandera peut-être si l'ennui ne se coula pas quelques moments dans une aussi longue séance.

Je répondrai négativement : l'attention de mes convives fut soutenue par la confection de la fondue, par le voyage autour de l'appartement, par quelques nouveautés dans le dîner, par le thé, et surtout par le ponche, dont ils n'avaient jamais goûté.

D'ailleurs, le docteur connaissait tout Paris par généalogies et anecdotes ; le capitaine avait passé une partie de sa vie en Italie, soit comme militaire, soit comme envoyé à la cour de Parme ; j'ai moi-même beaucoup voyagé ; nous causions sans prétention, nous écoutions avec complaisance. Il n'en faut pas tant pour que le temps fuie avec douceur et rapidité.

Le lendemain matin je reçus une lettre du docteur ; il avait l'attention de m'apprendre que la petite débauche de la veille ne leur avait fait aucun mal ; bien au contraire, après un sommeil des plus heureux, ils s'étaient levés frais, dispos, et prêts à recommencer.

MÉDITATION XV

DES HALTES DE CHASSE

77. — De toutes les circonstances de la vie où le manger est compté pour quelque chose, une des plus agréables est sans doute la halte de chasse ; et de tous les entr'actes connus, c'est encore la halte de chasse qui peut le plus se prolonger sans ennui.

Après quelques heures d'exercice, le chasseur le plus vigoureux sent qu'il a besoin de repos ; son visage a été caressé par la brise du matin ; l'adresse ne lui a pas manqué dans l'occasion : le soleil est près d'atteindre le plus haut de son cours ; le chasseur va donc s'arrêter quelques heures, non par excès de fatigue, mais par cette impulsion d'instinct, qui nous avertit que notre activité ne peut pas être indéfinie.

Un ombrage l'attire ; le gazon le reçoit, et le murmure de la source voisine l'invite à y déposer le flacon destiné à le désaltérer[1].

Ainsi placé, il sort avec un plaisir tranquille les petits pains à croûte dorée, dévoile le poulet froid qu'une main amie a placé dans son sac, et pose tout auprès le carré de gruyère ou de roquefort destiné à figurer tout un dessert.

Pendant qu'il se prépare ainsi, le chasseur n'est pas seul ; il est accompagné de l'animal fidèle que le ciel a créé pour lui : le chien accroupi regarde son maître avec amour, la coopération a comblé les distances ; ce sont deux amis, et le serviteur est à la fois heureux et fier d'être le convive de son maître.

Ils ont un appétit également inconnu aux mondains et aux dévots : aux premiers, parce qu'ils ne laissent point à la faim le temps d'arriver ; aux autres parce qu'ils ne se livrent jamais aux exercices qui le font naître.

Le repas a été consommé avec délices ; chacun a eu sa part ; tout s'est passé dans l'ordre et la paix. Pourquoi ne donnerait-on pas quelques instants au sommeil ? l'heure de midi est aussi une heure de repos pour toute la création.

Ces plaisirs purs sont décuplés si plusieurs amis les partagent ; car, en ce cas, un repas plus copieux a été apporté dans ces cantines militaires, maintenant employées à de plus doux usages. On cause avec enjouement des prouesses de l'un, des solécismes de l'autre, et des espérances de l'après-midi.

Que sera-ce donc si des serviteurs attentifs arrivent chargés de ces vases consacrés à Bacchus, où un froid

---

1. J'invite les camarades à préférer le vin blanc, il résiste mieux au mouvement et à la chaleur, et désaltère plus agréablement.

artificiel fait glacer à la fois le Madère, le suc de la fraise et de l'ananas, liqueurs délicieuses, préparations divines qui font couler dans les veines une fraîcheur ravissante, et portent dans tous les sens un bien-être inconnu aux profanes[1].

Mais ce n'est point encore là le dernier terme de cette progression d'enchantements.

LES DAMES. 78. — Il est des jours où nos femmes, nos sœurs, nos cousines, leurs amies, ont été invitées à venir prendre part à nos amusements.

A l'heure promise, on voit arriver des voitures légères et des chevaux fringants, chargés de belles, de plumes et de fleurs. La toilette de ces dames a quelque chose de militaire et de coquet; et l'œil du professeur peut, de temps à autre, saisir des échappées de vue que le hasard seul n'a pas ménagées.

Bientôt le flanc des calèches s'entr'ouvre et laisse apercevoir les trésors du Périgord, les merveilles de Strasbourg, les friandises d'Achard, et tout ce qu'il y a de transportable dans les laboratoires les plus savants.

On n'a point oublié le Champagne fougueux qui s'agite sous la main de la beauté; on s'assied sur la verdure, on mange, les bouchons volent; on cause, on rit, on plaisante en toute liberté; car on a l'univers pour salon et le soleil pour luminaire. D'ailleurs l'appétit, cette émanation du ciel, donne à ce repas

---

[1]. C'est mon ami Alexandre Delessert qui, le premier, a mis en usage cette pratique pleine de charmes.

Nous chassions, à Villeneuve, par un soleil ardent, le thermomètre de Réaumur marquant 26° à l'ombre.

Ainsi placés sous la zone torride, il avait eu l'attention de faire trouver sous nos pas des serviteurs *potophores** qui avaient, dans des seaux de cuir pleins de glaces, tout ce que l'on pouvait désirer, soit pour rafraîchir, soit pour conforter. On choisissait, et on se sentait revivre.

Je suis tenté de croire que l'application d'un liquide aussi frais à des langues arides et à des gosiers desséchés, cause la sensation la plus délicieuse qu'on puisse goûter en sûreté de conscience.

* M. Hoffman condamne cette expression à cause de sa ressemblance avec *pot-au-feu*; il veut y substituer *œnophore*, mot déjà connu.

une vivacité inconnue dans les enclos, quelque bien décorés qu'ils soient.

Cependant comme il faut que tout finisse, le doyen donne le signal ; on se lève, les hommes s'arment de leurs fusils, les dames de leurs chapeaux. On se dit adieu, les voitures s'avancent, et les beautés s'envolent pour ne plus se montrer qu'à la chute du jour.

Voilà ce que j'ai vu dans les hautes classes de la société où le Pactole roule ses flots ; mais tout cela n'est pas indispensable.

J'ai chassé au centre de la France et au fond des départements ; j'ai vu arriver à la halte des femmes charmantes, des jeunes personnes rayonnantes de fraîcheur, les unes en cabriolet, les autres dans de simples carrioles, ou sur l'âne modeste qui fait la gloire et la fortune des habitants de Montmorency ; je les ai vues les premières à rire des inconvénients du transport ; je les ai vues étaler sur la pelouse la dinde à gelée transparente, le pâté de ménage, la salade toute prête à être retournée ; je les ai vues danser d'un pied léger autour du feu de bivouac allumé en pareille occasion ; j'ai pris part aux jeux et aux *folâtreries* qui accompagnent ce repas nomade, et je suis bien convaincu qu'avec moins de luxe on ne rencontre ni moins de charmes, ni moins de gaieté, ni moins de plaisir.

Eh ! pourquoi, quand on se sépare, n'échangerait-on pas quelques baisers avec le roi de la chasse parce qu'il est dans sa gloire ; avec le culot parce qu'il est malheureux ; avec les autres pour ne pas faire de jaloux ? Il y a départ, l'usage l'autorise, il est permis et même enjoint d'en profiter.

Camarades ! chasseurs prudents, qui visez au solide, tirez droit et soignez les bourriches avant l'arrivée des dames ; car l'expérience a appris qu'après leur départ il est rare que la chasse soit fructueuse.

On s'est épuisé en conjectures pour expliquer cet effet. Les uns l'attribuent au travail de la digestion, qui rend toujours le corps un peu lourd ; d'autres, à l'attention distraite, qui ne peut plus se recueillir ;

d'autres, à des colloques confidentiels qui peuvent donner l'envie de retourner bien vite.

Quant à nous,

    Dont jusqu'au fond des cœurs le regard a pu lire,

nous pensons que, l'âge des dames étant à l'orient, et les chasseurs matière inflammable, il est impossible que, par la collision des sexes, il ne s'échappe pas quelque étincelle génésique qui effarouche la chaste Diane, et qui fait que dans son déplaisir elle retire, pour le reste de la journée, ses faveurs aux délinquants.

Nous disons *pour le reste de la journée,* car l'histoire d'Endymion nous a appris que la déesse est bien loin d'être sévère après le soleil couché. (Voyez le tableau de Girodet.)

Les haltes de chasses sont une matière vierge que nous n'avons fait qu'effleurer ; elles pourraient être l'objet d'un traité aussi amusant qu'instructif. Nous le léguons au lecteur intelligent qui voudra s'en occuper.

MÉDITATION XVI

DE LA DIGESTION

79. — *On ne vit pas de ce qu'on mange,* dit un vieil adage, *mais de ce qu'on digère.* Il faut donc digérer pour vivre ; et cette nécessité est un niveau qui couche sous sa puissance le pauvre et le riche, le berger et le roi.

Mais combien peu savent ce qu'ils font quand ils digèrent ! La plupart sont comme M. Jourdain, qui faisait de la prose sans le savoir ; et c'est pour ceux-là que je trace une histoire populaire de la digestion, persuadé que je suis que M. Jourdain fut bien plus content quand le philosophe l'eut rendu certain que ce qu'il faisait était de la prose.

Pour connaître la digestion dans son ensemble, il faut la joindre à ses antécédents et à ses conséquences.

INGESTION. 80. — L'appétit, la faim et la soif, nous avertissent que le corps a besoin de se restaurer; et la douleur, ce moniteur universel, ne tarde pas à nous tourmenter, si nous ne voulons pas y obéir.

Alors viennent le manger et le boire, qui constituent l'ingestion, opération qui commence au moment où les aliments arrivent à la bouche, et finit à celui où ils entrent dans l'œsophage [1].

Pendant ce trajet, qui n'est que de quelques pouces, il se passe bien des choses.

Les dents divisent les aliments solides; les glandes de toute espèce qui tapissent la bouche intérieure, les humectent, la langue les gâche pour les mêler; elle les presse ensuite contre le palais pour en exprimer le jus et en savourer le goût; en faisant cette fonction, la langue réunit les aliments en masse dans le milieu de la bouche; après quoi, s'appuyant contre la mâchoire inférieure, elle se soulève dans le milieu, de sorte qu'il se forme à sa racine une pente qui les entraîne dans l'arrière-bouche, où ils sont reçus par le pharynx, qui, se contractant à son tour, les fait entrer dans l'œsophage, dont le mouvement péristaltique les conduit jusqu'à l'estomac.

Une bouchée ainsi débitée, une seconde lui succède de la même manière; les boissons qui sont aspirées dans les entr'actes prennent la même route, et la déglutition continue jusqu'à ce que le même instinct qui avait appelé l'ingestion nous avertisse qu'il est temps de finir. Mais il est rare qu'on obéisse à la première injonction; car un des privilèges de l'espèce humaine est de boire sans avoir soif; et dans l'état

---

[1]. L'*œsophage* est le canal qui commence derrière la trachée-artère, et conduit du gosier à l'estomac; son extrémité supérieure se nomme *pharynx*.

actuel de l'art, les cuisiniers savent bien nous faire manger sans avoir faim.

Par un tour de force très remarquable, pour que chaque morceau arrive jusqu'à l'estomac, il faut qu'il échappe à deux dangers :

Le premier est d'être refoulé dans les arrière-narines ; mais heureusement l'abaissement du voile du palais et la construction du pharynx s'y opposent ;

Le second danger serait de tomber dans la trachée-artère, au-dessus de laquelle tous nos aliments passent, et celui-ci serait beaucoup plus grave ; car dès qu'un corps étranger tombe dans la trachée-artère, une toux convulsive commence, pour ne finir que quand il est expulsé.

Mais, par un mécanisme admirable, la glotte se resserre pendant qu'on avale ; elle est défendue par l'épiglotte, qui la recouvre, et nous avons un certain instinct qui nous porte à ne pas respirer pendant la déglutition ; de sorte qu'en général on peut dire que, malgré cette étrange conformation, les aliments arrivent facilement dans l'estomac, où finit l'empire de la volonté et où commence la digestion proprement dite.

OFFICE DE L'ESTOMAC. 81. — La digestion est une opération tout à fait mécanique, et l'appareil digesteur peut être considéré comme un moulin garni de ses blutoirs, dont l'effet est d'extraire des aliments ce qui peut servir à réparer nos corps, et de rejeter le marc dépouillé de ses parties animalisables.

On a longtemps et vigoureusement disputé sur la manière dont se fait la digestion dans l'estomac, et pour savoir si elle se fait par coction, maturation, fermentation, dissolution gastrique, chimique ou vitale, etc.

On peut y trouver un peu de tout cela ; et il n'y avait faute que parce qu'on voulait attribuer à un agent unique le résultat de plusieurs causes nécessairement réunies.

Effectivement les aliments, imprégnés de tous les fluides que leur fournissent la bouche et l'œsophage, arrivent dans l'estomac, où ils sont pénétrés par le suc gastrique dont il est toujours plein ; ils sont soumis pendant plusieurs heures à une chaleur de plus de 30 degrés de Réaumur ; ils sont sassés et mêlés par le mouvement organique de l'estomac, que leur présence excite : ils agissent les uns sur les autres par l'effet de cette juxtaposition ; et il est impossible qu'il n'y ait pas fermentation, puisque presque tout ce qui est alimentaire est fermentescible.

Par suite de toutes ces opérations, le chyle s'élabore ; la couche alimentaire, qui est immédiatement superposée, est la première qui est appropriée ; elle passe par le pylore et tombe dans les intestins ; une autre lui succède, et ainsi de suite, jusqu'à ce qu'il n'y ait plus rien dans l'estomac, qui se vide, pour ainsi dire, par bouchées, et de la même manière dont il s'était rempli.

Le pylore est une espèce d'entonnoir charnu, qui sert de communication entre l'estomac et les intestins ; il est fait de manière à ce que les aliments ne puissent, du moins que difficilement, remonter. Ce viscère important est sujet quelquefois à s'obstruer ; et alors on meurt de faim, après de longues et effroyables douleurs.

L'intestin qui reçoit les aliments au sortir du pylore est le duodénum ; il a été ainsi nommé parce qu'il est long de douze doigts.

Le chyle arrivé dans le duodénum y reçoit une élaboration nouvelle, par le mélange de la bile et du suc pancréatique ; il perd la couleur grisâtre et acide qu'il avait auparavant, se colore en jaune, et commence à contracter le fumet stercoral, qui va toujours en s'aggravant à mesure qu'il s'avance vers le rectum. Les divers principes qui se trouvent dans ce mélange agissent réciproquement les uns sur les autres : le chyle se prépare, et il doit y avoir formation de gaz analogues.

Le mouvement organique d'impulsion qui avait fait sortir le chyle de l'estomac continuant, le pousse vers les intestins grêles : là se dégage le chyle, qui est absorbé par les organes destinés à cet usage, et qui est porté vers le foie pour s'y mêler au sang, qu'il rafraîchit en réparant les pertes causées par l'absorption des organes vitaux et par l'exhalation transpiratoire.

Il est assez difficile d'expliquer comme le chyle, qui est une liqueur blanche et à peu près insipide et inodore, peut s'extraire d'une masse dont la couleur, l'odeur et le goût doivent être très prononcés.

Quoi qu'il en soit, l'extraction du chyle paraît être le véritable but de la digestion : et, aussitôt qu'il est mêlé à la circulation, l'individu en est averti par une augmentation de force vitale et par une conviction intime que ces pertes sont réparées.

La digestion des liquides est bien moins compliquée que celle des aliments solides, et peut s'exposer en peu de mots.

La partie alimentaire qui se trouve suspendue se sépare, se joint au chyle, et en subit toutes les vicissitudes.

La partie purement liquide est absorbée par les suçoirs de l'estomac et jetée dans la circulation : de là elle est portée par les artères émulgentes vers les reins, qui la filtrent et l'élaborent, et, au moyen des uretères[1], la font parvenir dans la vessie sous la forme d'urine.

Arrivée à ce dernier récipient, et quoique également retenue par un sphincter, l'urine y réside peu ; son action excitante fait naître le besoin ; et bientôt une constriction volontaire la rend à la lumière et la fait jaillir par les canaux d'irrigation que tout le monde connaît et qu'on est convenu de ne jamais nommer.

La digestion dure plus ou moins de temps, suivant la disposition particulière des individus. Cependant on peut lui donner un terme moyen de sept heures : savoir, un peu plus de trois heures pour l'estomac, et le surplus pour le trajet jusqu'au rectum.

---

1. Ces uretères sont deux conduits de la grosseur d'un tuyau de plume à écrire, et qui partent de chacun des reins, et aboutissent au col postérieur de la vessie.

Au moyen de cet exposé, que j'ai extrait des meilleurs auteurs, et que j'ai convenablement dégagé des aridités anatomiques et des abstractions de la science, mes lecteurs pourront désormais assez bien juger de l'endroit où doit se trouver le dernier repas qu'ils auront pris, savoir : pendant les trois premières heures, dans l'estomac ; plus tard, dans le trajet intestinal ; et après sept ou huit heures, dans le rectum, en attendant son tour d'expulsion.

INFLUENCE DE LA DIGESTION. 82. — La digestion est de toutes les opérations corporelles celle qui influe le plus sur l'état moral de l'individu.

Cette assertion ne doit étonner personne, et il est impossible que cela soit autrement.

Les principes de la plus simple psychologie nous apprennent que l'âme n'est impressionnée qu'au moyen des organes qui lui sont soumis et qui la mettent en rapport avec les objets extérieurs ; d'où il suit que, quand ces organes sont mal conservés, mal restaurés, ou irrités, cet état de dégradation exerce une influence nécessaire sur les sensations, qui sont les moyens intermédiaires et occasionnels des opérations intellectuelles.

Ainsi, la manière habituelle dont la digestion se fait, et surtout se termine, nous rend habituellement tristes, gais, taciturnes, parleurs, moroses ou mélancoliques, sans que nous nous en doutions, et surtout sans que nous puissions nous y refuser.

On pourrait ranger, sous ce rapport, le genre humain civilisé en trois grandes catégories : les réguliers, les resserrés et les relâchés.

Il est d'expérience que chacun de ceux qui se trouvent dans ces diverses séries, non seulement ont des dispositions naturelles semblables et des propensions qui leur sont communes, mais encore qu'ils ont quelque chose d'analogue et de similaire dans la manière dont ils remplissent les missions que le hasard leur a départies dans le cours de la vie.

Pour me faire comprendre par un exemple, je le prendrai dans le vaste champ de la littérature. Je crois que les gens de lettres doivent le plus souvent à leur estomac le genre qu'ils ont préférablement choisi.

Sous ce point de vue, les poètes comiques doivent être dans les réguliers, les tragiques dans les resserrés, et les élégiaques et pastoureaux dans les relâchés : d'où il suit que le poète le plus lacrymal n'est séparé du poète le plus comique que par quelque degré de coction digestionnaire.

C'est par application de ce principe au courage que, dans le temps où le prince Eugène de Savoie faisait le plus grand mal à la France, quelqu'un de la cour de Louis XIV s'écriait : « Oh ! que ne puis-je lui envoyer la foire pendant huit jours ! J'en aurais bientôt fait le plus grand j...-f... de l'Europe. »

« Hâtons-nous, disait un général anglais, de faire battre nos soldats pendant qu'ils ont encore le morceau de bœuf dans l'estomac. »

La digestion, chez les jeunes gens, est souvent accompagnée d'un léger frisson, et chez les vieillards d'une assez forte envie de dormir.

Dans le premier cas, c'est la nature qui retire le calorique des surfaces, pour l'employer dans son laboratoire ; dans le second, c'est la même puissance qui, déjà affaiblie par l'âge, ne peut plus suffire à la fois au travail de la digestion et à l'excitation des sens.

Dans les premiers moments de la digestion, il est dangereux de se livrer aux travaux de l'esprit, plus dangereux encore de s'abandonner aux jouissances génésiques. Le courant qui porte vers les cimetières de la capitale y entraîne chaque année des centaines d'hommes qui, après avoir très bien dîné, et quelquefois pour avoir trop bien dîné, n'ont pas su fermer les yeux et se boucher les oreilles.

Cette observation contient un avis, même pour la jeunesse qui ne regarde à rien ; un conseil pour les hommes faits, qui oublient que le temps ne s'arrête jamais ; et une loi pénale pour ceux qui sont du mauvais côté de cinquante ans (*on the wrong side of fifty*).

Quelques personnes ont de l'humeur pendant tout

le temps qu'elles digèrent ; ce n'est le temps alors ni de leur présenter des projets ni de leur demander des grâces.

De ce nombre était spécialement le maréchal Augereau ; pendant la première heure après son dîner, il tuait tout, amis et ennemis.

Je l'ai entendu dire un jour qu'il y avait, dans l'armée, deux personnes que le général en chef était toujours maître de faire fusiller, savoir : le commissaire ordonnateur en chef et le chef de son état-major. Ils étaient présents l'un et l'autre ; le général Chérin répondit en câlinant, mais avec esprit, l'ordonnateur ne répondit rien, mais il n'en pensa probablement pas moins.

J'étais à cette époque attaché à son état-major, et mon couvert était toujours mis à sa table ; mais j'y venais rarement, par la crainte de ces bourrasques périodiques ; j'avais peur que, sur un mot, il ne m'envoyât digérer en prison.

Je l'ai souvent rencontré depuis à Paris ; et comme il me témoignait obligeamment le regret de ne m'avoir pas vu plus souvent, je ne lui en dissimulai point la cause ; nous en rîmes ensemble, mais il avoua presque que je n'avais pas eu tout à fait tort.

Nous étions alors à Offenbourg, et on se plaignait à l'état-major de ce que nous ne mangions ni gibier ni poisson.

Cette plainte était fondée ; car c'est une maxime de droit public, que les vainqueurs doivent faire bonne chère aux dépens des vaincus. Ainsi le jour même, j'écrivis au conservateur des forêts une lettre fort polie pour lui indiquer le mal et lui prescrire le remède.

Le conservateur était un vieux reître, grand, sec et noir, qui ne pouvait pas nous souffrir, et qui sans doute ne nous traitait pas bien, de peur que nous ne prissions racine dans son territoire. Sa réponse fut donc à peu près négative et pleine d'évasions. Les gardes s'étaient enfuis, de peur de nos soldats ; les pêcheurs ne gardaient plus de subordination ; les eaux étaient grosses, etc., etc. A de si bonnes raisons je ne répliquai pas ; mais je lui envoyai dix grenadiers, pour les loger et nourrir à discrétion jusqu'à nouvel ordre.

Le topique fit effet : le surlendemain, de très grand matin, il nous arriva un chariot bien et richement chargé ; les gardes étaient sans doute revenus, les pêcheurs soumis ; car on nous apportait, en gibier et en poisson, de quoi nous régaler pour plus d'une semaine : chevreuils, bécasses, carpes, brochets ; c'était une bénédiction.

A la réception de cette offrande expiatoire, je délivrai de ses hôtes le conservateur malencontreux. Il vint nous voir ; je lui fis entendre raison ; et, pendant le reste de notre séjour en ce pays, nous n'eûmes qu'à nous louer de ses bons procédés.

MÉDITATION XVII

DU REPOS

83. — L'homme n'est pas fait pour jouir d'une activité indéfinie ; la nature ne l'a destiné qu'à une existence interrompue ; il faut que ses perceptions finissent après un certain temps. Ce temps d'activité peut s'allonger, en variant le genre et la nature des sensations qu'il lui fait éprouver ; mais cette continuité d'existence l'amène à désirer le repos. Le repos conduit au sommeil, et le sommeil produit les rêves.

Ici nous nous trouvons aux dernières limites de l'humanité : car l'homme qui dort n'est déjà plus l'homme social ; la loi le protège encore, mais ne lui commande plus.

Ici se place naturellement un fait assez singulier, qui m'a été raconté par dom Duhaget, autrefois prieur de la chartreuse de Pierre-Châtel.

Dom Duhaget était d'une très bonne famille de Gasgogne, et avait servi avec distinction ; il avait été vingt ans capitaine d'infanterie; il était chevalier de Saint-Louis. Je n'ai connu personne d'une piété plus douce et d'une conversation plus aimable.

« Nous avions, me disait-il, à ..., où j'ai été prieur avant que de venir à Pierre-Châtel, un religieux d'une humeur mélancolique, d'un caractère sombre, et qui était connu pour être somnambule.

Quelquefois dans ses accès, il sortait de sa cellule et y rentrait seul; d'autres fois il s'égarait, et on était obligé de l'y reconduire. On avait consulté et fait quelques remèdes; ensuite les rechutes étant devenues plus rares, on avait cessé de s'en occuper.

Un soir que je ne m'étais point couché à l'heure ordinaire, j'étais à mon bureau, occupé à examiner quelques papiers, lorsque j'entendis ouvrir la porte de mon appartement, dont je ne retirais presque jamais la clef, et bientôt je vis entrer ce religieux dans un état absolu de somnambulisme.

Il avait les yeux ouverts, mais fixes, n'était vêtu que de la tunique avec laquelle il avait dû se coucher, et tenait un grand couteau à la main.

Il alla droit à mon lit, dont il connaissait la position, eut l'air de vérifier, en tâtant avec la main, si je m'y trouvais effectivement; après quoi, il frappa trois grands coups tellement fournis, qu'après avoir percé les couvertures la lame entra profondément dans le matelas, ou plutôt dans la natte qui m'en tenait lieu.

Lorsqu'il avait passé devant moi, il avait la figure contractée et les sourcils froncés. Quand il eut frappé, il se retourna, et j'observai que son visage était détendu et qu'il y régnait quelque air de satisfaction.

L'éclat des deux lampes qui étaient sur mon bureau ne fit aucune impression sur ses yeux, et il s'en retourna comme il était venu, ouvrant et fermant avec discrétion deux portes qui conduisaient à ma cellule, et bientôt je m'assurai qu'il se retirait directement et paisiblement dans la sienne.

Vous pouvez juger, continua le prieur, de l'état où je me trouvai pendant cette terrible apparition. Je frémis d'horreur à la vue du danger auquel je venais d'échapper, et je remerciai la Providence ; mais mon émotion était telle, qu'il me fut impossible de fermer les yeux le reste de la nuit.

Le lendemain, je fis appeler le somnambule, et lui demandai sans affectation à quoi il avait rêvé la nuit précédente.

A cette question, il se troubla. Mon père, me répondit-il, j'ai fait un rêve si étrange que j'ai véritablement quelque peine à vous le découvrir : c'est peut-être l'œuvre du démon ; et... — Je vous l'ordonne, lui répliquai-je ; un rêve est toujours involontaire ; ce n'est qu'une illusion. Parlez avec sincérité. — Mon père, dit-il alors, à peine étais-je couché que j'ai rêvé que vous aviez tué ma mère ; que son ombre sanglante m'était apparue pour demander vengeance, et qu'à cette vue j'avais été transporté d'une telle fureur, que j'ai couru comme un forcené à votre appartement ; et, vous ayant trouvé dans votre lit, je vous y ai poignardé. Peu après je me suis réveillé tout en sueur, en détestant mon attentat et bientôt j'ai béni Dieu qu'un si grand crime n'ait pas été commis... — Il a été plus commis que vous ne pensez, lui dis-je avec un air sérieux et tranquille.

Alors je lui racontai ce qui s'était passé, et lui montrai la trace des coups qu'il avait cru m'adresser.

A cette vue, il se jeta à mes pieds, tout en larmes, gémissant du malheur involontaire qui avait pensé arriver, et implorant telle pénitence que je croyais devoir lui infliger

Non, non, m'écriai-je, je ne vous punirai point d'un fait involontaire ; mais désormais je vous dispense d'assister aux offices de la nuit, et vous préviens que votre cellule sera fermée en dehors, après le repas du soir, et ne s'ouvrira que pour vous donner la facilité de venir à la messe de famille qui se dit à la pointe du jour. »

Si dans cette circonstance, à laquelle il n'échappa que par miracle, le prieur eût été tué, le moine somnambule n'eût pas été puni, parce que c'eût été de sa part un meurtre involontaire.

TEMPS DU REPOS. 84. — Les lois générales imposées au globe que nous habitons ont dû influer sur la manière d'exister de l'espèce humaine. L'alternative de jour et de nuit qui se fait sentir sur toute la terre avec certaines variétés, mais cependant de manière qu'en résultat de compte l'un et l'autre se compensent, a indiqué assez naturellement le temps de l'activité comme celui du repos ; et probablement l'usage de notre vie n'eût point été le même si nous eussions eu un jour sans fin.

Quoi qu'il en soit, quand l'homme a joui, pendant une certaine durée, de la plénitude de sa vie, il vient un moment où il ne peut plus y suffire ; son impressionnabilité diminue graduellement ; les attaques les mieux dirigées sur chacun de ses sens demeurent sans effet, les organes se refusent à ce qu'ils avaient appelé avec plus d'ardeur, l'âme est saturée de sensations, le temps du repos est arrivé.

Il est facile de voir que nous avons considéré l'homme social, environné de toutes les ressources et du bien-être de la haute civilisation ; car ce besoin de se reposer arrive bien plus vite et bien plus régulièrement pour celui qui subit la fatigue d'un travail assidu dans son cabinet, dans son atelier, en voyage, à la guerre, à la chasse ou de toute autre manière.

A ce repos, comme à tous les actes conservateurs, la nature, cette excellente mère, a joint un grand plaisir.

L'homme qui se repose éprouve un bien-être aussi général qu'indéfinissable ; il sent ses bras retomber par leur propre poids, ses fibres se distendre, son cerveau se rafraîchir ; ses sens sont calmes, ses sensations obtuses ; il ne désire rien, il ne réfléchit plus : un voile de gaze s'étend sur ses yeux. Encore quelques instants, et il dormira.

MÉDITATION XVIII

DU SOMMEIL

85. — Quoiqu'il y ait quelques hommes tellement organisés qu'on peut presque dire qu'ils ne dorment pas, cependant il est de vérité générale que le besoin de dormir est aussi impérieux que la faim et la soif. Les sentinelles avancées à l'armée s'endorment souvent, tout en se jetant du tabac dans les yeux ; et Pichegru, traqué par la police de Bonaparte, paya 30 000 francs une nuit de sommeil, pendant laquelle il fut vendu et livré.

DÉFINITION. 86. — Le sommeil est cet état d'engourdissement dans lequel l'homme, séparé des objets extérieurs par l'inactivité forcée des sens, ne vit plus que de la vie mécanique.

Le sommeil, comme la nuit, est précédé et suivi de deux crépuscules, dont le premier conduit à l'inertie absolue, et le second ramène à la vie active.

Tâchons d'examiner ces divers phénomènes.

Au moment où le sommeil commence, les organes des sens tombent peu à peu dans l'inaction : le goût d'abord, la vue et l'odorat ensuite ; l'ouïe veille encore, et le toucher toujours ; car il est là pour nous avertir par la douleur des dangers que le corps peut courir.

Le sommeil est toujours précédé d'une sensation plus ou moins voluptueuse : le corps y tombe avec plaisir par la certitude d'une prompte restauration, et l'âme s'y abandonne avec confiance, dans l'espoir que ses moyens d'activité y seront retrempés.

C'est faute d'avoir bien apprécié cette sensation, cependant si positive, que des savants de premier ordre ont comparé le sommeil à la mort, à laquelle tous les êtres vivants résistent de toutes leurs forces, et qui est marquée par des symptômes si particuliers, et qui font horreur même aux animaux.

Comme tous les plaisirs, le sommeil devient une passion, car on a vu des personnes dormir les trois quarts de leur vie; et, comme toutes les passions, il ne produit alors que des effets funestes, savoir : la paresse, l'indolence, l'affaiblissement, la stupidité et la mort.

L'école de Salerne n'accordait que sept heures de sommeil, sans distinction d'âge ou de sexe. Cette doctrine est trop sévère; il faut accorder quelque chose aux enfants par besoin, et aux femmes par complaisance; mais on peut regarder comme certain que toutes les fois qu'on passe plus de dix heures au lit il y a excès.

Dans les premiers moments du sommeil crépusculaire la volonté dure encore : on pourrait se réveiller, l'œil n'a pas perdu toute sa puissance. *Non omnibus dormio,* disait Mécènes; et dans cet état plus d'un mari a acquis de fâcheuses certitudes. Quelques idées naissent encore, mais elles sont incohérentes; on a des lueurs douteuses; on croit voir voltiger des objets mal terminés. Cet état dure peu; bientôt tout disparaît, tout ébranlement cesse, et on tombe dans le sommeil absolu.

Que fait l'âme pendant ce temps ? elle vit en elle-même; elle est comme le pilote pendant le calme, comme un miroir pendant la nuit, comme un luth dont personne ne touche; elle attend de nouvelles excitations.

Cependant quelques psychologues, et entre autres M. le comte de Redern, prétendent que l'âme ne cesse jamais d'agir; et ce dernier en donne pour preuve que tout homme que l'on arrache à son premier sommeil éprouve la sensation de celui qu'on trouble dans une opération à laquelle il serait sérieusement occupé.

Cette observation n'est pas sans fondement, et mérite d'être attentivement vérifiée.

Au surplus, cet état d'anéantissement absolu est de

peu de durée (il ne passe presque jamais cinq ou six heures); peu à peu les pertes se réparent; un sentiment obscur d'existence commence à renaître, et le dormeur passe dans l'empire des songes.

DEUXIEME PARTIE

MEDITATION XIX

DES RÊVES

Les rêves sont des impressions unilatérales qui arrivent à l'âme sans le secours des objets extérieurs.

Ces phénomènes, si communs et en même temps si extraordinaires, sont cependant encore peu connus.

La faute en est aux savants qui ne nous ont point encore laissé un corps d'observations suffisant. Ce secours indispensable viendra avec le temps; et la double nature de l'homme en sera mieux connue.

Dans l'état actuel de la science, il doit rester pour convenu qu'il existe un fluide aussi subtil que puissant, qui transmet au cerveau les impressions reçues par les sens, et que c'est par l'excitation que causent ces impressions que naissent les idées.

Le sommeil absolu est dû à la déperdition et à l'inertie de ce fluide.

Il faut croire que les travaux de la digestion et de l'assimilation, qui sont loin de s'arrêter pendant le sommeil, réparent cette perte, de sorte qu'il est un temps où l'individu, ayant déjà tout ce qu'il faut pour agir, n'est point encore excité par les objets extérieurs.

Alors le fluide nerveux, mobile par sa nature, se porte au cerveau par les conduits nerveux; il s'insinue dans les mêmes endroits et dans les mêmes traces, puisqu'il arrive par la même voie ; il doit donc produire les mêmes effets, mais cependant avec moins d'intensité.

La raison de cette différence me paraît facile à saisir. Quand l'homme éveillé est impressionné par un objet extérieur, la sensation est précise, soudaine et nécessaire ; l'organe tout entier est en mouvement. Quand, au contraire, la même impression lui est transmise pendant son sommeil, il n'y a que la partie postérieure des nerfs qui soit en mouvement ; la sensation doit nécessairement être moins vive et moins positive ; et pour être plus facilement entendu, nous disons que chez l'homme dormant il n'y a qu'un ébranlement de la partie qui avoisine le cerveau.

Cependant on sait que dans les rêves voluptueux la nature atteint son but à peu près comme dans la veille ; mais cette différence naît de la différence même des organes ; car le génésique n'a besoin que d'une excitation quelle qu'elle soit, et chaque sexe porte avec soi tout le matériel auquel la nature l'a destiné.

RECHERCHE A FAIRE. 87. — Quand le fluide nerveux est ainsi porté au cerveau, il y afflue toujours par les couloirs destinés à l'exercice de quelqu'un de nos sens, et voilà pourquoi il y réveille certaines sensations ou séries d'idées préférablement à d'autres. Ainsi, on croit voir quand c'est le nerf optique qui est ébranlé, entendre quand ce sont les nerfs auditifs, etc. ; et remarquons ici comme singularité qu'il est au moins très rare que les sensations qu'on éprouve en rêvant se rapportent au goût et à l'odorat : quand on rêve d'un parterre ou d'une prairie, on voit des fleurs sans en sentir le parfum ; si l'on croit assister à un repas on en voit les mets sans en savourer le goût.

Ce serait un travail digne des plus savants que de rechercher pourquoi deux de nos sens n'impressionnent point l'âme pendant le sommeil, tandis que les quatre autres jouissent de presque toute leur puissance. Je ne connais aucun psychologue qui s'en soit occupé.

Remarquons aussi que plus les affections que nous éprouvons en dormant sont intérieures, plus elles ont de force. Ainsi, les idées les plus sensuelles ne sont rien auprès des angoisses qu'on ressent si on rêve qu'on a perdu un enfant chéri, ou qu'on va être pendu. On peut se réveiller en pareil cas tout trempé de sueur ou tout mouillé de larmes.

NATURE DES SONGES. 88. — Quelle que soit la bizarrerie des idées qui quelquefois nous agitent en dormant, cependant, en y regardant d'un peu plus près, on verra que ce ne sont que des souvenirs ou des combinaisons de souvenirs. Je suis tenté de dire que les songes ne sont que la mémoire des sens.

Leur étrangeté ne consiste donc qu'en ce que l'association de ces idées est insolite, parce qu'elle s'est affranchie des lois de la chronologie, des convenances et du temps ; de sorte que, en dernière analyse, personne n'a jamais rêvé à ce qui lui était auparavant tout à fait inconnu.

On ne s'étonnera pas de la singularité de nos rêves si l'on réfléchit que, pour l'homme éveillé, quatre puissances se surveillent et se rectifient réciproquement ; savoir : la vue, l'ouïe, le toucher et la mémoire ; au lieu que, chez celui qui dort, chaque sens est abandonné à ses seules ressources.

Je serais tenté de comparer ces deux états du cerveau à un piano près duquel serait assis un musicien qui, jetant par distraction les doigts sur les touches, y formerait par réminiscence quelque mélodie, et qui pourrait y ajouter une harmonie complète s'il usait de tous ses moyens. Cette comparaison pourrait se pousser beaucoup plus loin, en ajoutant que la réflexion est aux idées ce que l'harmonie est aux sons, et certaines idées en contiennent d'autres, tout comme un son principal en contient aussi d'autres qui lui sont secondaires, etc., etc.

SYSTÈME DU DOCTEUR GALL. 89. — En me laissant doucement conduire par un sujet qui n'est pas sans charmes, me voilà parvenu aux confins du système du docteur Gall, qui enseigne et soutient la multiformité des organes du cerveau.

Je ne dois donc pas aller plus loin, ni franchir les limites que je me suis fixées ; cependant, par amour pour la science, à laquelle on peut bien voir que je ne suis pas étranger, je ne puis m'empêcher de consigner ici deux observations que j'ai faites avec soin, et sur lesquelles on peut d'autant mieux compter que, parmi ceux qui me liront, il existe plusieurs personnes qui pourraient en attester la vérité.

PREMIÈRE OBSERVATION. Vers 1790, il existait, dans un village appelé Gevrin, arrondissement de Belley, un commerçant extrêmement rusé ; il s'appelait Landot et s'était arrondi une assez jolie fortune.

Il fut tout à coup frappé d'un tel coup de paralysie qu'on le crut mort. La Faculté vint à son secours, et il s'en tira, mais non sans perte, car il laissa derrière lui à peu près toutes les facultés intellectuelles, et surtout la mémoire. Cependant, comme il se traînait encore, tant bien que mal, et qu'il avait repris l'appétit, il avait conservé l'administration de ses biens.

Quand on le vit dans cet état, ceux qui avaient eu des affaires avec lui crurent que le temps était venu de prendre leur revanche ; et, sous prétexte de venir lui tenir compagnie, on venait de toutes parts lui proposer des marchés, des achats, des ventes, des échanges, et autres de cette espèce qui avaient été jusque-là l'objet de son commerce habituel. Mais les assaillants se trouvèrent bien surpris, et sentirent bientôt qu'il fallait décompter.

Le madré vieillard n'avait rien perdu de ses puissances commerciales, et le même homme qui quelquefois ne connaissait pas ses domestiques et oubliait jusqu'à son nom, était toujours au courant du prix de toutes les denrées, ainsi que de la valeur de tout arpent de prés, de vignes ou de bois à trois lieues à la ronde.

Sous ces divers rapports, son jugement était resté intact ; et comme on s'en défiait moins, la plupart de ceux qui tâtèrent le marchand invalide furent pris aux pièges qu'eux-mêmes avaient préparés pour lui.

DEUXIÈME OBSERVATION. Il existait à Belley un M. Chirol, qui avait servi longtemps dans les gardes du corps, tant sous Louis XV que sous Louis XVI.

Son intelligence était tout juste à la hauteur du service qu'il avait eu à faire toute sa vie ; mais il avait au suprême degré l'esprit des jeux, de sorte que, non seulement il jouait bien tous les jeux anciens, tels que l'ombre, le piquet, le whist, mais encore que, quand la mode en introduisait un nouveau, dès la troisième partie il en connaissait toutes les finesses.

Or, ce M. Chirol fut aussi frappé de paralysie, et le coup fut tel qu'il tomba dans un état d'insensibilité presque absolue. Deux choses cependant furent épargnées, les facultés digestives et la faculté de jouer.

Il venait tous les jours dans la maison où depuis plus de vingt ans il avait coutume de faire sa partie, s'asseyait en un coin, et y demeurait immobile et somnolent, sans s'occuper en rien de ce qui se passait autour de lui.

Le moment d'arranger les parties étant venu, on lui proposait d'y prendre part ; il acceptait toujours, se traînait vers la table ; et là, on pouvait se convaincre que la maladie qui avait paralysé la plus grande partie de ses facultés ne lui avait pas fait perdre un point de son jeu. Peu de temps avant sa mort, M. Chirol donna une preuve authentique de l'intégrité de son existence comme joueur.

Il nous survint à Belley un banquier de Paris qui s'appelait, je crois, M. Delins. Il était porteur de lettres de recommandation ; il était étranger, il était Parisien : c'était plus qu'il n'en fallait dans une petite ville pour qu'on s'empressât de faire tout ce qui pouvait lui être agréable.

M. Delins était gourmand et joueur. Sous le premier rapport, on lui donna suffisamment d'occupation en le tenant chaque jour cinq ou six heures à table ; sous le second rapport, il était plus difficile à amuser : il avait un grand amour pour le piquet, et parlait de jouer à six francs la fiche, ce qui excédait de beaucoup le taux de notre jeu le plus cher.

Pour surmonter cet obstacle, on fit une société où chacun prit ou ne prit pas intérêt, suivant la nature de ses pressentiments : les uns disant que les Parisiens en savent bien plus long que les provinciaux; d'autres soutenant, au contraire, que tous les habitants de cette grande ville ont toujours, dans leur individu, quelques atomes de badauderie. Quoi qu'il en soit, la société se forma; et à qui confia-t-on le soin de défendre la masse commune ? M. Chirol.

Quand le banquier parisien vit arriver cette grande figure pâle, blême, marchant de côté, qui vint s'asseoir en face de lui, il crut d'abord que c'était une plaisanterie; mais quand il vit le spectre prendre les cartes et les battre en professeur, il commença à croire que cet adversaire avait autrefois pu être digne de lui.

Il ne fut pas longtemps à se convaincre que cette faculté durait encore; car, non seulement à cette partie, mais encore à un grand nombre d'autres qui se succédèrent, M. Delins fut battu, opprimé, plumé tellement, qu'à son départ il eut à nous compter plus de six cents francs, qui furent soigneusement partagés entre les associés.

Avant de partir, M. Delins vint nous remercier du bon accueil qu'il avait reçu de nous; cependant il se récriait sur l'état caduc de l'adversaire que nous lui avions opposé, et nous assurait qu'il ne pourrait jamais se consoler d'avoir lutté avec tant de désavantage contre un mort.

RÉSULTAT. La conséquence de ces deux observations est facile à déduire : il me semble évident que le coup qui dans ces deux cas, avait bouleversé le cerveau, avait respecté la portion de cet organe qui avait si longtemps été employée aux combinaisons du commerce et du jeu; et sans doute cette portion d'organe n'avait résisté que parce qu'un exercice continuel lui avait donné plus de vigueur, ou encore parce que les mêmes impressions, si longtemps répétées, y avaient laissé des traces plus profondes.

INFLUENCE DE L'ÂGE. 90. — L'âge a une influence marquée sur la nature des songes.

Dans l'enfance, on rêve jeux, jardins, fleurs, verdure et autres objets riants; plus tard, plaisirs, amours, combats, mariages : plus tard, établissements, voyages, faveur du prince ou de ses représentants; plus tard enfin, affaires, embarras, trésors, plaisirs d'autrefois et amis morts depuis longtemps.

PHÉNOMÈNES DES SONGES. 91. — Certains phénomènes peu communs accompagnent quelquefois le sommeil et les rêves; leur examen peut servir aux progrès de l'anthroponomie; et c'est par cette raison que je consigne ici trois observations prises parmi plusieurs que, pendant le cours d'une assez longue vie, j'ai eu l'occasion de faire sur moi-même dans le silence de la nuit.

PREMIÈRE OBSERVATION. Je rêvai une nuit que j'avais trouvé le secret de m'affranchir des lois de la pesanteur, de manière que, mon corps étant devenu indifférent à monter ou à descendre, je pouvais faire l'un ou l'autre avec une facilité égale et d'après ma volonté.

Cet état me paraissait délicieux; et peut-être bien des personnes ont rêvé quelque chose de pareil : mais, ce qui devient plus spécial, c'est que je me souviens que je m'expliquais à moi-même très clairement (ce me semble du moins) les moyens qui m'avaient conduit à ce résultat, et que ces moyens me paraissaient tellement simples, que je m'étonnais qu'ils n'eussent pas été trouvés plus tôt.

En m'éveillant, cette partie explicative m'échappa tout à fait, mais la conclusion m'est restée; et, depuis ce temps, il m'est impossible de ne pas être persuadé que, tôt ou tard, un génie plus éclairé fera cette découverte, et, à tout hasard, je prends date.

DEUXIÈME OBSERVATION. 92. — Il n'y a que peu de mois que j'éprouvai, en dormant, une sensation de plaisir tout à fait extraordinaire. Elle consistait en une espèce de frémissement délicieux de toutes les particules qui composent mon être. C'était une espèce de fourmillement plein de charmes qui, partant de l'épiderme depuis les pieds jusqu'à la tête, m'agitait jusque dans la moelle des os. Il me semblait voir une flamme violette qui se jouait autour de mon front.

Lambere flamma comas, et circum tempora pasci.

J'estime que cet état, que je sentis bien physiquement, dura au moins trente secondes, et je me réveillai rempli d'un étonnement qui n'était pas sans quelque mélange de frayeur.

Dans cette sensation, qui est encore très présente à mon souvenir, et de quelques observations qui ont été faites sur les extatiques et sur les nerveux, j'ai tiré la conséquence que les limites du plaisir ne sont encore ni connues ni posées, et qu'on ne sait pas jusqu'à quel point notre corps peut être béatifié. J'ai espéré que dans quelques siècles la physiologie à venir s'emparera de ces sensations extraordinaires, les procurera à la volonté comme on provoque le sommeil par l'opium, et que nos arrière-neveux auront par là des compensations pour les douleurs atroces auxquelles nous sommes quelquefois soumis.

La proposition que je viens d'énoncer a quelque appui dans l'analogie ; car j'ai déjà remarqué que le pouvoir de l'harmonie, qui procure des jouissances si vives, si pures et si avidement recherchées, était totalement inconnu aux Romains : c'est une découverte qui n'a pas plus de cinq cents ans d'antiquité.

TROISIÈME OBSERVATION. 93. — En l'an VIII (1800), m'étant couché sans aucun antécédent remarquable, je me réveillai vers une heure du matin, temps ordinaire de mon premier sommeil ; je me trouvai dans un état d'excitation cérébrale tout à fait extraordinaire ; mes conceptions étaient vives, mes pensées profondes ; la sphère de mon intelligence me paraissait agrandie. J'étais levé sur mon séant, et mes yeux étaient affectés de la sensation d'une lumière pâle, vaporeuse, indéterminée, et qui ne servait en aucune manière à faire distinguer les objets.

A ne consulter que la foule d'idées qui se succédèrent rapidement, j'aurais pu croire que cette situation dura plusieurs heures; mais d'après ma pendule, je suis certain qu'elle ne dura qu'un peu plus d'une demi-heure. J'en fus tiré par un incident extérieur et indépendant de ma volonté; je fus rappelé aux choses de la terre.

A l'instant la sensation lumineuse disparut, je me sentis déchoir; les limites de mon intelligence se rapprochèrent; en un mot, je redevins ce que j'étais la veille. Mais comme j'étais bien éveillé, ma mémoire, quoique avec des couleurs ternes, a retenu une partie des idées qui traversèrent mon esprit.

Les premières eurent le temps pour objet. Il me semblait que le passé, le présent et l'avenir étaient de même nature et ne faisaient qu'un point, de sorte qu'il devait être aussi facile de prévoir l'avenir que de se souvenir du passé. Voilà tout ce qui m'est resté de cette première intuition, qui fut en partie effacée par celles qui suivirent.

Mon attention se porta ensuite sur les sens; je les classai par ordre de perfection, et étant venu à penser que nous devions en avoir autant à l'intérieur qu'à l'extérieur, je m'occupai à en faire la recherche.

J'en avais déjà trouvé trois, et presque quatre, quand je retombai sur la terre. Les voici :

1° La *compassion*, qui est une sensation précordiale qu'on éprouve quand on voit souffrir son semblable.

2° La *prédilection*, qui est un sentiment de préférence, non seulement pour un objet, mais pour tout ce qui tient à cet objet, ou en rappelle le souvenir.

3° La *sympathie*, qui est aussi un sentiment de préférence qui entraîne deux objets l'un vers l'autre.

On pourrait croire, au premier aspect, que ces deux sentiments ne sont qu'une seule et même chose; mais ce qui empêche de les confondre, c'est que la *prédilection* n'est pas toujours réciproque, et que la *sympathie* l'est nécessairement.

Enfin, en m'occupant de la *compassion*, je fus conduit à une induction que je crus très juste, et que je n'aurais pas aperçue en un autre moment, savoir : que c'est de la compassion que dérive ce beau théorème, base première de toutes les législations :

NE FAIS PAS AUX AUTRES CE QUE TU NE VOUDRAIS PAS QU'ON TE FÎT.
Do as you will done by
Alteri ne facias quod tibi fieri non vis.

Telle est, au surplus, l'idée qui m'est restée de l'état où j'étais et de ce que j'éprouvai dans cette occasion, que je donnerais volontiers, s'il était possible, tout le temps qui me reste à vivre pour un mois d'une existence pareille.

Les gens de lettres me comprendront bien plus facilement que les autres ; car il en est peu à qui il ne soit arrivé, à un degré sans doute très inférieur, quelque chose de semblable.

On est, dans son lit, couché bien chaudement, dans une position horizontale, et la tête bien couverte ; on pense à l'ouvrage qu'on a sur le métier, l'imagination s'échauffe, les idées abondent, les expressions les suivent ; et comme il faut se lever pour écrire, on s'habille, on quitte son bonnet de nuit, et on se met à son bureau.

Mais voilà que tout à coup on ne se retrouve plus le même ; l'imagination s'est refroidie, le fil des idées est rompu, les expressions manquent ; on est obligé de chercher avec peine ce qu'on avait si facilement trouvé, et fort souvent on est contraint d'ajourner le travail à un jour plus heureux.

Tout cela s'explique facilement par l'effet que doit produire sur le cerveau le changement de position et de température ; on retrouve encore ici l'influence du physique sur le moral.

En creusant cette observation, j'ai été conduit trop loin peut-être ; mais enfin j'ai été conduit à penser que l'exaltation des Orientaux était due en partie à ce que, étant de la religion de Mahomet, ils ont toujours la tête chaudement couverte, et que c'est pour obtenir l'effet contraire que tous les législateurs des moines leur ont imposé l'obligation d'avoir cette partie du corps découverte et rasée.

MÉDITATION XX

DE L'INFLUENCE DE LA DIÈTE SUR LE REPOS, LE SOMMEIL ET LES SONGES.

94. — Que l'homme se repose, qu'il s'endorme ou qu'il rêve, il ne cesse d'être sous la puissance des lois de la nutrition, et ne sort pas de l'empire de la gastronomie.

La théorie et l'expérience s'accordent pour prouver que la qualité et la quantité des aliments influent puissamment sur le travail, le repos, le sommeil et les rêves.

EFFETS DE LA DIÈTE SUR LE TRAVAIL. 95. —

L'homme mal nourri ne peut longtemps suffire aux fatigues d'un travail prolongé ; son corps se couvre de sueur ; bientôt ses forces l'abandonnent ; et pour lui le repos n'est autre chose que l'impossibilité d'agir.

S'il s'agit du travail d'esprit, les idées naissent sans vigueur et sans précision ; la réflexion se refuse à les joindre, le jugement à les analyser ; le cerveau s'épuise dans ces vains efforts, et l'on s'endort sur le champ de bataille.

J'ai toujours pensé que les soupers d'Auteuil, ainsi que ceux des hôtels de Rambouillet et de Soissons, avaient fait grand bien aux auteurs du temps de Louis XIV ; et le malin Geoffroy (si le fait eût été vrai) n'aurait pas tant eu tort quand il plaisantait les poètes de la fin du XVIIIe siècle sur l'eau sucrée, qu'il croyait leur boisson favorite.

D'après ces principes, j'ai examiné les ouvrages de certains auteurs connus pour avoir été pauvres et souffreteux, et je ne leur ai véritablement trouvé d'énergie que quand ils ont dû être stimulés par le sentiment habituel de leurs maux ou par l'envie souvent assez mal dissimulée.

Au contraire, celui qui se nourrit bien et qui répare ses forces avec prudence et discernement, peut suffire à une somme de travail qu'aucun être animé ne peut supporter.

La veille de son départ pour Boulogne, l'empereur Napoléon travailla pendant plus de trente heures, tant avec son conseil d'Etat qu'avec les divers dépositaires de son pouvoir, sans autre réfection que deux très courts repas et quelques tasses de café.

Brown parle d'un commis de l'amirauté d'Angleterre, qui, ayant perdu par accident des états auxquels seul il pouvait travailler, employa cinquante-deux heures consécutives à les refaire. Jamais, sans un régime approprié, il n'eût pu faire face à cette énorme déperdition ; il se soutint de la manière suivante : d'abord de l'eau, puis des aliments légers, puis du vin, puis des consommés, enfin de l'opium.

Je rencontrai un jour un courrier que j'avais connu à l'armée, et qui arrivait d'Espagne, où il avait été envoyé en dépêche par le gouvernement (*correo ganando horas. — Esp.*) ; il avait fait le voyage en douze jours, s'étant arrêté à Madrid seulement quatre heures ; quelques verres de vin et quelques tasses de bouillon, voilà tout ce qu'il avait pris pendant cette longue suite de secousses et d'insomnies ; et il ajoutait que des aliments plus solides l'eussent infailliblement mis dans l'impossibilité de continuer sa route.

SUR LES RÊVES. 96. — La diète n'a pas une moindre influence sur le sommeil et sur les rêves.

Celui qui a besoin de manger ne peut pas dormir ; les angoisses de l'estomac le tiennent dans un réveil douloureux, et si la faiblesse et l'épuisement le forcent à s'assoupir, ce sommeil est léger, inquiet et interrompu.

Celui qui, au contraire, a passé dans son repas les bornes de la discrétion, tombe immédiatement dans le sommeil absolu : s'il a rêvé, il ne lui reste aucun souvenir, parce que le fluide nerveux s'est croisé en tous sens dans les canaux sensitifs. Par la même raison, son réveil est brusque : il revient avec peine à la vie sociale; et quand le sommeil est tout à fait dissipé, il se ressent encore longtemps des fatigues de la digestion.

On peut donc donner comme maxime générale que le café repousse le sommeil. L'habitude affaiblit et fait même totalement disparaître cet inconvénient; mais il a infailliblement lieu chez tous les Européens, quand ils commencent à en prendre. Quelques aliments, au contraire, provoquent doucement le sommeil : tels sont ceux où le lait domine, la famille entière des laitues, la volaille, le pourpier, la fleur d'oranger, et surtout la pomme de reinette, quand on la mange immédiatement avant que de se coucher.

SUITE. 97. — L'expérience, assise sur des millions d'observations, a appris que la diète détermine des rêves.

En général, tous les aliments qui sont légèrement excitants font rêver : tels sont les viandes noires, les pigeons, le canard, le gibier et surtout le lièvre.

On reconnaît encore cette propriété aux asperges, au céleri, aux truffes, aux sucreries parfumées, et particulièrement à la vanille.

Ce serait une grande erreur de croire qu'il faut bannir de nos tables les substances qui sont ainsi somnifères; car les rêves qui en résultent sont en général d'une nature agréable, légère, et prolongent notre existence, même pendant le temps où elle paraît suspendue.

Il est des personnes pour qui le sommeil est une vie à part, une espèce de roman prolongé, c'est-à-dire que leurs songes ont une suite, qu'ils achèvent dans la seconde nuit celui qu'ils avaient commencé la veille, et voient, en dormant, certaines physionomies qu'ils reconnaissent pour les avoir déjà vues, et que cependant ils n'ont jamais rencontrées dans le monde réel.

RÉSULTAT. 98. — L'homme qui a réfléchi sur son existence physique, et qui la conduit d'après les principes que nous développons, celui-là prépare avec sagacité son repos, son sommeil et ses rêves.

Il partage son travail de manière à ne jamais s'excéder ; il le rend plus léger en le variant avec discernement, et rafraîchit son aptitude par de courts intervalles de repos, qui le soulagent sans interrompre la continuité, qui est quelquefois un devoir.

Si, pendant le jour, un repos plus long lui est nécessaire, il ne s'y livre jamais que dans l'attitude de session ; il se refuse au sommeil, à moins qu'il n'y soit invinciblement entraîné, et se garde bien surtout d'en contracter l'habitude.

Quand la nuit a amené l'heure du repos diurnal, il se retire dans une chambre aérée, ne s'entoure point de rideaux qui lui feraient cent fois respirer le même air, et se garde bien de fermer les volets de ses croisées, afin que, toutes les fois que son œil s'entr'ouvrira, il soit consolé par un reste de lumière.

Il s'étend dans un lit légèrement relevé vers la tête : son oreiller est de crin ; son bonnet de nuit est de toile ; son buste n'est point accablé sous le poids des couvertures ; mais il a soin que ses pieds soient chaudement couverts.

Il a mangé avec discernement, ne s'est refusé à la bonne ni à l'excellente chère ; il a bu les meilleurs vins, et avec précaution, même les plus fameux. Au dessert, il a plus parlé de galanterie que de politique, et a fait plus de madrigaux que d'épigrammes ; il a pris une tasse de café, si sa constitution s'y prête, et accepté, après quelques instances, une cuillerée d'excellente liqueur, seulement pour parfumer sa bouche. En tout, il s'est montré convive aimable, amateur distingué, et n'a cependant outrepassé que de peu la limite du besoin.

En cet état, il se couche content de lui et des autres, ses yeux se ferment ; il traverse le crépuscule, et tombe, pour quelques heures, dans le sommeil absolu.

Bientôt la nature a levé son tribut ; l'assimilation a remplacé la perte. Alors des rêves agréables viennent lui donner une existence mystérieuse ; il voit les personnes qu'il aime, retrouve ses occupations favorites, et se transporte aux lieux où il s'est plu.

Enfin, il sent le sommeil se dissiper par degrés, et rentre dans la société sans avoir à regretter de temps perdu, parce que, même dans son sommeil, il a joui d'une activité sans fatigue et d'un plaisir sans mélange.

MÉDITATION XXI

DE L'OBÉSITÉ.

99. — Si j'avais été médecin avec diplôme, j'aurais d'abord fait une bonne monographie de l'obésité ; j'aurais ensuite établi mon empire dans ce recoin de la science ; et j'aurais eu le double avantage d'avoir pour malades les gens qui se portent le mieux, et d'être journellement assiégé par la plus jolie moitié du genre humain ; car, avoir une juste portion d'embonpoint, ni trop, ni trop peu, est pour les femmes l'étude de toute leur vie.

Ce que je n'ai pas fait, un autre docteur le fera ; et s'il est à la fois savant, discret et beau garçon, je lui prédis des succès à miracles.

Exoriare aliquis nostris ex ossibus hœres !

En attendant, je vais ouvrir la carrière ; car un article sur l'obésité est de rigueur dans un ouvrage qui a pour objet l'homme en tant qu'il se repaît.

J'entends par *obésité* cet état de congestion graisseuse où, sans que l'individu soit malade, les membres augmentent peu à peu en volume, et perdent leur forme et leur harmonie primitives.

Il est une sorte d'obésité qui se borne au ventre : je

ne l'ai jamais observée chez les femmes : comme elles ont généralement la fibre plus molle, quand l'obésité les attaque, elle n'épargne rien. J'appelle cette variété *gastrophorie,* et *gastrophores* ceux qui en sont atteints. Je suis même de ce nombre ; mais, quoique porteur d'un ventre assez proéminent, j'ai encore le bas de la jambe sec, et le nerf détaché comme un cheval arabe.

Je n'en ai pas moins toujours regardé mon ventre comme un ennemi redoutable ; je l'ai vaincu et fixé au majestueux ; mais, pour le vaincre, il fallait le combattre : c'est à cette lutte de trente ans que je dois ce qu'il y a de bon dans cet essai.

Je commence par un extrait de plus de cinq cents dialogues que j'ai eus autrefois avec mes voisins de table, menacés ou affligés de l'obésité.

L'OBÈSE. — Dieu ! quel pain délicieux ! Où le prenez-vous donc ?

MOI. — Chez M. Limet, rue de Richelieu ; il est le boulanger de LL. AA. RR. le duc d'Orléans et le prince de Condé ; je l'ai pris parce qu'il est mon voisin, et je le garde parce que je l'ai proclamé le premier panificateur du monde.

L'OBÈSE. — J'en prends note ; je mange beaucoup de pain, et avec de pareilles flûtes je me passerais de tout le reste.

AUTRE OBÈSE. — Mais que faites-vous donc là ? Vous recueillez le bouillon de votre potage, et vous laissez ce beau riz de la Caroline ?

MOI. — C'est un régime particulier que je me suis fait.

L'OBÈSE. — Mauvais régime ! Le riz fait mes délices, ainsi que les fécules, les pâtes et autres pareilles ; rien ne nourrit mieux, à meilleur marché, et avec moins de peine.

UN OBÈSE *renforcé*. — Faites-moi, monsieur, le plaisir de me passer les pommes de terre qui sont devant vous. Au train dont on va, j'ai peur de ne pas y être à temps.

MOI. — Monsieur, les voilà à votre portée.

L'OBÈSE. — Mais vous allez sans doute vous servir ?

Il y en a assez pour nous deux ; et après nous le déluge.

moi. — Je n'en prendrai pas ; je n'estime la pomme de terre que comme préservatif contre la famine ; à cela près, je ne trouve rien de plus éminemment fade.

l'obèse. — Hérésie gastronomique ! rien n'est meilleur que les pommes de terre ; j'en mange de toutes les manières ; et s'il en paraît au second service, soit à la lyonnaise, soit au soufflé, je fais ici mes protestations pour la conservation de mes droits.

une dame obèse. — Vous seriez bien bon si vous envoyiez chercher pour moi de ces haricots de Soissons que j'aperçois au bout de la table.

moi, *après avoir exécuté l'ordre et en chantant tout bas sur un air connu :*

> Les Soissonnais sont heureux,
> Les haricots sont chez eux...

l'obèse. — Ne plaisantez pas ; c'est un vrai trésor pour ce pays-là. Paris en tire pour des sommes considérables. Je vous demande grâce aussi pour les petites fèves de marais, qu'on appelle *fèves anglaises* ; quand elles sont encore vertes, c'est un manger des dieux.

moi. — Anathème aux haricots ! anathème aux fèves de marais !...

l'obèse, *d'un air résolu.* — Je me moque de votre anathème ; ne dirait-on pas que vous êtes à vous seul tout un concile ?

moi, *à une autre.* — Je vous félicite sur votre belle santé ; il me semble, madame, que vous avez un peu engraissé depuis la dernière fois que j'ai eu l'honneur de vous voir.

l'obèse. — Je le dois probablement à mon nouveau régime.

moi. — Comment donc ?

l'obèse. — Depuis quelque temps, je déjeune avec une bonne soupe grasse, un bol comme pour deux, et quelle soupe encore ! la cuiller y tiendrait droite.

MOI, *à une autre*. — Madame, si vos yeux ne me trompent pas, vous accepterez un morceau de cette charlotte ? et je vais l'attaquer en votre faveur.

L'OBÈSE. — Eh bien ! monsieur, mes yeux vous trompent : j'ai ici deux objets de prédilection, et ils sont tous du genre masculin : c'est ce gâteau de riz à côtes dorées, et ce gigantesque biscuit de Savoie ; car vous saurez pour votre règle que je raffole de pâtisseries sucrées.

MOI, *à une autre*. — Pendant qu'on politique là-bas voulez-vous, madame, que j'interroge pour vous cette tourte à la frangipane ?

L'OBÈSE. — Très volontiers : rien ne me va mieux que la pâtisserie. Nous avons un pâtissier pour locataire ; et entre ma fille et moi, je crois bien que nous absorbons le prix de la location, et peut-être au-delà.

MOI, *après avoir regardé la jeune personne*. — Ce régime vous profite à merveille ; mademoiselle votre fille est une très belle personne, armée de toutes pièces.

L'OBÈSE. — Eh bien ! croiriez-vous que ses compagnes lui disent quelquefois qu'elle est trop grasse ?

MOI. — C'est peut-être par envie...

L'OBÈSE. — Cela pourrait bien être. Au surplus, je la marie, et le premier enfant arrangera tout cela.

C'est par des discours semblables que j'éclaircissais une théorie dont j'avais pris les éléments hors de l'espèce humaine ; savoir, que la corpulence graisseuse a toujours pour principale cause une diète trop chargée d'éléments féculents et farineux, et que je m'assurais que le même régime est toujours suivi du même effet.

Effectivement, les animaux carnivores ne s'engraissent jamais (voyez les loups, les chacals, les oiseaux de proie, le corbeau, etc.)

Les herbivores s'engraissent peu, du moins tant que l'âge ne les a pas réduits au repos ; et au contraire, ils s'engraissent vite et en tout temps aussitôt qu'on leur a fait manger des pommes de terre, des grains et des farines de toute espèce.

L'obésité ne se trouve jamais ni chez les sauvages ni dans les classes de la société où on travaille pour manger et où on ne mange que pour vivre.

CAUSES DE L'OBÉSITÉ. 100. — D'après les observations qui précèdent; et dont chacun peut vérifier l'exactitude, il est facile d'assigner les principales causes de l'obésité.

La première est la disposition naturelle de l'individu. Presque tous les hommes naissent avec certaines prédispositions, dont leur physionomie porte l'empreinte. Sur cent personnes qui meurent de la poitrine, quatre-vingt-dix ont les cheveux bruns, le visage long et le nez pointu. Sur cent obèses, quatre-vingt-dix ont le visage court, les yeux ronds et le nez obtus.

Il est donc vrai qu'il existe des personnes prédestinées en quelque sorte pour l'obésité, et dont, toutes choses égales, les puissances digestives élaborent une plus grande quantité de graisse.

Cette vérité physique, dont je suis profondément convaincu, influe d'une manière fâcheuse sur ma manière de voir en certaines occasions.

Quand on rencontre dans la société une petite demoiselle bien vive, bien rosée, au nez fripon, aux formes arrondies, aux mains rondelettes, aux pieds courts et grassouillets, tout le monde est ravi et la trouve charmante; tandis que, instruit par l'expérience, je jette sur elle des regards postérieurs de dix ans, je vois les ravages que l'obésité aura faits sur des charmes si frais, et je gémis sur des maux qui n'existent pas encore. Cette compassion anticipée est un sentiment pénible, et fournit une preuve entre mille autres, que l'homme serait plus malheureux s'il pouvait prévoir l'avenir.

La seconde et principale cause de l'obésité est dans les farines et fécules dont l'homme fait la base de sa nourriture journalière. Nous l'avons déjà dit, tous les animaux qui vivent de farineux s'engraissent de gré ou de force; l'homme suit la loi commune.

La fécule produit plus vite et plus sûrement son effet quand elle est unie au sucre : le sucre et la graisse contiennent l'hydrogène, principe qui leur est commun ; l'un et l'autre sont inflammables. Avec cet amalgame, elle est d'autant plus active qu'elle flatte plus le goût et qu'on ne mange guère les entremets sucrés que quand l'appétit naturel est déjà satisfait, et qu'il ne reste plus alors que cet autre appétit de luxe qu'on est obligé de solliciter par tout ce que l'art a de plus raffiné et le changement de plus tentatif.

La fécule n'est pas moins incrassante quand elle est charroyée par les boissons, comme dans la bière et autres de la même espèce. Les peuples qui en boivent habituellement sont aussi ceux où on trouve les ventres les plus merveilleux, et quelques familles parisiennes qui, en 1817, burent de la bière par économie, parce que le vin était fort cher, en ont été récompensées par un embonpoint dont elles ne savent plus que faire.

SUITE. 101. — Une double cause d'obésité résulte de la prolongation du sommeil et du défaut d'exercice.

Le corps humain répare beaucoup pendant le sommeil ; et, dans le même temps, il perd peu, puisque l'action musculeuse est suspendue. Il faudrait donc que le superflu acquis fût évaporé par l'exercice, mais, par cela même qu'on dort beaucoup, on limite d'autant le temps où l'on pourrait agir.

Par une autre conséquence, les grands dormeurs se refusent à tout ce qui leur présente jusqu'à l'ombre d'une fatigue ; l'excédent de l'assimilation est donc emporté par le torrent de la circulation ; il s'y charge, par une opération dont la nature s'est réservé le secret, de quelques centièmes additionnels d'hydrogène ; et la graisse se trouve formée, pour être déposée par le même mouvement dans les capsules du tissu cellulaire.

SUITE. 102. — Une dernière cause d'obésité consiste dans l'excès du manger et du boire.

On a eu raison de dire qu'un des privilèges de l'espèce humaine est de manger sans avoir faim et de boire sans avoir soif : et, en effet, il ne peut appartenir aux bêtes, car il naît de la réflexion sur le plaisir de la table et du désir d'en prolonger la durée.

On a trouvé ce double penchant partout où l'on a trouvé des hommes ; et on sait que les sauvages mangent avec excès et s'enivrent jusqu'à l'abrutissement toutes les fois qu'ils en trouvent l'occasion.

Quand à nous, citoyens des deux mondes, qui croyons être à l'apogée de la civilisation, il est certain que nous mangeons trop.

Je ne dis pas cela pour le petit nombre de ceux qui, serrés par l'avarice ou l'impuissance, vivent seuls et à l'écart : les premiers, réjouis de sentir qu'ils amassent ; les autres, gémissant de ne pouvoir mieux faire ; mais je le dis avec affirmation pour tous ceux qui, circulant autour de nous, sont tour à tour amphitryons ou convives, offrent avec politesse ou acceptent avec complaisance ; qui, n'ayant déjà plus de besoin, mangent d'un mets parce qu'il est attrayant, et boivent d'un vin parce qu'il est étranger ; je le dis, soit qu'ils siègent chaque jour dans un salon, soit qu'ils fêtent seulement le dimanche et quelquefois le lundi ; dans chaque majorité immense, tous mangent et boivent trop, et des poids énormes et comestibles sont chaque jour absorbés sans besoin.

Cette cause, presque toujours présente, agit différemment suivant la constitution des individus ; et pour ceux qui ont l'estomac mauvais, elle a pour effet non l'obésité, mais l'indigestion.

ANECDOTE. 103. — Nous en avons eu sous les yeux un exemple que la moitié de Paris a pu connaître.

M. Lang avait une des maisons les plus brillantes de cette ville ; sa table surtout était excellente, mais son estomac était aussi mauvais que sa gourmandise était grande. Il faisait parfaitement les honneurs, et mangeait surtout avec un courage digne d'un meilleur sort.

Tout se passait bien jusqu'au café inclusivement ; mais bientôt l'estomac se refusait au travail qu'on lui avait imposé, les douleurs commençaient, et le malheureux gastronome était obligé de se jeter sur un canapé, où il restait jusqu'au lendemain à expier dans de longues angoisses le court plaisir qu'il avait goûté.

Ce qu'il y a de très remarquable, c'est qu'il ne s'est jamais corrigé ; tant qu'il a vécu, il s'est soumis à cette étrange alternative, et les souffrances de la veille n'ont jamais influé sur le repas du lendemain.

Chez les individus qui ont l'estomac actif, l'excès de nutrition agit comme dans l'article précédent. Tout est digéré, et ce qui n'est pas nécessaire pour la réparation du corps se fixe et tourne en graisse.

Chez les autres, il y a indigestion perpétuelle : les aliments défilent sans faire profit, et ceux qui n'en connaissent pas la cause s'étonnent que tant de bonnes choses ne produisent pas un meilleur résultat.

On doit bien s'apercevoir que je n'épuise point minutieusement la matière ; car il est une foule de causes secondaires qui naissent de nos habitudes, de l'état embarrassé, de nos manies, de nos plaisirs, qui secondent et activent celles que je viens d'indiquer.

Je lègue tout cela au successeur que j'ai planté en commençant le chapitre, et me contente de préliber, ce qui est le droit du premier venu en toute matière.

Il y a longtemps que l'intempérance a fixé les regards des observateurs. Les philosophes ont vanté la tempérance ; les princes ont fait des lois somptuaires, la religion a moralisé la gourmandise ; hélas ! on n'en a pas mangé une bouchée de moins, et l'art de trop manger devient chaque jour plus florissant.

Je serai peut-être plus heureux en prenant une route nouvelle, j'exposerai les *inconvénients physiques de l'obésité* ; le soin de soi-même (*self preservation*) sera peut-être plus influent que la morale, plus persuasif que les sermons, plus puissant que les lois, et je crois le beau sexe tout disposé à ouvrir les yeux à la lumière.

INCONVÉNIENTS DE L'OBÉSITÉ. 104. — L'obésité a une influence fâcheuse sur les deux sexes en ce qu'elle nuit à la force et à la beauté.

Elle nuit à la force parce qu'en augmentant le poids de la masse à mouvoir, elle n'augmente pas la puissance motrice ; elle y nuit encore en gênant la respiration, ce que rend impossible tout travail qui exige un emploi prolongé de la force musculaire.

L'obésité nuit à la beauté en détruisant l'harmonie de proportion primitivement établie ; parce que toutes les parties ne grossissent pas d'une manière égale.

Elle y nuit encore en remplissant des cavités que la nature avait destinées à faire ombre : aussi rien n'est si commun que de rencontrer des physionomies jadis très piquantes, et que l'obésité a rendues à peu près insignifiantes.

Le chef du dernier gouvernement n'avait pas échappé à cette loi. Il avait fort engraissé dans ses dernières campagnes ; de pâle il était devenu blafard, et ses yeux avaient perdu une partie de leur fierté.

L'obésité entraîne avec elle le dégoût pour la danse, la promenade, l'équitation, ou l'inaptitude pour toutes les occupations ou amusements qui exigent un peu d'agilité ou d'adresse.

Elle prédispose aussi à diverses maladies, telles que l'apoplexie, l'hydropisie, les ulcères aux jambes, et rend toutes les autres affections plus difficiles à guérir.

EXEMPLES D'OBÉSITÉ. 105. — Parmi les héros corpulents, je n'ai gardé le souvenir que de Marius et de Jean Sobieski.

Marius, qui était de petite taille, était devenu aussi large que long, et c'est peut-être cette énormité qui effraya le Cimbre chargé de le tuer.

Quant au roi de Pologne, son obésité pensa lui être funeste, car, étant tombé dans un gros de cavalerie turque devant lequel il fut obligé de fuir, la respiration lui manqua bientôt, et il aurait été infailliblement massacré, si quelques-uns de ses aides de camp ne l'avaient soutenu presque évanoui sur son cheval, tandis que d'autres se sacrifiaient généreusement pour arrêter l'ennemi.

Si je ne me trompe, le duc de Vendôme, ce digne fils du grand Henri, était aussi d'une corpulence remarquable. Il mourut dans une auberge, abandonné de tout le monde et conserva assez de connaissance pour voir le dernier de ses gens arracher le coussin sur lequel il reposait au moment de rendre le dernier soupir.

Les recueils sont pleins d'exemples d'obésité monstrueuse ; je les y laisse, pour parler en peu de mots de ceux que j'ai moi-même recueillis.

M. Rameau, mon condisciple, maire de La Chaleur, en Bourgogne, n'avait que cinq pieds deux pouces, et pesait cinq cents.

M. le duc de Luynes, à côté duquel j'ai souvent siégé, était devenu énorme ; la graisse avait désorganisé sa belle figure, et il passa les dernières années de sa vie dans une somnolence presque habituelle.

Mais ce que j'ai vu de plus extraordinaire en ce genre était un habitant de New York, que bien des Français encore existants à Paris peuvent avoir vu dans la rue de Broadway, assis sur un énorme fauteuil dont les jambes auraient pu porter une église.

Edouard avait au moins cinq pieds dix pouces, mesure de France, et comme la graisse l'avait gonflé en tous sens, il avait au moins huit pieds de circonférence. Ses doigts étaient comme ceux de cet empereur romain à qui les colliers de sa femme servaient d'anneaux ; ses bras et ses cuisses étaient tubulés, de la grosseur d'un homme de moyenne stature, et il avait les pieds comme un éléphant, couverts par l'augmentation de ses jambes ; le poids de la graisse avait entraîné et fait bâiller la paupière inférieure ; mais ce qui le rendait hideux à voir, c'étaient trois mentons en sphéroïdes qui lui pendaient sur la poitrine dans la longueur de plus d'un pied, de sorte que sa figure paraissait être le chapiteau d'une colonne torse.

Dans cet état, Edouard passait sa vie assis près de la fenêtre d'une salle basse qui donnait sur la rue, et buvant de temps en temps un verre d'ale, dont un pitcher de grande capacité était toujours auprès de lui.

Une figure aussi extraordinaire ne pouvait pas manquer d'arrêter les passants ; mais il ne fallut pas qu'ils y missent trop de temps, Edouard ne tardait pas à les mettre en fuite, en leur disant d'une voix sépulcrale : « What have you to stare like wild cats !...

Go your way you, lazy body... Be gone you good for nothing dogs... » (Qu'avez-vous à regarder d'un air effaré, comme des chats sauvages ?... Passez votre chemin, paresseux. Allez-vous-en, chiens de vauriens !) et autres douceurs pareilles.

L'ayant souvent salué par son nom, j'ai quelquefois causé avec lui ; il assurait qu'il ne s'ennuyait point, qu'il n'était point malheureux, et que si la mort ne venait point le déranger, il attendrait volontiers ainsi la fin du monde.

De ce qui précède il résulte que si l'obésité n'est pas une maladie, c'est au moins une indisposition fâcheuse, dans laquelle nous tombons presque toujours par notre faute.

Il en résulte encore que tous doivent désirer de s'en préserver quand ils n'y sont pas parvenus, ou d'en sortir quand ils y sont arrivés ; et c'est en leur faveur que nous allons examiner quelles sont les ressources que nous présente la science, aidée de l'observation.

MÉDITATION XXII

TRAITEMENT PRÉSERVATIF OU CURATIF DE L'OBÉSITÉ[1]

106. — Je commence par un fait qui prouve qu'il faut du courage, soit pour se préserver, soit pour se guérir de l'obésité.

---

1. Il y a environ vingt ans que j'avais entrepris un traité *ex professo* sur l'obésité. Mes lecteurs doivent surtout en regretter la préface : elle avait la forme dramatique ; et j'y prouvais à un médecin que la fièvre est bien moins dangereuse qu'un procès ; car, ce dernier, après avoir fait courir, attendre, mentir, pester le plaideur, après l'avoir indéfiniment privé de repos, de joie et d'argent, finissait encore par le rendre malade et le faire mourir de male mort, vérité tout aussi bonne à propager qu'aucune autre.

M. Louis Greffulhe, que S. M. honora plus tard du titre de comte, vint me voir un matin, et me dit qu'il avait appris que je m'étais occupé de l'obésité ; qu'il en était fortement menacé, et qu'il venait me demander des conseils.

« Monsieur, lui dis-je, n'étant pas docteur à diplôme, je suis maître de vous refuser ; cependant je suis à vos ordres, mais à une condition : c'est que vous donnerez votre parole d'honneur de suivre, pendant un mois, avec une exactitude rigoureuse, la règle de conduite que je vous donnerai. »

M. Greffulhe fit la promesse exigée, en me prenant la main, et dès le lendemain je lui délivrai mon fetfa, dont le premier article était de se peser au commencement et à la fin du traitement, à l'effet d'avoir une base mathématique pour en vérifier le résultat.

A un mois de là, M. Greffulhe revint me voir, et me parla à peu près en ces termes :

« Monsieur, dit-il, j'ai suivi votre prescription comme si ma vie en avait dépendu, et j'ai vérifié que dans le mois, le poids de mon corps a diminué de trois livres, même un peu plus. Mais, pour parvenir à ce résultat, j'ai été obligé de faire à tous mes goûts, à toutes mes habitudes, une telle violence, en un mot, j'ai tant souffert, qu'en vous faisant tous mes remerciements de vos bons conseils, je renonce au bien qui peut m'en provenir, et m'abandonne pour l'avenir à ce que la Providence en ordonnera. »

Après cette résolution, que je n'entendis pas sans peine, l'événement fut ce qu'il devait être ; M. Greffulhe devint de plus en plus corpulent, fut sujet aux inconvénients de l'extrême obésité, et à peine âgé de quarante ans, mourut des suites d'une maladie suffocatoire à laquelle il était devenu sujet.

GÉNÉRALITÉS. 107. — Toute cure de l'obésité doit commencer par ces trois préceptes de théorie absolue : discrétion dans le manger, modération dans le sommeil, exercice à pied et à cheval.

Ce sont les premières ressources que nous présente la science : cependant j'y compte peu, parce que je connais les hommes et les choses, et que toute prescription qui n'est pas exécutée à la lettre ne peut pas produire d'effet.

Or, 1° il faut beaucoup de caractère pour sortir de table avec appétit; tant que ce besoin dure, un morceau appelle l'autre avec un attrait irrésistible; et, en général, on mange tant qu'on a faim, en dépit des docteurs, et même à l'exemple des docteurs.

2° Proposer à des obèses de se lever matin, c'est leur percer le cœur : ils vous diront que leur santé s'y oppose; que quand ils se sont levés matin, ils ne sont bons à rien toute la journée; les femmes se plaindront d'avoir les yeux battus; tous consentiront à veiller tard, mais ils se réserveront de dormir la grasse matinée; et voilà une ressource qui échappe.

3° Monter à cheval est un remède cher, qui ne convient ni à toutes les fortunes ni à toutes les positions.

Proposez à une jolie obèse de monter à cheval, elle y consentira avec joie, mais à trois conditions : la première, qu'elle aura à la fois un beau cheval, vif et doux; la seconde, qu'elle aura un habit d'amazone frais et coupé dans le dernier goût; la troisième, qu'elle aura un écuyer d'accompagnement complaisant et beau garçon. Il est assez rare que tout cela se trouve, et on n'équite pas.

L'exercice à pied donne lieu à bien d'autres objections : il est fatigant à mourir; on transpire et on s'expose à une fausse pleurésie; la poussière abîme les bas; les pierres percent les petits souliers, il n'y a pas moyen de persister. Enfin si, pendant ces diverses tentatives, il survient le plus léger accès de migraine, si un bouton gros comme la tête d'une épingle perce la peau, on le met sur le compte du régime, on l'abandonne, et le docteur enrage.

Ainsi, restant convenu que toute personne qui désire voir diminuer son embonpoint doit manger modérément, peu dormir, et faire autant d'exercice qu'il lui est possible, il faut cependant chercher une autre voie pour arriver au but. Or, il est une méthode infaillible pour empêcher la corpulence de devenir excessive, ou pour la diminuer, quand elle est venue à ce point. Cette méthode qui est fondée sur tout ce que la physique et la chimie ont de plus certain, consiste dans un régime diététique approprié à l'effet qu'on veut obtenir.

De toutes les puissances médicales, le régime est la première, parce qu'il agit sans cesse, le jour, la nuit, pendant la veille, pendant le sommeil; que l'effet s'en rafraîchit à chaque repas, et qu'il finit par subjuguer toutes les parties de l'individu. Or, le régime antiobésique est indiqué par la cause la plus commune et la plus active de l'obésité, et puisqu'il est démontré que ce n'est qu'à force de farines et de fécules que les congestions graisseuses se forment, tant chez l'homme que chez les animaux; puisque, à l'égard de ces derniers, cet effet se produit chaque jour sous nos yeux, et donne lieu au commerce des animaux engraissés, on peut en déduire, comme conséquence exacte, qu'une abstinence plus ou moins rigide de tout ce qui est farineux ou féculent conduit à la diminution de l'embonpoint.

« O mon Dieu! allez-vous tous vous écrier, lecteurs et lectrices, ô mon Dieu! mais voyez donc comme le professeur est barbare! voilà que d'un seul mot il proscrit tout ce que nous aimons, ces pains si blancs de Limet, ces biscuits d'Achard, ces galettes de..., et tant de bonnes choses qui se font avec des farines et du beurre, avec des farines et du sucre, avec des farines, du sucre et des œufs! Il ne fait grâce ni aux pommes de terre, ni aux macaronis! Aurait-on dû s'attendre à cela d'un amateur qui paraissait si bon?

Qu'est-ce que j'entends-là? ai-je répondu en prenant ma physionomie sévère, que je ne mets qu'une fois l'an; eh bien! mangez, engraissez; devenez laids, pesants, asthmatiques, et mourez de gras-fondu; je suis là pour en prendre note, et vous figurerez dans ma seconde édition... Mais que vois-je? une seule phrase vous a vaincus; vous avez peur, et vous priez pour suspendre la foudre... Rassurez-vous; je vais tracer votre régime, et vous prouver que quelques délices vous attendent encore sur cette terre où l'on vit pour manger.

Vous aimez le pain : eh bien ! vous mangerez du pain de seigle ; l'estimable Cadet de Vaux en a depuis longtemps préconisé les vertus ; il est moins nourrissant, et surtout il est moins agréable : ce qui rend le précepte plus facile à remplir. Car, pour être sûr de soi, il faut surtout fuir la tentation. Retenez bien ceci ; c'est de la morale.

Vous aimez le potage ; ayez-le à la julienne, aux légumes verts, aux choux, aux racines ; je vous interdis pain, pâtes et purées.

Au premier service, tout est à votre usage, à peu d'exceptions près : comme le riz aux volailles et la croûte des pâtés chauds. Travaillez, mais soyez circonspects, pour ne pas satisfaire plus tard un besoin qui n'existera plus.

Le second service va paraître, et vous aurez besoin de philosophie. Fuyez les farineux, sous quelque forme qu'ils se présentent ; ne vous reste-t-il pas le rôti, la salade, les légumes herbacés ? et, puisqu'il faut vous passer quelques sucreries, préférez la crème au chocolat et les gelées au ponche, à l'orange et autres pareilles.

Voilà le dessert. Nouveau danger : mais si jusque-là vous vous êtes bien conduit, votre sagesse ira toujours croissant. Défiez-vous des bouts de table (ce sont toujours des brioches plus ou moins parées) ; ne regardez ni aux biscuits ni aux macarons ; il vous reste des fruits de toute espèce, des confitures, et bien des choses que vous saurez choisir si vous adoptez mes principes.

Après dîner, je vous ordonne le café, vous permets la liqueur, et vous conseille le thé et le ponche dans l'occasion.

Au déjeuner, le pain de seigle de rigueur, le chocolat plutôt que le café. Cependant je permets le café au lait un peu fort ; point d'œufs, tout le reste à volonté. Mais on ne saurait déjeuner de trop bonne heure. Quand on déjeune tard, le dîner vient avant que la digestion soit faite ; on n'en mange pas moins ; et cette mangerie sans appétit est une cause de l'obésité très active, parce qu'elle a lieu souvent. »

SUITE DU RÉGIME. 108. — Jusqu'ici je vous ai tracé, en père tendre et un peu complaisant, les limites d'un régime qui repousse l'obésité qui vous menace : ajoutons-y encore quelques préceptes contre celle qui vous a atteints.

Buvez, chaque été, trente bouteilles d'eau de Seltz, un très grand verre le matin, deux avant le déjeuner, et autant en vous couchant. Ayez, à l'ordinaire, des vins blancs, légers et acidulés, comme ceux d'Anjou. Fuyez la bière comme la peste : demandez souvent radis, des artichauts à la poivrade, des asperges, du céleri, des cardons. Parmi les viandes, préférez le veau et la volaille ; du pain, ne mangez que la croûte ; dans les cas douteux, laissez-vous guider par un docteur qui adopte mes principes ; et quel que soit le moment où vous aurez commencé à les suivre, vous serez avant peu frais, jolis, lestes, bien portants et propres à tout.

Après vous avoir ainsi placés sur votre terrain, je dois aussi vous en montrer les écueils, de peur que, emportés par un zèle obésifuge, vous n'outrepassiez le but.

L'écueil que je veux signaler est l'usage habituel des acides, que des ignorants conseillent quelquefois, et dont l'expérience a toujours démontré les mauvais effets.

DANGERS DES ACIDES. 109. — Il circule parmi les femmes une doctrine funeste, et qui fait périr chaque année bien des jeunes personnes, savoir : que les acides, et surtout le vinaigre, sont des préservatifs contre l'obésité.

Sans doute l'usage continu des acides fait maigrir, mais c'est en détruisant la fraîcheur, la santé et la vie ; et quoique la limonade soit le plus doux d'entre eux, il est peu d'estomacs qui y résistent longtemps.

La vérité que je viens d'énoncer ne saurait être rendue trop publique ; il est peu de mes lecteurs qui ne pussent me fournir quelque observation pour l'appuyer, et dans le nombre je préfère la suivante, qui m'est en quelque sorte personnelle.

En 1776, j'habitais Dijon; j'y faisais un cours de droit en la faculté; un cours de chimie sous M. Guyton de Morveau, pour lors avocat général, et un cours de médecine domestique sous M. Maret, secrétaire perpétuel de l'Académie, et père de M. le duc de Bassano.

J'avais une sympathie d'amitié pour une des plus jolies personnes dont ma mémoire ait conservé le souvenir. Je dis *sympathie d'amitié*, ce qui est rigoureusement vrai et en même temps bien surprenant, car j'étais alors grandement en fond pour des affinités bien autrement exigeantes.

Cette amitié, qu'il faut prendre pour ce qu'elle a été et non pour ce qu'elle aurait pu devenir, avait pour caractère une familiarité qui était devenue, dès le premier jour, une confiance qui nous paraissait toute naturelle, et des chuchotements à ne plus finir, dont la maman ne s'alarmait point, parce qu'ils avaient un caractère d'innocence digne des premiers âges. Louise était donc très jolie, et avait surtout, dans une juste proportion, cet embonpoint classique qui fait le charme des yeux et la gloire des arts d'imitation.

Quoique je ne fusse que son ami, j'étais bien loin d'être aveugle sur les attraits qu'elle laissait voir ou soupçonner, et peut-être ajoutaient-ils, sans que je pusse m'en douter, au chaste sentiment qui m'attachait à elle. Quoi qu'il en soit, un soir que j'avais considéré Louise avec plus d'attention qu'à l'ordinaire : « Chère amie, lui dis-je, vous êtes malade; il me semble que vous avez maigri. — Oh! non, me répondit-elle avec un sourire qui avait quelque chose de mélancolique, je me porte bien; et si j'ai un peu maigri, je puis, sous ce rapport, perdre un peu sans m'appauvrir. — Perdre! lui répliquai-je avec feu; vous n'avez besoin ni de perdre ni d'acquérir : restez comme vous êtes, charmante à croquer », et autres phrases pareilles qu'un ami de vingt ans a toujours à commandement.

Depuis cette conversation, j'observai cette jeune fille avec un intérêt mêlé d'inquiétude, et bientôt je vis son teint pâlir, ses joues se creuser, ses appas se flétrir... Oh! comme la beauté est une chose fragile et fugitive! Enfin, je la joignis au bal, où elle allait encore comme à l'ordinaire; j'obtins d'elle qu'elle se reposerait pendant deux contredanses, et mettant ce temps à profit, j'en reçus l'aveu que fatiguée des plaisanteries de quelques-unes de ses amies qui lui annonçaient qu'avant deux ans elle serait aussi grosse que *saint Christophe,* et aidée par les conseils de quelques autres, elle avait cherché à maigrir, et, dans cette vue, avait bu pendant un mois un verre de vinaigre chaque matin; elle ajouta que jusque alors elle n'avait fait à personne confidence de cet essai.

Je frémis à cette confession; je sentis toute l'étendue du danger, et j'en fis part dès le lendemain à la mère de Louise, qui ne fut pas moins alarmée que moi; car elle adorait sa fille. On ne perdit pas de temps; on s'assembla, on consulta, on médicamenta. Peines inutiles! les sources de la vie étaient irrémédiablement attaquées; et au moment où on commençait à soupçonner le danger, il ne restait déjà plus d'espérance.

Ainsi, pour avoir suivi d'imprudents conseils, l'aimable Louise, réduite à l'état affreux qui accompagne le marasme, s'endormit pour toujours, qu'elle avait à peine dix-huit ans.

Elle s'éteignit en jetant des regards douloureux vers un avenir qui ne devait pas exister pour elle : et l'idée d'avoir, quoique involontairement, attenté à sa vie, rendit sa fin plus douloureuse et plus prompte.

C'est la première personne que j'ai vue mourir, car elle rendit le dernier soupir dans mes bras, au moment où, suivant son désir, je la soulevais pour lui faire voir le jour. Huit heures environ après sa mort, sa mère désolée me pria de l'accompagner dans une dernière visite qu'elle voulait faire à ce qui restait de sa fille; et nous observâmes avec surprise que l'ensemble de sa physionomie avait pris quelque chose de radieux et d'extatique qui n'y paraissait point auparavant. Je m'en étonnai : la maman en tira un augure consolateur. Mais ce cas n'est pas rare. Lavater en fait mention dans son *Traité de la physionomie*.

CEINTURE ANTI-OBÉSIQUE. 110. — Tout régime anti-obésique doit être accompagné d'une précaution que j'avais oubliée, et par laquelle j'aurais dû commencer : elle consiste à porter jour et nuit une ceinture qui contienne le ventre, en le serrant modérément.

Pour en bien sentir la nécessité, il faut considérer que la colonne vertébrale, qui forme une des parois de la caisse intestinale, est ferme et inflexible : d'où il suit que tout l'excédent de poids que les intestins acquièrent, au moment où l'obésité les fait dévier de la ligne verticale, s'appuie sur les diverses enveloppes qui composent la peau du ventre, et celles-ci, pouvant se distendre presque indéfiniment[1], pourraient bien n'avoir pas assez de ressort pour se retraire quand cet effort diminue, si on ne leur donnait pas un aide mécanique qui, ayant son point d'appui sur la colonne dorsale elle-même, devînt son antagoniste et rétablît l'équilibre. Ainsi, cette ceinture produit le double effet d'empêcher le ventre de céder ultérieurement au poids actuel des intestins, et de lui donner la force nécessaire pour se rétrécir quand ce poids diminue. On ne doit jamais la quitter; autrement le bien produit pendant le jour serait détruit par l'abandon de la nuit; mais elle est peu gênante, et on s'y accoutume bien vite.

La ceinture, qui sert aussi de moniteur pour indiquer qu'on est suffisamment repu, doit être faite avec quelque soin; sa pression doit être à la fois modérée et toujours la même, c'est-à-dire qu'elle doit

---

1. Mirabeau disait d'un homme excessivement gros, que Dieu ne l'avait créé que pour montrer jusqu'à quel point la peau humaine pouvait s'étendre sans rompre.

être faite de manière à se resserrer à mesure que l'embonpoint diminue.

On n'est point condamné à la porter toute la vie ; on peut la quitter sans inconvénient quand on est revenu au point désiré, et qu'on y a demeuré stationnaire pendant quelques semaines. Bien entendu qu'on observera une diète convenable. Il y a au moins six ans que je n'en porte plus.

DU QUINQUINA. 111. — Il existe une substance que je crois activement anti-obésique ; plusieurs observations m'ont conduit à le croire ; cependant je permets encore de douter, et j'appelle les docteurs à expérimenter.

Cette substance doit être le quinquina.

Dix ou douze personnes de ma connaissance ont eu de longues fièvres intermittentes ; quelques-unes se sont guéries par des remèdes de bonne femme, des poudres, etc., etc. ; d'autres par l'usage continu du quinquina, qui ne manque jamais son effet.

Tous les individus de la première catégorie, qui étaient obèses, ont repris leur ancienne corpulence ; tous ceux de la seconde sont restés dégagés du superflu de leur embonpoint ; ce qui me donne le droit de penser que c'est le quinquina qui a produit ce dernier effet, car il n'y a eu de différence entre eux que le mode de guérison.

La théorie rationnelle ne s'oppose point à cette conséquence ; car, d'une part, le quinquina, élevant toutes les puissances vitales, peut bien donner à la circulation une activité qui trouble et dissipe les gaz destinés à devenir de la graisse ; et, d'autre part, il est prouvé qu'il y a dans le quinquina une partie de tannin qui peut fermer les capsules destinées, dans les cas ordinaires, à recevoir les congestions graisseuses. Il est même probable que ces deux effets concourent et se renforcent l'un l'autre.

C'est d'après ces données, dont chacun peut apprécier la justesse, que je crois pouvoir conseiller l'usage du quinquina à tous ceux qui désirent se débarrasser d'un embonpoint devenu incommode. Ainsi, *dum-*

modó annuerint in omni medicationis genere doctissimi facultatis professores, je pense qu'après le premier mois d'un régime approprié, celui ou celle qui désire se dégraisser fera bien de prendre pendant un mois, de deux jours l'un, à sept heures du matin, deux heures avant le déjeuner, un verre de vin blanc sec, dans lequel on aura délayé environ une cuillerée à café de bon quinquina rouge, et qu'on en éprouvera de bons effets. Tels sont les moyens que je propose pour combattre une incommodité aussi fâcheuse que commune. Je les ai accommodés à la faiblesse humaine, modifiée par l'état de société dans lequel nous vivons.

Je me suis pour cela appuyé sur cette vérité expérimentale que, plus un régime est rigoureux, moins il produit d'effet, parce qu'on le suit mal ou qu'on ne le suit pas du tout.

Les grands efforts sont rares ; et si on veut être suivi, il ne faut proposer aux hommes que ce qui leur est facile, et même, quand on le peut, ce qui leur est agréable.

MÉDITATION XXIII

DE LA MAIGREUR

DÉFINITION. 112. — La maigreur est l'état d'un individu dont la chair musculaire, n'étant pas renflée par la graisse, laisse apercevoir les formes et les angles de la charpente osseuse.

ESPÈCES. — Il y a deux sortes de maigreur : la première est celle qui, étant le résultat de la disposition primitive du corps, est accompagnée de la santé et de l'exercice complet de toutes les fonctions organiques ; la seconde est celle qui, ayant pour cause la faiblesse de certains organes ou l'action défectueuse de quelques autres, donne à celui qui en est atteint une apparence misérable et chétive. J'ai connu une jeune femme de taille moyenne qui ne pesait que soixante-cinq livres.

EFFETS DE LA MAIGREUR. 113. — La maigreur n'est pas un grand désavantage pour les hommes ; ils n'en ont pas moins de vigueur, et sont beaucoup plus dispos. Le père de la jeune dame dont je viens de faire mention, quoique tout aussi maigre qu'elle, était assez fort pour prendre avec les dents une chaise pesante, et la jeter derrière lui, en la faisant passer par-dessus sa tête.

Mais elle est un malheur effroyable pour les femmes, car pour elles la beauté est plus que la vie, et la beauté consiste surtout dans la rondeur des formes et la courbure gracieuse des lignes. La toilette la plus recherchée, la couturière la plus sublime, ne peuvent masquer certaines absences, ni dissimuler certains angles ; et on dit assez communément que, à chaque épingle qu'elle ôte, une femme maigre, quelque belle qu'elle paraisse, perd quelque chose de ses charmes.

Avec les chétives il n'y a point de remède, ou plutôt il faut que la Faculté s'en mêle, et le régime peut être si long que la guérison arrivera bien tard.

Mais pour les femmes qui sont nées maigres et qui ont l'estomac bon, nous ne voyons pas qu'elles puissent être plus difficiles à engraisser que des poulardes ; et s'il faut y mettre un peu plus de temps, c'est que les femmes ont l'estomac comparativement plus petit, et ne peuvent pas être soumises à un régime rigoureux et ponctuellement exécuté comme ces animaux dévoués.

Cette comparaison est la plus douce que j'aie pu trouver ; il m'en fallait une, et les dames la pardonneront, à cause des intentions louables dans lesquelles le chapitre est médité.

PRÉDESTINATION NATURELLE. 114. — La nature, variée dans ses œuvres, a des moules pour la maigreur comme pour l'obésité.

Les personnes destinées à être maigres sont construites dans un système allongé. Elles ont les mains et les pieds menus, les jambes grêles, la région du coccyx peu étoffée, les côtes apparentes, le nez aquilin, les yeux en amande, la bouche grande, le menton pointu et les cheveux bruns.

Tel est le type général : quelques parties du corps peuvent y échapper ; mais cela arrive rarement.

On voit quelquefois des personnes maigres qui mangent beaucoup. Toutes celles que j'ai pu interroger m'ont avoué qu'elles digéraient mal, qu'elles..., et voilà pourquoi elles restent dans le même état.

Les chétifs sont de tous les poils et de toutes les formes. On les distingue en ce qu'ils n'ont rien de saillant, ni dans les traits ni dans la tournure ; qu'ils ont les yeux morts, les lèvres pâles, et que la combinaison de leurs traits indique l'inénergie, la faiblesse, et quelque chose qui ressemble à la souffrance. On pourrait presque dire d'eux qu'ils ont l'air de n'être pas finis, et que chez eux le flambeau de la vie n'est pas encore tout à fait allumé.

RÉGIME INCRASSANT. 115. — Toute femme maigre désire engraisser : c'est un vœu que nous avons recueilli mille fois ; c'est donc pour rendre un dernier hommage à ce sexe tout puissant que nous allons chercher à remplacer par des formes réelles ces appas de soie ou de coton qu'on voit exposés avec profusion dans les magasins de nouveautés, au grand scandale des sévères, qui passent tout effarouchés, et se détournent de ces chimères avec autant et plus de soin que si la réalité se présentait à leurs yeux.

Tout le secret pour acquérir de l'embonpoint consiste dans un régime convenable : il ne faut que manger et choisir ses aliments.

Avec ce régime, les prescriptions positives relativement au repos et au sommeil deviennent à peu près indifférentes, et on n'en arrive pas moins au but qu'on se propose. Car si vous ne faites pas d'exercice, cela vous disposera à engraisser ; si vous en faites, vous engraisserez encore, car vous mangerez davantage ; et quand l'appétit est savamment satisfait, non seulement on répare, mais encore on acquiert quand on a besoin d'acquérir.

Si vous dormez beaucoup, le sommeil est incrassant ; si vous dormez peu, votre digestion ira plus vite, et vous mangerez davantage.

Il ne s'agit donc que d'indiquer la manière dont doivent toujours se nourrir ceux qui désirent arrondir leurs formes ; et cette tâche ne peut être difficile, après les divers principes que nous avons déjà établis.

Pour résoudre le problème, il faut présenter à l'estomac des aliments qui l'occupent sans le fatiguer, et aux puissantes assimilatrices des matériaux qu'elles puissent tourner en graisse.

Essayons de tracer la journée alimentaire d'un sylphe ou d'une sylphide à qui l'envie aura pris de se matérialiser.

Règle générale : on mangera beaucoup de pain frais et fait dans la journée ; on se gardera bien d'en écarter la mie.

On prendra, avant huit heures du matin, et au lit, s'il le faut, un potage au pain ou aux pâtes, pas trop copieux, afin qu'il passe vite, ou, si on veut, une tasse de bon chocolat.

A onze heures, on déjeunera avec des œufs frais, brouillés ou sur le plat, des petits pâtés, des côtelettes, et ce qu'on voudra : l'essentiel est qu'il y ait des œufs. La tasse de café ne nuira pas.

L'heure du dîner aura été réglée de manière à ce que le déjeuner ait passé avant qu'on se mette à table ; car nous avons coutume de dire que quand l'ingestion d'un repas empiète sur la digestion du précédent, il y a malversation.

Après le déjeuner, on fera un peu d'exercice : les hommes, si l'état qu'ils ont embrassé le permet, car le devoir avant tout ; les dames iront au bois de Boulogne, aux Tuileries, chez leur couturière, chez leur marchande de modes, dans les magasins de nouveautés, et chez leurs amies, pour causer de ce qu'elles auront vu. Nous tenons pour certain qu'une pareille causerie est éminemment médicamenteuse, par le grand contentement qui l'accompagne.

A dîner, potage, viande et poisson à volonté; mais on y joindra les mets au riz, les macaronis, les pâtisseries sucrées, les crèmes douces, les charlottes, etc.

Au dessert, les biscuits de Savoie, babas et autres préparations qui réunissent les fécules, les œufs et le sucre.

Ce régime, quoique circonscrit en apparence, est cependant susceptible d'une grande variété; il admet tout le règne animal; et on aura grand soin de changer l'espèce, l'apprêt et l'assaisonnement des divers mets farineux dont on fera usage et qu'on relèvera par tous les moyens connus, afin de prévenir le dégoût, qui opposerait un obstacle invincible à toute amélioration ultérieure.

On boira de la bière par préférence, sinon des vins de Bordeaux, ou du midi de la France.

On fuira les acides, excepté la salade, qui réjouit le cœur. On sucrera les fruits qui en sont susceptibles, on ne prendra pas de bains trop froids; on tâchera de respirer de temps en temps l'air pur de la campagne; on mangera beaucoup de raisin dans la saison; on ne s'exténuera pas au bal à force de danser.

On se couchera vers onze heures dans les jours ordinaires, et pas plus tard qu'une heure du matin dans les *extra*.

En suivant ce régime avec exactitude et courage, on aura bientôt réparé les distractions de la nature : la santé y gagnera autant que la beauté; la volupté fera son profit de l'un et de l'autre, et des accents de reconnaissance retentiront agréablement à l'oreille du professeur.

On engraisse les moutons, les veaux, les bœufs, la volaille, les carpes, les écrevisses, les huîtres; d'où je déduis la maxime générale : *Tout ce qui mange peut s'engraisser, pourvu que les aliments soient bien et convenablement choisis.*

MÉDITATION XXIV

DU JEÛNE

DÉFINITION. 116. — Le jeûne est une abstinence volontaire d'aliments dans un but moral ou religieux.

Quoique le jeûne soit contraire à un de nos penchants, ou plutôt de nos besoins les plus habituels, il est cependant de la plus haute antiquité.

ORIGINE DU JEÛNE. Voici comment les auteurs en expliquent l'établissement.

Dans les afflictions particulières, disent-ils, un père, une mère, un enfant chéri, venant à mourir dans une famille, toute la maison était en deuil : on le pleurait, on lavait son corps, on l'embaumait, on lui faisait des obsèques conformes à son rang. Dans ces occasions, on ne songeait guère à manger : on jeûnait sans s'en apercevoir.

De même, dans les désolations publiques, quand on était affligé d'une sécheresse extraordinaire, de pluies excessives, de guerres cruelles, de maladies contagieuses, en un mot, de ces fléaux où la force et l'industrie ne peuvent rien, on s'abandonnait aux larmes, on imputait toutes ces désolations à la colère des dieux; on s'humiliait devant eux, on leur offrait les mortifications de l'abstinence. Les malheurs cessaient, on se persuada qu'il fallait en attribuer la cause aux larmes et au jeûne, et on continua d'y avoir recours dans des conjonctures semblables.

Ainsi, les hommes affligés de calamités publiques ou particulières se sont livrés à la tristesse, et ont négligé de prendre de la nourriture; ensuite ils ont regardé cette abstinence volontaire comme un acte de religion.

Ils ont cru qu'en macérant leur corps quand leur âme était désolée, ils pouvaient émouvoir la miséricorde des dieux; et cette idée, saisissant tous les peuples, leur a inspiré le deuil, les vœux, les prières, les sacrifices, les mortifications et l'abstinence.

Enfin, Jésus-Christ étant venu sur la terre, a sanctifié le jeûne, et toutes les sectes chrétiennes l'ont adopté avec plus ou moins de mortifications.

COMMENT ON JEÛNAIT. 117. — Cette pratique du jeûne, je suis forcé de le dire, est singulièrement tombée en désuétude; et, soit pour l'édification des mécréants, soit pour leur conversion, je me plais à raconter comme nous faisions vers le milieu du XVIIIe siècle.

En temps ordinaire, nous déjeunions avant neuf heures avec du pain, du fromage, des fruits, quelquefois du pâté et de la viande froide.

Entre midi et une heure, nous dînions avec le potage et le pot-au-feu officiels, plus ou moins bien accompagnés, suivant les fortunes et les occurrences.

Vers quatre heures on goûtait : ce repas était léger et spécialement destiné aux enfants et à ceux qui se piquaient de suivre les usages des temps passés.

Mais il y avait des goûters *soupatoires*, qui commençaient à cinq heures et duraient indéfiniment; ces repas étaient ordinairement fort gais, et les dames s'en accommodaient à merveille ; elles s'en donnaient même quelquefois entre elles, d'où les hommes étaient exclus. Je trouve dans mes Mémoires secrets qu'il y avait là force médisances et cancans.

Vers huit heures, on soupait avec entrée, rôti, entremets, salade et dessert : on causait, on faisait une partie, et l'on allait se coucher.

Il y a toujours eu à Paris des soupers d'un ordre plus relevé, et qui commençaient après le spectacle. Ils se composaient, suivant les circonstances, de jolies femmes, d'actrices à la mode, d'impures élégantes, de grands seigneurs, de financiers, de libertins et de beaux esprits.

Là, on contait l'aventure du jour, on chantait la chanson nouvelle; on parlait politique, littérature, spectacles; et surtout on faisait l'amour.

Voyons maintenant ce qu'on faisait les jours de jeûne.

On faisait maigre; on ne déjeunait point, et par cela même on avait plus d'appétit qu'à l'ordinaire.

L'heure venue, on dînait tant qu'on pouvait; mais le poisson et les légumes passent vite; avant cinq heures on mourait de faim; on regardait sa montre, on attendait, et on enrageait tout en faisant son salut.

Vers huit heures, on trouvait, non un bon souper, mais la collation, mot venu du cloître, parce que, vers la fin du jour, les moines s'assemblaient pour faire des conférences sur les Pères de l'Eglise, après quoi on leur permettait un verre de vin.

A la collation, on ne pouvait servir ni beurre, ni œufs, ni rien de ce qui avait eu vie. Il fallait donc se contenter de salade, de confitures, de fruits; mets, hélas! bien peu consistants, si on les compare aux appétits qu'on avait en ce temps-là; mais on prenait patience pour l'amour du ciel, on allait se coucher, et tout le long du carême on recommençait.

Quant à ceux qui faisaient les petits soupers dont j'ai fait mention, on m'a assuré qu'ils ne jeûnaient pas et n'ont jamais jeûné.

Le chef-d'œuvre de la cuisine de ces temps anciens était une collation rigoureusement apostolique, et qui cependant eût l'air d'un bon souper.

La science était venue à bout de résoudre ce problème au moyen de la tolérance du poisson au bleu, des coulis de racines et de la pâtisserie à l'huile.

L'observance exacte du carême donnait lieu à un plaisir qui nous est inconnu, celui de se *décarêmer* en déjeunant le jour de Pâques.

En y regardant de près, les éléments de nos plaisirs sont la difficulté, la privation, le désir de la jouissance. Tout cela se rencontrait dans l'acte qui rompait l'abstinence; et j'ai vu deux de mes grands-oncles, gens sages et graves, se pâmer d'aise au moment où, le jour de Pâques, ils voyaient entamer un jambon ou éventrer un pâté. Maintenant, race dégénérée que nous sommes ! nous ne suffirions pas à de si puissantes sensations.

ORIGINE DU RELÂCHEMENT. 118. — J'ai vu naître le relâchement ; il est venu par nuances insensibles.

Les jeunes gens jusqu'à un certain âge, n'étaient pas astreints au jeûne ; et les femmes enceintes ou qui croyaient l'être en étaient exemptées par leur position ; et déjà on servait pour eux du gras et un souper qui tentait violemment les jeûneurs.

Ensuite, les gens faits vinrent à s'apercevoir que le jeûne les irritait, leur donnait mal à la tête, les empêchait de dormir. On mit ensuite sur le compte du jeûne tous les petits accidents qui assiègent l'homme à l'époque du printemps, tels que les éruptions vernales, les éblouissements, les saignements de nez, et autres symptômes d'effervescence qui signalent le renouvellement de la nature. De sorte que l'un ne jeûnait pas parce qu'il se croyait malade, l'autre parce qu'il l'avait été, et un troisième parce qu'il craignait de le devenir : d'où il arrivait que le maigre et les collations devenaient tous les jours plus rares.

Ce n'est pas tout : quelques hivers furent assez rudes pour qu'on craignît de manquer de racines ; et la puissance ecclésiastique elle-même se relâcha officiellement de sa rigueur, pendant que les maîtres se plaignaient du surcroît de dépenses que leur causait le régime du maigre, que quelques-uns disaient que Dieu ne voulait pas qu'on exposât sa santé, et que les gens de peu de foi ajoutaient qu'on ne prenait pas le paradis par la famine.

Cependant le devoir restait reconnu ; et presque toujours on demandait aux pasteurs des permissions qu'ils refusaient rarement, en ajoutant toutefois la condition de faire quelques aumônes pour remplacer l'abstinence.

Enfin la révolution vint, qui, remplissant tous les cœurs de soins, de craintes et d'intérêts d'une autre nature, fit qu'on n'eut ni le temps ni l'occasion de recourir à des prêtres, dont les uns étaient poursuivis comme ennemis de l'Etat, ce qui ne les empêchait pas de traiter les autres de schismatiques.

A cette cause, qui heureusement ne subsiste plus, il s'en est joint une autre non moins influente. L'heure de nos repas a totalement changé : nous ne mangeons plus ni aussi souvent, ni aux mêmes heures que nos ancêtres, et le jeûne aurait besoin d'une organisation nouvelle.

Cela est si vrai, que, quoique je ne fréquente que des gens réglés, sages, et même assez croyants, je ne crois pas, en vingt-cinq ans, avoir trouvé, *hors de chez moi*, dix repas maigres et une seule collation.

Bien des gens pourraient se trouver fort embarrassés en pareil cas : mais je sais que saint Paul l'a prévu ; et je reste à l'abri sous sa protection.

Au reste, on se tromperait fort, si on croyait que l'intempérance a gagné en ce nouvel ordre de choses.

Le nombre des repas a diminué de près de moitié. L'ivrognerie a disparu pour se réfugier, en de certains jours, dans les dernières classes de la société. On ne fait plus d'orgies : un homme crapuleux serait honni. Plus du tiers de Paris ne se permet, le matin, qu'une légère collation, et si quelques-uns se livrent aux douceurs d'une gourmandise délicate et recherchée, je ne vois pas trop comment on pourrait leur en faire le reproche, car nous avons vu ailleurs que tout le monde y gagne et que personne n'y perd.

Ne finissons pas ce chapitre sans observer la nouvelle direction qu'ont prise les goûts des peuples.

Chaque jour, des milliers d'hommes passent au spectacle ou au café, la soirée que, quarante ans plus tôt, ils auraient passée au cabaret.

Sans doute l'économie ne gagne rien à ce nouvel arrangement, mais il est très avantageux sous le rapport des mœurs. Les mœurs s'adoucissent au spectacle ; on s'instruit au café par la lecture des journaux ; et on échappe certainement aux querelles, aux maladies et à l'abrutissement, qui sont les suites infaillibles de la fréquentation des cabarets.

MEDITATION XXV

DE L'ÉPUISEMENT

119. — On entend par épuisement un état de faiblesse, de langueur et d'accablement, causé par des circonstances antécédentes, et qui rend plus difficile l'exercice des fonctions vitales. On peut, en n'y comprenant pas l'épuisement causé par la privation des aliments, en compter trois espèces :

L'épuisement causé par la fatigue musculaire, l'épuisement causé par les travaux de l'esprit, et l'épuisement causé par les excès génésiques.

Un remède commun aux trois espèces d'épuisement est la cessation immédiate des actes qui ont amené cet état, sinon maladif, du moins très voisin de la maladie.

TRAITEMENT. Après ce préliminaire indispensable, la gastronomie est là, toujours prête à présenter des ressources.

A l'homme excédé par l'exercice trop prolongé de ses forces musculaires, elle offre un bon potage, du vin généreux, de la viande faite, et le sommeil.

Au savant qui s'est laissé entraîner par les charmes de son sujet, un exercice au grand air pour rafraîchir son cerveau, le bain pour détendre ses fibres irritées, la volaille, les légumes herbacés et le repos.

Enfin nous apprendrons, par l'observation suivante, ce qu'elle peut faire pour celui qui oublie que la volupté a ses limites et le plaisir ses dangers.

CURE OPÉRÉE PAR LE PROFESSEUR. 120. — J'allai un jour faire une visite à un de mes meilleurs amis (M. Rubat) ; on me dit qu'il était malade, et effectivement je le trouvai en robe de chambre auprès de son feu, et en attitude d'affaissement.

Sa physionomie m'effraya ; il avait le visage pâle, les

yeux brillants, et sa lèvre tombait de manière à laisser voir les dents de la mâchoire inférieure, ce qui avait quelque chose de hideux.

Je m'enquis avec intérêt de la cause de ce changement subit ; il hésita, je le pressai, et après quelque résistance : « Mon ami, dit-il en rougissant, tu sais que ma femme est jalouse, et que cette manie m'a fait passer bien des mauvais moments. Depuis quelques jours, il lui en a pris une crise effroyable, et c'est en voulant lui prouver qu'elle n'a rien perdu de mon affection et qu'il ne se fait à son préjudice aucune dérivation du tribut conjugal, que je me suis mis en cet état.

— Tu as donc oublié, lui dis-je, que tu as quarante-cinq ans, et que la jalousie est un mal sans remède ? Ne sais-tu pas *furens quid fœmina possit ?* » Je tins encore quelques autres propos peu galants, car j'étais en colère.

« Voyons, au surplus, continuai-je, ton pouls est petit, dur, concentré ; que vas-tu faire ? — Le docteur, me dit-il, sort d'ici ; il a pensé que j'avais une fièvre nerveuse, et a ordonné une saignée pour laquelle il doit incessamment m'envoyer le chirurgien. — Le chirurgien ! m'écriai-je, garde-t'en bien, ou tu es mort ; chasse-le comme un meurtrier et dis-lui que je me suis emparé de toi corps et âme. Au surplus, ton médecin connaît-il la cause occasionnelle de ton mal ? — Hélas ! non ; une mauvaise honte m'a empêché de lui faire une confession entière. — Eh bien ! il faut le prier de passer chez toi. Je vais te faire une potion appropriée à ton état ; en attendant, prends ceci. » Je lui présentais un verre d'eau saturée de sucre, qu'il avala avec la confiance d'Alexandre et la foi du charbonnier.

Alors je le quittai et courus chez moi pour y mixtionner, fonctionner et élaborer un magister réparateur qu'on trouvera dans les *Variétés* [1], avec les divers modes que j'adoptai pour me hâter ; car, en

---

1. Voyez la fin du volume, n. 10.

pareil cas, quelques heures de retard peuvent donner lieu à des accidents irréparables.

Je revins bientôt armée de ma potion, et déjà je trouvai du mieux ; la couleur reparaissait aux joues, l'œil était détendu ; mais la lèvre pendait toujours avec une effrayante difformité.

Le médecin ne tarda pas à reparaître ; je l'instruisis de ce que j'avais fait, et le malade fit ses aveux. Son front doctoral prit d'abord un aspect sévère, mais bientôt, nous regardant avec un air où il y avait un peu d'ironie : « Vous ne devez pas être étonné, dit-il à mon ami, que je n'aie pas deviné une maladie qui ne convient ni à votre âge ni à votre état, et il y a de votre part trop de modestie à en cacher la cause, qui ne pouvait que vous faire honneur. J'ai encore à vous gronder de ce que vous m'avez exposé à une erreur qui aurait pu vous être funeste. Au surplus, mon confrère, ajouta-t-il en me faisant un salut que je lui rendis avec usure, vous a indiqué la bonne route ; prenez son potage, quel que soit le nom qu'il y donne, et si la fièvre vous quitte, comme je le crois, déjeunez demain avec une tasse de chocolat, dans laquelle vous ferez délayer deux jaunes d'œufs frais. »

A ces mots il prit sa canne, son chapeau, et nous quitta, nous laissant fort tentés de nous égayer à ses dépens.

Bientôt je fis prendre à mon malade une forte tasse de mon élixir de vie ; il le but avec avidité, et voulait redoubler ; mais j'exigeai un ajournement de deux heures et lui servis une seconde dose avant de me retirer.

Le lendemain, il était sans fièvre et presque bien portant ; il déjeuna suivant l'ordonnance, continua la potion, et put vaquer dès le surlendemain à ses occupations ordinaires ; mais la fièvre rebelle ne se releva qu'après le troisième jour.

Peu de temps après l'affaire transpira, et toutes les dames en chuchotaient entre elles.

Quelques-unes admiraient mon ami, presque toutes

le plaignaient, et le professeur gastronome fut glorifié.

MEDITATION XXVI

DE LA MORT

Omnia mors poscit; lex est, non pœna perire.

121. — Le créateur a imposé à l'homme six grandes et principales nécessités, qui sont la naissance, l'action, le manger, le sommeil, la reproduction et la mort.

La mort est l'interruption absolue des relations sensuelles et l'anéantissement absolu des forces vitales, qui abandonnent le corps aux lois de la décomposition.

Ces diverses nécessités sont toutes accompagnées et adoucies par quelques sensations de plaisir, et la mort elle-même n'est pas sans charmes quand elle est naturelle, c'est-à-dire quand le corps a parcouru les diverses phases de croissance, de virilité, de vieillesse, et de décrépitude auxquelles il est destiné.

Si je n'avais pas résolu de ne faire ici qu'un très court chapitre, j'appellerais à mon aide les médecins qui ont observé par quelles nuances insensibles les corps animés passent à l'état de matière inerte. Je citerai des philosophes, des rois, des littérateurs, qui, sur les bornes de l'éternité, loin d'être en proie à la douleur, avaient des pensées aimables et les ornaient du charme de la poésie. Je rappellerais cette réponse de Fontenelle mourant, qui, interrogé sur ce qu'il sentait, répondit : « Rien autre chose qu'une difficulté de vivre. » Mais je préfère n'annoncer que ma conviction, fondée non seulement sur l'analogie, mais encore sur plusieurs observations que je crois bien faites, et dont voici la dernière :

J'avais une grand-tante âgée de quatre-vingt-treize ans, qui se mourait. Quoique gardant le lit depuis quelque temps, elle avait conservé toutes ses facultés, et on ne s'était aperçu de son état qu'à la diminution de son appétit et à l'affaiblissement de sa voix.

Elle m'avait toujours montré beaucoup d'amitié, et j'étais auprès de son lit, prêt à la servir avec tendresse, ce qui ne m'empêchait pas de l'observer avec cet œil philosophique que j'ai toujours porté sur tout ce qui m'environne.

« Es-tu là, mon neveu ? me dit-elle d'une voix à peine articulée. — Oui, ma tante ; je suis à vos ordres, et je crois que vous feriez bien de prendre un peu de bon vin vieux. — Donne, mon ami ; le liquide va toujours en bas. » Je me hâtai ; et la soulevant doucement, je lui fis avaler un demi-verre de mon meilleur vin. Elle se ranima à l'instant ; et tournant sur moi des yeux qui avaient été fort beaux : « Grand merci, me dit-elle, de ce dernier service ; si jamais tu viens à mon âge, tu verras que la mort devient un besoin tout comme le sommeil. »

Ce furent ses dernières paroles, et une demi-heure après elle s'était endormie pour toujours.

Le docteur Richerand a décrit avec tant de vérité et de philosophie les dernières dégradations du corps humain et les derniers moments de l'individu, que mes lecteurs me sauront gré de leur faire connaître le passage suivant :

« Voici l'ordre dans lequel les facultés intellectuelles cessent et se décomposent. La raison, cet attribut dont l'homme se prétend le possesseur exclusif, l'abandonne la première. Il perd d'abord la puissance d'associer des jugements, et bientôt après celle de comparer, d'assembler, de combiner, de joindre ensemble plusieurs idées pour prononcer sur leurs rapports. On dit alors que le malade perd la tête, qu'il déraisonne, qu'il est en délire. Celui-ci roule ordinairement sur les idées les plus familières à l'individu ; la passion dominante s'y fait aisément reconnaître : l'avare tient sur ses trésors enfouis les propos les plus indiscrets ; tel autre meurt assiégé de religieuses terreurs. Souvenirs délicieux de la patrie absente, vous vous réveillez alors avec tous vos charmes et toute votre énergie !

Après le raisonnement et le jugement, c'est la faculté d'associer des idées qui se trouve frappée de la destruction successive. Cela arrive dans l'état connu sous le nom de *défaillance*, comme je l'ai éprouvé sur moi-même. Je causais avec un de mes amis, lorsque j'éprouvai une difficulté insurmontable à joindre deux idées sur la ressemblance desquelles je voulais former un jugement ; cependant la syncope n'était pas complète ; je conservais encore la mémoire et la faculté de sentir ; j'entendais distinctement les personnes qui étaient autour de moi dire : *Il s'évanouit*, et s'agiter pour me faire sortir de cet état, *qui n'était pas sans quelque douceur*.

La mémoire s'éteint ensuite. Le malade, qui, dans son délire, reconnaissait encore ceux qui l'approchaient, méconnaît enfin ses proches, puis ceux avec lesquels il vivait dans une grande intimité. Enfin, il cesse de sentir ; mais les sens s'éteignent dans un ordre successif et déterminé : le goût et l'odorat ne donnent plus aucun signe de leur existence ; les yeux se couvrent d'un nuage terne et prennent une expression sinistre ; l'oreille est encore sensible aux sons et au bruit. Voilà pourquoi sans doute les anciens, pour s'assurer de la réalité de la mort, étaient dans l'usage de pousser de grands cris aux oreilles du défunt. Le mourant ne flaire, ne goûte, ne voit et n'entend plus. Il lui reste la sensation du toucher ; il s'agite dans sa couche, promène ses bras au-dehors, change à chaque instant de posture ; il exerce, comme nous l'avons dit, des mouvements analogues à ceux du fœtus qui remue dans le sein de sa mère. La mort qui va le frapper ne peut lui inspirer aucune frayeur ; car il n'a plus d'idées, et il finit de vivre comme il avait commencé, sans en avoir la conscience. »

(RICHERAND, *Nouveaux Eléments de Physiologie, neuvième édition, tome II, page 600*.)

MEDITATION XXVII

HISTOIRE PHILOSOPHIQUE DE LA CUISINE

122. — La cuisine est le plus ancien des arts; car Adam naquit à jeun, et le nouveau-né, à peine entré dans ce monde, pousse des cris qui ne se calment que sur le sein de sa nourrice.

C'est aussi de tous les arts celui qui nous a rendu le service le plus important pour la vie civile; car ce sont les besoins de la cuisine qui nous ont appris à appliquer le feu, et c'est par le feu que l'homme a dompté la nature.

Quand on voit les choses d'en haut, on peut compter jusqu'à trois espèces de *cuisine :*

La première, qui s'occupe de la préparation des aliments, a conservé le nom primitif;

La seconde s'occupe à les analyser et à en vérifier les éléments : on est convenu de l'appeler *chimie;*

Et la troisième, qu'on peut appeler cuisine de réparation, est plus connue sous le nom de *pharmacie.*

Si elles diffèrent par le but, elle se tiennent par l'application du feu, par l'usage des fourneaux et par l'emploi des mêmes vases.

Ainsi, le même morceau de bœuf que le cuisinier convertit en potage et en bouilli, le chimiste s'en empare pour savoir en combien de sortes de corps il est résoluble, et le pharmacien nous le fait violemment sortir du corps, si par hasard il y cause une indigestion.

ORDRE D'ALIMENTATION. 123. — L'homme est un animal omnivore; il a des dents incisives pour diviser les fruits, des dents molaires pour broyer les graines, et des dents canines pour déchirer les chairs : sur quoi on a remarqué que plus l'homme est rapproché de l'état sauvage, plus les dents canines sont fortes et faciles à distinguer.

Il est extrêmement probable que l'espèce fut longtemps frugivore, et elle y fut réduite par la nécessité ; car l'homme est le plus lourd des animaux de l'ancien monde, et ses moyens d'attaque sont très bornés, tant qu'il n'est pas armé. Mais l'instinct de perfectionnement attaché à sa nature ne tarda pas à se développer : le sentiment même de sa faiblesse le porta à chercher à se faire des armes ; il y fut poussé aussi par l'instinct carnivore, annoncé par ses dents canines ; et dès qu'il fut armé, il fit sa proie et sa nourriture de tous les animaux dont il était environné.

Cet instinct de destruction subsiste encore : les enfants ne manquent presque jamais de tuer les petits animaux qu'on leur abandonne ; ils les mangeraient s'ils avaient faim.

Il n'est point étonnant que l'homme ait désiré se nourrir de chair ; il a l'estomac trop petit, et les fruits ont trop peu de substances animalisables pour suffire pleinement à sa restauration ; il pourrait mieux se nourrir de légumes ; mais ce régime suppose des arts qui n'ont pu venir qu'à la suite des siècles.

Les premières armes durent être des branches d'arbres, et plus tard on eut des arcs et des flèches.

Il est très digne de remarque que partout où on a trouvé l'homme, sous tous les climats, à toutes les latitudes, on l'a toujours trouvé armé d'arcs et de flèches. Cette uniformité est difficile à expliquer. On ne voit pas comment la même série d'idées s'est présentée à des individus soumis à des circonstances si différentes : elle doit provenir d'une cause qui s'est cachée derrière le rideau des âges.

La chair crue n'a qu'un inconvénient, c'est de s'attacher aux dents par sa viscosité ; à cela près, elle n'est point désagréable au goût. Assaisonnée d'un peu de sel, elle se digère très bien, et doit être plus nourrissante que toute autre.

« Mein God, me disait, en 1815, un capitaine de Croates à qui je donnais à dîner, il ne faut pas tant d'apprêts pour faire bonne chère. Quand nous sommes en campagne et que nous avons faim, nous abattons la première bête qui nous tombe sous la main ; nous en coupons un morceau bien charnu, nous le saupoudrons d'un peu de sel, que nous avons toujours dans la *sabretasche*[1], nous le mettons sous la selle, sur le dos du cheval ; nous donnons un temps de galop, et (faisant le mouvement d'un homme qui déchire à belles dents) *gniam, gniam, gniam*, nous nous régalons comme des princes. »

Quand les chasseurs du Dauphiné vont à la chasse, dans le mois de septembre, ils sont également pourvus de poivre et de sel. S'ils tuent un becfigue de haute graisse, ils le plument, l'assaisonnent, le portent quelque temps sur leur chapeau, et le mangent. Ils assurent que cet oiseau, ainsi traité, est encore meilleur que rôti.

D'ailleurs, si nos trisaïeux mangeaient leurs aliments crus, nous n'en avons pas tout à fait perdu l'habitude. Les palais les plus délicats s'arrangent très bien des saucissons d'Arles, des mortadelles, du bœuf fumé d'Hambourg, des anchois, des harengs pecks, et d'autres pareils, qui n'ont pas passé par le feu, et qui n'en réveillent pas moins l'appétit.

DÉCOUVERTE DU FEU. 124. — Après qu'on se fut régalé assez longtemps à la manière des Croates, on découvrit le feu ; et ce fut encore un hasard, car le feu n'existe pas spontanément sur la terre ; les habitants des îles Mariannes ne le connaissaient pas.

CUISSON. 125. — Le feu une fois connu, l'instinct de perfectionnement fit qu'on en approcha les viandes, d'abord pour les sécher, et ensuite on les mit sur des charbons pour les cuire.

La viande ainsi traitée fut trouvée bien meilleure :

---

1. La *sabre-tasche* ou poche de sabre, est cette espèce de sac écussonné qui est suspendu au baudrier d'où pend le sabre des troupes légères ; elle joue un grand rôle dans les contes que les soldats font entre eux.

elle prend plus de consistance, se mâche avec beaucoup plus de facilité; et l'osmazôme, en se rissolant, s'aromatise et lui donne un parfum qui n'a pas cessé de nous plaire.

Cependant on vint à s'apercevoir que la viande cuite sur les charbons n'est pas exempte de souillure; car elle entraîne toujours avec elle quelques parties de cendre ou de charbon dont on la débarrasse difficilement. On remédia à cet inconvénient en la perçant avec des broches qu'on mettait au-dessus des charbons ardents, en les appuyant sur des pierres d'une hauteur convenable.

C'est ainsi qu'on parvint aux grillades, préparation aussi simple que savoureuse; car toute viande grillée est de haut goût, parce qu'elle se fume en partie.

Les choses n'étaient pas beaucoup plus avancées du temps d'Homère; et j'espère qu'on verra ici avec plaisir la manière dont Achille reçut dans sa tente trois des plus considérables d'entre les Grecs, dont l'un était roi.

Je dédie aux dames la narration que j'en vais faire, parce qu'Achille était le plus beau des Grecs, et que sa fierté ne l'empêcha pas de pleurer quand on lui enleva Briséis; c'est aussi pour elles que je choisis la traduction élégante de M. Dugas-Montbel, auteur doux, complaisant, et assez gourmand pour un helléniste:

Majorem jam crateram, Mœnetti fili, appone,
Meraciusque misce, poculum autem para unicuique;
Charissimi enim isti viri meo sub tecto.
Sic dixit: Patroclus dilecto obedividit socio;
Sed carabum ingentem posuit ad ignis jubar;
Tergum in ipso posuit ovis et pinguis capræ.
Apposuit et suis saginam scapulam abundantem pin-
guedine.
Huic tenebat carnes Automedon, secabatque nobilis
[*Achilles.*
Eas quidem minute secabat, et verubus affigebat.
Igne Mœnetiades accendebat magnum, deo similis
[*vir;*

Sed postquam ignis deflagravit, et flamma extincta
[*est*,
　Prunas sternens, verua desuper extindit.
　Inspersit autem sale sacro, à lapidibus elevans.
At postquàm assavit et in mensas culinarias fudit,
Patroclus quidem, panem accipiens, distribuit in
[*mensas*
　Pulchris in canistris, sed carnem distribuit Achilles.
　Ipse autem adversus sedit Ulyssi divino,
　Ad parietem alterum. Diis auteum sacrificare jussit
Patroclum suum socium. Is in ignem jecit libamenta.
　Hi in cibos paratos appositos manus immiserunt ;
　Sed postquam potus et cibi desiderium exemerunt,
Innuit Ajax Phœnici : intellexit autem divinus Ulysses,
Implensque vino poculum, propinavit Achilli[1], *etc.*

Il. IX, 202.

« Aussitôt Patrocle obéit aux ordres de son compagnon fidèle. Cependant Achille approche de la flamme étincelante un vase qui renferme les épaules d'une brebis, d'une chèvre grasse, et le large dos d'un porc succulent. Automédon tient les viandes que coupe le divin Achille ; celui-ci les divise en morceaux, et les perce avec des pointes de fer.

Patrocle, semblable aux immortels, allume un grand feu. Dès que le bois consumé ne jette plus qu'une flamme languissante, il pose sur le brasier deux longs dards soutenus par deux fortes pierres, et répand le sel sacré.

Quand les viandes sont prêtes, que le festin est dressé, Patrocle distribue le pain autour de la table dans de riches corbeilles ; mais Achille veut lui-même servir les viandes. Ensuite il se place vis-à-vis

---

1. Je n'ai pas copié le texte original, que peu de personnes auraient entendu ; mais j'ai cru devoir donner la version latine, parce que cette langue, plus répandue, se moulant parfaitement sur le grec, se prête mieux aux détails et à la simplicité de ce repas héroïque.

d'Ulysse, à l'autre extrémité de la table, et commande à son compagnon de sacrifier aux dieux.

Patrocle jette dans les flammes les prémices du repas, et tous portent bientôt les mains vers les mets qu'on leur a servis et préparés. Lorsque, dans l'abondance des festins, ils ont chassé la faim et la soif, Ajax fait un signe à Phénix; Ulysse l'aperçoit, il remplit de vin sa large coupe, et s'adressant au héros : Salut Achille, dit-il... »

Ainsi, un roi, un fils du roi, et trois généraux grecs, dînèrent fort bien avec du pain, du vin et de la viande grillée.

Il faut croire que si Achille et Patrocle s'occupèrent eux-mêmes des apprêts du festin, c'était par extraordinaire, et pour honorer d'autant plus les hôtes distingués dont ils recevaient la visite, car ordinairement les soins de la cuisine étaient abandonnés aux esclaves et aux femmes : c'est ce qu'Homère nous apprend encore en s'occupant, dans l'*Odyssée*, des repas des poursuivants.

On regardait alors les entrailles des animaux farcies de sang et de graisse comme un mets très distingué (c'était du boudin).

A cette époque, et sans doute longtemps auparavant, la poésie et la musique s'étaient associées aux délices des repas. Des chantres vénérés célébraient les merveilles de la nature, les amours des dieux et les hauts faits des guerriers; ils exerçaient une espèce de sacerdoce, et il est probable que le divin Homère lui-même était issu de quelques-uns de ces hommes favorisés du ciel; il ne se fût point élevé si haut si ses études poétiques n'avaient pas commencé dès son enfance.

Mme Dacier remarque qu'Homère ne parle de viande bouillie en aucun endroit de ses ouvrages. Les Hébreux étaient plus avancés, à cause du séjour qu'ils avaient fait en Egypte; ils avaient des vaisseaux qui allaient sur le feu; et c'est dans un vase pareil que fut faite la soupe que Jacob vendit si cher à son frère Esaü.

Il est véritablement difficile de deviner comment l'homme est parvenu à travailler les métaux; ce fut, dit-on, Tubal-Caïn qui s'en occupa le premier.

Dans l'état actuel de nos connaissances, des métaux nous servent à traiter d'autres métaux; nous les assujettissons avec des pinces en fer, nous les forgeons avec des marteaux de fer; nous les taillons avec des limes d'acier; mais je n'ai encore trouvé personne qui ait pu m'expliquer comment fut faite la première pince et forgé le premier marteau.

FESTINS DES ORIENTAUX. — DES GRECS. 126 — La cuisine fit de grands progrès quand on eut, soit en airain, soit en poterie, des vases qui résistèrent au feu. On put assaisonner les viandes, faire cuire les légumes; on eut du bouillon, du jus, des gelées; toutes ces choses se suivent et se soutiennent.

Les livres les plus anciens qui nous restent font mention honorable des festins des rois d'Orient. Il n'est pas difficile de croire que des monarques qui régnaient sur des pays si fertiles en toutes choses, et surtout en épiceries et en parfums, eussent des tables somptueuses; mais les détails nous manquent. On sait seulement que Cadmus, qui apporta l'écriture en Grèce, avait été cuisinier du roi de Sidon.

Ce fut chez les peuples voluptueux et mous que s'introduisit la coutume d'enrouler de lits les tables des festins, et de manger couchés.

Ce raffinement, qui tient de la faiblesse, ne fut pas partout également bien reçu. Les peuples qui faisaient un cas particulier de la force et du courage, ceux chez qui la frugalité était une vertu, le repoussèrent longtemps; mais il fut adopté à Athènes, et cet usage fut longtemps général dans le monde civilisé.

La cuisine et ses douceurs furent en grande faveur chez les Athéniens, peuple élégant et avide de nouveautés : les rois, les particuliers riches, les poètes, les savants, donnèrent l'exemple, et les philosophes eux-mêmes ne crurent pas devoir se refuser à des jouissances puisées au sein de la nature.

Après ce qu'on lit dans les anciens auteurs, on ne

peut pas douter que leurs festins ne fussent de véritables fêtes.

La chasse, la pêche et le commerce leur procuraient une grande partie des objets qui passent encore pour excellents, et la concurrence les avait fait monter à un prix excessif.

Tous les arts concouraient à l'ornement de leurs tables, autour desquelles les convives se rangeaient, couchés sur des lits couverts de riches tapis de pourpre.

On se faisait une étude de donner encore plus de prix à la bonne chère par une conversation agréable, et les propos de table devinrent une science.

Les chants, qui avaient lieu vers le troisième service, perdirent leur sévérité antique, ils ne furent plus exclusivement employés à célébrer les dieux, les héros et les faits historiques; on chanta l'amitié, le plaisir et l'amour, avec une douceur et une harmonie auxquelles nos langues sèches et dures ne pourront jamais atteindre.

Les vins de la Grèce, que nous trouvons encore excellents, avaient été examinés, et classés par les gourmets, à commencer par les plus doux jusqu'aux plus fumeux; dans certains repas, on en parcourait l'échelle tout entière; et, au contraire de ce qui se passe aujourd'hui, les verres grandissaient en raison de la bonté du vin qui y était versé.

Les plus jolies femmes venaient encore embellir ces réunions voluptueuses. Des danses, des jeux et des divertissements de toute espèce prolongeaient les plaisirs de la soirée. On respirait la volupté par tous les pores; et plus d'un Aristippe, arrivé sous la bannière de Platon, fit retraite sous celle d'Epicure.

Les savants s'empressèrent à l'envi d'écrire sur un art qui procurait de si douces jouissances. Platon, Athénée et plusieurs autres nous ont conservé leurs noms. Mais, hélas! leurs ouvrages sont perdus; et il faut surtout en regretter quelqu'un, ce doit être la *Gastronomie d'Achestrade,* qui fut l'ami d'un des fils de Périclès.

« Ce grand écrivain, dit Théotime, avait parcouru les terres et les mers pour connaître par lui-même ce qu'elles produisent de meilleur. Il s'instruisait, dans ses voyages, non des mœurs des peuples, puisqu'il est impossible de les changer, mais il entrait dans les laboratoires où se préparent les délices de la table, et il n'eut de commerce qu'avec les hommes utiles à ses plaisirs. Son poème est un trésor de science et ne contient pas un vers qui ne soit un précepte. »

Tel fut l'état de la cuisine en Grèce ; et il se soutint ainsi jusqu'au moment où une poignée d'hommes, qui étaient venus s'établir sur les bords du Tibre, étendit sa domination sur les peuples voisins, et finit par envahir le monde.

FESTIN DES ROMAINS. 127. — La bonne chère fut inconnue aux Romains tant qu'ils ne combattirent que pour assurer leur indépendance ou pour subjuguer leurs voisins, tout aussi pauvres qu'eux. Alors leurs généraux conduisaient la charrue, vivaient de légumes, etc. Les historiens frugivores ne manquent pas de louer ces temps primitifs, où la frugalité était en grand honneur. Mais quand leurs conquêtes se furent étendues en Afrique, en Sicile et en Grèce ; quand ils se furent régalés aux dépens des vaincus dans des pays où la civilisation était plus avancée, ils emportèrent à Rome des préparations qui les avaient charmés chez les étrangers, et tout porte à croire qu'elles y furent bien reçues.

Les Romains avaient envoyé à Athènes une députation pour en rapporter les lois de Solon ; ils y allaient encore pour étudier les belles-lettres et la philosophie. Tout en polissant leurs mœurs, ils connurent les délices des festins ; et les cuisiniers arrivèrent à Rome avec les orateurs, les philosophes, les rhéteurs et les poètes.

Avec le temps et la série de succès qui firent affluer à Rome toutes les richesses de l'univers, le luxe de la table fut poussé à un point presque incroyable.

On goûta de tout, depuis la cigale jusqu'à l'autruche, depuis le loir jusqu'au sanglier[1] ; tout ce qui put piquer le goût fut essayé comme assaisonnement ou employé comme tel, des substances dont nous ne pouvons pas concevoir l'usage, comme l'asa fœtida, la rue, etc.

L'univers connu fut mis à contribution par les armées et les voyageurs. On apporta d'Afrique les pintades et les truffes, les lapins d'Espagne, les faisans de la Grèce, où ils étaient venus des bords du Phase, et les paons de l'extrémité de l'Asie.

Les plus considérables d'entre les Romains se firent gloire d'avoir de beaux jardins où ils firent cultiver non seulement les fruits anciennement connus, tels que les poires, les pommes, les figues, le raisin, mais encore ceux qui furent apportés de divers pays, savoir : l'abricot d'Arménie, la pêche de Perse, le coing de Sidon, la framboise des vallées du mont Ida, et la cerise, conquête de Lucullus dans le royaume de Pont. Ces importations, qui eurent nécessairement lieu dans des circonstances très diverses, prouvent du moins que l'impulsion était générale, et que chacun se faisait une gloire et un devoir de contribuer aux jouissances du peuple-roi.

Parmi les comestibles, le poisson fut surtout un objet de luxe. Il s'établit des préférences en faveur de

---

1. GLIRES FABRI. — *Glires isicio porcino, item pulpis ex omni glirium membro ritis, cum pipere, nuclœis, lasere liquamine, farcies glires, et sutos in tegula positos, mittes in furnum, aut farsos in clibaro coques.*

Les loirs passaient pour un mets délicat : on apportait quelquefois des balances sur la table pour en vérifier le poids. On connaît cette épigramme de Martial, au sujet des loirs, XIII, 59.

Tota mihi dormitur hyems, et pinguior illo
Tempore sum, quo me nil nisi somnus alit.

Lister, médecin gourmand d'une reine très gourmande (la reine Anne), s'occupant des avantages qu'on peut tirer pour la cuisine de l'usage des balances, observe que si douze alouettes ne pèsent point douze onces, elles sont à peine mangeables ; qu'elles sont passables si elles pèsent douze onces ; mais que si elles pèsent treize onces, elles sont grasses et excellentes.

certaines espèces, et ces préférences augmentaient quand la pêche avait eu lieu dans certains parages. Le poisson des contrées éloignées fut apporté dans des vases pleins de miel; et quand les individus dépassèrent la grandeur ordinaire, ils furent vendus à des prix considérables, par la concurrence qui s'établissait entre des consommateurs dont quelques-uns étaient plus riches que des rois.

Les boissons ne furent pas l'objet d'une attention moins suivie et de soins moins attentifs. Les vins de Grèce, de Sicile et d'Italie firent les délices des Romains; et comme ils tiraient leur prix soit du canton, soit de l'année où ils avaient été produits, une espèce d'acte de naissance était inscrit sur chaque amphore.

O nata mecum consule Manlio.   Hor.

Ce ne fut pas tout. Par une suite de cet instinct d'exaltation que nous avons déjà indiqué, on s'appliqua à rendre les vins plus piquants et plus parfumés; on y fit infuser des fleurs, des aromates, des drogues de diverses espèces, et les préparations que les auteurs contemporains nous ont transmises sous le nom de *condita* devaient brûler la bouche et violemment irriter l'estomac.

C'est ainsi que déjà, à cette époque, les Romains rêvaient l'alcool, qui n'a été découvert qu'après plus de quinze siècles.

Mais c'est surtout vers les accessoires des repas que ce luxe gigantesque se portait avec plus de ferveur.

Tous les meubles nécessaires pour les festins furent faits avec recherche, soit pour la matière, soit pour la main-d'œuvre. Le nombre des services augmenta graduellement jusque et passé vingt, et à chaque service on enlevait tout ce qui avait été employé aux services précédents.

Des esclaves étaient spécialement attachés à chaque fonction conviviale, et ces fonctions étaient minutieusement distinguées. Les parfums les plus précieux embaumaient la salle du festin. Des espèces de hérauts proclamaient le mérite des mets dignes d'une attention spéciale ; ils annonçaient les titres qu'ils avaient à cette espèce d'ovation ; enfin, on n'oubliait rien de ce qui pouvait aiguiser l'appétit, soutenir l'attention et prolonger les jouissances.

Ce luxe avait aussi ses aberrations et ses bizarreries. Tels étaient ces festins où les poissons et les oiseaux servis comptaient par milliers, et ces mets qui n'avaient d'autre mérite que d'avoir coûté cher, tels que ce plat composé de la cervelle de cinq cents autruches, et cet autre où l'on voyait les langues de cinq mille oiseaux qui tous avaient parlé.

D'après ce qui précède, il nous semble qu'on peut facilement se rendre compte des sommes considérables que Lucullus dépensait à sa table et de la cherté des festins qu'il donnait dans le salon d'Apollon, où il était d'étiquette d'épuiser tous les moyens connus pour flatter la sensualité de ses convives.

RÉSURRECTION DE LUCULLUS. 128. — Ces jours de gloire pourraient renaître sous nos yeux, et pour en renouveler les merveilles il ne nous manque qu'un Lucullus. Supposons donc qu'un homme connu pour être puissamment riche voulût célébrer un grand événement politique ou financier, et donner à cette occasion une fête mémorable, sans s'inquiéter de ce qu'il en coûterait.

Supposons qu'il appelle tous les arts pour orner le lieu de la fête dans ses diverses parties, et qu'il ordonne aux préparateurs d'employer pour la bonne chère toutes les ressources de l'art, et d'abreuver les convives avec ce que les caveaux contiennent de plus distingué.

Qu'il fasse représenter pour eux, en ce dîner solennel, deux pièces jouées par les meilleurs acteurs ;

Que, pendant le repas, la musique se fasse entendre, exécutée par les artistes les plus renommés, tant pour la voix que pour les instruments ;

Qu'il ait fait préparer, pour entr'acte, entre le dîner

et le café, un ballet dansé par tout ce que l'Opéra a de plus léger et de plus joli;

Que la soirée se termine par un bal qui rassemble deux cents femmes choisies parmi les plus belles, et quatre cents danseurs choisis parmi les plus élégants;

Que le buffet soit constamment garni de ce qu'on connaît de mieux en boissons chaudes, fraîches et glacées;

Que, vers le milieu de la nuit, une collation savante vienne rendre à tous une vigueur nouvelle;

Que les servants soient beaux et bien vêtus, l'illumination parfaite; et, pour ne rien oublier, que l'amphitryon se soit chargé d'envoyer chercher et de reconduire commodément tout le monde.

Cette fête ayant été bien entendue, bien ordonnée, bien soignée et bien conduite, tous ceux qui connaissent Paris conviendront avec moi qu'il y aurait dans les mémoires du lendemain de quoi faire trembler même le caissier de Lucullus.

En indiquant ce qu'il faudrait faire aujourd'hui pour imiter les fêtes de ce Romain magnifique, j'ai suffisamment appris au lecteur ce qui se pratiquait alors pour les accessoires obligés des repas, où l'on ne manquait pas de faire intervenir les comédiens, les chanteurs, les mimes, les grimes, et tout ce qui peut contribuer à augmenter la joie des personnes qui n'ont été convoquées que dans le but de se divertir.

Ce qu'on avait fait chez les Athéniens, ensuite chez les Romains, plus tard chez nous dans le moyen âge, et enfin de nos jours, prend sa source dans la nature de l'homme, qui cherche avec impatience la fin de la carrière où il est entré, et dans certaine inquiétude qui le tourmente tant que la somme totale de vie dont il peut disposer n'est pas entièrement occupée.

LECTISTERNIUM ET INCUBITATIUM. 129. — Comme les Athéniens, les Romains mangeaient couchés, mais ils n'y arrivèrent que par une voie en quelque façon détournée.

Ils se servirent d'abord des lits pour les repas sacrés qu'on offrait aux dieux; les premiers magistrats et les hommes puissants en adoptèrent ensuite l'usage ; et en peu de temps, il devint général et s'est conservé jusque vers le commencement du quatrième siècle de l'ère chrétienne.

Ces lits, qui n'étaient d'abord que des espèces de bancs rembourrés de paille et recouverts de peaux, participèrent bientôt au luxe qui envahit tout ce qui avait rapport aux festins. Ils furent faits des bois les plus précieux, incrustés d'ivoire, d'or, et quelquefois de pierreries ; ils furent formés de coussins d'une mollesse recherchée, et les tapis qui les recouvraient furent ornés de magnifiques broderies.

On se couchait sur le côté gauche, appuyé sur le coude ; et ordinairement le même lit recevait trois personnes.

Cette manière de se tenir à table, que les Romains appelaient *lectisternium* était-elle plus commode, était-elle plus favorable que celle que nous avons adoptée, ou plutôt reprise ? Je ne le crois pas.

Physiquement envisagée, l'incubitation exige un certain déploiement de forces pour garder l'équilibre, et ce n'est pas sans quelque douleur que le poids d'une partie du corps porte sur l'articulation du bras.

Sous le rapport physiologique, il y a bien aussi quelque chose à dire : l'imbuccation se fait d'une manière moins naturelle ; les aliments coulent avec plus de peine et se tassent moins dans l'estomac.

L'ingestion des liquides ou l'action de boire était surtout bien plus difficile encore ; elle devait exiger une attention particulière pour ne pas répandre mal à propos le vin contenu dans ces larges coupes qui brillaient sur la table des grands ; et c'est sans doute pendant le règne du *lectisternium* qu'est né le proverbe qui dit que *de la coupe à la bouche il y a souvent bien du vin perdu*.

Il ne devait pas être plus facile de manger proprement quand on mangeait couché, surtout si l'on fait attention que plusieurs des convives portaient la barbe longue, et qu'on se servait des doigts, ou tout ou plus du couteau, pour porter les morceaux à la bouche, car l'usage des fourchettes est moderne; on n'en a point trouvé dans les ruines d'Herculanum, où l'on a cependant trouvé beaucoup de cuillers.

Il faut croire aussi qu'il se faisait, par-ci par-là, quelques outrages à la pudeur, dans les repas où l'on dépassait fréquemment les bornes de la tempérance, sur des lits où les deux sexes étaient mêlés, et où il n'était pas rare de voir une partie des convives endormie.

> *Nam pransus jaceo, et satur supinus*
> *Pertundo tunicamque, paliumque.*

Aussi c'est la morale qui réclama la première.

Dès que la religion chrétienne, échappée aux persécutions qui ensanglantèrent son berceau, eut acquis quelque influence, ses ministres élevèrent la voix contre les excès de l'intempérance. Ils se récrièrent contre la longueur des repas, où l'on violait tous leurs préceptes en s'entourant de toutes les voluptés. Voués par choix à un régime austère, ils placèrent la gourmandise parmi les péchés capitaux, critiquèrent amèrement la promiscuité des sexes, et attaquèrent surtout l'usage de manger sur des lits, usage qui leur parut le résultat d'une mollesse coupable et la cause principale des abus qu'ils déploraient.

Leur voix menaçante fut entendue : les lits cessèrent d'orner la salle des festins, on revint à l'ancienne manière de manger en état de session ; et, par un rare bonheur, cette forme, ordonnée par la morale, n'a point tourné au détriment du plaisir.

POÉSIE. 130. — A l'époque dont nous nous occupons, la poésie conviviale subit une modification nouvelle, et prit, dans la bouche d'Horace, de Tibulle, et autres auteurs à peu près contemporains, une langueur et une mollesse que les Muses grecques ne connaissaient pas.

> *Dulce ridentem Lalagem amabo,*
> *Dulce loquentem.*   HOR.

> *Quæris quot mihi batiationes*
> *Tuæ, Lesbia, sint satis superque.*   CAT.

> *Pande, puella, pande capillulos*
> *Flavos, lucentes ut aurum nitidum.*
> *Pande, puella, collum candidum*
> *Productum bene candidis humeris.*   GALLUS.

IRRUPTION DES BARBARES. 131. — Les cinq ou six siècles que nous venons de parcourir en un petit nombre de pages furent les beaux temps pour la cuisine, ainsi que pour ceux qui l'aiment et la cultivent; mais l'arrivée, ou plutôt l'irruption des peuples du nord, changea tout, bouleversa tout; et ces jours de gloire furent suivis d'une longue et terrible obscurité.

A l'apparition de ces étrangers, l'art alimentaire disparut avec les autres sciences dont il est le compagnon et le consolateur. La plupart des cuisiniers furent massacrés dans les palais qu'ils desservaient; les autres s'enfuirent pour ne pas régaler les oppresseurs de leur pays; et le petit nombre qui vint offrir ses services eut la honte de les voir refuser. Ces bouches féroces, ces gosiers brûlés, étaient insensibles aux douceurs d'une chère délicate. D'énormes quartiers de viande et de venaison, des quantités incommensurables des plus fortes boissons, suffisaient pour les charmer : et comme les usurpateurs étaient toujours armés, la plupart de ces repas dégénéraient en orgies, et la salle des festins vit souvent couler le sang.

Cependant il est dans la nature des choses que ce qui est excessif ne dure pas. Les vainqueurs se lassèrent enfin d'être cruels; ils s'allièrent avec les vaincus, prirent une teinte de civilisation, et commencèrent à connaître les douceurs de la vie sociale.

Les repas se ressentirent de cet adoucissement. On invita ses amis moins pour les repaître que pour les régaler; les autres s'aperçurent qu'on faisait quelques efforts pour leur plaire; une joie plus décente les anima, et les devoirs de l'hospitalité eurent quelque chose de plus affectueux.

Ces améliorations, qui auraient eu lieu vers le cinquième siècle de notre ère, devinrent plus remarquables sous Charlemagne ; et on voit, par ses capitulaires, que ce grand roi se donnait des soins personnels pour que ses domaines pussent fournir au luxe de sa table.

Sous ce prince et sous ses successeurs, les fêtes prirent une tournure à la foi galante et chevaleresque ; les dames vinrent embellir la cour ; elles distribuèrent le prix de la valeur ; et l'on vit le faisan aux pattes dorées et le paon à la queue épanouie portés sur les tables des princes, par des pages chamarrés d'or, et par de gentes pucelles chez qui l'innocence n'excluait pas toujours le désir de plaire.

Remarquons bien que ce fut pour la troisième fois que les femmes, séquestrées chez les Grecs, chez les Romains et chez les Francs, furent appelées à faire l'ornement de leurs banquets. Les Ottomans ont seuls résisté à l'appel ; mais d'effroyables tempêtes menacent ce peuple insociable, et trente ans ne s'écouleront pas sans que la voix puissante du canon ait proclamé l'émancipation des odalisques.

Le mouvement une fois imprimé a été transmis jusqu'à nous, en recevant une forte progression par le choc des générations.

Les femmes, même les plus titrées, s'occupèrent, dans l'intérieur de leurs maisons, de la préparation des aliments qu'elles regardèrent comme faisant partie des soins de l'hospitalité, qui avait encore lieu en France vers la fin du dix-septième siècle.

Sous leurs jolies mains les aliments subirent quelquefois des métamorphoses singulières : l'anguille eut le dard du serpent, le lièvre les oreilles d'un chat, et autres joyeusetés semblables. Elles firent grand usage des épices que les Vénitiens commencèrent à tirer de l'Orient, ainsi que des eaux parfumées qui étaient fournies par les Arabes, de sorte que le poisson fut quelquefois cuit à l'eau de rose. Le luxe de la table consistait surtout dans l'abondance des mets ; et les choses allèrent si loin, que nos rois se crurent obligés d'y mettre un frein par des lois somptuaires qui eurent le même sort que celles rendues en pareille matière par les législateurs grecs et romains. On en rit, on les éluda, on les oublia ; et elles restèrent dans les livres que comme monuments historiques.

On continua donc à faire bonne chère tant qu'on put, et surtout dans les abbayes, couvents et moûtiers, parce que les richesses affectées à ces établissements étaient moins exposées aux chances et aux dangers des guerres intérieures qui ont si longtemps désolé la France.

Etant bien certain que les dames françaises se sont toujours plus ou moins mêlées de ce qui se faisait dans leurs cuisines, on doit en conclure que c'est à leur intervention qu'est due la prééminence indisputable qu'a toujours eue en Europe la cuisine française, et qu'elle a principalement acquise par une qualité immense de préparations recherchées, légères et friandes, dont les femmes seules ont pu concevoir l'idée.

J'ai dit qu'on faisait bonne chère *tant qu'on pouvait;* mais on ne pouvait pas toujours. Le souper de nos rois eux-mêmes était quelquefois abandonné au hasard. On sait qu'il ne fut pas toujours assuré pendant les troubles civils ; et Henri IV eût fait un soir un bien maigre repas, s'il n'eût eu le bon esprit d'admettre à sa table le bourgeois possesseur heureux de la seule dinde qui existât dans une ville où le roi devait passer la nuit.

Cependant la science avançait insensiblement : les chevaliers croisés la dotèrent de l'échalote arrachée aux plaines d'Ascalon ; le persil fut importé d'Italie ; et, longtemps avant Louis IX, les charcutiers et saucisseurs avaient fondé sur la manipulation du porc un espoir de fortune dont nous avons eu sous les yeux de mémorables exemples.

Les pâtisseries n'eurent pas moins de succès ; et les produits de leur industrie figuraient honorablement dans tous les festins. Dès avant Charles IX, ils formaient une corporation considérable ; et ce prince leur donna des statuts où l'on remarque le privilège de fabriquer le pain à chanter messe.

Vers le milieu du XVIIe siècle, les Hollandais apportèrent le café en Europe [1]. Soliman Aga, ce Turc puissant dont raffolèrent nos trisaïeules, leur en fit prendre les premières tasses en 1660; un Américain en vendit publiquement à la foire de Saint-Germain en 1670; et la rue Saint-André-des-Arcs eut le premier café orné de glaces et de tables de marbre, à peu près comme on le voit de nos jours.

Alors aussi le sucre commença à poindre [2]; et Scarron, en se plaignant de ce que sa sœur avait, par avarice, fait rétrécir les trous de son sucrier, nous a du moins appris que de son temps ce meuble était usuel.

C'est encore dans le XVIIe siècle que l'usage de l'eau-de-vie commença à se répandre. La distillation, dont la première idée avait été apportée par les croisés, était jusque-là demeurée un arcane qui n'était connu que d'un petit nombre d'adeptes. Vers le commencement du règne de Louis XIV, les alambics commencèrent à devenir communs, mais ce n'est que sous Louis XV que cette boisson est devenue vraiment populaire; et ce n'est que depuis peu d'années que, de tâtonnements en tâtonnements, on est venu à obtenir de l'alcool en une seule opération.

C'est encore vers la même époque qu'on commença à user du tabac; de sorte que le sucre, le café, l'eau-de-vie et le tabac, ces quatre objets si importants, soit au

---

[1]. Parmi les Européens, les Hollandais furent les premiers qui tirèrent d'Arabie des plants du cafier, qu'ils transportèrent à Batavia, et qu'ils apportèrent ensuite en Europe.

M. de Reissont, lieutenant général d'artillerie, en fit venir un pied d'Amsterdam, et en fit cadeau au Jardin du Roi : c'est le premier qu'on ait vu à Paris. Cet arbre, dont M. Jussieu a fait la description, avait, en 1613, un pouce de diamètre et cinq pieds de hauteur : le fruit est fort joli, et ressemble un peu à une cerise.

[2]. Quoi qu'ait dit Lucrèce, les anciens ne connurent pas le sucre. Le sucre est un produit de l'art ; et sans la cristallisation, la canne ne donnerait qu'une boisson fade et sans utilité.

commerce, soit à la richesse fiscale, ont à peine deux siècles de date.

SIÈCLES DE LOUIS XIV ET DE LOUIS XV. 132. — Ce fut sous ces auspices que commença le siècle de Louis XIV ; et sous ce règne brillant la science des festins obéit à l'impulsion progressive qui fit avancer toutes les autres sciences.

On n'a point encore perdu la mémoire de ces fêtes qui firent accourir toute l'Europe, ni de ces tournois où brillèrent pour la dernière fois les lances que la baïonnette a si énergiquement remplacées, et ces armures chevaleresques, faibles ressources contre la brutalité du canon.

Toutes ces fêtes se terminaient par de somptueux banquets, qui en étaient comme le couronnement ; car telle est la constitution de l'homme, qu'il ne peut point être tout à fait heureux quand son goût n'a point été gratifié ; et ce besoin impérieux a soumis jusqu'à la grammaire, tellement que, pour exprimer qu'une chose a été faite avec perfection, nous disons qu'elle a été faite avec goût.

Par une conséquence nécessaire, les hommes qui présidèrent aux préparations de ces festins devinrent des hommes considérables, et ce ne fut pas sans raison ; car ils durent réunir des qualités diverses, c'est-à-dire le génie pour inventer, le savoir pour disposer, le jugement pour proportionner, la sagacité pour découvrir, la fermeté pour se faire obéir, et l'exactitude pour ne pas faire attendre.

Ce fut dans ces grandes occasions que commença à se déployer la magnificence des *surtouts*, art nouveau qui, réunissant la peinture et la sculpture, présente à l'œil un tableau agréable et quelquefois un site approprié à la circonstance ou au héros de la fête.

C'était là le grand et même le gigantesque de l'art du cuisinier ; mais bientôt des réunions moins nombreuses et des repas plus fins exigèrent une attention plus raisonnée et des soins plus minutieux.

Ce fut au petit couvert, dans le salon des *favorites*, et aux soupers fins des courtisans et des financiers, que les artistes firent admirer leur savoir, et, animés d'une louable émulation, cherchèrent à se surpasser les uns les autres.

Sur la fin de ce règne, le nom des cuisiniers les plus fameux était presque toujours annexé à celui de leurs patrons : ces derniers en tiraient vanité. Ces deux mérites s'unissaient; et les noms les plus glorieux figurèrent dans les livres de cuisine à côté des préparations qu'ils avaient protégées, inventées ou mises au monde.

Cet amalgame a cessé de nos jours : nous ne sommes pas moins gourmands que nos ancêtres, et bien au contraire; mais nous nous inquiétons beaucoup moins du nom de celui qui règne dans les souterrains. L'applaudissement par inclination de l'oreille gauche est le seul tribut d'admiration que nous accordons à l'artiste qui nous enchante; et les restaurateurs, c'est-à-dire les cuisiniers du public, sont les seuls qui obtiennent une estime nominale qui les place promptement au rang des grands capitalistes. *Utile dulci.*

Ce fut pour Louis XIV qu'on apporta des Echelles du Levant l'épine d'été, qu'il appelait *la bonne poire;* et c'est à sa vieillesse que nous devons les liqueurs.

Ce prince éprouvait quelquefois de la faiblesse, et cette difficulté de vivre qui se manifeste souvent après l'âge de soixante ans; on unit l'eau-de-vie au sucre et aux parfums, pour lui en faire des potions qu'on appelait, suivant l'usage du temps, *potions cordiales.* Telle est l'origine de l'art du liquoriste.

Il est à remarquer qu'à peu près vers le même temps l'art de la cuisine florissait à la cour d'Angleterre. La reine Anne était très gourmande; elle ne dédaignait pas de s'entretenir avec son cuisinier; et les dispensaires anglais contiennent beaucoup de préparations désignées (*after queen's Ann fashion*) à la manière de la reine Anne.

La science, qui était restée stationnaire pendant la domination de madame de Maintenon, continua sa marche ascensionnelle sous la régence.

Le duc d'Orléans, prince spirituel et digne d'avoir des amis, partageait avec eux des repas aussi fins que bien entendus. Des renseignements certains m'ont appris qu'on y distinguait surtout des piqués d'une finesse extrême, des matelotes aussi appétissantes qu'au bord de l'eau, et des dindes glorieusement truffées.

Des dindes truffées !!! dont la réputation et le prix vont toujours croissant ! Astres bénins dont l'apparition fait scintiller, radier et répudier les gourmands de toutes les catégories !

Le règne de Louis XV ne fut pas moins favorable à l'art alimentaire. Dix-huit ans de paix guérirent sans peine toutes les plaies qu'avaient faites plus de soixante ans de guerre ; les richesses créées par l'industrie et répandues par le commerce ou acquises par les traitants firent disparaître l'inégalité des fortunes, et l'esprit de convivialité se répandit dans toutes les classes de la société.

C'est à dater de cette époque[1] qu'on a établi généralement dans tous les repas plus d'ordre, de

---

1. D'après les informations que j'ai prises auprès des habitants de plusieurs départements, vers 1740, un dîner de dix personnes se composait comme il suit :

Premier service ....
- le bouilli ;
- une entrée de veau cuit dans son jus ;
- un hors-d'œuvre.

Deuxième service ....
- un dindon ;
- un plat de légumes ;
- une salade ;
- une crème (quelquefois).

Dessert ....
- du fromage ;
- du fruit ;
- un pot de confitures.

On ne changeait que trois fois d'assiettes ; savoir : après le potage, au second service et au dessert.

On servait très rarement du café, mais assez souvent du ratafia de cerises ou d'œillets, qu'on ne connaissait que depuis peu de temps.

propreté, d'élégance, et ces divers raffinements qui, ayant toujours été en augmentant jusqu'à nos jours, menacent maintenant de dépasser toutes les limites et de nous conduire au ridicule.

Sous ce règne encore, les petites maisons et les femmes entretenues exigèrent des cuisiniers des efforts qui tournèrent au profit de la science.

On a de grandes facilités quand on traite une assemblée nombreuse et des appétits robustes; avec de la viande de boucherie, du gibier, de la venaison et quelques grosses pièces de poisson, on a bientôt composé un repas pour soixante personnes.

Mais pour gratifier des bouches qui ne s'ouvrent que pour minauder, pour allécher des femmes vaporeuses, pour émouvoir des estomacs de papier mâché et faire aller des efflanqués chez qui l'appétit n'est qu'une velléité toujours prête à s'éteindre, il faut plus de génie, plus de pénétration et plus de travail, que pour résoudre un des plus difficiles problèmes de géométrie de l'infini.

LOUIS XVI. 133. — Arrivé maintenant au règne de Louis XVI et aux jours de la révolution, nous ne nous traînerons pas minutieusement sur les détails des changements dont nous avons été témoins; mais nous nous contenterons de signaler à grands traits les diverses améliorations qui, depuis 1774, ont eu lieu dans la science des festins.

Ces améliorations ont eu pour objet la partie naturelle de l'art, ou les mœurs et institutions sociales qui s'y rattachent; et quoique ces deux ordres de choses agissent l'un sur l'autre avec une réciprocité continuelle, nous avons cru devoir, pour plus de clarté, nous en occuper séparément.

AMÉLIORATION SOUS LE RAPPORT DE L'ART. 134. — Toutes les professions dont le résultat est de préparer ou de vendre des aliments, tels que cuisiniers, traiteurs, pâtissiers, confiseurs, magasins de comestibles et autres pareils, se sont multipliés dans des proportions toujours croissantes; et ce qui prouve que cette augmentation n'a eu lieu que d'après des besoins réels, c'est que leur nombre n'a point nui à leur prospérité.

La physique et la chimie ont été appelées au secours de l'art alimentaire : les savants les plus distingués n'ont point cru au-dessous d'eux de s'occuper de nos premiers besoins, et ont introduit des perfectionnements, depuis le simple pot-au-feu de l'ouvrier jusqu'à ces mets extractifs et transparents qui ne sont servis que dans l'or ou le cristal.

Des professions nouvelles se sont élevées ; par exemple, les pâtissiers de petit four, qui sont la nuance entre les pâtissiers proprement dits et les confiseurs. Ils ont dans leur domaine les préparations où le beurre s'unit au sucre, aux œufs, à la fécule, telles que les biscuits, les macarons, les gâteaux parés, les meringues, et autres friandises pareilles.

L'art de conserver les aliments est aussi devenu une profession distincte, dont le but est de nous offrir, dans tous les temps de l'année, les diverses substances qui sont particulières à chaque saison.

L'horticulture a fait d'immenses progrès ; les serres chaudes ont mis sous nos yeux les fruits des tropiques ; diverses espèces de légumes ont été acquises par la culture ou l'importation, et, entre autres, l'espèce de melons cantaloups, qui, ne produisant que de bons fruits, donne ainsi un démenti journalier au proverbe [1].

On a cultivé, importé et présenté dans un ordre régulier les vins de tous les pays : le Madère qui ouvre la tranchée, les vins de France qui se partagent les services, et ceux d'Espagne et d'Afrique qui couronnent l'œuvre.

La cuisine française s'est approprié des mets de préparation étrangère, comme le karik et le beef-

---

1. Il faut en essayer cinquante
    Avant que d'en trouver un bon.

Il paraît que les melons tels que nous les cultivons n'étaient pas connus des Romains ; ce qu'ils appelaient *melo* et *pepo* n'étaient que des concombres qu'ils mangeaient avec des sauces extrêmement relevées. APICIUS, *De Re coquinariâ*.

steak ; des assaisonnements, comme le caviar et le soy ; des boissons, comme le ponche, le négus, et autres.

Le café est devenu populaire : le matin, comme aliment, et après dîner, comme boisson exhilarante et tonique.

On a inventé une grande diversité de vases, ustensiles et autres accessoires, qui donnent au repas une teinte plus ou moins marquée de luxe et de festivité ; de sorte que les étrangers qui arrivent à Paris trouvent sur les tables beaucoup d'objets dont ils ignorent le nom et dont ils n'osent souvent pas demander l'usage.

Et de tous ces faits, on peut tirer la conclusion générale que, au moment où j'écris ces lignes, tout ce qui précède, accompagne ou suit les festins, est traité avec un ordre, une méthode et une tenue qui marquent une envie de plaire tout à fait aimable pour les convives.

DERNIERS PERFECTIONNEMENTS. 135. — On a ressuscité du grec le mot *gastronomie* : il a paru doux aux oreilles françaises ; et, quoique à peine compris, il a suffi de le prononcer pour porter sur toutes les physionomies le sourire de l'hilarité.

On a commencé à séparer la gourmandise de la voracité et de la goinfrerie : on l'a regardée comme un penchant qu'on pouvait avouer, comme une qualité sociale, agréable à l'amphitryon, profitable au convive, utile à la science, et on a mis les gourmands à côté de tous les autres amateurs qui ont aussi un objet connu de prédilection.

Un esprit général de convivialité s'est répandu dans toutes les classes de la société ; les réunions se sont multipliées, et chacun, en régalant ses amis, s'est efforcé de leur offrir ce qu'il avait remarqué de meilleur dans les zones supérieures.

Par suite du plaisir qu'on a trouvé à être ensemble, on a adopté pour le temps une division plus commode, en donnant aux affaires le temps qui s'écoule depuis le commencement du jour jusqu'à sa chute, et en destinant le surplus aux plaisirs qui accompagnent et suivent les festins.

On a institué les déjeuners à la fourchette, repas qui a un caractère particulier par les mets dont il est composé, par la gaîté qui y règne, et par la toilette négligée qui y est tolérée.

On a donné des thés, genre de comessation tout à fait extraordinaire, en ce que, étant offerte à des personnes qui ont bien dîné, elle ne suppose ni l'appétit ni la soif ; qu'elle n'a pour but que la distraction, et pour base que la friandise.

On a créé les banquets politiques, qui ont constamment eu lieu depuis trente ans toutes les fois qu'il a été nécessaire d'exercer une influence actuelle sur un grand nombre de volontés ; repas qui exigent une grande chère, à laquelle on ne fait pas attention, et où le plaisir n'est compté que pour mémoire.

Enfin, les restaurateurs ont paru : institution tout à fait nouvelle qu'on n'a point assez méditée, et dont l'effet est tel, que tout homme qui est maître de trois ou quatre pistoles peut immédiatement, infailliblement et sans autre peine que celle de désirer, se procurer toutes les jouissances positives dont le goût est susceptible.

MÉDITATION XXVIII

DES RESTAURATEURS

136. — Un restaurateur est celui dont le commerce consiste à offrir au public un festin toujours prêt, et dont les mets se détaillent en portions à prix fixe, sur la demande des consommateurs.

L'établissement se nomme *restaurant*, celui qui le dirige est le *restaurateur*. On appelle simplement *carte* l'état nominatif des mets, avec indication du prix, et *carte à payer*, la note de la quantité des mets fournis et de leur prix.

Parmi ceux qui accourent en foule chez les restaurateurs, il en est peu qui se doutent qu'il est impossible que celui qui créa le restaurant ne fût pas un homme de génie et un observateur profond.

Nous allons aider la paresse, et suivre la filiation des idées dont la succession dut amener cet établissement si usuel et si commode.

ÉTABLISSEMENTS. 137. — Vers 1770, après les jours glorieux de Louis XIV, les roueries de la Régence et la longue tranquillité du ministère du cardinal de Fleury, les étrangers n'avaient encore à Paris que bien peu de ressources sous le rapport de la bonne chère.

Ils étaient forcés d'avoir recours à la cuisine des aubergistes, qui était généralement mauvaise. Il existait quelques hôtels avec table d'hôte, qui, à peu d'exceptions près, n'offraient que le strict nécessaire, et qui d'ailleurs avaient une heure fixe.

On avait bien la ressource des traiteurs ; mais ils ne livraient que des pièces entières, et celui qui voulait régaler quelques amis était forcé de commander à l'avance, de sorte que ceux qui n'avaient pas le bonheur d'être invités dans quelque maison opulente, quittaient la grande ville sans connaître les ressources et les délices de la cuisine parisienne.

Un ordre de choses qui blessait des intérêts si journaliers ne pouvait pas durer, et déjà quelques penseurs rêvaient une amélioration.

Enfin il se trouva un homme de tête qui jugea qu'une cause aussi active ne pouvait rester sans effet ; que le même besoin se reproduisant chaque jour vers les mêmes heures, les consommateurs viendraient en foule là où ils seraient certains que ce besoin serait agréablement satisfait ; que, si l'on détachait une aile de volaille en faveur du premier venu, il ne manquerait pas de s'en présenter un second qui se contenterait de la cuisse ; que l'abscision d'une première tranche dans l'obscurité de la cuisine ne déshonorerait pas le restant de la pièce ; qu'on ne regarderait pas à une légère augmentation de paiement quand on aurait été bien, promptement et proprement servi ; qu'on n'en finirait jamais dans un détail nécessairement considérable, si les convives pouvaient disputer sur le prix et la qualité des plats qu'ils auraient demandés ; que d'ailleurs la variété des mets, combinés avec la fixité des prix, aurait l'avantage de pouvoir convenir à toutes les fortunes.

Cet homme pensa encore à beaucoup de choses qu'il est facile de deviner. Celui-là fut le premier *restaurateur*, et créa une profession qui commande à la fortune toutes les fois que celui qui l'exerce a de la bonne foi, de l'ordre et de l'habilité.

AVANTAGES DES RESTAURANTS. 138. — L'adoption des restaurateurs, qui de France a fait le tour de l'Europe, est d'un avantage extrême pour tous les citoyens, et d'une grande importance pour la science.

1° Par ce moyen, tout homme peut dîner à l'heure qui lui convient, d'après les circonstances où il se trouve placé par ses affaires ou ses plaisirs.

2° Il est certain de ne pas outrepasser la somme qu'il a jugé à propos de fixer pour son repas, parce qu'il sait d'avance le prix de chaque plat qui lui est servi.

3° Le compte étant une fois fait avec sa bourse, le consommateur peut, à sa volonté, faire un repas solide, délicat ou friand, l'arroser des meilleurs vins français ou étrangers, l'aromatiser de moka et le parfumer des liqueurs des deux mondes, sans autres limites que la vigueur de son appétit ou la capacité de son estomac. Le salon d'un restaurateur est l'Eden des gourmands.

4° C'est encore une chose extrêmement commode pour les voyageurs, pour les étrangers, pour ceux dont la famille réside momentanément à la campagne, et pour tous ceux, en un mot, qui n'ont point de cuisine chez eux, ou qui en sont momentanément privés.

Avant l'époque dont nous avons parlé (1770), les gens riches et puissants jouissaient presque exclusivement de deux grands avantages : ils voyageaient avec rapidité, et faisaient constamment bonne chère.

L'établissement des nouvelles voitures qui font cinquante lieues en vingt-quatre heures, a effacé le premier privilège ; l'établissement des restaurateurs a détruit le second : par eux, la meilleure chère est devenue populaire.

Tout homme qui peut disposer de quinze à vingt francs, et qui s'assied à la table d'un restaurateur de première classe, est aussi bien et même mieux traité que s'il était à la table d'un prince ; car le festin qui s'offre à lui est tout aussi splendide, et ayant en outre tous les mets à commandement, il n'est gêné par aucune considération personnelle.

EXAMEN DU SALON. 139. — Le salon d'un restaurateur, examiné avec un peu de détail, offre à l'œil scrutateur du philosophe un tableau digne de son intérêt par la variété des situations qu'il rassemble.

Le fond est occupé par la foule des consommateurs solidaires, qui commandent à haute voix, attendent avec impatience, mangent avec précipitation, paient, et s'en vont.

On y voit des familles voyageuses qui, contentes d'un repas frugal, l'aiguisent cependant par quelques mets qui leur étaient inconnus, et paraissent jouir avec plaisir d'un spectacle tout à fait nouveau pour elles.

Près de là sont deux époux parisiens : on les distingue par le chapeau et le châle suspendus sur leur tête ; on voit que, depuis longtemps, ils n'ont plus rien à se dire ; ils ont fait la partie d'aller à quelque petit spectacle, et il y a à parier que l'un des deux y dormira.

Plus loin sont deux amants ; on en juge par l'empressement de l'un, les petites mignardises de l'autre et la gourmandise de tous les deux. Le plaisir brille dans leurs yeux ; et par le choix qui préside à la composition de leur repas, le présent sert à deviner le passé et à prévoir l'avenir.

Au centre est une table meublée d'habitués qui, le plus souvent, obtiennent un rabais et dînent à prix fixe. Ils connaissent par leur nom tous les garçons de salle, et ceux-ci leur indiquent en secret ce qu'il y a de plus frais et de plus nouveau ; ils sont là comme un fond de magasin, comme un centre autour duquel les groupes viennent se former, ou, pour mieux dire, comme les canards privés dont on se sert en Bretagne pour attirer les canards sauvages.

On y rencontre aussi des individus dont tout le monde connaît la figure, et dont presque personne ne sait le nom. Ils sont à l'aise comme chez eux, et cherchent assez souvent à engager la conversation avec leurs voisins. Ils appartiennent à quelques-unes de ces espèces qu'on ne rencontre qu'à Paris, et qui, n'ayant ni propriété, ni capitaux, ni industrie, n'en font pas moins une forte dépense.

Enfin, on aperçoit çà et là des étrangers, et surtout des Anglais; ces derniers se bourrent de viandes à portions doubles, demandent tout ce qu'il y a de plus cher, boivent les vins les plus fumeux, et ne se retirent pas toujours sans aides.

On peut vérifier chaque jour l'exactitude de ce tableau, et s'il est fait pour piquer la curiosité, peut-être pourrait-il affliger la morale.

INCONVÉNIENTS. 140. — Nul doute que l'occasion et la toute-puissance des objets présents n'entraînent beaucoup de personnes dans des dépenses qui excèdent leurs facultés. Peut-être les estomacs délicats lui doivent-ils quelques indigestions, et la Vénus infime quelques sacrifices intempestifs.

Mais ce qui est bien plus funeste pour l'ordre social, c'est que nous regardons comme certain que la réfection solidaire renforce l'égoïsme, habitue l'individu à ne regarder que soi, à s'isoler de tout ce qui l'entoure, à se dispenser d'égards; et par leur conduite avant, pendant et après leur repas, dans la société ordinaire, il est facile de distinguer, parmi les convives, ceux qui vivent habituellement chez le restaurateur[1].

ÉMULATION. 141. — Nous avons dit que l'établisse-

---

1. Entre autres, quand on fait courir une assiette pleine de morceaux tout découpés, ils se servent et la posent devant eux sans la passer au voisin, dont ils n'ont pas coutume de s'occuper.

ment des restaurateurs avait été d'une grande importance pour l'établissement de la science.

Effectivement, dès que l'expérience a pu apprendre qu'un seul ragoût éminemment traité suffisait pour faire la fortune de l'inventeur, l'intérêt, ce puissant mobile, a allumé toutes les imaginations et mis en œuvre tous les préparateurs.

L'analyse a découvert des parties esculentes dans des substances jusqu'ici réputées inutiles ; des comestibles nouveaux ont été trouvés, les anciens ont été améliorés, les uns et les autres ont été combinés de mille manières. Les inventions étrangères ont été importées ; l'univers entier a été mis à contribution, et il est tel de nos repas où l'on pourrait faire un cours complet de géographie alimentaire.

RESTAURATEURS A PRIX FIXE. 142. — Tandis que l'art suivait ainsi un mouvement d'ascension, tant en découvertes qu'en cherté (car il faut toujours que la nouveauté se paie), le même motif, c'est-à-dire l'espoir du gain, lui donnait un mouvement contraire, du moins relativement à la dépense.

Quelques restaurateurs se proposèrent pour but de joindre la bonne chère à l'économie, et en se rapprochant des fortunes médiocres, qui sont nécessairement les plus nombreuses, de s'assurer ainsi de la foule des consommateurs.

Ils cherchaient, dans les objets d'un prix peu élevé, ceux qu'une bonne préparation peut rendre agréables.

Ils trouvaient dans la viande de boucherie, toujours bonne à Paris, et dans le poisson de mer qui y abonde, une ressource inépuisable ; et pour complément, des légumes et des fruits, que la nouvelle culture donne toujours à bon marché. Ils calculaient ce qui est rigoureusement nécessaire pour remplir un estomac d'une capacité ordinaire et apaiser une soif non cynique.

Ils observaient qu'il est beaucoup d'objets qui ne doivent leur prix qu'à la nouveauté ou à la saison, et qui peuvent être offerts un peu plus tard et dégagés de cet obstacle ; enfin, ils sont venus peu à peu à un point de précision tel qu'en gagnant 25 ou 30 pour cent, ils ont pu donner à leurs habitués, pour deux francs, et même moins, un dîner suffisant, et dont tout homme bien né peut se contenter, puisqu'il en coûterait au moins mille francs par mois pour tenir, dans une maison particulière, une table aussi bien fournie et aussi variée.

Les restaurateurs, considérés sous ce dernier point de vue, ont rendu un service signalé à cette partie intéressante de la population de toute grande ville qui se compose des étrangers, des militaires et des employés ; et ils ont été conduits, par leur intérêt, à la solution d'un problème qui y semblait contraire, savoir : de faire bonne chère, et cependant à prix modéré, et même à bon marché.

Les restaurateurs qui ont suivi cette route n'ont pas été moins bien récompensés que leurs autres confrères : ils n'ont pas essuyé autant de revers que ceux qui étaient à l'autre extrémité de l'échelle ; et leur fortune, quoique plus lente, a été plus sûre ; car s'ils gagnaient moins à la fois, ils gagnaient tous les jours ; et il est de vérité mathématique que, quand un nombre égal d'unités sont rassemblées en un point, elles donnent un total égal, soit qu'elles aient été réunies par dizaines, soit qu'elles aient été rassemblées une à une.

Les amateurs ont retenu les noms de plusieurs artistes qui ont brillé à Paris depuis l'adoption des restaurants. On peut citer Beauvilliers, Méot, Robert, Rose, Legacque, les frères Véry, Henneveu et Baleine.

Quelques-uns de ces établissements ont dû leur prospérité à des causes spéciales, savoir : *le Veau qui tette*, aux pieds de mouton ; le .... au gras-double sur le gril ; *les Frères Provençaux,* à la morue à l'ail ; *Véry,* aux entrées truffées ; *Robert,* aux dîners commandés ; *Baleine,* aux soins qu'il se donnait pour avoir d'excellent poisson ; et *Henneveu,* aux boudoirs mystérieux de son quatrième étage. Mais de tous ces héros de la gastronomie, nul n'a plus le droit à une notice biographique que Beauvilliers, dont les journaux de 1820 ont annoncé la mort.

BEAUVILLIERS. 143. — Beauvilliers, qui s'était établi vers 1782, a été, pendant plus de quinze ans, le plus fameux restaurateur de Paris.

Le premier, il eut un salon élégant, des garçons bien mis, un caveau soigné et une cuisine supérieure; et quand plusieurs de ceux que nous avons nommés ont cherché à l'égaler, il a soutenu la lutte sans désavantage, parce qu'il n'a eu que quelques pas à faire pour suivre les progrès de la science.

Pendant les deux occupations successives de Paris, en 1814 et 1815, on voyait constamment devant son hôtel des véhicules de toutes les nations : il connaissait tous les chefs des corps étrangers, et avait fini par parler toutes leurs langues, autant qu'il était nécessaire à son commerce.

Beauvilliers publia, vers la fin de sa vie, un ouvrage en deux volumes in-8°, intitulé : *l'Art du Cusinier*. Cet ouvrage, fruit d'une longue expérience, porte le cachet d'une pratique éclairée, et jouit encore de toute l'estime qu'on lui accorda dans sa nouveauté. Jusque-là l'art n'avait point été traité avec autant d'exactitude et de méthode. Ce livre, qui a eu plusieurs éditions, a rendu bien plus faciles les ouvrages qui l'ont suivi, mais qui ne l'ont pas surpassé.

Beauvilliers avait une mémoire prodigieuse : il reconnaissait et accueillait, après vingt ans, des personnes qui n'avaient mangé chez lui qu'une fois ou deux; il avait aussi, dans certains cas, une méthode qui lui était particulière. Quand il savait qu'une société de gens riches était rassemblée dans ses salons, il s'approchait d'un air officieux, faisait ses baisemains, et il paraissait donner à ses hôtes une attention toute spéciale.

Il indiquait un plat qu'il ne fallait pas prendre, un autre pour lequel il fallait se hâter, en commandait un troisième auquel personne ne songeait, faisait venir du vin d'un caveau dont lui seul avait la clef; enfin il prenait un ton si aimable et si engageant que tous ces articles *extrà* avaient l'air d'être autant de graciosités de sa part. Mais ce rôle d'amphitryon ne durait qu'un moment ; il s'éclipsait après l'avoir rempli, et peu après, l'enflure de la carte et l'amertume du quart d'heure de Rabelais montraient suffisamment qu'on avait dîné chez un restaurateur.

Beauvilliers avait fait, défait et refait plusieurs fois sa fortune ; nous ne savons pas quel est celui de ces divers états où la mort l'a surpris ; mais il avait de tels exutoires que nous ne pensons pas que sa succession ait été une dépouille opime.

LE GASTRONOME CHEZ LE RESTAURATEUR. 144. — Il résulte de l'examen des cartes de divers restaurateurs de première classe, et notamment de celles des frères Véry et des frères Provençaux, que le consommateur qui vient s'asseoir dans le salon a sous la main, comme élément de son dîner, au moins,

12 potages, — 24 hors-d'œuvre, — 15 ou 20 entrées de bœuf, — 20 entrées de mouton, — 30 entrées de volaille et gibier, — 16 ou 20 de veau, — 12 de pâtisserie, — 24 de poisson, — 15 de rôts, — 50 entremets, — 50 desserts.

En outre, le bienheureux gastronome peut arroser tout cela d'au moins trente espèces de vin à choisir, depuis le vin de Bourgogne jusqu'au vin de Tokai ou du Cap ; et de vingt ou trente espèces de liqueurs parfumées ; sans compter le café et les mélanges, tels que le ponche, le négus, le sillabud, et autres pareils.

Parmi ces diverses parties constituantes du dîner d'un amateur, les parties principales viennent de France, telles que la viande de boucherie, la volaille, les fruits ; d'autres sont d'imitation anglaise, telles que le beefsteak, le welch-rabbet, le ponche, etc. ; d'autres viennent d'Allemagne, comme le sauer-kraut, le bœuf de Hambourg, les filets de la Forêt-Noire ; d'autres d'Espagne, comme l'olla-podrida, les garbanços, les raisins secs de Malaga, les jambons au poivre de Xerica, et les vins de liqueur ; d'autres d'Italie, comme le macaroni, le parmesan, les saucissons de Bologne, la polenta, les glaces, les liqueurs ; d'autres de Russie, comme les viandes desséchées, les anguilles fumées, le caviar; d'autres de Hollande, comme la morue, les fromages, les harengs pecks, le curaçao, l'anisette; d'autres d'Asie, comme le riz de l'Inde, le sagou, le karrik, le soy, le vin de Schiraz, le café; d'autres d'Afrique, comme le vin du Cap; d'autres enfin d'Amérique, comme les pommes de terre, les patates, les ananas, le chocolat, la vanille, le sucre, etc. : ce qui fournit à suffisance la preuve de la proposition que nous avons émise ailleurs, savoir : qu'un repas tel qu'on peut l'avoir à Paris est un tout cosmopolite où chaque partie du monde comparaît par ses productions.

MÉDITATION XXIX

LA GOURMANDISE CLASSIQUE
MISE EN ACTION

HISTOIRE DE M. DE BOROSE. 145. — M. de Borose naquit vers 1780. Son père était secrétaire du roi. Il perdit ses parents en bas âge, et se trouva de bonne heure possesseur de quarante mille livres de rente. C'était alors une belle fortune : maintenant ce n'est que ce qu'il faut tout juste pour ne pas mourir de faim.

Un oncle paternel soigna son éducation. Il apprit le latin, tout en s'étonnant que, quand on pouvait tout exprimer en français, on se donnât tant de peine pour apprendre à dire les mêmes choses en d'autres termes. Cependant il fit des progrès; et quand il fut parvenu jusqu'à Horace, il se convertit, trouva un grand plaisir à méditer sur des idées si élégamment revêtues, et fit de véritables efforts pour bien connaître la langue qu'avait parlée ce poète spirituel.

Il apprit aussi la musique; et après plusieurs essais, se fixa au piano. Il ne se jeta point dans les difficultés indéfinies de cet outil musical[1], et, le réduisant à son véritable usage, il se contenta de devenir assez fort pour accompagner le chant.

Mais, sous ce rapport, on le préférait même aux professeurs, parce qu'il ne cherchait pas à se mettre sur le premier plan; ne faisait ni les bras, ni les yeux[2]; et qu'il remplissait consciencieusement le devoir imposé à tout accompagnateur, de soutenir et faire briller la personne qui chante.

Sous l'égide de son âge, il traversa sans accident les temps les plus terribles de la révolution; mais il fut conscrit à son tour, acheta un homme qui alla bravement se faire tuer pour lui; et, bien muni de l'extrait mortuaire de son Sosie, se trouva convenablement placé pour célébrer nos triomphes, ou déplorer nos revers.

M. de Borose était de taille moyenne, mais il était parfaitement bien fait. Quant à sa figure, elle était sensuelle, et nous en donnerons une idée en disant que, si on eût rassemblé avec lui, dans le même salon, Gavaudan des Variétés, Michot des Français, et le vaudevilliste Désaugiers, ils auraient tous quatre eu l'air d'être de la même famille. Sur le tout, il était convenu de dire qu'il était joli garçon, et il eut parfois quelques raisons d'y croire.

Prendre un état fut pour lui une grande affaire: il en essaya plusieurs; mais y trouvant toujours quelques inconvénients, il se réduisit à une oisiveté occupée, c'est-à-dire qu'il se fit recevoir dans quelques sociétés littéraires; qu'il fut du comité de bienfaisance de son arrondissement, souscrivit à quelques réunions philanthropiques; et en ajoutant à cela le soin de sa

---

1. Le piano est fait pour faciliter la composition de la musique et pour accompagner le chant. Joué seul, il n'a ni chaleur ni expression. Les Espagnols indiquent par *bordonear* l'action de jouer des instruments qui se pincent.
2. Terme d'argot musical: *faire les bras*, c'est soulever les coudes et les arrière-bras, comme si l'on était étouffé par le sentiment; *faire les yeux*, c'est les tourner vers le ciel, comme si on allait se pâmer; *faire des brioches*, c'est manquer un trait, une intonation.

fortune, qu'il régissait à merveille, il eut, tout comme un autre, ses affaires, sa correspondance et son cabinet.

Arrivé à vingt-huit ans, il crut qu'il était temps de se marier, ne voulut voir sa future qu'à table, et, à la troisième entrevue, se trouva suffisamment convaincu qu'elle était également jolie, bonne et spirituelle.

Le bonheur conjugal de Borose fut de courte durée ; à peine y avait-il dix-huit mois qu'il était marié, quand sa femme mourut en couches, lui laissant un regret éternel de cette séparation si prompte, et pour consolation une fille qu'il nomma Herminie, et dont nous nous occuperons plus tard.

M. de Borose trouva assez de plaisir dans les diverses occupations qu'il s'était faites. Cependant il s'aperçut à la longue que, même dans les assemblées choisies, il y a des prétentions, des protecteurs, quelquefois un peu de jalousie. Il mit toutes ces misères sur le compte de l'humanité, qui n'est parfaite nulle part, n'en fut pas moins assidu, mais obéissant, sans s'en douter, à l'ordre du destin imprimé sur ses traits, vint peu à peu à se faire une affaire principale des jouissances du goût.

M. de Borose disait que la gastronomie n'est autre chose que la réflexion qui apprécie, appliquée à la science qui améliore.

Il disait avec Epicure[1] : « L'homme est-il donc fait pour dédaigner les dons de la nature ? N'arrive-t-il sur la terre que pour y cueillir des fruits amers ? Pour qui sont les fleurs que les dieux font croître aux pieds des mortels ?... C'est complaire à la Providence que de s'abandonner aux divers penchants qu'elle nous suggère : nos devoirs viennent de ses lois, nos désirs de ses inspirations. »

Il disait, avec le professeur sébusien, que les bonnes choses sont pour les bonnes gens ; autrement il faudrait tomber dans l'absurdité, et croire que Dieu ne les a créées que pour les méchants.

---

1. ALIBERT, *Physiologie des passions*, t. I, p. 241.

Le premier travail de Borose eut lieu avec son cuisinier et eut pour but de lui montrer ses fonctions sous leur véritable point de vue.

Il lui dit qu'un cuisinier habile, qui pouvait être un savant par la théorie, l'était toujours par la pratique ; que la nature de ses fonctions le plaçait entre le chimiste et le physicien ; il alla même jusqu'à lui dire que le cuisinier, chargé de l'entretien du mécanisme animal, était au-dessus du pharmacien dont l'utilité n'est qu'occasionnelle.

Il ajoutait, avec un docteur aussi spirituel que savant [1], « que le cuisinier a dû approfondir l'art de modifier les aliments par l'action du feu, art inconnu aux anciens. Cet art exige de nos jours des études et des combinaisons savantes. Il faut avoir réfléchi longtemps sur les productions du globe pour employer avec habileté les assaisonnements, et déguiser l'amertume de certains mets, pour en rendre d'autres plus savoureux, pour mettre en œuvre les meilleurs ingrédients. Le cuisinier européen est celui qui brille surtout dans l'art d'opérer ces merveilleux mélanges ».

L'allocution fit son effet, et le chef [2], bien pénétré de son importance, se tint toujours à la hauteur de son emploi.

Un peu de temps, de réflexion et d'expérience, apprirent bientôt à M. de Borose que, le nombre des mets étant à peu près fixé par l'usage, un bon dîner n'est pas de beaucoup plus cher qu'un mauvais ; qu'il n'en coûte pas cinq cents francs de plus par an pour ne boire jamais que de très bon vin ; et que tout dépend de la volonté du maître, de l'ordre qu'il met dans sa

---

1. ALIBERT, *Physiologie des passions*, t. I, p. 196.
2. Dans une maison bien organisée, le cuisinier se nomme *chef*. Il a sous lui l'aide aux entrées, le pâtissier, le rôtisseur, et les fouille-au-pot (l'office est une institution à part). Les fouille-au-pot sont les mousses de la cuisine : comme eux, ils sont souvent battus ; et comme eux, ils font quelquefois leur chemin.

maison et du mouvement qu'il imprime à tous ceux dont il paie les services.

A partir de ces points fondamentaux, les dîners de Borose prirent un aspect classique et solennel : la renommée en célébra les délices ; on se fit une gloire d'y avoir été appelé ; et tels en vantèrent les charmes qui n'y avaient jamais paru.

Il n'engageait jamais ces soi-disant gastronomes qui ne sont que des gloutons, dont le ventre est un abîme, et qui mangent partout, de tout et tout. Il trouvait à souhait, parmi ses amis, dans les trois premières catégories, des convives aimables qui, savourant avec une attention vraiment philosophique, et donnant à cette étude tout le temps qu'elle exige, n'oubliaient jamais qu'il est un instant où la raison dit à l'appétit : *Non procedes amplius* (tu n'iras pas plus loin).

Il lui arrivait souvent que des marchands de comestibles lui apportaient des morceaux de haute distinction, et qu'ils préféraient les lui vendre à un prix modéré, par la certitude où ils étaient que ces mets seraient consommés avec calme et réflexion, qu'il en serait bruit dans la société, et que la réputation de leurs magasins s'en accroîtrait d'autant.

Le nombre des convives chez M. de Borose excédait rarement neuf, et les mets n'étaient pas très nombreux ; mais l'insistance du maître et son goût exquis avaient fini par les rendre parfaits. La table présentait en tout temps ce que la saison pouvait offrir de meilleur ; soit par la rareté, soit par la primeur ; et le service se faisait avec tant de soin, qu'il ne laissait rien à désirer.

La conversation pendant le repas était toujours générale, gaie et souvent instructive ; cette dernière qualité était due à une précaution très particulière que prenait Borose.

Chaque semaine, un savant distingué, mais pauvre, auquel il faisait une pension, descendait de son septième étage, et lui remettait une série d'objets propres à être discutés à table. L'amphitryon avait soin de le mettre en avant quand les propos du jour commençaient à s'user, ce qui ranimait la conversation et raccourcissait d'autant les discussions politiques, qui troublent également l'ingestion et la digestion.

Deux fois par semaine, il invitait des dames, et il avait soin d'arranger les choses de manière que chacune trouvait, parmi les convives, un cavalier qui s'occupait uniquement d'elle. Cette précaution jetait beaucoup d'agrément dans sa société ; car la prude même la plus sévère est humiliée quand elle reste inaperçue.

A ces jours seulement, un modeste écarté était permis ; les autres jours, on n'admettait que le piquet et le whist, jeux graves, réfléchis, et qui indiquent une éducation soignée. Mais le plus souvent, ses soirées se passaient dans une aimable causerie, entremêlée de quelques romances que Borose accompagnait avec ce talent que nous avons déjà indiqué, ce qui lui attirait des applaudissements auxquels il était bien loin d'être insensible.

Le premier lundi de chaque mois, le curé de Borose venait dîner chez son paroissien ; il était sûr d'y être accueilli avec toutes sortes d'égards. La conversation, ce jour-là, s'arrêtait sur un ton un peu plus sérieux, mais qui n'excluait cependant pas une innocente plaisanterie. Le cher pasteur ne se refusait pas aux charmes de cette réunion, et il se surprenait quelquefois à désirer que chaque mois eût quatre premiers lundis.

C'est au même jour que la jeune Herminie sortait de la maison de madame Migneron[1], où elle était en pension : cette dame accompagnait le plus souvent sa pupille. Celle-ci annonçait, à chaque visite, une grâce nouvelle ; elle adorait son père, et quand il la bénissait

---

1. Madame Migneron-Rémy dirige, rue de Valois, faubourg du Roule, n. 4, une maison d'éducation sous la protection de madame la duchesse d'Orléans : le local est superbe, la tenue parfaite, le ton excellent, les maîtres les meilleurs de Paris ; et ce qui touche surtout le professeur, c'est que, avec tant d'avantages, le prix est tel, que des fortunes presque modestes peuvent y atteindre.

en déposant un baiser sur son front incliné, nuls êtres au monde n'étaient plus heureux qu'eux.

Borose se donnait des soins continuels pour que la dépense qu'il faisait pour sa table pût tourner au profit de la morale.

Il ne donnait sa confiance qu'aux fournisseurs qui se faisaient connaître par leur loyauté dans la qualité des choses et leur modération dans les prix ; il les prônait et les aidait au besoin, car il avait coutume de dire que les gens trop pressés de faire leur fortune sont souvent peu délicats sur le choix des moyens.

Son marchand de vin s'enrichit assez promptement parce qu'il fut proclamé sans mélange, qualité déjà rare même chez les Athéniens du temps de Périclès, et qui n'est pas commune au xixe siècle.

On croit que c'est lui qui, par ses conseils, dirigea la conduite d'Hurbain, restaurateur au Palais-Royal ; Hurbain chez qui l'on trouve, pour deux francs, un dîner qu'on paierait ailleurs plus du double, et qui marche à la fortune par une route d'autant plus sûre que la foule croît chez lui en raison directe de la modération de ses prix.

Les mets enlevés de dessus la table du gastronome n'étaient point livrés à la discrétion des domestiques, amplement dédommagés d'ailleurs, tout ce qui conservait une belle apparence avait une destination indiquée par le maître.

Instruit, par sa place au comité de bienfaisance, des besoins et de la moralité d'un grand nombre de ses administrés, il était sûr de bien diriger ses dons, et des portions de comestibles, encore très désirables, venaient de temps en temps chasser le besoin et faire naître la joie ; par exemple, la queue d'un gros brochet, la mitre d'un dindon, un morceau de filet, de la pâtisserie, etc.

Mais pour rendre ces envois encore plus profitables, il avait attention de les annoncer pour le lundi matin, ou pour le lendemain d'une fête, obviant ainsi à la cessation du travail pendant les jours fériés, combattant les inconvénients de la *saint lundi*[1], et faisant de la sensualité l'antidote de la crapule.

Quand M. de Borose avait découvert dans la troisième ou quatrième classe des commerçants un jeune ménage bien uni, et dont la conduite prudente annonçait les qualités sur lesquelles se fonde la prospérité des nations, il leur faisait la prévenance d'une visite, et se faisait un devoir de les engager à dîner.

Au jour indiqué, la jeune femme ne manquait pas de trouver des dames qui lui parlaient des soins intérieurs d'une maison, et le mari, des hommes pour causer de commerce et de manufactures.

Ces invitations, dont le motif était connu, finirent par devenir une distinction, et chacun s'empressa de les mériter.

Pendant que toutes ces choses se passaient, la jeune Herminie croissait et se développait sous les ombrages de la rue de Valois, et nous devons à nos lecteurs le portrait de la fille comme partie intégrante de la biographie du père.

Mademoiselle Herminie de Borose est grande (5 pieds 1 pouce) et sa taille réunit la légèreté d'une nymphe à la grâce d'une déesse.

Fruit unique d'un mariage heureux, sa santé est parfaite, sa force physique remarquable; elle ne craint ni la chaleur ni le hâle, et les plus longues promenades ne l'épouvantent pas.

---

[1]. La plupart des ouvriers, à Paris, travaillent le dimanche matin pour finir l'ouvrage commencé, le rendre à qui de droit, et recevoir le prix; après quoi ils partent et vont se divertir le reste du jour.

Le lundi matin, ils s'assemblent par coteries, mettent en commun tout ce qui leur reste d'argent, et ne se quittent pas, que tout ne soit dépensé.

Cet état de choses, qui était rigoureusement vrai il y a dix ans, s'est un peu amélioré par les soins des maîtres d'ateliers et par les établissements d'économie et d'accumulation; mais le mal est encore très grand, et il y a beaucoup de temps et de travail perdu au profit des Tivolis, restaurateurs, cabaretiers et taverniers des faubourgs et de la banlieue.

De loin on la croirait brune, mais, en y regardant de plus près, on s'aperçoit que ses cheveux sont châtain foncé, ses cils noirs, et ses yeux bleus d'azur.

La plupart de ses traits sont grecs, mais son nez est gaulois ; ce nez charmant fait un effet si gracieux, qu'un comité d'artistes, après en avoir délibéré pendant trois dîners, a décidé que ce type tout français est au moins aussi digne que tout autre d'être immortalisé par le pinceau, le ciseau et le burin.

Le pied de cette jeune fille est remarquablement petit et bien fait ; le professeur l'a tant louée et même cajolée à ce sujet, qu'au jour de l'an 1825, et avec l'approbation de son père, elle lui a fait cadeau d'un joli petit soulier de satin noir, qu'il montre aux élus, et dont il se sert pour prouver que l'extrême sociabilité agit sur les formes comme sur les personnes ; car il prétend qu'un petit pied, tel que nous le recherchons maintenant, est le produit des soins et de la culture, ne se trouve presque jamais parmi les villageois, et indique presque toujours une personne dont les aïeux ont longtemps vécu dans l'aisance.

Quand Herminie a relevé sur son peigne la forêt de cheveux qui couvre sa tête et serré une simple tunique avec une ceinture de rubans, on la trouve charmante, et on ne se figure pas que des fleurs, des perles ou des diamants puissent ajouter à sa beauté.

Sa conversation est simple et facile, et on ne se douterait pas qu'elle connaît tous nos meilleurs auteurs ; mais dans l'occasion elle s'anime, et la finesse de ses remarques trahit son secret : aussitôt qu'elle s'en aperçoit, elle rougit, ses yeux se baissent, et sa rougeur prouve sa modestie.

Mademoiselle de Borose joue également bien du piano et de la harpe ; mais elle préfère ce dernier instrument par je ne sais quel sentiment enthousiastique pour les harpes célestes dont sont armés les anges, et pour les harpes d'or tant célébrées par Ossian.

Sa voix est aussi d'une douceur et d'une rectitude célestes ; ce qui ne l'empêche pas d'être un peu timide ; cependant elle chante sans se faire prier, mais elle ne manque pas, en commençant, de jeter sur son auditoire un regard qui l'ensorcelle, de sorte qu'elle pourrait chanter faux comme tant d'autres, qu'on n'aurait pas la force de s'en apercevoir.

Elle n'a point négligé les travaux de l'aiguille, sources de jouissances bien innocentes et ressources toujours prêtes contre l'ennui; elle travaille comme une fée, et chaque fois qu'il paraît quelque chose de nouveau en ce genre, la première ouvrière du *Père de Famille* est habituellement chargée de venir le lui apprendre.

Le cœur d'Herminie n'a point encore parlé, et la piété filiale a jusqu'ici suffi à son bonheur; mais elle a une véritable passion pour la danse, qu'elle aime à la folie.

Quand elle se place à une contredanse, elle paraît grandir de deux pouces, et on croirait qu'elle va s'envoler; cependant sa danse est modérée, et ses pas sans prétention; elle se contente de circuler avec légèreté, en développant ses formes aimables et gracieuses; mais, à quelques échappées, on devine ses pouvoirs, et on soupçonne que si elle usait de tous ses moyens, madame Montessu aurait une rivale.

Même quand l'oiseau marche, on voit qu'il a des ailes.

Auprès de cette fille charmante, qu'il avait retirée de sa pension, jouissant d'une fortune sagement administrée et d'une considération justement méritée, M. de Borose vivait heureux, et apercevait encore devant lui une longue carrière à parcourir; mais toute espérance est trompeuse, et on ne peut pas répondre de l'avenir.

Vers le milieu du mois de mars dernier M. de Borose fut invité à aller passer une journée à la campagne avec quelques amis.

On était à un de ces jours prématurément chauds, avant-coureurs du printemps, et on entendait aux bornes de l'horizon quelques-uns de ces grondements sourds, qui font dire proverbialement que l'hiver se casse le cou, ce qui n'empêcha pas qu'on se mit en route pour la promenade. Cependant bientôt le ciel prit une face menaçante, les nuages s'amoncelèrent, et un orage épouvantable éclata avec tonnerre, pluie et grêle.

Chacun se sauva comme il put et où il put; M. de Borose chercha un asile sous un peuplier, dont les branches inférieures, inclinées en parasol, paraissaient devoir le garantir.

Asile funeste! la pointe de l'arbre allait chercher le fluide électrique jusque dans les nuages, et la pluie en tombant le long des branches lui servait de conducteur. Bientôt une détonation effroyable se fit entendre, et l'infortuné promeneur tomba mort sans avoir le temps de pousser un soupir.

Enlevé ainsi par ce genre de mort que désirait César, et sur lequel il n'y avait pas moyen de gloser, M. de Borose fut enterré avec les cérémonies du rituel le plus complet. Son convoi fut suivi jusqu'au cimetière du Père-Lachaise par une foule de gens à pied et en voiture, son éloge était dans toutes les bouches; et quand une voix amie prononça sur sa tombe une allocution touchante, il y eut écho dans le cœur de tous les assistants.

Herminie fut atterrée d'un malheur si grand et si inattendu; elle n'eut pas de convulsions, elle n'eut pas de crises de nerfs, elle n'alla pas cacher sa douleur dans son lit; mais elle pleura son père avec tant d'abandon, de continuité et d'amertume, que ses amis espérèrent que l'excès de sa douleur en deviendrait le remède; car nous ne sommes pas assez fortement trempés pour éprouver pendant longtemps un sentiment si vif.

Le temps a donc fait sur ce jeune cœur son effet immanquable; Herminie peut nommer son père sans fondre en larmes; mais elle en parle avec une piété si douce, un regret si ingénu, un amour si actuel et un accent si profond, qu'il est impossible de l'entendre et de ne pas partager son attendrissement.

Heureux celui à qui Herminie donnera le droit de

l'accompagner, et de porter avec elle une couronne funéraire sur la tombe de leur père !

Dans une chapelle latérale de l'église de..., on remarque chaque dimanche, à la messe de midi, une grande et belle jeune personne accompagnée par une dame âgée. Sa tournure est charmante ; mais un voile épais cache son visage. Il faut cependant que les traits en soient connus, car on remarque tout autour de cette chapelle une foule de jeunes dévots de fraîche date, tous fort élégamment mis, et dont quelques-uns sont fort beaux garçons.

CORTÈGE D'UNE HÉRITIÈRE. 146. Passant un jour de la rue de la Paix à la place Vendôme, je fus arrêté par le cortège de la plus riche héritière de Paris, pour lors à marier, et revenant du bois de Boulogne.

Il était composé comme il suit :

1° La belle, objet de tous les yeux, montée sur un très beau cheval bai, qu'elle maniait avec adresse : amazone bleue à longue queue, chapeau noir à plumes blanches ;

2° Son tuteur, marchant à côté d'elle avec la physionomie grave et le maintien important attaché à ses fonctions ;

3° Groupe de douze à quinze poursuivants, cherchant tous à se faire distinguer, qui par son empressement, qui par son adresse hippiatrique, qui par sa mélancolie ;

4° Un *en-cas* magnifiquement attelé, pour servir en cas de pluie ou de fatigue ; cocher corpulent, jockey pas plus gros que le poing ;

5° Domestiques à cheval de toutes les livrées, en grand nombre et pêle-mêle.

Ils passèrent... et je continuai de méditer.

MÉDITATION XXX

BOUQUET

MYTHOLOGIE GASTRONOMIQUE. 147. — Gastéréa est la dixième muse : elle préside aux jouissances du goût.

Elle pourrait prétendre à l'empire de l'univers ; car l'univers n'est rien sans la vie, et tout ce qui vit se nourrit.

Elle se plaît particulièrement sur les coteaux où la vigne fleurit, sur ceux que l'oranger parfume, dans les bosquets où la truffe s'élabore, dans les pays abondants en gibier et en fruits.

Quand elle daigne se montrer, elle apparaît sous la figure d'une jeune fille : sa ceinture est couleur de feu, ses cheveux sont noirs, ses yeux bleu d'azur, et ses formes, pleines de grâces ; belle comme Vénus, elle est surtout souverainement jolie.

Elle se montre rarement aux mortels, mais sa statue les console de son invisibilité. Un seul sculpteur a été admis à contempler tant de charmes, et tel a été le succès de cet artiste aimé des dieux, que quiconque voit son ouvrage croit y reconnaître les traits de la femme qu'il a le plus aimée.

De tous les lieux où Gastéréa a des autels, celui qu'elle préfère est cette ville, reine du monde, qui emprisonne la Seine entre les marbres de ses palais.

Son temple est bâti sur cette montagne célèbre à laquelle Mars a donné son nom ; il est posé sur un socle immense de marbre blanc, sur lequel on monte de tous côtés par cent marches.

C'est dans ce bloc révéré que sont percés ces souterrains mystérieux où l'art interroge la nature et la soumet à ses lois.

C'est là que l'air, l'eau, le fer et le feu, mis en action par des mains habiles, divisent, réunissent, triturent, amalgament, et produisent des effets dont le vulgaire ne connaît pas la cause.

C'est de là enfin que s'échappent à des époques déterminées, des recettes merveilleuses dont les auteurs aiment à rester inconnus, parce que leur bonheur est dans leur conscience, et que leur récompense consiste à savoir qu'ils ont reculé les bornes de la science et procuré aux hommes des jouissances nouvelles.

Le temple, monument unique d'architecture simple et majestueuse, est supporté par cent colonnes de jaspe oriental et éclairé par un dôme qui imite la voûte des cieux.

Nous n'entrerons pas dans le détail des merveilles que cet édifice renferme; il suffira de dire que les sculptures qui en ornent les frontons, ainsi que les bas-reliefs qui en décorent l'enceinte, sont consacrés à la mémoire des hommes qui ont bien mérité de leurs semblables par des inventions utiles, telles que l'application du feu aux besoins de la vie, l'invention de la charrue et autres pareilles.

Bien loin du dôme et dans le sanctuaire, on voit la statue de la déesse: elle a la main gauche appuyée sur un fourneau, et tient de la droite la production la plus chère à ses adorateurs.

Le baldaquin de cristal qui la couvre est soutenu par huit colonnes de même matière; et ces colonnes, continuellement inondées de flamme électrique, répandent dans le lieu saint une clarté qui a quelque chose de divin.

Le culte de la déesse est simple: chaque jour, au lever du soleil, ses prêtres viennent enlever la couronne de fleurs qui orne sa statue, en placent une nouvelle, et chantent en chœur un des hymnes nombreux par lesquels la poésie a célébré les biens dont l'immortelle comble le genre humain.

Ces prêtres sont au nombre de douze, présidés par le plus âgé; ils sont choisis parmi les plus savants; et les plus beaux, toutes choses égales, obtiennent la préférence. Leur âge est celui de la maturité; ils sont sujets à la vieillesse, mais jamais à la caducité ; l'air qu'ils respirent dans le temple les en défend.

Les fêtes de la déesse égalent le nombre des jours de l'année ; car elle ne cesse jamais de verser ses bienfaits ; mais parmi ces jours, il en est un qui lui est spécialement consacré : c'est le VINGT-UN SEPTEMBRE, appelé *le grand halel gastronomique*.

En ce jour solennel, la ville reine est, dès le matin, environnée d'un nuage d'encens ; le peuple, couronné de fleurs, parcourt les rues en chantant les louanges de la déesse ; les citoyens s'appellent par les titres de la plus aimable parenté ; tous les cœurs sont émus des plus doux sentiments ; l'atmosphère se charge de sympathie, et propage partout l'amour et l'amitié.

Une partie de la journée se passe dans ces épanchements, et à l'heure déterminée par l'usage, la foule se porte vers le temple où doit se célébrer le banquet sacré.

Dans le sanctuaire, aux pieds de la statue, s'élève une table destinée au collège des prêtres. Une autre table de douze cents couverts a été préparée sous le dôme pour des convives des deux sexes. Tous les arts ont concouru à l'ornement de ces tables solennelles ; rien de si élégant ne parut jamais dans le palais des rois.

Les prêtres arrivent d'un pas grave et d'un air préparé ; ils sont vêtus d'une tunique blanche de laine de Cachemire, une broderie incarnat en orne les bords, et une ceinture de même couleur en ramasse les plis ; leur physionomie annonce la santé et la bienveillance ; ils s'asseyent après s'être réciproquement salués.

Déjà des serviteurs vêtus de fin lin ont placé les mets devant eux : ce ne sont point des préparations communes, faites pour apaiser des besoins vulgaires ; rien n'est servi sur cette table auguste qui n'en ait été jugé digne, et qui ne tienne à la sphère transcendante, tant par le choix de la matière que par la profondeur du travail.

Les vénérables consommateurs sont au-dessus de

leurs fonctions : leur conversation paisible et substancielle roule sur les merveilles de la création et la puissance de l'art ; ils mangent avec lenteur et savourent avec énergie ; le mouvement imprimé à leur mâchoire a quelque chose de moelleux ; on dirait que chaque coup de dent a un accent particulier, et s'il leur arrive de promener la langue sur leurs lèvres vernissées, l'auteur des mets en consommation en acquiert une gloire immortelle.

Les boissons, qui se succèdent par intervalles, sont dignes de ce banquet ; elles sont versées par douze jeunes filles choisies, pour ce jour seulement, par un comité de peintres et de sculpteurs ; elles sont vêtues à l'athénienne, costume heureux qui favorise la beauté sans alarmer la pudeur.

Les prêtres de la déesse n'affectent point de détourner des regards hypocrites tandis que de jolies mains font couler pour eux les délices des deux mondes, mais, tout en admirant le plus bel ouvrage du Créateur, la retenue de la sagesse ne cesse pas de siéger sur leur front : la manière dont ils remercient, dont ils boivent, exprimée en double sentiment.

Autour de cette table mystérieuse on voit circuler des rois, des princes et d'illustres étrangers, arrivés exprès de toutes les parties du monde ; ils marchent en silence et observent avec attention : ils sont venus pour s'instruire dans le grand art de bien manger, art difficile, et que des peuples entiers ignorent encore.

Pendant que ces choses se passent dans le sanctuaire, une hilarité générale et brillante anime les convives placés autour de la table du dôme.

Cette gaieté est due surtout à ce qu'aucun d'entre eux n'est placé à côté de la femme à laquelle il a déjà tout dit. Ainsi l'a voulu la déesse.

A cette table immense ont été appelés, par choix, les savants des deux sexes qui ont enrichi l'art par leurs découvertes, les maîtres de maison qui remplissent avec tant de grâce les devoirs de l'hospitalité française, les savants cosmopolites à qui la société doit des importations utiles ou agréables, et ces hommes miséricordieux qui nourrissent le pauvre des dépouilles opimes de leur superflu.

Le centre en est évidé, et laisse un grand espace qui est occupé par une foule de prosecteurs et de distributeurs qui offrent et voiturent des parties les plus éloignées tout ce que les convives peuvent désirer.

Là se trouve placé avec avantage tout ce que la nature, dans sa prodigalité, a créé pour la nourriture de l'homme. Ces trésors sont centuplés, non seulement par leur association, mais encore par les métamorphoses que l'art leur a fait subir. Cet enchanteur a réuni les deux mondes, confondu les règnes et rapproché les distances ; le parfum qui s'élève de ces préparations savantes embaume l'air et le remplit de gaz excitateurs.

Cependant de jeunes garçons, aussi beaux que bien vêtus, parcourent le cercle extérieur, et présentent incessamment des coupes remplies de vins délicieux, qui ont tantôt l'éclat du rubis, tantôt la couleur plus modeste de la topaze.

De temps en temps d'habiles musiciens, placés dans les galeries du dôme, font retentir le temple des accents mélodieux d'une harmonie aussi simple que savante.

Alors les têtes s'élèvent, l'attention est entraînée, et pendant ces courts intervalles, toutes les conversations sont suspendues, mais elles recommencent bientôt avec plus de charme : il semble que ce nouveau présent des dieux ait donné à l'imagination plus de fraîcheur, et à tous les cœurs plus d'abandon.

Lorsque le plaisir de la table a rempli le temps qui lui est assigné, le collège des prêtres s'avance sur le bord de l'enceinte ; ils viennent prendre part au banquet, se mêler avec les convives, et boire avec eux le moka que le législateur de l'Orient permet à ses disciples. La liqueur embaumée fume dans des vases rehaussés d'or ; et les belles acolytes du sanctuaire parcourent l'assemblée pour distribuer le sucre qui en adoucit l'amertume. Elles sont charmantes : et cependant telle est l'influence de l'air qu'on respire dans le temple de Gastéréa, qu'aucun cœur de femme ne s'ouvre à la jalousie.

Enfin le doyen des prêtres entonne l'hymne de reconnaissance ; toutes les voix s'y joignent ; les instruments s'y confondent : cet hommage des cœurs s'élève vers le ciel, et le service est fini.

Alors seulement commence le banquet populaire, car il n'est pas de véritables fêtes quand le peuple ne jouit pas.

Des tables dont l'œil n'aperçoit pas la fin sont dressées dans toutes les rues, sur toutes les places, au devant de tous les palais. On s'assied où l'on se trouve ; le hasard rapproche les rangs, les âges, les quartiers ; toutes les mains se rencontrent et se serrent avec cordialité : on ne voit que des visages contents.

Quoique la grande ville ne soit alors qu'un immense réfectoire, la générosité des particuliers assure l'abondance, tandis qu'un gouvernement paternel veille avec sollicitude pour le maintien de l'ordre, et pour que les dernières limites de la sobriété ne soient pas outrepassées.

Bientôt une musique vive et animée se fait entendre ; elle annonce la danse, cet exercice aimé de la jeunesse.

Des salles immenses, des estrades élastiques qui ont été préparées, et des rafraîchissements de toute espèce ne manqueront pas.

On y court en foule, les uns pour agir, les autres pour encourager et comme simples spectateurs. On rit en voyant quelques vieillards, animés d'un feu passager, offrir à la beauté un hommage éphémère ; mais le culte de la déesse et la solennité du jour excusent tout.

Pendant longtemps ce plaisir se soutient ; l'allégresse est générale, le mouvement universel, et on entend avec peine la dernière heure annoncer le repos. Cependant personne ne résiste à cet appel ; tout s'est passé avec décence ; chacun se retire content de sa journée, et se couche plein d'espoir dans les événements d'une année qui a commencé sous d'aussi heureux auspices.

TRANSITION

Si l'on m'a lu jusqu'ici avec cette attention que j'ai cherché à faire naître et à soutenir, on a dû voir qu'en écrivant j'ai eu un double but que je n'ai jamais perdu de vue : le premier a été de poser les bases théoriques de la *gastronomie*, afin qu'elle puisse se placer parmi les sciences, au rang qui lui est incontestablement dû ; le second, de définir avec précision ce qu'on doit entendre par *gourmandise*, et de séparer pour toujours cette qualité sociale de la gloutonnerie et de l'intempérance, avec lesquelles on l'a si mal à propos confondue.

Cette équivoque a été introduite par des moralistes intolérants qui, trompés par un zèle outré, ont voulu voir des excès là où il n'y avait qu'une jouissance bien entendue : car les trésors de la création ne sont pas faits pour qu'on les foule aux pieds. Il a été ensuite propagé par des grammairiens insociables, qui définissaient en aveugles et juraient *in verba magistri*.

Il est temps qu'une pareille erreur finisse ; car maintenant tout le monde s'entend ; ce qui est si vrai, qu'en même temps qu'il n'est personne qui n'avoue une petite teinte de gourmandise et ne s'en fasse gloire, il n'est personne non plus qui ne prît à grosse injure l'accusation de gloutonnerie, de voracité ou d'intempérance.

Sur ces deux points cardinaux, il me semble que ce que j'ai écrit jusqu'à présent équivaut à démonstration, et doit suffire pour persuader tous ceux qui ne se refusent pas à la conviction. Je pourrais donc quitter la plume et regarder comme finie la tâche que je me suis imposée ; mais en approfondissant des sujets qui touchent à tout, il m'est revenu dans la mémoire beaucoup de choses qui m'ont paru bonnes à écrire, des anecdotes certainement inédites, des bons mots nés sous mes yeux, quelques recettes de haute distinction et d'autres hors-d'œuvre pareils.

Semés dans la partie théorique, ils en eussent rompu l'ensemble ; réunis, j'espère qu'ils seront lus avec plaisir, parce que, tout en s'amusant, on pourra y trouver quelques vérités expérimentales et des développements utiles.

Il faut bien aussi, comme je l'ai annoncé, que je fasse pour moi un peu de cette biographie qui ne donne lieu ni à discussion, ni à commentaires. J'ai cherché la récompense de mon travail dans cette partie où je me retrouve avec mes amis. C'est surtout quand l'existence est près de nous échapper que le *moi* nous devient cher, et les amis en font nécessairement partie.

Cependant, en relisant les endroits qui me sont personnels, je ne dissimulerai pas que j'ai eu quelques mouvements d'inquiétude.

Ce malaise provenait de mes dernières, tout à fait dernières lectures, et des gloses qu'on a faites sur des mémoires qui sont dans les mains de tout le monde.

J'ai craint que quelque malin, qui aura mal digéré et mal dormi, ne vienne à dire : « Mais voilà un professeur qui ne se dit pas d'injures ! Voilà un professeur qui se fait sans cesse des compliments ! Voilà un professeur qui... voilà un professeur que... ! »

A quoi je réponds d'avance, en me mettant en garde, que celui qui ne dit de mal de personne a bien le droit de se traiter avec quelque indulgence ; et que je ne vois pas par quelle raison je serais exclu de ma propre bienveillance, moi qui ai toujours été étranger aux sentiments haineux.

Après cette réponse, bien fondée en réalité, je crois pouvoir être tranquille, bien abrité dans mon manteau de philosophe ; et ceux qui insisteront, je les déclare mauvais coucheurs. *Mauvais coucheurs !* Injure nouvelle, et pour laquelle je veux prendre un brevet d'invention, parce que le premier, j'ai découvert qu'elle contient en soi une véritable excommunication.

VARIÉTÉS

I

L'OMELETTE DU CURÉ. Tout le monde sait que madame R*** a occupé, pendant vingt ans, sans contradiction, le trône de la beauté à Paris. On sait aussi qu'elle est extrêmement charitable, et qu'à une certaine époque elle prenait un intérêt dans la plupart des entreprises qui avaient pour but de soulager la misère, quelquefois plus poignante dans la capitale que partout ailleurs[1].

Ayant à conférer à ce sujet avec M. le curé de..., elle se rendit chez lui vers les cinq heures de l'après-midi, et fut fort étonnée de le trouver déjà à table.

La chère habitante de la rue du Mont-Blanc croyait que tout le monde, à Paris, dînait à six heures, et ne savait pas que les ecclésiastiques commencent en

---

1. Ceux-là surtout sont à plaindre, dont les besoins sont ignorés ; car il faut rendre justice aux Parisiens, et dire qu'ils sont charitables et aumôniers. Je faisais, en l'an x, une petite pension hebdomadaire à une vieille religieuse qui gisait à un sixième étage, paralysée de la moitié du corps. Cette brave fille recevait assez de la bienfaisance des voisins pour vivre à peu près confortablement et pour nourrir une sœur converse qui s'était attachée à son sort.

général de bonne heure, parce qu'il en est beaucoup qui font le soir une légère collation.

Madame R*** voulait se retirer; mais le curé la retint, soit parce que l'affaire dont ils avaient à causer n'était pas de nature à l'empêcher de dîner, soit parce qu'une jolie femme n'est jamais un trouble-fête pour qui que ce soit, ou bien enfin parce qu'il vint à s'apercevoir qu'il ne lui manquait qu'un interlocuteur pour faire de son salon un vrai Elysée gastronomique.

Effectivement, le couvert était mis avec une propreté remarquable; un vin vieux étincelait dans un flacon de cristal; la porcelaine blanche était de premier choix; les plats tenus chauds par l'eau bouillante; et une bonne, à la fois canonique et bien mise, était là prête à recevoir les ordres.

Le repas était limitrophe entre la frugalité et la recherche. Un potage au coulis d'écrevisses venait d'être enlevé, et on voyait sur la table une truite saumonnée, une omelette et une salade.

« Mon dîner vous apprend ce que vous ne savez peut-être pas, dit le pasteur en souriant; c'est aujourd'hui jour maigre suivant les lois de l'Eglise. » Notre amie s'inclina en signe d'assentiment; mais des mémoires particuliers assurent qu'elle rougit un peu, ce qui n'empêcha pas le curé de manger.

L'exécution avait commencé par la truite, dont la partie supérieure était en consommation; la sauce indiquait une main habile, et une satisfaction intérieure paraissait sur le front du pasteur.

Après ce premier plat, il attaqua l'omelette, qui était ronde, ventrue et cuite à point.

Au premier coup de la cuiller, la panse laissa échapper un jus lié qui flattait à la fois la vue et l'odorat; le plat en paraissait plein, et la chère Juliette avouait que l'eau lui en était venue à la bouche.

Ce mouvement sympathique n'échappa pas au curé, accoutumé à surveiller les passions des hommes; et ayant l'air de répondre à une question que madame R*** s'était bien gardée de faire : « C'est une omelette au thon, dit-il; ma cuisinière les entend à merveille, et peu de gens y goûtent sans m'en faire compliment. — Je n'en suis pas étonnée, répondit l'habitante de la Chaussée-d'Antin ; et jamais omelette si appétissante ne parut sur nos tables mondaines. »

La salade survint. (J'en recommande l'usage à tous ceux qui ont confiance en moi ; la salade rafraîchit sans affaiblir, et conforte sans irriter : j'ai coutume de dire qu'elle rajeunit.)

Le dîner n'interrompit pas la conversation. On causa de l'affaire qui avait occasionné la visite, de la guerre qui faisait alors rage, des affaires du temps, des espérances de l'Eglise, et autres propos de table qui font passer un mauvais dîner et en embellissent un bon.

Le dessert vint en son lieu ; il consistait en un fromage de Semoncel, trois pommes de Calville et un pot de confitures.

Enfin, la bonne approcha une petite table ronde, telle qu'on en avait autrefois et qu'on nommait *guéridon*, sur laquelle elle posa une tasse de moka bien limpide, bien chaud, et dont l'arôme remplit l'appartement.

Après l'avoir siroté (*siped*), le curé dit ses grâces, et ajouta en se levant : « Je ne prends jamais de liqueurs fortes, c'est un superflu que j'offre toujours à mes convives, mais dont je ne fais aucun usage personnel. Je me réserve ainsi un secours pour l'extrême vieillesse, si Dieu me fait la grâce d'y parvenir. »

Pendant que ces choses se passaient, le temps avait couru, six heures arrivaient ; madame R*** se hâta donc de remonter en voiture, car elle avait ce jour-là à dîner quelques amis dont je faisais partie. Elle arriva tard, *suivant sa coutume* ; mais enfin elle arriva, encore tout émue de ce qu'elle avait vu et flairé.

Il ne fut question, pendant tout le repas, que du menu du curé et surtout de son omelette au thon.

Madame R*** eut soin de la louer sous les divers rapports de la taille, de la rondeur, de la tournure ; et toutes ces données étant certaines, il fut unanimement conclu qu'elle devait être excellente. C'était une véritable équation sensuelle que chacun fit à sa manière.

Le sujet de conversation épuisé, on passa à d'autres, et on n'y pensa plus. Quant à moi, propagateur de vérités utiles, je crus devoir tirer de l'obscurité une préparation que je crois aussi saine qu'agréable. Je chargeai mon maître-queux de s'en procurer la recette avec les détails les plus minutieux; et je la donne d'autant plus volontiers aux amateurs que je ne l'ai trouvée dans aucun dispensaire.

PRÉPARATION DE L'OMELETTE AU THON. Prenez, pour six personnes, deux laitances de carpes bien lavées, que vous ferez blanchir, en les plongeant pendant cinq minutes, dans l'eau déjà bouillante et légèrement salée.

Ayez pareillement gros comme un œuf de poule de thon nouveau, auquel vous joindrez une petite échalote déjà coupée en atomes.

Hachez ensemble les laitances et le thon, de manière à les bien mêler, et jetez le tout dans une casserole avec un morceau suffisant de très bon beurre, pour l'y sauter jusqu'à ce que le beurre soit fondu. C'est là ce qui constitue la spécialité de l'omelette.

Prenez encore un second morceau de beurre à discrétion, mariez-le avec du persil et de la ciboulette, mettez-le dans un plat pisciforme destiné à recevoir l'omelette; arrosez-le d'un jus de citron, et posez-le sur la cendre chaude.

Battez ensuite douze œufs (les plus frais sont les meilleurs); le sauté de laitance et de thon y sera versé et agité de manière que le mélange soit bien fait.

Confectionnez ensuite l'omelette à la manière ordinaire, et tâchez qu'elle soit allongée, épaisse et mollette. Etalez-la avec adresse sur le plat que vous avez préparé pour la recevoir, et servez pour être mangée de suite.

Ce mets doit être réservé pour les déjeuners fins, pour les réunions d'amateurs où l'on sait ce qu'on fait et où l'on mange posément; qu'on l'arrose surtout de bon vin vieux, et on verra merveilles.

NOTES THÉORIQUES POUR LES PRÉPARATIONS. 1° On doit sauter les laitances et le thon sans les faire bouillir, afin qu'ils ne durcissent pas ; ce qui les empêcherait de se bien mêler avec les œufs.

2° Le plat doit être creux, afin que la sauce se concentre et puisse être servie à la cuiller.

3° Le plat doit être légèrement chauffé ; car s'il était froid, la porcelaine soustrairait tout le calorique de l'omelette ; et il ne lui en resterait pas assez pour fondre la maître-d'hôtel, sur laquelle elle est assise.

II

LES ŒUFS AU JUS. Je voyageais un jour avec deux dames que je conduisais à Melun.

Nous n'étions pas partis très matin, et nous arrivâmes à Montgeron avec un appétit qui menaçait de tout détruire.

Menaces vaines, l'auberge où nous descendîmes, quoique d'une assez bonne apparence, était dépourvue de provisions : trois diligences et deux chaises de poste avaient passé, et, semblables aux sauterelles d'Egypte, avaient tout dévoré.

Ainsi disait le chef.

Cependant je voyais tourner une broche chargée d'un gigot tout à fait comme il faut, et sur lequel les dames, par habitude, jetaient des regards très coquets.

Hélas ! elles s'adressaient mal ; le gigot appartenait à trois Anglais qui l'avaient apporté, et l'attendaient sans impatience en buvant du Champagne (*prating over a bottle of Champain*).

« Mais, du moins, dis-je d'un air moitié chagrin et

moitié suppliant, ne pourriez-vous pas nous brouiller ces œufs dans le jus de ce gigot ? Avec ces œufs et une tasse de café à la crème, nous nous résignerons. — Oh ! très volontiers, répondit le chef, le jus nous appartient de droit public, et je vais de suite faire votre affaire. » Sur quoi il se mit à casser les œufs avec précaution.

Quand je le vis occupé, je m'approchai du feu ; et, tirant de ma poche un couteau de voyage, je fis au gigot défendu une douzaine de profondes blessures, par lesquelles le jus dut s'écouler jusqu'à la dernière goutte.

A cette première opération je joignis l'attention d'assister à la concoction des œufs, de peur qu'il ne fût fait quelque distraction à notre préjudice. Quand ils furent à point, je m'en emparai et les portai à l'appartement qu'on nous avait préparé.

Là, nous nous en régalâmes, et rîmes comme des fous de ce qu'en réalité nous avalions la substance du gigot, en ne laissant à nos amis les Anglais que la peine de mâcher le résidu.

III

VICTOIRE NATIONALE. Pendant mon séjour à New York, j'allais quelquefois passer la soirée dans une espèce de café-taverne tenu par un sieur Little, chez qui on trouvait le matin de la soupe à la tortue, et le soir tous les rafraîchissements d'usage aux Etats-Unis.

J'y conduisais le plus souvent le vicomte de la Massue et Jean-Rodolphe Fehr, ancien courtier de commerce à Marseille, l'un et l'autre émigrés comme moi ; je les régalais d'un *welch rabbet*[1] que nous arrosions d'ale ou de cidre, et la soirée se passait tout doucement à parler de nos malheurs, de nos plaisirs et de nos espérances.

Là je fis connaissance avec M. Wilkinson, planteur à la Jamaïque, et avec un homme qui était sans doute un de ses amis, car il ne le quittait jamais. Ce dernier, dont je n'ai jamais su le nom, était un des hommes les plus extraordinaires que j'aie rencontrés : il avait le visage carré, les yeux vifs, et paraissait tout examiner avec attention ; mais il ne parlait jamais et ses traits étaient immobiles comme ceux d'un aveugle. Seulement, quand il entendait une saillie ou un trait comique, son visage s'épanouissait, ses yeux se fermaient, et, ouvrant une bouche aussi large avec le pavillon d'un cor, il en faisait sortir un son prolongé, qui tenait à la fois du rire et du hennissement appelé en anglais *horse laugh* ; après quoi tout rentrait dans l'ordre, et il retombait dans sa taciturnité habituelle : c'était l'effet de la durée de l'éclair qui déchire la nue. Quant à M. Wilkinson, qui paraissait âgé d'environ cinquante ans, il avait les manières et tout l'extérieur d'un homme comme il faut (*of a gentleman*).

Ces deux Anglais paraissaient faire cas de notre société, et avaient déjà partagé plusieurs fois, de fort bonne grâce, la collation frugale que j'offrais à mes amis, lorsqu'un soir M. Wilkinson me prit à part, et me déclara l'intention où il était de nous engager tous trois à dîner.

Je remerciai ; et me croyant suffisamment fondé de pouvoir dans une affaire où j'étais évidemment la partie principale, j'acceptai pour tous, et l'invitation resta fixée au surlendemain à trois heures.

La soirée se passa comme à l'ordinaire ; mais, au

---

1. Les Anglais appellent épigrammatiquement *welch rabbet* (lapin gallois), un morceau de fromage grillé sur une tranche de pain. Certes, cette préparation n'est pas si substantielle qu'un lapin ; mais elle invite à boire, fait trouver le vin bon, et tient fort bien sa place au dessert en petit comité.

moment où je me retirais, le garçon de salle (*waiter*) me prit à part et m'apprit que les Jamaïcains avaient commandé un bon repas ; qu'ils avaient donné des ordres pour que les liquides fussent soignés, parce qu'ils regardaient leur invitation comme un défi à qui boirait le mieux, et que l'homme à la grande bouche avait dit qu'il espérait bien qu'à lui seul il mettrait les Français sous la table.

Cette nouvelle m'aurait fait rejeter le banquet offert, si je l'avais pu avec honneur ; car j'ai toujours fui de pareilles orgies ; mais la chose était impossible. Les Anglais auraient été crier partout que nous n'avions pas osé nous présenter au combat, que leur présence seule avait suffi pour nous faire reculer ; et quoique bien instruits du danger, nous suivîmes la maxime du maréchal de Saxe : le vin était tiré, nous nous préparâmes à le boire.

Je n'étais pas sans quelques soucis ; mais, en vérité, ces soucis ne m'avaient pas pour objet.

Je regardais comme certain qu'étant à la fois plus jeune, plus grand et plus vigoureux que nos amphitryons, ma constitution, vierge d'excès bachiques, triompherait facilement des deux Anglais, probablement usés par l'excès des liqueurs spiritueuses.

Sans doute, resté seul au milieu des quatre autres réservés, on m'aurait bien proclamé vainqueur ; mais cette victoire, qui m'aurait été personnelle, aurait été singulièrement affaiblie par la chute de mes deux compatriotes, qu'on aurait emportés avec les vaincus dans l'état hideux qui suit une pareille défaite. Je désirais leur épargner cet affront ; en un mot je voulais le triomphe de la nation et non celui de l'individu. En conséquence, je rassemblai chez moi Fehr et la Massue, et leurs fis une allocution sévère et formelle pour leur annoncer mes craintes ; je leur recommandai de boire à petits coups autant que possible, d'en esquiver quelques-uns pendant que j'attirerais l'attention de mes antagonistes, et surtout de manger doucement et de conserver un peu d'appétit pendant toute la séance, parce que les aliments mêlés aux boissons en tempèrent l'ardeur et les empêchent de se porter au cerveau avec tant de violence; enfin nous partageâmes une assiette d'amandes amères, dont j'avais entendu vanter la propriété pour modérer les fumées du vin.

Ainsi armés au physique et au moral, nous nous rendîmes chez Little, où nous trouvâmes les Jamaïcains, et bientôt après le dîner fut servi. Il consistait en une énorme pièce de *rostbeef*, un dindon cuit dans son jus, des racines bouillies, une salade de choux crus, et une tarte aux confitures.

On but à la française, c'est-à-dire que le vin fut servi dès le commencement : c'était du fort bon clairet, qui était alors bien meilleur marché qu'en France, parce qu'il en était arrivé successivement plusieurs cargaisons dont les dernières s'étaient très mal vendues.

M Wilkinson faisait ses honneurs à merveille, nous invitant à manger et nous donnant l'exemple, son ami paraissait abîmé dans son assiette, ne disait mot, regardait de côté, et riait du coin des lèvres.

Pour moi, j'étais charmé de mes deux acolytes. La Massue, quoique doué d'un assez vaste appétit, ménageait ses morceaux comme une petite maîtresse; et Fehr escamotait de temps en temps quelques verres de vin, qu'il faisait passer avec adresse dans un pot à bière qui était au bout de la table. De mon côté, je tenais rondement tête aux deux Anglais, et plus le repas avançait, plus je me sentais plein de confiance.

Après le clairet vint le Porto, après le Porto le Madère, auquel nous nous tînmes longtemps.

Le dessert était arrivé, composé de beurre, de fromage, de noix de coco et d'hickory. Ce fut alors le moment des toasts; et nous bûmes amplement au pouvoir des rois, à la liberté des peuples et à la beauté des dames; nous portâmes, avec M. Wilkinson, la santé de sa fille Mariah, qu'il nous assura être la plus belle personne de toute l'île de la Jamaïque.

Après le vin arrivèrent les *spirits*, c'est-à-dire le rhum et les eaux-de-vie de vin, de grains et de framboises; avec les spirits, les chansons : et je vis qu'il allait faire chaud. Je craignais les spirits; je les éludai en demandant du ponche; et Little lui-même nous en apporta un bol, sans doute préparé d'avance, qui aurait suffi pour quarante personnes. Nous n'avons point en France de vases de cette dimension.

Cette vue me rendit le courage; je mangeai cinq à six rôties d'un beurre extrêmement frais, et je sentis renaître mes forces. Alors je jetai un coup d'œil scrutateur sur tout ce qui m'environnait; car je commençais à être inquiet sur la manière dont tout cela finirait. Mes deux amis me parurent assez frais; ils buvaient en épluchant des noix d'hickory. M. Wilkinson avait la face rouge-cramoisi, ses yeux étaient troubles, il paraissait affaissé; son ami gardait le silence, mais sa tête fumait comme une chaudière bouillante, et sa bouche immense s'était formée en cul de poule. Je vis bien que la catastrophe approchait.

Effectivement, M. Wilkinson, s'étant réveillé comme en sursaut, se leva, et entonna d'une voix assez forte l'air national *Rule Britannia;* mais il ne put jamais aller plus loin, ses forces le trahirent, il se laissa retomber sur sa chaise, et de là coula sous la table. Son ami, le voyant en cet état, laissa échapper un de ses plus bruyants ricanements, et, s'étant baissé pour l'aider, tomba à côté de lui.

Il est impossible d'exprimer la satisfaction que me causa ce brusque dénouement et le poids dont il me débarrassa. Je me hâtai de sonner. Little monta, et, après lui avoir adressé la phrase officielle : « Voyez à ce que ces gentlemen soient convenablement soignés », nous bûmes avec lui un dernier verre de ponche à leur santé. Bientôt le *waiter* arriva, aidé de ses sous-ordres, et ils s'emparèrent des vaincus, qu'ils transportèrent chez eux, les pieds les premiers, suivant la règle *the feet foremost*[1], l'ami gardant une immobilité absolue, et M. Wilkinson essayant toujours de chanter l'air *Rule Britannia*.

---

1. On se sert, en anglais, de cette expression pour désigner ceux qu'on emporte morts ou ivres.

Le lendemain les journaux de New York, qui furent ensuite successivement copiés par tous ceux de l'Union, racontèrent avec assez d'exactitude ce qui s'était passé, et ayant ajouté que les deux Anglais avaient été malades des suites de cette aventure, j'allai les voir. Je trouvai l'ami tout stupéfié par les suites d'une forte indigestion, et M. Wilkinson retenu sur sa chaise par un accès de goutte que notre lutte bachique avait probablement réveillée. Il parut sensible à cette attention, et me dit, entre autres choses : « Oh ! dear sir, you are very good company indeed, but too hard a drinker for us [1]. »

IV

LES ABLUTIONS. J'ai écrit que le vomitoire des Romains répugnait à la délicatesse de nos mœurs ; j'ai peur d'avoir en cela commis une imprudence, et d'être obligé de chanter la palinodie.

Je m'explique.

Il y a à peu près quarante ans que quelques personnes de la haute société, presque toujours des dames, avaient coutume de se rincer la bouche après le repas.

A cet effet, au moment où elles quittaient la table, elles tournaient le dos à la compagnie ; un laquais leur présentait un verre d'eau ; elles en prenaient une gorgée qu'elles rejetaient bien vite dans la soucoupe ;

---

[1]. Mon cher monsieur, vous êtes en vérité de très bonne compagnie mais vous êtes trop fort buveur pour nous.

le valet emportait le tout, et l'opération était à peu près inaperçue par la manière dont elle se faisait.

Nous avons changé tout cela.

Dans la maison où l'on se pique des plus beaux usages, des domestiques, vers la fin du dessert, distribuent aux convives des bols pleins d'eau froide, au milieu desquels se trouve un gobelet d'eau chaude. Là, en présence les uns des autres, on plonge les doigts dans l'eau froide, pour avoir l'air de les laver, et on avale l'eau chaude, dont on se gargarise avec bruit, et qu'on vomit dans le gobelet ou dans le bol.

Je ne suis pas le seul qui se soit élevé contre cette innovation, également inutile, indécente et dégoûtante.

Inutile; car, chez tous ceux qui savent manger, la bouche est propre à la fin du repas : elle s'est nettoyée soit par le fruit, soit par les derniers verres qu'on a coutume de boire au dessert. Quant aux mains, on ne doit pas s'en servir de manière à les salir ; et d'ailleurs chacun n'a-t-il pas une serviette pour les essuyer ?

Indécente; car il est de principe généralement reconnu que toute ablution doit se cacher dans le secret de la toilette.

Innovation *dégoûtante* surtout ; car la bouche la plus jolie et la plus fraîche perd tous ses charmes quand elle usurpe les fonctions des organes évacuateurs : que sera-ce donc si cette bouche n'est ni jolie ni fraîche ? Mais que dire de ces échancrures énormes qui s'évident pour montrer des abîmes qu'on croirait sans fond, si on n'y découvrait des pics informes que le temps a corrodés ? *Proh pudor!*

Telle est la position ridicule où nous a placés une affectation de propreté prétentieuse qui n'est ni dans nos goûts ni dans nos mœurs.

Quand on a une fois passé certaines limites, on ne sait plus où l'on s'arrêtera, et je ne puis dire quelle purification on ne nous imposera pas.

Depuis l'apparition officielle de ces bols innovés, je me désole jour et nuit. Nouveau Jérémie, je déplore les aberrations de la mode, et, trop instruit par mes voyages, je n'entre plus dans un salon sans trembler d'y rencontrer l'abominable *chamberpot*[1].

V

MYSTIFICATION DU PROFESSEUR ET DÉFAITE D'UN GÉNÉRAL. Il y a quelques années que les journaux nous annoncèrent la découverte d'un nouveau parfum, celui de l'*hémérocallis,* plante bulbeuse qui a effectivement une odeur fort agréable, ressemblant assez à celle du jasmin.

Je suis fort curieux et passablement musard, et ces deux causes combinées me poussèrent jusqu'au faubourg Saint-Germain, où je devais trouver le parfum, charme des narines, comme disent les Turcs.

Là je reçus l'accueil dû à un amateur, et on tira pour moi du tabernacle d'une pharmacie très bien garnie une petite boîte bien enveloppée, et paraissant contenir deux onces de la précieuse cristallisation : politesse que je reconnus par le délaissement de trois francs, suivant les règles de compensation dont M. Azaïs agrandit chaque jour la sphère et les principes.

Un étourdi aurait sur-le-champ déployé, ouvert, flairé et dégusté. Un professeur agit différemment : je pensai qu'en pareil cas le retirement était indiqué ; je me rendis donc chez moi au pas officiel ; et bientôt, calé dans mon sopha, je me préparai à éprouver une sensation nouvelle.

---

1. On sait qu'il existe ou qu'il existait il y a peu d'années, en Angleterre, des salles à manger où l'on pouvait faire son petit tour sans sortir de l'appartement : facilité étrange, mais qui avait un peu moins d'inconvénients dans un pays où les dames se retirent aussitôt que les hommes commencent à boire du vin.

Je tirai de ma poche la boîte odorante, et la débarrassai, des langes dans lesquels elle était encore enveloppée ; c'étaient trois imprimés différents, tous relatifs à l'hémérocallis, à son histoire naturelle, à sa culture, à sa fleur, et aux jouissances distinguées qu'on pouvait tirer de son parfum, soit qu'il fût concentré dans des pastilles, soit qu'il fût mêlé à des préparations d'office, soit enfin qu'il parût sur nos tables, dissous dans des liqueurs alcooliques ou mêlé à des crèmes glacées. Je lus attentivement les trois imprimés accessoires : 1° pour m'indemniser d'autant de la compensation dont j'ai parlé plus haut ; 2° pour me préparer convenablement à l'appréciation du nouveau trésor extrait du règne végétal.

J'ouvris donc, avec due révérence, la boîte que je supposais pleine de pastilles. Mais, ô surprise ! ô douleur ! j'y trouvai, en premier ordre, un second exemplaire des trois imprimés que je venais de dévorer, et, seulement comme accessoires, environ deux douzaines de ces trochisques dont la conquête m'avait fait faire le voyage du noble faubourg.

Avant tout, je dégustai, et je dois rendre hommage à la vérité en disant que je trouvai ces pastilles fort agréables ; mais je n'en regrettai que plus fort que, contre l'apparence extérieure, elles fussent en si petit nombre, et, véritablement, plus j'y pensais, plus je me croyais mystifié.

Je me levai donc avec l'intention de reporter la boîte à son auteur, dût-il en retenir le prix ; mais, à ce mouvement, une glace me montra mes cheveux gris ; je me moquai de ma vivacité, et me rassis, rancune tenante : on voit qu'elle a duré longtemps.

D'ailleurs une considération particulière me retint : il s'agissait d'un pharmacien, et il n'y avait pas quatre jours que j'avais été témoin de l'extrême imperturbabilité des membres de ce collège respectable.

C'est encore une anecdote qu'il faut que mes lecteurs connaissent. Je suis aujourd'hui (17 juin 1825) en train de conter. Dieu veuille que ce ne soit pas une calamité publique !

Or donc, j'allai un matin faire une visite au général Bouvier des Eclats, mon ami et mon compatriote.

Je le trouvai parcourant son appartement d'un air agité, et froissant dans ses mains un écrit que je pris pour une pièce de vers.

« Prenez, dit-il en me le présentant, et dites-moi votre avis ; vous vous y connaissez. »

Je reçus le papier, et, l'ayant parcouru, je fus fort étonné de voir que c'était une note de médicaments fournis : de sorte que ce n'était point en ma qualité de poète que j'étais requis, mais comme pharmaconome.

« Ma foi, mon ami, lui dis-je en lui rendant sa propriété, vous connaissez l'habitude de la corporation que vous avez mise en œuvre ; les limites ont bien été peut-être un peu outrepassées ; mais pourquoi avez-vous un habit brodé, trois ordres, un chapeau à graines d'épinards ? Voilà trois circonstances aggravantes, et vous vous en tirerez mal. — Taisez-vous donc, me dit-il avec humeur, cet état est épouvantable. Au reste, vous allez voir mon écorcheur, je l'ai fait appeler ; il va venir, et vous me soutiendrez. »

Il parlait encore quand la porte s'ouvrit, et nous vîmes entrer un homme d'environ cinquante-cinq ans, vêtu avec soin ; il avait la taille haute, la démarche grave ; et toute sa physionomie aurait eu une teinte uniforme de sévérité, si le rapport de sa bouche à ses yeux n'y avait pas introduit quelque chose de sardonique.

Il s'approcha de la cheminée, refusa de s'asseoir ; et je fus témoin auditeur du dialogue suivant, que j'ai fidèlement retenu.

LE GÉNÉRAL. — Monsieur, la note que vous m'avez envoyée est un véritable compte d'apothicaire, et...

L'HOMME NOIR. — Monsieur, je ne suis point apothicaire.

LE GÉNÉRAL. — Et qu'êtes-vous donc, monsieur ?

L'HOMME NOIR. — Monsieur, je suis pharmacien.

LE GÉNÉRAL. — Eh bien, monsieur le pharmacien, votre garçon a dû vous dire...

L'HOMME NOIR. — Monsieur, je n'ai point de garçon.

LE GÉNÉRAL. — Qu'était donc ce jeune homme ?

L'HOMME NOIR. — Monsieur, c'est un élève.

LE GÉNÉRAL. — Je voulais donc vous dire, monsieur, que vos drogues...

L'HOMME NOIR. — Monsieur, je ne vends point de drogues.

LE GÉNÉRAL. — Que vendez-vous donc, monsieur ?

L'HOMME NOIR. — Monsieur, je vends des médicaments.

Là finit la discussion, le général, honteux d'avoir fait tant de solécismes et d'être si peu avancé dans la connaissance de la langue pharmaceutique, se troubla, oublia ce qu'il avait à dire, et paya tout ce qu'on voulut.

VI

LE PLAT D'ANGUILLE. Il existait à Paris, rue de la Chaussée-d'Antin, un particulier nommé Briguet, qui, ayant d'abord été cocher, puis marchand de chevaux, avait fini par faire une petite fortune.

Il était né à Talissieu ; et ayant résolu de s'y retirer, il épousa une rentière qui avait autrefois été cuisinière chez mademoiselle Thévenin, que tout Paris a connue par son surnom d'*as de pique*.

L'occasion se présenta d'acquérir un petit domaine dans son village natal ; il en profita, et vint s'y établir avec sa femme vers la fin de 1791.

Dans ce temps-là, les curés de chaque arrondissement archipresbytéral avaient coutume de se réunir une fois par mois chez chacun d'entre eux tour à tour, pour conférer sur les matières ecclésiastiques. On célébrait une grand-messe, on conférait, ensuite on dînait.

Le tout s'appelait *la conférence*, et le curé chez qui elle devait avoir lieu ne manquait pas de se préparer à l'avance pour bien et dignement recevoir ses confrères.

Or, quand ce fut le tour du curé de Talissieu, il arriva qu'un de ses paroissiens lui fit cadeau d'une magnifique anguille prise dans les eaux limpides de Sérans, et de plus de trois pieds de longueur.

Ravi de posséder un poisson de pareille souche, le pasteur craignit que sa cuisinière ne fût pas en état d'apprêter un mets de si haute espérance ; il vint donc trouver madame Briguet, et rendant hommage à ses connaissances supérieures, il la pria d'imprimer son cachet à un plat digne d'un archevêque, et qui ferait le plus grand honneur à son dîner.

L'ouaille docile y consentit sans difficulté, et avec d'autant plus de plaisir, disait-elle, qu'il lui restait encore une petite caisse de divers assaisonnements rares dont elle faisait usage chez son ancienne maîtresse.

Le plat d'anguille fut confectionné avec soin et servi avec distinction. Non seulement il avait une tournure élégante, mais encore un fumet enchanteur ; et quand on l'eut goûté, les expressions manquaient pour en faire l'éloge ; aussi disparut-il, corps et sauce, jusqu'à la dernière particule.

Mais il arriva qu'au dessert les vénérables se sentirent émus d'une manière inaccoutumée, et que, par suite de l'influence nécessaire du physique sur le moral, les propos tournèrent à la gaillardise.

Les uns faisaient de bons contes de leurs aventures du séminaire ; d'autres raillaient leurs voisins sur quelques *on dit* de chronique scandaleuse ; bref, la conversation s'établit et se maintint sur le plus mignon des péchés capitaux ; et ce qu'il y eut de très remarquable, c'est qu'ils ne se doutèrent même pas du scandale, tant le diable était malin.

Ils se séparèrent tard ; et mes mémoires secrets ne vont pas plus loin pour ce jour-là. Mais à la conférence suivante, quand les convives se revirent, ils étaient honteux de ce qu'ils avaient dit, se demandaient excuse de ce qu'ils s'étaient reproché, et finirent par attribuer le tout à l'influence du plat d'anguille, de sorte que, tout en avouant qu'il était délicieux, cependant ils convinrent qu'il ne serait pas prudent de mettre le savoir de madame Briguet à une seconde épreuve.

J'ai cherché vainement à m'assurer de la nature du condiment qui avait produit de si merveilleux effets, d'autant qu'on ne s'était pas plaint qu'il fût d'une nature dangereuse ou corrosive.

L'artiste avouait bien un coulis d'écrevisses fortement pimenté, mais je regarde comme certain qu'elle ne disait pas tout.

VII

L'ASPERGE. On vint dire un jour à monseigneur Courtois de Quincey, évêque de Belley, qu'une asperge d'une grosseur merveilleuse pointait dans un des carrés de son potager.

A l'instant, toute la société se transporta sur les lieux pour vérifier le fait ; car, dans les palais épiscopaux aussi, on est charmé d'avoir quelque chose à faire.

La nouvelle ne se trouva ni fausse ni exagérée : la plante avait percé la terre, et paraissait déjà au-dessus du sol, la tête en était arrondie, vernissée, diaprée, et promettait une colonne plus que de pleine main.

On se récria sur ce phénomène d'horticulture ; on

convint qu'à monseigneur seul appartenait le droit de le séparer de sa racine ; et le coutelier voisin fut chargé de faire immédiatement un couteau approprié à cette haute fonction.

Pendant les jours suivants, l'asperge ne fit que croître en grâce et en beauté ; sa marche était lente, mais continue ; et bientôt on commença à apercevoir la partie blanche où finit la propriété esculente de ce légume.

Le temps de la moisson ainsi indiqué, on s'y prépara par un bon dîner, et on ajourna l'opération au retour de la promenade.

Alors monseigneur s'avança armé du couteau officiel, se baissa avec gravité, et s'occupa à séparer de sa tige le végétal orgueilleux, tandis que toute la cour épiscopale marquait quelque impatience d'en examiner les fibres et la contexture.

Mais, ô surprise ! ô désappointement ! ô douleur ! le prélat se releva les mains vides... L'asperge était de bois.

Cette plaisanterie, peut-être un peu forte, était du chanoine Rosset, qui, né à Saint-Claude, tournait à merveille et peignait fort agréablement.

Il avait conditionné, de tout point, la fausse plante, l'avait enfoncée en cachette, et la soulevait un peu chaque jour, pour imiter la croissance naturelle.

Monseigneur ne savait pas trop de quelle manière il devait prendre cette mystification (car c'en était bien une) ; mais voyant déjà l'hilarité se peindre sur la figure des assistants, il sourit, et ce sourire fut suivi de l'explosion générale d'un rire véritablement homérique ; on emporta donc le corps du délit, sans s'occuper du délinquant ; et, pour cette soirée du moins, la statue asperge fut admise aux honneurs du salon.

VIII

LE PIÈGE. Le chevalier de Langeac avait une assez belle fortune, qui s'était écoulée par les exutoires obligés qui environnent tout homme qui est riche, jeune et beau garçon.

Il en avait rassemblé les débris, et, au moyen d'une petite pension qu'il recevait du gouvernement, il avait, à Lyon, une existence agréable dans la meilleure société, car l'expérience lui avait donné de l'ordre.

Quoique toujours galant, il s'était cependant retiré de fait du service des dames; il se plaisait encore à faire leur partie à tous les jeux de commerce, qu'il jouait également bien; mais il défendait contre elles son argent avec le sang-froid qui caractérise ceux qui ont renoncé à leurs bontés.

La gourmandise s'était enrichie de la perte de ses autres penchants; on peut dire qu'il en faisait profession, et comme il était d'ailleurs fort aimable, il recevait tant d'invitations qu'il ne pouvait y suffire.

Lyon est une ville de bonne chère; sa position y fait abonder avec une égale facilité les vins de Bordeaux, ceux de l'Ermitage et ceux de Bourgogne; le gibier des côteaux voisins est excellent; on tire des lacs de Genève et du Bourget les meilleurs poissons du monde; et les amateurs se pâment à la vue des poulardes de Bresse dont cette ville est l'entrepôt.

Le chevalier de Langeac avait donc sa place marquée aux meilleures tables de la ville; mais celle où il se plaisait spécialement était celle de M. A***, banquier fort riche et amateur distingué. Le chevalier mettait cette préférence sur le compte de la liaison qu'ils avaient contractée en faisant ensemble leurs études. Les malins (car il y en a partout) l'attribuaient à ce que M. A*** avait pour cuisinier le meilleur élève de

Ramier, traiteur habile qui florissait dans ces temps reculés.

Quoi qu'il en soit, vers la fin de l'hiver de 1780, le chevalier de Langeac reçut un billet par lequel M. A*** l'invitait à souper à dix jours de là (car on soupait alors); et mes mémoires secrets assurent qu'il tressaillit de joie en pensant qu'une citation à si longs jours indiquait une séance solennelle et une festivité de premier ordre.

Il se rendit au jour et à l'heure fixes, et trouva les convives rassemblés au nombre de dix, tous amis de la joie et de la bonne chère ; le mot *gastronome* n'avait pas encore été tiré du grec, ou du moins n'était pas usuel comme aujourd'hui.

Bientôt un repas substantiel leur fut servi ; on y voyait, entre autres, un énorme aloyau dans son jus, une fricassée de poulets bien garnie, une tranche de veau de la plus belle apparence, et une très belle carpe farcie.

Tout cela était beau et bon, mais ne répondait pas, aux yeux du chevalier, à l'espoir qu'il avait conçu d'après une invitation ultra-décadaire.

Une autre singularité le frappait : les convives, tous gens de bon appétit, ou ne mangeaient pas, ou ne mangeaient que du bout des lèvres ; l'un avait la migraine, l'autre se sentait un frisson, un troisième avait dîné tard, ainsi des autres. Le chevalier s'étonnait du hasard qui avait accumulé sur cette soirée des dispositions aussi anticonviviales ; et se croyant chargé de représenter tous ces invalides, attaquait hardiment, tranchait avec précision, et mettait en action un grand pouvoir d'intussusception.

Le second service ne fut pas assis sur des bases moins solides ; un énorme dindon de Crémieu faisait face à un très beau brochet au bleu, le tout flanqué de six entremets obligés (salade non comprise), parmi lesquels se distinguait un ample macaroni au parmesan.

A cette apparition, le chevalier sentit se ranimer sa valeur expirante, tandis que les autres avaient l'air de rendre les derniers soupirs. Exalté par le changement de vins, il triomphait de leur impuissance, et toastait leur santé des nombreuses rasades dont il arrosait un tronçon considérable de brochet qui avait suivi l'entrecuisse du dindon.

Les entremets furent fêtés à leur tour ; et il fournit glorieusement sa carrière, ne se réservant, pour le dessert, qu'un morceau de fromage et un verre de vin de Malaga, car les sucreries n'entraient jamais dans son budget.

On a vu qu'il avait déjà eu deux étonnements dans la soirée : le premier, de voir une chère par trop solide ; l'autre, de trouver des convives trop mal disposés : il devait en éprouver un troisième bien autrement motivé.

Effectivement, au lieu de servir le dessert, les domestiques enlevèrent tout ce qui couvrait la table, argenterie et linge, en donnèrent d'autres aux convives, et y posèrent quatre entrées nouvelles dont le fumet s'éleva jusqu'aux cieux.

C'étaient des ris de veau au coulis d'écrevisses, des laitances aux truffes, un brochet piqué et farci, et des ailes de bartavelles à la purée de champignons.

Semblable à ce vieillard magicien dont parle l'Arioste, qui, ayant la belle Armide en sa puissance, ne fit pour la déshonorer que d'impuissants efforts, le chevalier fut atterré à la vue de tant de bonnes choses qu'il ne pouvait plus fêter, et commença à soupçonner qu'on avait eu de méchantes intentions.

Par un effet contraire, tous les autres convives se sentirent ranimés ; l'appétit revint, les migraines disparurent, un écartement ironique semblait agrandir leurs bouches ; et ce fut leur tour de boire à la santé du chevalier, dont les pouvoirs étaient finis.

Il faisait cependant bonne contenance, et semblait vouloir faire tête à l'orage, mais à la troisième bouchée, la nature se révolta, et son estomac menaça de le trahir. Il fut donc forcé de rester inactif, et, comme on dit en musique, il compta des pauses.

Que ne ressentit-il pas, au troisième changement,

quand il vit arriver par douzaines des bécassines, blanches de graisse, dormant sur des rôties officielles ; un faisan, oiseau très rare alors et arrivé des bords de la Seine ; un thon frais, et tout ce que la cuisine du temps et le petit four présentaient de plus élégant en entremets !

Il délibéra, et fut sur le point de rester, de continuer, et de mourir bravement sur le champ de bataille : ce fut le premier cri de l'honneur bien ou mal entendu. Mais bientôt l'égoïsme vint à son secours, et l'amena à des idées plus modérées.

Il réfléchit qu'en pareil cas la prudence n'est pas lâcheté ; qu'une mort par indigestion prête toujours au ridicule, et que l'avenir lui gardait sans doute bien des compensations pour ce désappointement, il prit donc son parti, et jetant sa serviette. « Monsieur, dit-il au financier, on n'expose pas ainsi ses amis ; il y a perfidie de votre part, et je ne vous verrai de ma vie. » Il dit et disparut.

Son départ ne fit pas une très grande sensation ; il annonçait le succès d'une conspiration qui avait pour but de le mettre en face d'un bon repas dont il ne pourrait pas profiter, et tout le monde était dans le secret.

Cependant, le chevalier bouda plus longtemps qu'on n'aurait cru, il fallut quelques prévenances pour l'apaiser ; enfin il revint avec les becfigues, et il n'y pensait plus à l'apparition des truffes.

IX

LE TURBOT. La Discorde avait tenté un jour de s'introduire dans le sein d'un des ménages les plus unis de la capitale. C'était justement un samedi, jour de sabbat : il s'agissait d'un turbot à cuire ; c'était à la campagne, et cette campagne était Villecrêne.

Ce poisson, qu'on disait arraché à une destinée bien plus glorieuse, devait être servi le lendemain à une réunion de bonnes gens dont je faisais partie ; il était frais, dodu, brillant à satisfaction ; mais ses dimensions excédaient tellement tous les vases dont on pouvait disposer, qu'on ne savait comment le préparer.

« Eh bien ! on le partagera en deux, disait le mari. — Oserais-tu bien déshonorer ainsi cette pauvre créature ? disait la femme. — Il le faut bien, ma chère, puisqu'il n'y a pas moyen de faire autrement. Allons, qu'on apporte le couperet, et bientôt ce sera chose faite. — Attendons encore, mon ami, on y sera toujours à temps ; tu sais bien d'ailleurs que le cousin va venir ; c'est un professeur, et il trouvera bien le moyen de nous tirer d'affaire. — Un professeur... nous tirer d'affaire... Bah !... » Et un rapport fidèle assure que celui qui parlait ainsi ne paraissait pas avoir grande confiance au professeur ; et cependant ce professeur, c'était moi ! *Schwernoth !*

La difficulté allait probablement se terminer à la manière d'Alexandre, lorsque j'arrivai au pas de charge, le nez au vent, et avec l'appétit qu'on a toujours quand on a voyagé, qu'il est sept heures du soir, et que l'odeur d'un bon dîner salue l'odorat et sollicite le goût.

A mon entrée, je tentai vainement de faire les compliments d'usage ; on ne me répondit point, parce qu'on ne m'avait pas écouté. Bientôt la question qui absorbait toutes les attentions me fut exposée à peu près en *duo ;* après quoi les deux parties se turent comme de concert ; la cousine me regardant avec des yeux qui semblaient dire : J'espère que nous nous en tirerons : le cousin ayant au contraire l'air moqueur et narquois, comme s'il eût été sûr que je ne m'en tirerais pas, tandis que sa main droite était appuyée sur le redoutable couperet, qu'on avait apporté sur sa réquisition.

Ces nuances diverses disparurent pour faire place à l'empreinte d'une vive curiosité, lorsque, d'une voix grave et oraculeuse, je prononçai ces paroles solennelles : « Le turbot restera entier jusqu'à sa présentation officielle. »

Déjà j'étais sûr de ne pas me compromettre, parce que j'aurais proposé de le faire cuire au four ; mais ce mode pouvant présenter quelques difficultés, je ne m'expliquai point encore, et me dirigeai en silence vers la cuisine, moi ouvrant la procession, les époux servant d'acolytes, la famille représentant les fidèles, et la cuisinière *in fiocchi* fermant la marche.

Les deux premières pièces ne me présentèrent rien de favorable à mes vues ; mais, arrivé à la buanderie, une chaudière, quoique petite, bien encastrée dans son fourneau, s'offrit à mes yeux ; j'en jugeai de suite l'application ; et me tournant vers ma suite : « Soyez sans inquiétude, m'écriai-je avec cette foi qui transporte les montagnes, le turbot cuira entier ; il cuira à la vapeur, il va cuire à l'instant. »

Effectivement, quoiqu'il fût tout à fait temps de dîner, je mis immédiatement tout le monde en œuvre. Pendant que quelques-uns allumaient le fourneau, je taillai, dans un panier de cinquante bouteilles, une claie de la grandeur précise du poisson géant. Sur cette claie, je fis mettre un lit de bulbes et herbes de haut goût, sur lequel il fut étendu, après avoir été bien lavé, bien séché, et convenablement salé. Un second lit du même assaisonnement fut placé sur le dos. On posa la claie, ainsi chargée, sur la chaudière à demi pleine d'eau ; on couvrit le dos d'un petit cuvier autour duquel on amassa du sable sec, pour empêcher la vapeur de s'échapper trop facilement. Bientôt la chaudière fut en ébullition ; la vapeur ne tarda pas à remplir toute la capacité du cuvier, qu'on enleva au bout d'une demi-heure, et la claie fut retirée de dessus la chaudière avec le turbot cuit à point, bien blanc, et de la plus aimable apparence.

L'opération finie, nous courûmes nous mettre à table avec des appétits aiguisés par le retard, par le travail et par le succès, de sorte que nous employâmes assez de temps pour arriver à ce moment heureux, toujours indiqué par Homère, où l'abondance et la variété des mets avaient chassé la faim.

Le lendemain, à dîner, le turbot fut servi aux honorables consommateurs, et on se récria sur sa bonne mine. Alors le maître de la maison rapporta par lui-même la manière inespérée dont il avait été cuit; et je fus loué non seulement pour l'à-propos de l'invention, mais encore pour son effet, car, après une dégustation attentive, il fut décidé à l'unanimité que le poisson apprêté de cette manière était incomparablement meilleur que s'il eût été cuit dans une turbotière.

Cette décision n'étonna personne; puisque, n'ayant pas passé dans l'eau bouillante, il n'avait rien perdu de ses principes, et avait au contraire pompé tout l'arôme de l'assaisonnement.

Pendant que mon oreille se saturait à satisfaction des compliments qui m'étaient prodigués, mes yeux en cherchaient encore d'autres plus sincères dans l'autopsie des convives; et j'observai, avec un contentement secret, que le général Labassée était si content qu'il souriait à chaque morceau; que le curé avait le cou tendu et les yeux fixés au plafond en signe d'extase; et que, de deux académiciens aussi spirituels que gourmands qui se trouvaient parmi nous, le premier, M. Auger, avait les yeux brillants et la face radieuse comme un auteur qu'on applaudit, tandis que le deuxième, M. Villemain, avait la tête penchée et le menton à l'ouest comme quelqu'un qui écoute avec attention.

Tout ceci est bon à retenir, parce qu'il est peu de maisons de campagne où l'on ne puisse trouver tout ce qui est nécessaire pour constituer l'appareil dont je me servis dans cette occasion, et qu'on peut y avoir recours toutes les fois qu'il est question de faire cuire quelque objet qui survient inopinément et qui dépasse les dimensions ordinaires.

Cependant mes lecteurs auraient été privés de la connaissance de cette grande aventure, si elle ne m'avait pas paru devoir conduire à des résultats d'une utilité plus générale.

Effectivement, ceux qui connaissent la nature et les effets de la vapeur savent qu'elle égale en température le liquide qu'elle abandonne, qu'elle peut même s'élever de quelques degrés par une légère concentration, et qu'elle s'accumule tant qu'elle ne trouve pas d'issue.

Il suit de là que, toutes choses restant les mêmes, en augmentant seulement la capacité du cuvier qui couvrait le tout dans mon expérience, et en y substituant par exemple un tonneau vide, on pourrait, au moyen de la vapeur, faire cuire promptement et à peu de frais plusieurs boisseaux de pommes de terre, des racines de toute espèce, enfin tout ce qu'on aurait empilé sur la claie et recouvert du tonneau, soit pour les hommes, soit à l'usage des bestiaux ; et tout cela serait cuit avec six fois moins de temps et six fois moins de bois qu'il n'en faudrait pour mettre seulement en ébullition une chaudière de la contenance d'un hectolitre.

Je crois que cet appareil si simple peut être de quelque importance partout où il existe une manutention un peu considérable, soit à la ville, soit à la campagne ; et voilà pourquoi je l'ai décrit de manière que tout le monde puisse l'entendre et en profiter.

Je crois encore qu'on n'a point assez tourné au profit de nos usages domestiques la puissance de la vapeur ; et j'espère bien que, quelque jour, le bulletin de la société d'encouragement apprendra aux agriculteurs que je m'en suis ultérieurement occupé.

P. S. Un jour que nous étions assemblés en comité de professeurs, rue de la Paix, n° 14, je racontai l'histoire véritable du turbot à la vapeur. Quand j'eus fini, mon voisin de gauche se tourna vers moi : « N'y étais-je donc pas ? me dit-il d'un air de reproche. — Et moi donc n'ai-je donc pas opiné tout aussi bien que les autres ? — Certainement, lui répondis-je, vous étiez là tout près du curé, et, sans reproche, vous en avez bien pris votre part ; ne croyez pas que... »

Le réclamant était M. Lorrain, dégustateur fortement papillé, financier aussi aimable que prudent, qui s'est bien calé dans le port pour juger plus sainement des effets de la tempête, et conséquemment digne à plus d'un titre de la nomination en toutes lettres.

X

DIVERS MAGISTÈRES RESTAURANTS, *par le professeur*. (Improvisés pour le cas de la Méditation XXV.)

A. Prenez six gros oignons, trois racines de carottes, une poignée de persil; hachez le tout et le jetez dans une casserole, où vous le ferez chauffer et roussir au moyen d'un morceau de bon beurre frais.

Quand ce mélange est bien à point, jetez-y six onces de sucre de candi, vingt grains d'ambre pilé, avec une croûte de pain grillée et trois bouteilles d'eau, que vous ferez bouillir pendant trois quarts d'heure en y ajoutant de nouvelle eau pour compenser la perte qui se fait par l'ébullition, de manière qu'il y ait toujours trois bouteilles de liquide.

Pendant que ces choses se passent, tuez, plumez et videz un vieux coq, que vous pilerez, chair et os, dans un mortier, avec le pilon de fer; hachez également deux livres de chair de bœuf bien choisie.

Cela fait, on mêle ensemble ces deux chairs, auxquelles on ajoute suffisante quantité de sel et de poivre.

On les met dans une casserole, sur un feu bien vif, de manière à se pénétrer de calorique; et on y jette de temps en temps un peu de beurre frais, afin de pouvoir bien sauter ce mélange sans qu'il s'attache.

Quand on voit qu'il a roussi, c'est-à-dire que l'osmazôme est rissolé, on passe le bouillon qui est dans la première casserole. On en mouille peu à peu la seconde ; et quand tout y est entré, on fait bouillir à grandes vagues pendant trois quarts d'heure, en ayant toujours soin d'ajouter de l'eau chaude pour conserver la même quantité de liquide.

Au bout de ce temps, l'opération est finie, et on a une potion dont l'effet est certain toutes les fois que le malade, quoique épuisé par quelqu'une des causes que nous avons indiquées, a cependant conservé un estomac faisant ses fonctions.

Pour en faire usage, on en donne, le premier jour, une tasse toutes les trois heures, jusqu'à l'heure du sommeil de la nuit ; les jours suivants, une forte tasse seulement le matin, et pareille quantité le soir, jusqu'à l'épuisement de trois bouteilles. On tient le malade à un régime diététique léger, mais cependant nourrissant, comme des cuisses de volaille, du poisson, des fruits doux, des confitures ; il n'arrive presque jamais qu'on soit obligé de recommencer une nouvelle confection. Vers le quatrième jour, il peut reprendre ses occupations ordinaires, et doit s'efforcer d'être plus sage à l'avenir, *s'il est possible.*

En supprimant l'ambre et le sucre candi, on peut, par cette méthode, improviser un potage de haut goût et digne de figurer à un dîner de connaisseurs.

On peut remplacer le vieux coq par quatre vieilles perdrix, et le bœuf par un morceau de gigot de mouton : la préparation n'en sera ni moins efficace, ni moins agréable.

La méthode de hacher la viande et de la roussir avant que de la mouiller peut être généralisée pour tous les cas où l'on est pressé. Elle est fondée sur ce que les viandes traitées ainsi se chargent de beaucoup plus de calorique que quand elles sont dans l'eau : on s'en pourra donc servir toutes les fois qu'on aura besoin d'un bon potage gras sans être obligé de l'attendre cinq ou six heures, ce qui peut arriver très souvent, surtout à la campagne. Bien entendu que ceux qui s'en serviront glorifieront le professeur.

B. Il est bien que tout le monde sache que si l'ambre, considéré comme parfum, peut être nuisible aux profanes qui ont les nerfs délicats, pris intérieurement, il est souverainement tonique et exhilarant ; nos aïeux en faisaient grand usage dans leur cuisine, et ne s'en portaient pas plus mal.

J'ai su que le maréchal de Richelieu, de glorieuse mémoire, mâchait habituellement des pastilles ambrées ; et pour moi, quand je me trouve dans quelqu'un de ces jours où le poids de l'âge se fait sentir, où l'on pense avec peine et où l'on se sent opprimé par une puissance inconnue, je mêle, avec une forte tasse de chocolat, gros comme une fève d'ambre pilé avec du sucre, et je m'en suis toujours trouvé à merveille. Au moyen de ce tonique, l'action de la vie devient aisée, la pensée se dégage avec facilité, et j'en éprouve pas l'insomnie qui serait la suite infaillible d'une tasse de café à l'eau prise avec l'intention de produire le même effet.

C. Le magistère *A* est destiné aux tempéraments robustes, aux gens décidés, et à ceux en général qui s'épuisent par action.

J'ai été conduit par l'occasion à en composer un autre beaucoup plus agréable au goût, d'un effet plus doux, et que je réserve pour les tempéraments faibles, pour les caractères indécis, pour ceux, en un mot, qui s'épuisent à peu de frais ; le voici :

Prenez un jarret de veau pesant au moins deux livres, fendez-le en quatre sur sa longueur, os et chair, faites-le roussir avec quatre oignons coupés en tranches et une poignée de cresson de fontaine, et quand il s'approche d'être cuit, mouillez-le avec trois bouteilles d'eau que vous ferez bouillir pendant deux heures avec la précaution de remplacer ce qui s'évapore, et déjà vous avez un bon bouillon de veau ; poivrez et salez modérément.

Faites piler séparément trois vieux pigeons et vingt-cinq écrevisses bien vivantes ; réunissez le tout pour faire roussir comme j'ai dit au numéro *A*, et quand vous voyez que la chaleur a pénétré le mélange et qu'il commence à gratiner, mouillez avec le bouillon de veau, et poussez le feu pendant une heure ; on passe ce bouillon ainsi enrichi, et on peut en prendre matin et soir, ou plutôt le matin seulement, deux heures avant déjeuner. C'est aussi un potage délicieux.

J'ai été conduit à ce dernier magistère par une paire de littérateurs qui, me voyant dans un état assez positif, ont pris confiance en moi, et, comme ils disaient, ont eu recours à mes lumières.

Ils en ont fait usage, et n'ont pas eu lieu de s'en repentir. Le poète, qui était simplement élégiaque, est devenu romantique ; la dame, qui n'avait fait qu'un roman assez pâle et à catastrophe malheureuse, en a fait un second beaucoup meilleur, et qui finit par un beau et bon mariage. On voit qu'il y a eu, dans l'un et l'autre cas, exaltation de puissances, et je crois, en conscience, que je puis m'en glorifier un peu.

XI

LA POULARDE DE BRESSE. Un des premiers jours de janvier de l'année courante 1825, deux jeunes époux, Mme et M. de Versy, avaient assisté à un grand déjeuner d'huîtres *sellé et bridé* ; on sait ce que cela veut dire.

Ces repas sont charmants, soit parce qu'ils sont composés de mets appétissants, soit par la gaîté qui ordinairement y règne ; mais ils ont l'inconvénient de déranger toutes les opérations de la journée. C'est ce qui arriva dans cette occasion. L'heure du dîner était venue, les époux se mirent à table, mais ce ne fut que pour la forme. Madame mangea un peu de potage, monsieur but un verre d'eau rougie ; quelques amis survinrent, on fit une partie de whist, la soirée se passa, et le même lit reçut les deux époux.

Vers deux heures du matin, M. de Versy se réveilla ; il était mal à son aise, il bâillait ; il se retournait tellement que sa femme s'en inquiéta et lui demanda s'il était malade. « Non, ma chère, mais il me semble que j'ai faim, et je songeais à cette poularde de Bresse si blanchette, si joliette, qu'on nous a présentée à dîner, et à laquelle cependant nous avons fait un si mauvais accueil. — S'il faut te faire ma confession, je t'avouerai, mon ami, que j'ai tout autant d'appétit que toi, et puisque tu as songé à la poularde, il faut la faire venir et la manger. — Quelle folie ! tout dort dans la maison, et demain on se moquera de nous. — Si tout dort, tout se réveillera, et on ne se moquera pas de nous, parce qu'on n'en saura rien. D'ailleurs, qui sait si d'ici à demain l'un de nous ne mourra pas de faim ? je ne veux pas en courir la chance. Je vais sonner Justine. »

Aussitôt dit, aussitôt fait, et on éveilla la pauvre soubrette, qui, ayant bien soupé, dormait comme on dort à dix-neuf ans, quand l'amour ne tourmente pas [1].

Elle arriva tout en désordre, les yeux bouffis, bâillant, et s'assit en étendant les bras.

Mais ce n'était là qu'une tâche facile ; il s'agissait d'avoir la cuisinière, et ce fut une affaire. Celle-ci était cordon-bleu, et partant souverainement rechigneuse ; elle gronda, hennit, grogna, rugit, et renâcla ; cependant elle se leva à la fin, et cette circonférence énorme commença à se mouvoir.

Sur ces entrefaites, Mme de Versy avait passé une camisole, son mari s'était arrangé tant bien que mal, Justine avait étendu sur le lit une nappe, et apporté les accessoires indispensables d'un festin improvisé.

Tout étant ainsi préparé, on vit paraître la poularde, qui fut à l'instant dépecée et avalée sans miséricorde.

Après ce premier exploit, les époux se partagèrent

---

1. *A pierna tendida*. (Esp.)

une grosse poire de Saint-Germain, et mangèrent un peu de confitures d'oranges.

Dans les entr'actes, ils avaient creusé jusqu'au fond une bouteille de vin de Grave, et répété plusieurs fois, avec variations, qu'ils n'avaient jamais fait un plus agréable repas.

Ce repas finit pourtant ; car tout finit dans ce bas monde, Justine ôta le couvert, fit disparaître les pièces de conviction, regagna son lit, et le rideau conjugal tomba sur les convives.

Le lendemain matin, Mme de Versy courut chez son amie Mme de Franval, et lui raconta tout ce qui s'était passé, et c'est à l'indiscrétion de celle-ci que le public doit la présente confidence.

Elle ne manquait jamais de remarquer qu'en finissant son récit, Mme de Versy avait toussé deux fois et rougi très positivement.

XII

LE FAISAN. Le faisan est une énigme dont le mot n'est révélé qu'aux adeptes ; eux seuls peuvent le savourer dans toute sa bonté.

Chaque substance a son apogée d'esculence : quelques-unes y sont déjà parvenues avant leur entier développement, comme les câpres, les asperges, les perdreaux gris, les pigeons à la cuiller, etc. ; les autres y parviennent au moment où elles ont toute la perfection d'existence qui leur est destinée, comme les melons, la plupart des fruits, le mouton, le bœuf, le chevreuil, les perdrix rouges ; d'autres enfin quand elles commencent à se décomposer, telles que les nèfles, la bécasse et surtout le faisan.

Ce dernier oiseau, quand il est mangé dans les trois jours qui suivent sa mort, n'a rien qui le distingue. Il n'est ni si délicat qu'une poularde, ni si parfumé qu'une caille.

Pris à point, c'est une chair tendre, sublime et de haut goût, car elle tient à la fois de la volaille et de la venaison.

Ce point si désirable est celui où le faisan commence à se décomposer ; alors son arôme se développe et se joint à une huile qui pour s'exalter, avait besoin d'un peu de fermentation, comme l'huile du café, que l'on n'obtient que par la torréfaction.

Ce moment se manifeste aux sens des profanes par une légère odeur et par le changement de couleur du ventre de l'oiseau ; mais les inspirés le devinent par une sorte d'instinct qui agit en plusieurs occasions, et qui fait, par exemple, qu'un rôtisseur habile décide, au premier coup d'œil, qu'il faut retirer une volaille de la broche ou lui laisser faire encore quelques tours.

Quand le faisan est arrivé là, on le plume et non plus tôt, et on le pique avec soin, en choisissant le lard le plus frais et le plus ferme.

Il n'est point indifférent de ne pas plumer le faisan trop tôt ; des expériences très bien faites ont appris que ceux qui sont conservés dans la plume sont bien plus parfumés que ceux qui sont restés longtemps nus, soit que le contact de l'air neutralise quelques portions de l'arôme, soit qu'une partie du suc destiné à nourrir les plumes soit résorbé et serve à relever la chair.

L'oiseau ainsi préparé, il s'agit de l'étoffer, ce qui se fait de la manière suivante :

Ayez deux bécasses, désossez-les et videz-les de manière à en faire deux lots : le premier de la chair, le second des entrailles et des foies.

Vous prenez la chair et vous en faites une farce en la hachant avec de la moelle de bœuf cuite à la vapeur, un peu de lard râpé, poivre, sel, fines herbes, et la quantité de bonnes truffes suffisante pour remplir la capacité intérieure du faisan.

Vous aurez soin de fixer cette farce de manière à ce

qu'elle ne se répande pas en dehors, ce qui est quelquefois assez difficile, quand l'oiseau est un peu avancé. Cependant on y parvient par divers moyens, et, entre autres, en taillant une croûte de pain qu'on attache avec un ruban de fil, et qui fait l'office de l'obturateur.

Préparez une tranche de pain qui dépasse de deux pouces de chaque côté le faisan couché dans le sens de sa longueur; prenez alors les foies, les entrailles de bécasses, et pilez-les avec deux grosses truffes, un anchois, un peu de lard râpé, et un morceau convenable de bon beurre frais.

Vous étendez avec égalité cette pâte sur la rôtie; et vous la placez sous le faisan préparé comme dessus, de manière à être arrosée en entier de tout le jus qui en découle pendant qu'il rôtit.

Quand le faisan est cuit servez-le couché avec grâce sur sa rôtie; environnez-le d'oranges amères, et soyez tranquille sur l'événement.

Ce mets de haute saveur doit être arrosé, par préférence, de vin du crû de la Haute-Bourgogne; j'ai dégagé cette vérité d'une suite d'observations qui m'ont coûté plus de travail qu'une table de logarithmes.

Un faisan ainsi préparé serait digne d'être servi à des anges, s'ils voyageaient encore sur la terre comme du temps de Loth.

Que dis-je! l'expérience a été faite. Un faisan étoffé a été exécuté, sous mes yeux, par le digne chef Picard, au château de la Grange, chez ma charmante amie Mme de Ville-Plaine, apporté sur la table par le majordome Louis marchant à pas processionnels. On l'a examiné avec autant de soin qu'un chapeau de Mme Herbault; on l'a savouré avec attention; et pendant ce docte travail, les yeux de ces dames brillaient comme des étoiles, leurs lèvres étaient vernissées de corail, et leur physionomie tournait à l'extase. (V. les *Eprouvettes gastronomiques*.)

J'ai fait plus: j'en ai présenté un pareil à un comité de magistrats de la cour suprême; qui savent qu'il faut quelquefois déposer la toge sénatoriale, et à qui j'ai démontré sans peine que la bonne chère est une compensation naturelle des ennuis du cabinet. Après un examen convenable, le doyen articula, d'une voix grave, le mot *excellent !* Toutes les têtes se baissèrent en signe d'acquiescement, et l'arrêt passa à l'unanimité.

J'avais observé, pendant la délibération, que les nez de ces vénérables avaient été agités par des mouvements très prononcés d'olfaction, que leurs fronts augustes étaient épanouis par une sérénité paisible, et que leur bouche véridique avait quelque chose de jubilant qui ressemblait à un demi-sourire.

Au reste, ces effets merveilleux sont dans la nature des choses. Traité d'après la recette précédente, le faisan, déjà distingué par lui-même, est imbibé à l'extérieur de la graisse savoureuse du lard qui se carbonise ; il s'imprègne, à l'intérieur, des gaz odorants qui s'échappent de la bécasse et de la truffe. La rôtie, déjà si richement parée, reçoit encore des sucs à triple combinaison qui découlent de l'oiseau qui rôtit.

Ainsi, de toutes les bonnes choses qui se trouvent rassemblées, pas un atome n'échappe à l'appréciation, et, attendu l'excellence de ce mets, je le crois digne des tables les plus augustes.

Pavre, nec invideo, sine me, liber, ibis in aulam.

XIII

Toute Française, à ce que j'imagine,
Sait, bien ou mal, faire un peu de cuisine.

(*Belle Arsène*, acte III.)

INDUSTRIE GASTRONOMIQUE DES ÉMIGRÉS. J'ai exposé, dans un chapitre précédent, les avantages immenses que la France a tirés de la gourmandise dans les circonstances de 1815. Cette propension si générale n'a pas été moins utile aux émigrés ; et ceux d'entre eux qui avaient quelques talents pour l'art alimentaire en ont tiré de précieux secours.

En passant à Boston, j'appris au restaurateur Julien [1] à faire des œufs brouillés au fromage. Ce mets, nouveau pour les Américains, fit tellement fureur, qu'il se crut obligé de me remercier en m'envoyant, à New York, le derrière d'un de ces jolis petits chevreuils qu'on tire en hiver du Canada, et qui fut trouvé exquis par le comité choisi que je convoquai en cette occasion.

Le capitaine Collet gagna aussi beaucoup d'argent à New York, en 1794 et 1795, en faisant, pour les habitants de cette ville commerçante, des glaces et des sorbets.

Les femmes surtout ne se lassaient pas d'un plaisir si nouveau pour elles ; rien n'était plus amusant que de voir les petites mines qu'elles faisaient en y goûtant. Elles avaient surtout peine à concevoir comment cela pouvait se maintenir si froid par une chaleur de vingt-six degrés de Réaumur.

En passant à Cologne, j'avais rencontré un gentilhomme breton qui se trouvait très bien de s'être fait traiteur, et je pourrais multiplier indéfiniment les exemples ; mais j'aime mieux conter, comme plus singulière, l'histoire d'un Français qui s'enrichit à Londres par son habileté à faire de la salade.

Il était Limousin ; et, si ma mémoire est fidèle, il s'appelait d'Aubignac ou d'Albignac.

Quoique sa pitance fût fortement restreinte par le mauvais état de ses finances, il n'en était pas moins un jour à dîner dans une des plus fameuses tavernes de Londres ; il était de ceux qui ont pour système qu'on peut bien dîner avec un seul plat, pourvu qu'il soit excellent.

---

1. Julien florissait en 1794. C'était un habile garçon, qui avait, disait-il, été cuisinier de l'archevêque de Bordeaux. Il a dû faire une grande fortune, si Dieu lui a prêté vie.

Pendant qu'il achevait un succulent rostbeef, cinq à six jeunes gens des premières familles (*dandies*) se régalaient à une table voisine; et l'un d'eux s'étant levé, s'approcha, et lui dit d'un ton poli : « Monsieur le Français, on dit que votre nation excelle dans l'art de faire la salade; voudriez-vous nous favoriser et en accommoder une pour nous ?[1] »

D'Albignac y consentit après quelque hésitation, demanda tout ce qu'il crut nécessaire pour faire le chef-d'œuvre attendu, y mit tous ses soins, et eut le bonheur de réussir.

Pendant qu'il étudiait ses doses, il répondait avec franchise aux questions qu'on lui faisait sur sa situation actuelle; il dit qu'il était émigré, et avoua, non sans rougir un peu, qu'il recevait des secours du gouvernement anglais, circonstance qui autorisa sans doute un des jeunes gens à lui glisser dans la main un billet de cinq livres sterling, qu'il accepta après une molle résistance.

Il avait donné son adresse; et à quelque temps de là il ne fut que médiocrement surpris de recevoir une lettre par laquelle on le priait, dans les termes les plus honnêtes, de venir accommoder une salade dans un des plus beaux hôtels de Grosvenor-Square.

D'Albignac, commençant à prévoir quelque avantage durable, ne balança pas un instant, et arriva ponctuellement, après s'être muni de quelques assaisonnements nouveaux qu'il jugea convenables pour donner à son ouvrage un plus haut degré de perfection.

Il avait eu le temps de songer à la besogne qu'il avait à faire; il eut donc le bonheur de réussir encore, et reçut, pour cette fois, une gratification telle qu'il n'eût pas pu la refuser sans se nuire.

Les premiers jeunes gens pour qui il avait opéré avaient, comme on peut le présumer, vanté jusqu'à l'exagération le mérite de la salade qu'il avait assaison-

---

1. Traduction mot à mot du compliment anglais qui doit être fait dans cette occasion.

née pour eux. La seconde compagnie fit encore plus de bruit, de sorte que la réputation de d'Albignac s'étendit promptement : on le désigna sous la qualification de *fashionable salad-maker ;* et, dans ce pays avide de nouveautés, tout ce qu'il y avait de plus élégant dans la capitale des trois royaumes se mourait pour une salade de la façon du gentleman français : *I die for it,* c'est l'expression consacrée.

Désir de *Nonne* est un feu qui dévore,
Désir d'*Anglaise* est cent fois pire encore.

D'Albignac profita en homme d'esprit de l'engouement dont il était l'objet ; bientôt il eut un carrik pour se transporter plus vite dans les divers endroits où il était appelé, et un domestique portant, dans un nécessaire d'acajou, tous les ingrédients dont il avait enrichi son répertoire tels que des vinaigres à différents parfums, des huiles avec ou sans goût de fruit, du soy, du caviar, des truffes, des anchois, du calchup, du jus de viandes, et même des jaunes d'œufs, qui sont le caractère distinctif de la mayonnaise.

Plus tard, il fit fabriquer des nécessaires pareils, qu'il garnit complètement, et qu'il vendit par centaines.

Enfin, en suivant avec exactitude et sagesse sa ligne d'opération, il vint à bout de réaliser une fortune de plus de 80 000 F., qu'il transporta en France quand les temps furent devenus meilleurs.

Rentré dans sa patrie, il ne s'amusa point à briller sur le pavé de Paris ; mais il s'occupa de son avenir. Il plaça 60 000 F. dans les fonds publics, qui pour lors étaient à cinquante pour cent, et acheta pour 20 000 F. une petite gentilhommière située en Limousin, où probablement il vit encore, content et heureux, puisqu'il sait borner ses désirs.

Ces détails me furent donnés dans le temps par un

de mes amis qui avait connu d'Albignac à Londres, et qui l'avait tout nouvellement rencontré lors de son passage à Paris.

XIV

AUTRES SOUVENIRS D'ÉMIGRATION. Le tisserand. — En 1794, nous étions en Suisse, M. Rostaing[1] et moi, montrant un visage serein à la fortune contraire, et gardant notre amour à la patrie qui nous persécutait.

Nous vînmes à Mondon, où j'avais des parents, et fûmes reçus par la famille Trolliet avec une bienveillance dont j'ai gardé chèrement le souvenir.

Cette famille, une des plus anciennes du pays, est maintenant éteinte, le dernier bailli n'ayant laissé qu'une fille, qui elle-même n'a point eu d'enfant mâle.

On me montra, en cette ville, un jeune officier français qui y exerçait la profession de tisserand; et voici comment il en était venu là.

Ce jeune homme, d'une très bonne famille, traversant Mondon pour se rendre à l'armée de Condé, se trouva à table à côté d'un vieillard porteur d'une de ces figures à la fois graves et animées, telle que les peintres la donnent aux compagnons de Guillaume Tell.

Au dessert, on causa : l'officier ne dissimula pas sa position, et reçut diverses marques d'intérêt de la part de son voisin. Celui-ci le plaignait d'être obligé de renoncer si jeune à tout ce qu'il devait aimer, et lui fit remarquer la justesse de la maxime de Rousseau, qui voudrait que chaque homme sût un métier pour s'en

1. M. le baron Rostaing, mon parent et mon ami, aujourd'hui intendant militaire à Lyon. C'est un administrateur de première force. Il a dans ses cartons un système de comptabilité militaire tellement clair, qu'il faudra bien qu'on y vienne.

aider dans l'adversité et se nourrir partout. Quant à lui, il déclara qu'il était tisserand, veuf sans enfants, et qu'il était content de son sort.

La conversation en resta là ; le lendemain l'officier partit, et peu de temps après se trouva installé dans les rangs de l'armée de Condé. Mais, à tout ce qui se passait, tant au dedans qu'au dehors de cette armée, il jugea facilement que ce n'était pas par cette porte qu'il pouvait espérer de rentrer en France. Il ne tarda pas à y éprouver quelques-uns de ces désagréments qu'y ont quelquefois rencontrés ceux qui n'avaient d'autres titres que leur zèle pour la cause royale ; et, plus tard, on lui fit un passe-droit, ou quelque chose de pareil, qui lui parut d'une injustice criante.

Alors le discours du tisserand lui revint dans la mémoire ; il y rêva quelque temps, et, ayant pris son parti, quitta l'armée, revint à Mondon, et se présenta au tisserand, en le priant de le recevoir comme apprenti.

« Je ne laisserai pas échapper cette occasion de faire une bonne action, dit le vieillard ; vous mangerez avec moi : je ne sais qu'une chose, je vous l'apprendrai ; je n'ai qu'un lit, vous le partagerez ; vous travaillerez ainsi pendant un an ; et, au bout de ce temps, vous travaillerez à votre compte, et vous vivrez heureux dans un pays où le travail est honoré et provoqué. »

Dès le lendemain, l'officier se mit à l'ouvrage, et y réussit si bien, qu'au bout de six mois son maître lui déclara qu'il n'avait plus rien à lui apprendre, qu'il se regardait comme payé des soins qu'il lui avait donnés, et que désormais tout ce qu'il ferait tournerait à son profit particulier.

Quand je passai à Mondon, le nouvel artisan avait déjà gagné assez d'argent pour acheter un métier et un lit ; il travaillait avec une assiduité remarquable, et on prenait à lui un tel intérêt, que les premières maisons de la ville s'étaient arrangées pour lui donner tour à tour à dîner chaque dimanche.

Ce jour-là, il endossait son uniforme, reprenait ses droits dans la société ; et comme il était fort aimable et fort instruit, il était fêté et caressé par tout le monde. Mais le lundi, il redevenait tisserand, et, passant le temps dans cette alternative, ne paraissait pas trop mécontent de son sort.

L'AFFAMÉ. A ce tableau des avantages de l'industrie j'en vais accoler un autre d'un genre absolument opposé.

Je rencontrai à Lausanne un émigré lyonnais, grand et beau garçon, qui, pour ne pas travailler, s'était réduit à ne manger que deux fois par semaine. Il serait mort de faim de la meilleure grâce du monde, si un brave négociant de la ville ne lui avait pas ouvert un crédit chez un traiteur, pour y dîner le dimanche et le mercredi de chaque semaine.

L'émigré arrivait au jour indiqué, se bourrait jusqu'à l'œsophage, et partait, non sans emporter avec lui un assez gros morceau de pain; c'était chose convenue.

Il ménageait le mieux qu'il pouvait cette provision supplémentaire, buvait de l'eau quand l'estomac lui faisait mal, passait une partie de son temps au lit dans une rêvasserie qui n'était pas sans charmes, et gagnait ainsi le repas suivant.

Il y avait trois mois qu'il vivait ainsi quand je le rencontrai. Il n'était pas malade; mais il régnait dans toute sa personne une telle langueur, ses traits étaient tellement étirés, et il y avait entre son nez et ses oreilles quelque chose de si hippocratique, qu'il faisait peine à voir.

Je m'étonnai qu'il se soumît à de telles angoisses, plutôt que de chercher à utiliser sa personne, et je l'invitai à dîner dans mon auberge, où il officia à faire trembler. Mais je ne récidivai pas, parce que j'aime qu'on se raidisse contre l'adversité, et qu'on obéisse, quand il le faut, à cet arrêt porté contre l'espèce humaine : *Tu travailleras*.

LE LION D'ARGENT. Quels bons dîners nous faisions en ce temps à Lausanne, *au Lion d'Argent*.

Moyennant quinze batz (2 fr.25 c.), nous passions en revue trois services complets où l'on voyait, entre autres, le bon gibier des montagnes voisines, l'excellent poisson du lac de Genève, et nous humections tout cela, *à volonté et à discrétion,* avec un petit vin blanc limpide comme eau de roche, qui aurait fait boire un enragé.

Le haut bout de la table était tenu par un chanoine de Notre-Dame de Paris (je souhaite qu'il vive encore), qui était là comme chez lui, et devant qui le keller ne manquait pas de placer tout ce qu'il y avait de meilleur dans le menu.

Il me fit l'honneur de me distinguer et de m'appeler en qualité d'aide de camp, dans la région qu'il habitait; mais je ne profitai pas longtemps de cet avantage; les événements m'entraînèrent, et je partis pour les Etats-Unis, où je trouvai un asile, du travail et de la tranquillité.

SÉJOUR EN AMÉRIQUE........................
....
....
....
....

BATAILLE. Je finis ce chapitre en racontant une circonstance de ma vie qui prouve bien que rien n'est sûr en ce bas monde, et que le malheur peut nous surprendre au moment où on s'y attend le moins.

Je partais pour la France, je quittais les Etats-Unis après trois ans de séjour, et je m'y étais si bien trouvé que tout ce que je demandai au ciel (et il m'a exaucé) dans ces moments d'attendrissement qui précèdent le départ, fut de ne pas être plus malheureux dans l'ancien monde que je l'avais été dans le nouveau.

Ce bonheur, je l'avais principalement dû à ce que, dès que je fus arrivé parmi les Américains, je parlai comme eux [1], je m'habillai comme eux, je me gardai

---

1. Je dînais un jour à côté d'un créole qui demeurait à New York depuis deux ans, et qui ne savait pas assez d'anglais pour demander du pain; et je lui en témoignai mon étonnement. « Bah! dit-il en levant les épaules, croyez-vous que je sois assez bon pour me donner la peine d'étudier la langue d'un peuple aussi maussade? »

bien d'avoir plus d'esprit qu'eux, et je trouvai bon tout ce qu'ils faisaient ; payant ainsi l'hospitalité que je trouvais parmi eux par une condescendance que je crois nécessaire et que je conseille à tous ceux qui pourraient se trouver en pareille position.

Je quittais donc paisiblement un pays où j'avais vécu en paix avec tout le monde, et il n'y avait pas un bipède sans plumes dans toute la création qui eût plus actuellement que moi l'amour de ses semblables, quand il survint un incident tout à fait indépendant de ma volonté, et qui faillit à me rejeter dans les événements tragiques.

J'étais sur le paquebot qui devait me conduire de New York à Philadelphie ; et il faut savoir que, pour faire ce voyage avec sûreté et certitude, il faut profiter du moment où la marée descend.

Or la mer était *étale*, c'est-à-dire qu'elle allait descendre, et le moment de partir était venu sans qu'on se mît le moins du monde en mouvement pour démarrer. Nous étions là beaucoup de Français, et, entre autres, un sieur Gauthier, qui doit être encore à ce moment à Paris ; brave garçon qui s'est ruiné en voulant bâtir *ultra vires* la maison qui fait l'angle sud-ouest du palais du ministère des finances.

La cause du retard fut bientôt connue ; elle provenait de deux Américains qui n'arrivaient point, et qu'on avait la bonté d'attendre : ce qui nous mettait en danger d'être surpris par la marée basse, et de mettre le double de temps pour arriver à notre destination : car la mer n'attend personne.

De là grands murmures, et surtout de la part des Français, qui ont les passions bien autrement vives que les habitants de l'autre bord de l'Atlantique.

Non seulement je ne m'en mêlai pas, mais à peine m'en apercevais-je, car j'avais le cœur gros, et je pensais au sort qui m'attendait en France ; de sorte que je ne sais pas bien ce qui se passa. Mais bientôt j'entendis un bruit éclatant, et je vis qu'il provenait de ce que Gauthier avait appliqué sur la joue d'un Américain un soufflet à assommer un rhinocéros.

Cet acte de violence amena une confusion épouvantable. Les mots *français* et *américain* ayant été plusieurs fois prononcés en opposition, la querelle devint nationale ; et il n'était pas moins question que de nous jeter tous à la mer : ce qui eût été cependant une opération difficile, car nous étions huit contre onze.

J'étais, par mon extérieur, celui qui annonçait devoir faire le plus de résistance à la *transbordation* ; car je suis carré, de haute taille, et je n'avais alors que trente-neuf ans. Ce fut sans doute pour cette raison qu'on dirigea sur moi le guerrier le plus apparent de la troupe ennemie, qui vint me faire en face une attitude hostile.

Il était haut comme un clocher, et gros en proportion ; mais quand je le toisai avec ce regard qui pénètre jusqu'à la moelle des os, je vis qu'il était d'un tempérament lymphatique, qu'il avait le visage boursouflé, les yeux morts, la tête petite et des jambes de femme.

Mens non agitat molem, dis-je en moi-même ; voyons ce qu'il tient, et on mourra après, s'il le faut. Alors voici textuellement ce que je lui dis, à la manière des héros d'Homère :

Do you believe [1] to bully me ? you damned rogue. By God ! it will not be so... and I'll overboard you like a dead cat.. If I find you too heavy, I'll cling to you with hands, legs, teeth, nails, everything, and if I cannot do better, we will sink together to the bottom ; my life is nothing to send such dog to hell. Now, just now...

« Croyez-vous m'effrayer, damné coquin ?... par Dieu ! il n'en sera rien, et je vous jetterai par dessus bord comme un chat crevé. Si je vous trouve trop lourd, je m'attacherai à vous avec les mains, avec les jambes, avec les ongles, avec les dents, de toute manière, et nous irons ensemble au fond. Ma vie n'est

---

[1]. On ne se tutoie pas en anglais ; et un charretier, tout en rouant son cheval de coups de fouet, lui dit : « Go, sir ; go, sir, I say (allez, monsieur ; allez, monsieur, vous dis-je). »

rien pour envoyer en enfer un chien comme vous. Allons... [1] »

A ces paroles, avec lesquelles toute ma personne était sans doute en harmonie (car je me sentais la force d'Hercule), je vis mon homme se raccourcir d'un pouce, ses bras tombèrent, ses joues s'aplatirent : en un mot, il donna des marques si évidentes de frayeur, que celui qui l'avait sans doute envoyé s'en aperçut, et vint comme pour s'interposer ; et il fit bien, car j'étais lancé, et l'habitant du nouveau monde allait sentir que ceux qui se baignent dans le Furens [2] ont les nerfs durement trempés.

Cependant quelques paroles de paix s'étaient fait entendre dans l'autre partie du navire : l'arrivée des retardataires fit diversion ; il fallut s'occuper à mettre à la voile ; de sorte que, pendant que j'étais en attitude de lutteur, le tumulte cessa tout d'un coup.

Les choses se passèrent même au mieux ; car, lorsque tout fut apaisé, m'étant occupé de chercher Gauthier pour le gronder de sa vivacité, je trouvai le souffleté assis à la même table, en présence d'un jambon de la plus aimable apparence et d'un pitcher de bière d'une coudée de hauteur.

---

1. Dans tous les pays régis par les lois anglaises, les batteries sont toujours précédées de beaucoup d'injures verbales, parce qu'on y dit que « les injures ne cassent pas les os (high words break no bones) ». Souvent aussi on s'en tient là, et la foi fait qu'on hésite pour frapper ; car celui qui frappe le premier rompt la paix publique, et sera toujours condamné à l'amende, quel que soit l'événement du combat.
2. Rivière limpide qui prend sa source au-dessus de Rossillon, passe près de Belley, et se jette dans le Rhône au-dessus de Peyrieux. Les truites qu'on y prend ont la chair couleur de rose et les brochets l'ont blanche comme ivoire. *Gut! gut! gut!* (allem.)

XV

LA BOTTE D'ASPERGES. Passant au Palais-Royal, par un beau jour du mois de février, je m'arrêtai devant le magasin de Mme Chevet, la plus fameuse marchande de comestibles de Paris, qui m'a toujours fait l'honneur de me vouloir du bien; et y remarquant une botte d'asperges dont la moindre était plus grosse que mon doigt indicateur, je lui en demandai le prix. « Quarante francs, Monsieur, répondit-elle. — Elles sont vraiment fort belles; mais, à ce prix il n'y a guère que le roi ou quelque prince qui pourront en manger. — Vous êtes dans l'erreur; de pareils choix n'abordent jamais les palais; on y veut du beau et non du magnifique. Ma botte d'asperges n'en partira pas moins, et voici comment.

Au moment où nous parlons, il y a dans cette ville au moins trois cents richards, financiers, capitalistes, fournisseurs et autres, qui sont retenus chez eux par la goutte, la peur des catarrhes, les ordres du médecin, et autres causes qui n'empêchent pas de manger; ils sont auprès de leur feu, à se creuser le cerveau pour savoir ce qui pourrait les ragoûter; et quand ils se sont bien fatigués sans réussir, ils envoient leur valet de chambre à la découverte; celui-ci viendra chez moi, remarquera ces asperges, fera son rapport, et elles seront enlevées à tout prix. Ou bien ce sera une jolie petite femme qui passera avec son amant, et qui lui dira : Ah! mon ami, les belles asperges! *achetons-les*; vous savez que ma bonne en fait si bien la sauce! Or, en pareil cas, un amant comme il faut ne refuse ni ne marchande. Ou bien c'est une gageure, un baptême, une hausse subite de la rente... Que sais-je moi ?... En un mot, les objets très chers s'écoulent plus vite que les autres, parce qu'à Paris le cours de la vie amène tant de circonstances extraordinaires qu'il y a toujours motifs suffisants pour les placer. »

Comme elle parlait ainsi, deux gros Anglais, qui passaient en se tenant sous le bras, s'arrêtèrent auprès de nous, et leur visage prit à l'instant une teinte admirative. L'un d'eux fit envelopper la botte miraculeuse, même sans en demander le prix, la paya, la mit sous son bras, et l'emporta en sifflant l'air : *God save the king*.

« Voilà, M., me dit en riant Mme Chevet, une chance tout aussi commune que les autres, dont je ne vous avais pas encore parlé. »

XVI

DE LA FONDUE. La fondue est originaire de la Suisse. Ce n'est autre chose que des œufs brouillés au fromage, dans certaines proportions que le temps et l'expérience ont révélées. J'en donnerai la recette officielle.

C'est un mets sain, savoureux, appétissant, de prompte confection, et partant toujours prêt à faire face à l'arrivée de quelques convives inattendus. Au reste, je n'en fais mention ici que pour ma satisfaction particulière, et parce que ce mot rappelle un fait dont les vieillards du district de Belley ont gardé le souvenir.

Vers la fin du XVIIe siècle, un M. de Madot fut nommé à l'évêché de Belley, et y arrivait pour en prendre possession.

Ceux qui étaient chargés de le recevoir et de lui faire les honneurs de son propre palais avaient préparé un festin digne de l'occasion, et avaient fait usage de toutes les ressources de la cuisine d'alors pour fêter l'arrivée de monseigneur.

Parmi les entremets brillait une ample *fondue,* dont le prélat se servit copieusement. Mais, ô surprise! se méprenant à l'extérieur et la croyant une crème, il la mangea à la cuiller, au lieu de se servir de la fourchette, de temps immémorial destinée à cet usage.

Tous les convives, étonnés de cette étrangeté, se regardèrent du coin de l'œil, et avec un sourire imperceptible. Cependant le respect arrêta toutes les langues, car tout ce qu'un évêque venant de Paris fait à table, et surtout le premier jour de son arrivée, ne peut manquer d'être bien fait.

Mais la chose s'ébruita, et, dès le lendemain, on ne se rencontrait point sans se demander : « Eh bien! savez-vous comment notre nouvel évêque a mangé hier au soir sa fondue? — Eh! oui, je le sais; il l'a mangée avec une cuiller. Je le tiens d'un témoin oculaire, etc. » La ville transmit le fait à la campagne; et après trois mois il était public dans tout le diocèse.

Ce qu'il y a de remarquable, c'est que cet incident faillit ébranler la foi de nos pères. Il y eut des novateurs qui prirent le parti de la cuiller, mais ils furent bientôt oubliés : la fourchette triompha; et, après plus d'un siècle, un de mes grands oncles s'en égayait encore, et me contait, en riant d'un rire immense, comme quoi M. de Madot avait une fois mangé de la fondue avec une cuiller.

RECETTE DE LA FONDUE, *telle qu'elle a été extraite des papiers de M. Trollet, bailli de Mondon, au canton de Berne.* Pesez le nombre d'œufs que vous voudrez employer d'après le nombre présumé de vos convives.

Vous prendrez ensuite un morceau de bon fromage de Gruyère pesant le tiers, et un morceau de beurre pesant le sixième de ce poids.

Vous casserez et battrez bien les œufs dans une casserole; après quoi, vous y mettrez le beurre et le fromage râpé ou émincé.

Posez la casserole sur un fourneau bien allumé, et tournez avec une spatule, jusqu'à ce que le mélange soit convenablement épaissi et mollet; mettez-y un peu ou point de sel, suivant que le fromage sera plus ou moins vieux, et une forte portion de poivre, qui est un des caractères positifs de ce mets antique; servez sur un plat légèrement échauffé; faites apporter le meilleur vin, qu'on boira rondement : et on verra merveilles.

XVII

DÉSAPPOINTEMENT. Tout était tranquille un jour dans l'auberge de l'*Ecu de France*, à Bourg-en-Bresse, quand un grand roulement se fit entendre, et qu'on vit paraître une superbe berline, forme anglaise, à quatre chevaux, remarquable surtout par deux très jolies Abigail qui étaient juchées sur le siège du cocher, bien ployées dans une ample enveloppe de drap écarlate, doublée et brodée en bleu.

A cette apparition, qui annonçait un milord voyageant à petites journées, Chicot (c'était le nom de l'aubergiste) accourut, le bonnet à la main; sa femme se tint sur la porte de l'hôtel; les filles faillirent se rompre le cou en descendant l'escalier, et les garçons d'écurie se présentèrent, comptant déjà sur un ample pourboire.

On déballa les suivantes, non sans les faire rougir un peu, attendu les difficultés de la descente; et la berline accoucha : 1° d'un milord, gros court, enluminé et ventru; 2° de deux miss, longues, pâles et rousses; 3° d'une milady paraissant entre le premier et le second degré de la consomption.

Ce fut cette dernière qui prit la parole :

« Monsieur l'aubergiste, dit-elle, faites bien soigner

mes chevaux ; donnez-nous une chambre pour nous reposer, et faites rafraîchir mes femmes de chambre ; mais je ne veux pas que le tout coûte plus de six francs ; prenez vos mesures là-dessus. »

Aussitôt après la prononciation de cette phrase économique, Chicot remit son bonnet, madame rentra, et les filles retournèrent à leur poste.

Cependant les chevaux furent mis à l'écurie, où ils lurent la gazette, on montra aux dames une chambre au premier (*up stairs*), et on offrit aux suivantes des verres et une carafe d'eau bien claire.

Mais les six francs obligés ne furent reçus qu'en rechignant, et comme une mesquine compensation pour l'embarras causé et pour les espérances déçues.

XVIII

EFFETS MERVEILLEUX D'UN DÎNER CLASSIQUE. Hélas ! que je suis à plaindre ! disait d'une voix élégiaque un gastronome de la cour royale de la Seine. Espérant retourner bientôt à ma terre, j'y ai laissé mon cuisinier ; les affaires me retiennent à Paris, et je suis abandonné aux soins d'une bonne officieuse, dont les préparations m'affadissent le cœur. Ma femme se contente de tout, mes enfants n'y connaissent encore rien : bouilli peu cuit, rôti brûlé ; je péris à la fois par la broche et par la marmite, hélas ! »

Il parlait ainsi, en traversant d'un pas douloureux la place Dauphine. Heureusement pour la chose publique, le professeur entendit de si justes plaintes, et, dans le plaignant, reconnut un ami : «Vous ne mourrez pas, mon cher, dit-il d'un ton affectueux au magistrat martyr ; non, vous ne mourrez pas d'un mal dont je puis vous offrir le remède. Veuillez accepter pour demain un dîner classique, en petit comité : après dîner, une partie de piquet que nous arrangerons de manière à ce que tout le monde s'amuse ; et, comme les autres, cette soirée se précipitera dans l'abîme du passé. »

L'invitation fut acceptée ; le mystère s'accomplit suivant les coutumes, rites et cérémonies voulus ; et depuis ce jour (23 juin 1825) le professeur se trouve heureux d'avoir conservé à la cour royale un de ses plus dignes soutiens.

XIX

EFFETS ET DANGERS DES LIQUEURS FORTES. La soif factice dont nous avons fait mention (Méditation VIII, page 129), celle qui appelle les liqueurs fortes comme soulagement momentané, devient, avec le temps, si intense et si habituelle, que ceux qui s'y livrent ne peuvent pas passer la nuit sans boire, et sont obligés de quitter leur lit pour l'apaiser.

Cette soif devient alors une véritable maladie ; et quand l'individu en est là, on peut pronostiquer avec certitude qu'il ne lui reste pas deux ans à vivre.

J'ai voyagé en Hollande avec un riche commerçant de Dantzick, qui tenait, depuis cinquante ans, la première maison de détail en eaux-de-vie.

« Monsieur, me disait ce patriarche, on ne se doute pas en France de l'importance du commerce que nous faisons, de père en fils depuis plus d'un siècle. J'ai observé avec attention les ouvriers qui viennent chez moi ; et quand ils s'abandonnent sans réserve au penchant, trop commun chez les Allemands, pour les liqueurs fortes, ils arrivent à leur fin tous à peu près de la même manière.

D'abord ils ne prennent qu'un petit verre d'eau-de-vie le matin, et cette quantité leur suffit pendant plusieurs années (au surplus, ce régime est commun à tous les ouvriers, et celui qui ne prendrait pas son petit verre serait honni par tous les camarades); ensuite ils doublent la dose, c'est-à-dire qu'ils en prennent un petit verre le matin et autant vers le midi. Ils restent à ce taux environ deux ou trois ans; puis ils en boivent régulièrement le matin, à midi et le soir. Bientôt ils en viennent prendre à toute heure, et n'en veulent plus que de celle dans laquelle on a fait infuser du girofle; aussi, lorsqu'ils en sont là, il y a certitude qu'ils ont tout au plus six mois à vivre; ils se dessèchent, la fièvre les prend, ils vont à l'hôpital, et on ne les revoit plus. »

XX

LES CHEVALIERS ET LES ABBÉS. J'ai déjà cité deux fois ces deux catégories gourmandes que le temps a détruites.

Comme elles ont disparu depuis plus de trente ans, la plus grande partie de la génération actuelle ne les a pas vues.

Elles reparaîtront probablement vers la fin de ce siècle; mais, comme un pareil phénomène exige la coïncidence de bien des futurs contingents, je crois que bien peu, parmi ceux qui vivent actuellement, seront témoins de cette palingénésie.

Il faut donc qu'en ma qualité de peintre de mœurs, je leur donne le dernier coup de pinceau; et, pour y parvenir plus commodément, j'emprunte le passage suivant à un auteur qui n'a rien à me refuser.

« Régulièrement, et d'après l'usage, la qualification de chevalier n'aurait dû s'accorder qu'aux personnes décorées d'un ordre, ou aux cadets des maisons titrées; mais beaucoup de ces chevaliers avaient trouvé avantageux de se donner l'accolade à eux-mêmes [1], et si le porteur avait de l'éducation et une bonne tournure, telle était l'insouciance de cette époque que personne ne s'avisait d'y regarder.

Les chevaliers étaient généralement beaux garçons; ils portaient l'épée verticale, le jarret tendu, la tête haute et le nez au vent; ils étaient joueurs, libertins, tapageurs, et faisaient partie essentielle du train d'une beauté à la mode.

Ils se distinguaient encore par un courage brillant et une facilité excessive à mettre l'épée à la main. Il suffisait quelquefois de les regarder pour se faire une affaire. »

C'est ainsi que finit le chevalier de S., l'un des plus connus de son temps.

Il avait cherché une querelle gratuite à un jeune homme tout nouvellement arrivé de Charolles, et on était allé se battre sur les derrières de la Chaussée-d'Antin, presque entièrement occupée alors par des marais.

A la manière dont le nouveau venu se développa sous les armes, S... vit bien qu'il n'avait pas affaire à un novice : il ne se mit pas moins en devoir de le tâter; mais, au premier mouvement qu'il fit, le Charollais partit d'un coup de temps, et le coup fut tellement fourni que le chevalier était mort avant d'être tombé. Un de ses amis, témoin du combat, examina long-temps en silence une blessure si foudroyante et la route que l'épée avait parcourue : « Quel beau coup de quarte dans les armes!! dit-il tout à coup en s'en allant; et que ce jeune homme a la main bien

---

1. Self created.

placée!... » Le défunt n'eut pas d'autre oraison funèbre.

Au commencement des guerres de la révolution, la plupart de ces chevaliers se placèrent dans les bataillons, d'autres émigrèrent, le reste se perdit dans la foule. Ceux qui survivent, en petit nombre, sont encore reconnaissables à l'air de tête; mais ils sont maigres et marchent avec peine; ils ont la goutte.

Quand il y avait beaucoup d'enfants dans une famille noble, on en destinait un à l'Eglise : il commençait par obtenir les bénéfices simples, qui fournissaient aux frais de son éducation; et dans la suite il devenait prince, abbé commendataire ou évêque, selon qu'il avait plus ou moins de dispositions à l'apostolat.

C'était là le type légitime des abbés; mais il y en avait de faux; et beaucoup de jeunes gens qui avaient quelque aisance, et qui ne se souciaient pas de courir les chances de la chevalerie, se donnaient le titre d'*abbé* en venant à Paris.

Rien n'était plus commode : avec une légère altération dans la toilette, on se donnait tout à coup l'apparence d'un bénéficier : on se plaçait au niveau de tout le monde; on était fêté, caressé, couru : car il n'y avait pas de maison qui n'eût son abbé.

Les abbés étaient petits, trapus, rondelets, bien mis, câlins, complaisants, curieux, gourmands, alertes, insinuants; ceux qui restent ont tourné à la graisse, ils se sont faits dévots.

Il n'y avait pas de sort plus heureux que celui d'un riche prieur ou d'un abbé commendataire; ils avaient de la considération, de l'argent, point de supérieurs, et rien à faire.

Les chevaliers se retrouveront, si la paix est longue, comme on peut l'espérer; mais, à moins d'un grand changement dans l'administration ecclésiastique, l'espèce des abbés est perdue sans retour; il n'y a plus de *sinécures;* et on est revenu aux principes de la primitive Eglise : *beneficium propter officium.*

XXI

MISCELLANEA. « M. le Conseiller, disait un jour, d'un bout d'une table à l'autre, une vieille marquise du faubourg Saint-Germain, lequel préférez-vous du Bourgogne ou du Bordeaux ? — Madame répondit d'une voix druidique le magistrat ainsi interrogé, c'est un procès dont j'ai tant de plaisir à visiter les pièces que j'ajourne toujours à huitaine la prononciation de l'arrêt. »

Un amphitryon de la Chaussée-d'Antin avait fait servir sur sa table un saucisson d'Arles de taille héroïque. « Acceptez-en une tranche, disait-il à sa voisine ; voilà un meuble qui, je l'espère, annonce une bonne maison. — Il est vraiment très gros, dit la dame en lorgnant d'un air malin ; c'est dommage que cela ne ressemble à rien. »

Ce sont surtout les gens d'esprit qui tiennent la gourmandise à honneur : les autres ne sont pas capables d'une opération qui consiste dans une suite d'appréciations et de jugements.

Madame la comtesse de Genlis se vante, dans ses Mémoires, d'avoir appris à une Allemande qui l'avait bien reçue la manière d'apprêter jusqu'à sept plats délicieux.

C'est M. le comte de La Place qui a découvert une manière très relevée d'accommoder les fraises, qui consiste à les mouiller avec le jus d'une orange douce (pomme des Hespérides).

Un autre savant a encore enchéri sur le premier, en

y ajoutant le jaune de l'orange, qu'il enlève en la frottant avec un morceau de sucre ; et il prétend prouver, au moyen d'un lambeau échappé aux flammes qui détruisirent la bibliothèque d'Alexandrie, que c'est ainsi assaisonné que ce fruit était servi dans les banquets du mont Ida.

« Je n'ai pas grande idée de cet homme, disait le comte de M... en parlant d'un candidat qui venait d'attraper une place ; il n'a jamais mangé de boudin à la Richelieu, et ne connaît pas les côtelettes à la Soubise. »

Un buveur était à table, et au dessert on lui offrit du raisin. « Je vous remercie, dit-il en repoussant l'assiette ; je n'ai pas coutume de prendre mon vin en pilules. »

On félicitait un amateur, qui venait d'être nommé directeur des contributions directes à Périgueux ; on l'entretenait du plaisir qu'il aurait à vivre au centre de la bonne chère, dans le pays des truffes, des bartavelles, des dindes truffées, etc., etc. « Hélas ! dit en soupirant le gastronome contristé, est-il bien sûr qu'on puisse vivre dans un pays où la marée n'arrive pas ? »

XXII

UNE JOURNÉE CHEZ LES BERNARDINS. Il était près d'une heure du matin ; il faisait une belle nuit d'été, et nous étions formés en cavalcade, non sans avoir donné une vigoureuse sérénade aux belles qui avaient le bonheur de nous intéresser (c'est vers 1782).

Nous partions de Belley, et nous allions à Saint-Sulpice, abbaye de Bernardins située sur une des plus hautes montagnes de l'arrondissement, au moins cinq mille pieds au-dessus du niveau de la mer.

J'étais alors le chef d'une troupe de musiciens amateurs, tous amis de la joie et possédant à haute dose toutes les vertus qui accompagnent la jeunesse et la santé.

« Monsieur, m'avait dit un jour l'abbé de Saint-Sulpice, en me tirant, après dîner, dans l'embrasure d'une croisée, vous seriez bien aimable, si vous veniez, avec vos amis, nous faire un peu de musique le jour de saint Bernard! le saint en serait plus complètement glorifié; nos voisins en seraient réjouis, et vous auriez l'honneur d'être les premiers Orphées qui auraient pénétré dans ces régions élevées. »

Je ne fis pas répéter une demande qui promettait une partie agréable; je promis d'un signe de tête, et le salon en fut ébranlé.

Annuit, et totum nutu tremefecit olympum.

Toutes précautions étaient prises d'avance; et nous partions de bonne heure, parce que nous avions quatre lieues à faire par des chemins capables d'effrayer même les voyageurs audacieux qui ont bravé les hauteurs de la puissante butte Montmartre.

Le monastère était bâti dans une vallée fermée à l'ouest par le sommet de la montagne, et à l'est par un coteau moins élevé.

Le pic de l'ouest était couronné par une forêt de sapins où un seul coup de vent en renversa un jour trente-sept mille [1]. Le fond de la vallée était occupé par une vaste prairie, où des buissons de hêtres formaient divers compartiments irréguliers, modèles immenses de ces petits jardins anglais que nous aimons tant.

---

1. La maîtrise des eaux et forêts les compta, les vendit; le commerce en profita, les moines en profitèrent, de grands capitaux furent mis en circulation; et personne ne se plaignit de l'ouragan.

Nous arrivâmes à la pointe du jour, et nous fûmes reçus par le père cellerier, dont le visage était quadrangulaire et le nez en obélisque.

« Messieurs, dit le bon père, soyez les bienvenus : notre révérend abbé sera bien content quand il saura que vous êtes arrivés ; il est encore dans son lit, car hier il était bien fatigué ; mais vous allez venir avec moi, et vous verrez si nous vous attendions. »

Il dit, se mit en marche, et nous le suivîmes, supposant avec raison qu'il nous conduisait vers le réfectoire.

Là tous nos sens furent envahis par l'apparition du déjeuner le plus séduisant, d'un déjeunner vraiment classique.

Au milieu d'une table spacieuse, s'élevait un pâté grand comme une église ; il était flanqué au nord par un quartier de veau froid, au sud par un jambon énorme, à l'est par une pelote de beurre monumentale, et à l'ouest par un boisseau d'artichauts à la poivrade.

On y voyait encore diverses espèces de fruits, des assiettes, des serviettes, des couteaux, et de l'argenterie dans des corbeilles ; et au bout de la table, des frères lais et des domestiques prêts à servir, quoique étonnés de se voir levés si matin.

En un coin du réfectoire, on voyait une pile de plus de cent bouteilles, continuellement arrosée par une fontaine naturelle, qui s'échappait en murmurant *Evohë Bacche* ; et si l'arôme du moka ne chatouillait pas nos narines, c'est que, dans ces temps héroïques, on ne prenait pas encore de café si matin.

Le révérend cellerier jouit quelque temps de notre étonnement ; après quoi, il nous adressa l'allocution suivante, que, dans notre sagesse, nous jugeâmes avoir été préparée :

« Messieurs, dit-il, je voudrais pouvoir vous tenir compagnie ; mais je n'ai pas encore dit ma messe, et c'est aujourd'hui jour de grand office. Je devrais vous inviter à manger ; mais votre âge, le voyage et l'air vif de nos montagnes doivent m'en dispenser. Acceptez avec plaisir ce que nous vous offrons de bon cœur ; je vous quitte et vais chanter matines. »

A ces mots, il disparut.

Ce fut alors le moment d'agir ; et nous attaquâmes avec l'énergie que supposaient en effet les trois circonstances aggravantes si bien indiquées par le cellerier. Mais que pouvaient de faibles enfants d'Adam contre un repas qui paraissait préparé pour les habitants de Sirius ! Nos efforts furent impuissants ; quoique ultra repus, nous n'avions laissé de notre passage que des traces imperceptibles.

Ainsi, bien munis jusqu'au dîner, on se dispersa ; et j'allai me tapir dans un bon lit, où je dormis en attendant la messe, semblable au héros de Rocroy et à d'autres encore, qui ont dormi jusqu'au moment de commencer la bataille.

Je fus réveillé par un robuste frère, qui faillit m'arracher le bras, et je courus à l'église, où je trouvai tout le monde à son poste.

Nous exécutâmes une symphonie à l'offertoire ; on chanta un motet à l'élévation, et on finit par un quatuor d'instruments à vent. Et malgré les mauvaises plaisanteries contre la musique d'amateurs, le respect que je dois à la vérité m'oblige d'assurer que nous nous en tirâmes fort bien.

Je remarque à cette occasion que tous ceux qui ne sont jamais contents de rien, sont presque toujours des ignorants qui ne tranchent hardiment que parce qu'ils espèrent que leur audace pourra leur faire supposer des connaissances qu'ils n'ont pas eu le courage d'acquérir.

Nous reçûmes avec bénignité les éloges qu'on ne manqua pas de nous prodiguer en cette occasion ; et après avoir reçu les remerciements de l'abbé, nous allâmes nous mettre à table.

Le dîner fut servi dans le goût du xve siècle ; peu d'entremets, peu de superfluités ; mais un excellent choix de viandes, des ragoûts simples, substantiels, une bonne cuisine, une cuisson parfaite, et surtout des légumes d'une saveur inconnue dans les marais, empêchaient de désirer ce qu'on ne voyait pas.

On jugera, au surplus, de l'abondance qui régnait en ce bon lieu, quand on saura que le second service offrit jusqu'à quatorze plats de rôti.

Le dessert fut d'autant plus remarquable qu'il était composé en partie de fruits qui ne croissent point à cette hauteur, et qu'on avait apportés du pays bas : car on avait mis à contribution les jardins de Machuraz, la Morflent, et autres endroits favorisés de l'astre père de la chaleur.

Les liqueurs ne manquèrent pas ; mais le café mérite une mention particulière.

Il était limpide, parfumé, chaud à merveille ; mais surtout il n'était pas servi dans ces vases dégénérés qu'on ose appeler *tasses* sur les rives de la Seine, mais dans de beaux et profonds bols où se plongeaient à souhait les lèvres épaisses des révérends, qui en aspiraient le liquide vivifiant avec un bruit qui aurait fait honneur à des cachalots avant l'orage.

Après dîner, nous allâmes à vêpres ; et nous y exécutâmes, entre les psaumes, des antiphones que j'avais composés exprès. C'était de la musique courante comme on en faisait alors ; je n'en dis ni bien ni mal, de peur d'être arrêté par la modestie, ou influencé par la paternité.

La journée officielle étant ainsi terminée, les voisins commencèrent à défiler ; les autres s'arrangèrent pour faire quelques parties à des jeux de commerce.

Pour moi, je préférai la promenade ; et, ayant réuni quelques amis, j'allai fouler ce gazon si doux et si serré qui vaut bien les tapis de la Savonnerie, et respirer cet air pur des hauts lieux, qui rafraîchit l'âme et dispose l'imagination à la méditation et au romantisme [1].

Il était tard quand nous rentrâmes. L'abbé vint à

---

[1]. J'ai constamment éprouvé cet effet dans les mêmes circonstances, et je suis porté à croire que la légèreté de l'air, dans les montagnes, laisse agir certaines puissances cérébrales, que sa pesanteur opprime dans la plaine.

moi pour me souhaiter le bonsoir et une bonne nuit. « Je vais, me dit-il, rentrer chez moi, et vous laisser finir la soirée. Ce n'est pas que je croie que ma présence pût être importune à nos pères ; mais je veux qu'ils sachent bien qu'ils ont liberté plénière. Ce n'est pas tous les jours Saint-Bernard ; demain nous rentrerons dans l'ordre accoutumé : *cràs iterabimus œquor*.

Effectivement, après le départ de l'abbé, il y eut plus de mouvement dans l'assemblée ; elle devint plus bruyante, et on fit plus de ces plaisanteries spéciales aux cloîtres, qui ne voulaient pas dire grand'chose, et dont on riait sans savoir pourquoi.

Vers neuf heures, le souper fut servi : souper soigné, délicat, et éloigné du dîner de plusieurs siècles.

On mangea sur nouveaux frais, on causa, on rit, on chanta des chansons de table ; et un des pères nous lut quelques vers de sa façon, qui vraiment n'étaient pas mauvais pour avoir été faits par un tondu.

Sur la fin de la soirée, une voix s'éleva et cria : Père cellerier, où est donc votre plat ? — C'est trop juste, répondit le révérend ; je ne suis pas cellerier pour rien. »

Il sortit un moment, et revint bientôt après, accompagné de trois serviteurs, dont le premier apportait des rôties d'excellent beurre, et les deux autres étaient chargés d'une table sur laquelle se trouvait une cuve d'eau-de-vie sucrée et brûlante : ce qui équivalait presque au ponche, qui n'était point encore connu.

Les nouveaux venus furent reçus avec acclamation ; on mangea les rôties, on but l'eau-de-vie brûlée : et quand l'horloge de l'abbaye sonna minuit, chacun se retira dans son appartement pour y jouir des douceurs d'un sommeil auquel les travaux de la journée lui avaient donné des dispositions et des droits.

N.-B. Le père cellerier dont il est fait mention dans cette narration véritablement historique, étant devenu vieux, on parlait devant lui d'un abbé nouvellement nommé qui arrivait de Paris, et dont on redoutait la rigueur.

« Je suis tranquille à son égard, dit le révérend ; qu'il soit méchant tant qu'il voudra, il n'aura jamais le courage d'ôter à un vieillard ni le coin du feu ni la clef de la cave. »

XXIII

BONHEUR EN VOYAGE. J'étais un jour monté sur mon bon cheval *la Joie*, et je parcourais les coteaux riants du Jura.

C'était dans les plus mauvais jours de la révolution ; et j'allais à Dôle, auprès du représentant Prôt, pour en obtenir un sauf-conduit qui devait m'empêcher d'aller en prison, et probablement ensuite à l'échafaud.

En arrivant, vers onze heures du matin, à une auberge du petit bourg ou village de Mont-sous-Vaudrey, je fis d'abord bien soigner ma monture ; et de là, passant à la cuisine, je fus frappé d'un spectacle qu'aucun voyageur n'eût pu voir sans plaisir.

Devant un feu vif et brillant tournait une broche admirablement garnie de cailles, rois de cailles, et de ces petits râles à pieds verts qui sont si gras. Ce gibier de choix rendait ses dernières gouttes sur une immense rôtie, dont la facture annonçait la main d'un chasseur ; et tout auprès, on voyait déjà cuit un de ces levrauts à côtes rondes, que les Parisiens ne connaissent pas, et dont le fumet embaumerait une église.

« Bon ! dis-je en moi-même, ranimé par cette vue ; la Providence ne m'abandonne pas tout à fait. Cueillons encore cette fleur en passant ; il sera toujours temps de mourir. »

Alors, en m'adressant à l'hôte, qui, pendant cet examen, sifflait, les mains derrière le dos, en promenant dans la cuisine sa statue de géant, je lui dis :

« Mon cher, qu'allez-vous me donner de bon pour mon dîner ? — Rien que de bon, monsieur ; bon bouilli, bonne coupe aux pommes de terre, bonne épaule de mouton et bons haricots. »

A cette réponse inattendue, un frisson de désappointement parcourut tout mon corps ; on sait que je ne mange point de bouilli, parce que c'est de la viande moins son jus ; les pommes de terre et les haricots sont obésigènes ; je ne me sentais pas des dents d'acier pour déchirer l'éclanche : ce menu était fait exprès pour me désoler, et tous mes maux retombèrent sur moi.

L'hôte me regardait d'un air sournois, et avait l'air de deviner la cause de mon désappointement... « Et pour qui réservez-vous donc tout ce joli gibier ? lui dis-je d'un air tout à fait contrarié. — Hélas ! monsieur, répondit-il d'un ton sympathique, je ne puis en disposer ; tout cela appartient à des messieurs de justice qui sont ici depuis dix jours, pour une expertise qui intéresse une dame fort riche ; ils ont fini hier, et se régalent pour célébrer cet événement heureux ; c'est ce que nous appelons ici faire la révolte. — Monsieur, répliquai-je après avoir musé quelques instants, faites-moi le plaisir de dire à ces messieurs qu'un homme de bonne compagnie demande, comme une faveur, d'être admis à dîner avec eux, qu'il prendra sa part de la dépense, et qu'il leur en aura surtout une extrême obligation. » Je dis : il partit, et ne revint plus.

Mais, peu après, je vis entrer un petit homme gras, frais, joufflu, trapu, guilleret, qui vint rôder dans la cuisine, déplaça quelques meubles, leva le couvercle d'une casserole, et disparut.

« Bon, dis-je en moi-même, voilà le frère tuileur qui vient me reconnaître ! » Et je recommençai à espérer ; car l'expérience m'avait déjà appris que mon extérieur n'est pas repoussant.

Le cœur ne m'en battait pas moins comme à un candidat sur la fin du dépouillement du scrutin, quand l'hôte reparut et vint m'annoncer que ces messieurs étaient très flattés de ma proposition et n'attendaient que moi pour se mettre à table.

Je partis en entrechats; je reçus l'accueil le plus flatteur, et au bout de quelques minutes j'avais pris racine.

Quel bon dîner !!! Je n'en ferai pas le détail; mais je dois une mention honorable à une fricassée de poulets de haute facture, telle qu'on n'en trouve qu'en province, et si richement dotée de truffes, qu'il y en avait assez pour retremper le vieux Tithon.

On connaît déjà le rôt; son goût répondait à son extérieur : il était cuit à point; et la difficulté que j'avais éprouvée à m'en approcher en rehaussait encore la saveur.

Le dessert était composé d'une crème à la vanille, de fromage de choix et de fruits excellents. Nous arrosions tout cela avec un vin léger et couleur de grenat; plus tard, avec du vin de l'Ermitage; plus tard encore, avec du vin de paille, également doux et généreux : le tout fut couronné par de très bon café, confectionné par le tuileur guilleret, qui eut aussi l'attention de ne nous laisser pas manquer de certaines liqueurs de Verdun, qu'il sortit d'une espèce de tabernacle dont il avait la clef.

Non seulement le dîner fut bon, mais il fut très gai.

Après avoir parlé avec circonspection des affaires du temps, ces messieurs s'attaquèrent de plaisanteries qui me mirent au fait d'une partie de leur biographie; ils parlèrent peu de l'affaire qui les avait réunis; on dit quelques bons contes, on chanta; je m'y joignis par quelques couplets inédits; j'en fis même un en impromptu, et qui fut fort applaudi suivant l'usage; le voici :

Air *du Maréchal ferrant.*

Qu'il est doux pour les voyageurs
De trouver d'aimables buveurs !
C'est une vraie [1] béatitude.

---

1. Il y a ici une faute que nous conservons par respect pour le texte de l'auteur; le passage qui suit le couplet fait voir d'ailleurs que nous ne faisons en cela que suivre son intention.

> Entouré d'aussi bons enfants,
> Ma foi, je passerais céans,
> Libre de toute inquiétude,
>   Quatre jours,
>   Quinze jours,
>   Trente jours,
>   Une année,
> Et bénirais ma destinée.

Si je rapporte ce couplet, ce n'est pas que je le croie excellent; j'en ai fait, grâce au ciel, de meilleurs, et j'aurais refait celui-là si j'avais voulu; mais j'ai préféré de lui laisser sa tournure d'impromptu, afin que le lecteur convienne que celui qui, avec un comité révolutionnaire en croupe, pouvait se jouer ainsi, celui-là, dis-je, avait bien certainement la tête et le cœur d'un Français.

Il y avait bien quatre heures que nous étions à table, et on commençait à s'occuper de la manière de finir la soirée; on allait faire une longue promenade pour aider la digestion, et en rentrant on ferait une partie de bête nombrée pour attendre le repas du soir, qui se composerait d'un plat de truites en réserve, et des reliefs du dîner, encore très désirables.

A toutes ces propositions je fus obligé de répondre par un refus : le soleil penchant vers l'horizon m'avertissait de partir. Ces messieurs insistèrent autant que la politesse le permet, et s'arrêtèrent quand je leur assurai que je ne voyageais pas tout à fait pour mon plaisir.

On a déjà deviné qu'ils ne voulurent pas entendre parler de mon écot : ainsi, sans me faire de questions importunes, ils voulurent me voir monter à cheval, et nous nous séparâmes après avoir fait et reçu les adieux les plus affectueux.

Si quelqu'un de ceux qui m'accueillirent si bien existe encore, et que ce livre tombe entre ses mains, je désire qu'il sache qu'après plus de trente ans ce chapitre a été écrit avec la plus vive gratitude.

Un bonheur ne vient jamais seul, et mon voyage eut un succès que je n'aurais presque pas espéré.

Je trouvai, à la vérité, le représentant Prôt fortement prévenu contre moi : il me regarda d'un air sinistre, et je crus qu'il allait me faire arrêter ; mais j'en fus quitte pour la peur, et, après quelques éclaircissements, il me sembla que ses traits se détendaient un peu.

Je ne suis point de ceux que la peur rend cruels, et je crois que cet homme n'était pas méchant ; mais il avait peu de capacité et ne savait que faire du pouvoir redoutable qui lui avait été confié : c'était un enfant armé de la massue d'Hercule.

M. Amondru, dont je retrace ici le nom avec bien du plaisir, eut véritablement quelque peine à lui faire accepter un souper où il était convenu que je me trouverais ; cependant il y vint, et me reçut d'une manière qui était bien loin de me satisfaire.

Je fus un peu moins mal accueilli de madame Prôt, à qui j'allai présenter mon hommage. Les circonstances où je me présentais admettaient au moins un intérêt de curiosité.

Dès les premières phrases, elle me demanda si j'aimais la musique. O bonheur inespéré ! elle paraissait en faire ses délices, et comme je suis moi-même très bon musicien, dès ce moment nos cœurs vibrèrent à l'unisson.

Nous causâmes avant souper, et nous fîmes ce qu'on appelle une main à fond. Elle me parla des traités de composition, je les connaissais tous ; elle me parla des opéras les plus à la mode, je les savais par cœur ; elle me nomma les auteurs les plus connus, je les avais vus pour la plupart. Elle ne finissait pas, parce que depuis longtemps elle n'avait rencontré personne avec qui traiter ce chapitre, dont elle parlait en amateur, quoique j'aie su depuis qu'elle avait professé comme maîtresse de chant.

Après souper elle envoya chercher ses cahiers ; elle chanta, je chantai, nous chantâmes ; jamais je n'y mis plus de zèle, jamais je n'y eus plus de plaisir. M. Prôt avait déjà parlé plusieurs fois de se retirer, qu'elle n'en avait pas tenu compte, et nous sonnions comme deux trompettes le duo *de la Fausse magie*,

> Vous souvient-il de cette fête?

quand il fit entendre l'ordre du départ.

Il fallut bien finir; mais au moment où nous nous quittâmes, madame Prôt me dit : « Citoyen, quand on cultive comme vous les beaux-arts, on ne trahit pas son pays. Je sais que vous demandez quelque chose à mon mari : vous l'aurez; c'est moi qui vous le promets. »

A ce discours consolant, je lui baisai la main du plus chaud de mon cœur; et effectivement, dès le lendemain matin, je reçus mon sauf-conduit bien signé et magnifiquement cacheté.

Ainsi fut rempli le but de mon voyage. Je revins chez moi la tête haute; et grâce à l'harmonie, cette aimable fille du ciel, mon ascension fut retardée d'un bon nombre d'années.

XXIV

POÉTIQUE

Nulla placere diu, nec vivere carmina possunt,
Quæ scribuntur aquæ potoribus. Ut male sanos
Adscripsit Liber Satyris Faunisque Poetas,
Vina fere dulces oluerunt mane Camœnæ.
Laudibus arguitur vini vinosus Homerus.
Ennius ipse pater nunquam, nisi potus ad arma
Prosiluit dicenda : « Forum putealque Libonis
Mandabo siccis; adimam cantare severis. »
Hoc simul edixit, non cessavere poetæ
Nocturno certare mero, potare diurno.

HORAT. *Epist.* I, 19.

Si j'avais eu assez de temps, j'aurais fait un choix raisonné des poésies gastronomiques depuis les Grecs et les Latins jusqu'à nos jours, et je l'aurais divisé par époques historiques, pour montrer l'alliance intime qui a toujours existé entre l'art de bien dire et l'art de bien manger.

Ce que je n'ai pas fait, un autre le fera [1]. Nous verrons comment la table a toujours donné le ton à la lyre, et on aura une preuve additionnelle de l'influence du physique sur le moral.

Jusque vers le milieu du XVIIIe siècle, les poésies de ce genre ont eu surtout pour objet de célébrer Bacchus et ses dons, parce qu'alors boire du vin, et en boire beaucoup, était le plus haut degré d'exaltation gustuelle auquel on eût pu parvenir. Cependant, pour rompre la monotonie et agrandir la carrière, on y associait l'Amour, association dont il n'est pas certain que l'amour se trouve bien.

La découverte du Nouveau Monde et les acquisitions qui en ont été la suite on amené un nouvel ordre de choses.

Le sucre, le café, le thé, le chocolat, les liqueurs alcooliques et tous les mélanges qui en résultent ont fait de la bonne chère un tout plus composé, dont le vin n'est plus qu'un accessoire plus ou moins obligé ; car le thé peut très bien remplacer le vin à déjeuner [2].

Ainsi une carrière plus vaste s'est ouverte aux poètes de nos jours ; ils ont pu chanter les plaisirs de la table sans être nécessairement obligés de se noyer dans la tonne ; et déjà des pièces charmantes ont célébré les nouveaux trésors dont la gastronomie s'est enrichie.

Comme un autre j'ai ouvert les recueils, et j'ai joui

---

1. Voilà, si je ne me trompe, le troisième ouvrage que je délègue aux travailleurs : 1° Monographie de l'Obésité ; 2° Traité théorique et pratique des Haltes de chasse ; 3° Recueil chronologique des Poésies gastronomiques.
2. Les Anglais et les Hollandais mangent à déjeuner du pain, du beurre, du poisson, du jambon, des œufs, et ne boivent presque jamais que du thé.

du parfum de ces offrandes éthérées. Mais, tout en admirant les ressources du talent et goûtant l'harmonie des vers, j'avais une satisfaction de plus qu'un autre en voyant tous ces auteurs se coordonner à mon système favori; car la plupart de ces jolies choses ont été faites pour dîner, en dînant ou après dîner.

J'espère bien que des ouvriers habiles exploiteront la partie de mon domaine que je leur abandonne, et je me contente d'offrir à mes lecteurs un petit nombre de pièces choisies au gré de mon caprice accompagnés de notes très courtes, pour qu'on ne se creuse pas la tête pour chercher la raison de mon choix.

CHANSON DE DÉMOCARÈS AU FESTIN DE DÉNIAS. — Cette chanson est tirée du *Voyage du jeune Anacharsis;* cette raison suffit.

Buvons, chantons Bacchus,

Il se plaît à nos danses, il se plaît à nos chants; il étouffe l'envie, la haine et les chagrins. Aux Grâces séduisantes, aux Amours enchanteurs, il donna la naissance.

Aimons, buvons; chantons Bacchus.

L'avenir n'est point encore; le présent n'est bientôt plus, le seul instant de la vie est l'instant de la jouissance.

Aimons, buvons; chantons Bacchus.

Sages de nos folies, riches de nos plaisirs, foulons aux pieds la terre et ses vaines grandeurs; et dans la douce ivresse que des moments si beaux font couler dans nos âmes,

Buvons, chantons Bacchus.
(*Voyage du jeune Anacharsis en Grèce*, t. II chap. 25.)

Celle-ci est de Motin, qui, dit-on, fit le premier en

France des chansons à boire. Elle est du vrai bon temps de l'ivrognerie, et ne manque pas de verve.

POÉTIQUE.

AIR :

Que j'aime en tout temps la taverne !
Que librement je m'y gouverne !
Elle n'a rien d'égal à soi ;
J'y vois tout ce que je demande ;
Et les torchons y sont pour moi
De fine toile de Hollande.

Pendant que le chaud nous outrage,
On ne trouve point de bocage
Agréable et frais comme elle ;
Et quand la froidure m'y mène,
Un malheureux fagot m'y plaît,
Plus que tout le bois de Vincenne.

J'y trouve à souhait toutes choses :
Les chardons m'y semblent des roses,
Et les tripes des ortolans ;
L'on n'y combat jamais qu'au verre.
Les cabarets et les brelans
Sont les paradis de la terre.

C'est Bacchus que nous devons suivre :
Le nectar dont il nous enivre
A quelque chose de divin,
Et quiconque a cette louange
D'être homme sans boire du vin,
S'il en buvait serait un ange.

Le vin me rit, je le caresse ;
C'est lui qui bannit ma tristesse
Et réveille tous mes esprits ;
Nous nous aimons de même force :
Je le prends, après j'en suis pris,
Je le porte, et puis il m'emporte.

Quand j'ai mis quarte dessus pinte,
Je suis gai, l'oreille me tinte,
Je recule au lieu d'avancer ;
Avec le premier je me frotte,
Et je fais, sans savoir danser,
De beaux entrechats dans la crotte.

Pour moi, jusqu'à ce que je meure,
Je veux que le vin blanc demeure,
Avec le clairet dans mon corps,
Pourvu que la paix les assemble ;
Car je les jetterai dehors,
S'ils ne s'accordent bien ensemble.

La suivante est de Racan, un de nos plus anciens poètes, elle est pleine de grâce et de philosophie, a servi de modèle à beaucoup d'autres, et paraît plus jeune que son extrait de naissance.

A MAYNARD.

Pourquoi se donner tant de peine ?
Buvons plutôt, à perdre haleine,
De ce nectar délicieux,
Qui, pour l'excellence, précède
Celui même que Ganimède
Verse dans la coupe des dieux.

C'est lui qui fait que les années
Nous durent moins que les journées ;
C'est lui qui nous fait rajeunir,
Et qui bannit de nos pensées
Le regret des choses passées
Et la crainte de l'avenir.

Buvons, Maynard, à pleine tasse ;
L'âge insensiblement se passe,
Et nous même à nos derniers jours ;
L'on a beau faire des prières,
Les ans, non plus que les rivières,
Jamais ne rebroussent leurs cours.

Le printemps, vêtu de verdure,
Chassera bientôt la froidure ;
La mer a son flux et reflux ;
Mais, depuis que notre jeunesse,
Quitte la place à la vieillesse,
Le temps ne la ramène plus.

Les lois de la mort sont fatales
Aussi bien aux maisons royales
Qu'aux taudis couverts de roseaux ;
Tous nos jours sont sujets aux Parques
Ceux des bergers et des monarques
Sont coupés des mêmes ciseaux.

Leurs rigueurs, par qui tout s'efface,
Ravissent, en bien peu d'espace,
Ce qu'on a de mieux établi,
Et bientôt nous mèneront boire,
Au-delà de la rive noire,
Dans les eaux du fleuve d'oubli.

Celle-ci est du professeur, qui l'a aussi mise en musique. Il a reculé devant les embarras de la gravure, malgré le plaisir qu'il aurait eu de se savoir sur tous les pianos ; mais par un bonheur inouï, elle peut se chanter et *on la chantera* sur l'air du *vaudeville de Figaro*.

LE CHOIX DES SCIENCES

Ne poursuivons plus la gloire :
Elle vend cher ses faveurs ;
Tâchons d'oublier l'histoire :
C'est un tissu de malheurs.
Mais appliquons-nous à boire
Ce vin qu'aimaient nos aïeux.
Qu'il est bon, quand il est vieux ! (*bis.*)

J'ai quitté l'astronomie,
Je m'égarais dans les cieux ;
Je renonce à la chimie,

Ce goût devient trop coûteux.
Mais pour la gastronomie
Je veux suivre mon penchant.
Qu'il est doux d'être gourmand !   (*bis.*)

Jeune, je lisais sans cesse ;
Mes cheveux en sont tous gris :
Les sept sages de la Grèce
Ne m'ont pourtant rien appris.
Je travaille la paresse :
C'est un aimable péché.
Ah ! comme on est bien couché !   (*bis.*)

J'étais fort en médecine,
Je m'en tirais à plaisir :
Mais tout ce qu'elle imagine
Ne fait qu'aider à mourir.
Je préfère la cuisine :
C'est un art réparateur :
Quel grand homme qu'un traiteur !   (*bis.*)

Ces travaux sont un peu rudes,
Mais sur le déclin du jour,
Pour égayer mes études,
Je laisse approcher l'amour.
Malgré les caquets des prudes,
L'amour est un joli jeu :
Jouons-le toujours un peu.   (*bis.*)

J'ai vu *naître* le couple suivant, et voilà pourquoi je l'*ai planté*. Les truffes sont la divinité du jour ; et peut-être cette idolâtrie ne nous fait-elle pas honneur.

IMPROMPTU

Buvons à la truffe noire,
Et ne soyons point ingrats :
Elle assure la victoire
Dans les plus charmants combats
    Au secours
    Des amours,

>   Du plaisir, la Providence
>   Envoya cette substance :
>   Qu'on en serve tous les jours.
>
>   Par M. B..... de V....., *amateur distingué,
>   et élève chéri du professeur.*

Je finis par une pièce de vers qui appartient à la Méditation XXVI [1].

J'ai voulu la mettre en musique, et n'ai pas réussi à mon gré ; un autre fera mieux, surtout s'il se monte un peu la tête. L'harmonie doit en être forte, et marquer au deuxième couplet que le malade empire.

L'AGONIE.

Romance physiologique.

> Dans tous mes sens, hélas ! faiblit la vie ;
> Mon œil est terne et mon corps sans chaleur.
> Louise en pleure, et cette tendre amie,
> En frémissant, met la main sur mon cœur.
> Des visiteurs la troupe fugitive
> A pris congé pour ne plus revenir ;
> Le docteur part et le pasteur arrive :
>   Je vais mourir.
>
> Je veux prier, ma tête s'y refuse,
> Je veux parler, et ne puis m'exprimer,
> Un tintement m'inquiète et m'abuse ;
> Je ne sais quoi me paraît voltiger.
> Je ne vois plus. Ma poitrine oppressée
> Va s'épuiser pour former un soupir :
> Il errera sur ma bouche glacée...
>   Je vais mourir.
>
>   Par le Professeur.

---

1. Voyez page 248 et suivantes.

XXV

M. H... DE P... Je croyais de bonne foi être le premier qui eût conçu, *de nos jours,* l'idée de l'Académie des Gastronomes ; mais je crains bien d'avoir été devancé, comme cela arrive quelquefois. On peut en juger par le fait suivant, qui a près de quinze ans de date.

M. le président H... de P..., dont l'enjouement spirituel a bravé les glaces de l'âge, s'adressant à trois des savants les plus distingués de l'époque actuelle (MM. de Laplace, Chaptal et Berthollet), leur disait, en 1812 : « Je regarde la découverte d'un mets nouveau, qui soutient notre appétit et prolonge nos jouissances, comme un événement bien plus intéressant que la découverte d'une étoile ; on en voit toujours assez.

Je ne regarderai point, continuait ce magistrat, les sciences comme suffisamment honorées, ni comme convenablement représentées, tant que je ne verrai pas un cuisinier siéger à la première classe de l'Institut. »

Ce cher président était toujours en joie quand il songeait à l'objet de mon travail ; il voulait me fournir une épigraphe, et disait que ce ne fut pas l'*Esprit des Lois* qui ouvrit à M. de Montesquieu les portes de l'Académie. C'est de lui que j'ai appris que le professeur Berriat-Saint-Prix avait fait un roman ; et c'est encore lui qui m'a indiqué le chapitre où il est parlé de l'industrie alimentaire des émigrés. Aussi, comme il faut que justice se fasse je lui ai érigé le quatrain suivant, qui contient à la fois son histoire et son éloge.

VERS

Pour être mis au bas du portrait de M. H... de F...
Dans ses doctes travaux il fut infatigable ;
Il eut de grands emplois, qu'il remplit dignement :
Et quoiqu'il fût profond, érudit et savant,
Il ne se crut jamais dispensé d'être aimable.

M. le Président H... reçut, en 1814, le portefeuille de la justice, et les employés de ce ministère ont gardé la mémoire de la réponse qu'il leur fit, lorsqu'ils vinrent en corps lui présenter un premier hommage.

« Messieurs, leur dit-il avec ce ton paternel qui sied si bien à sa haute taille et à son grand âge, il est probable que je ne resterai pas avec vous assez de temps pour vous faire du bien ; mais, du moins, soyez assurés que je ne vous ferai pas de mal. »

XXVI

INDICATIONS. Voilà mon ouvrage fini ; et cependant, pour montrer que je ne suis pas hors d'haleine, je vais faire d'une pierre trois coups.

Je donnerai à mes lecteurs de tous les pays des indications dont ils feront leur profit ; je donnerai à mes artistes de prédilection un souvenir dont ils sont dignes, et je donnerai au public un échantillon du bois dont je me chauffe.

1° Mme CHEVET, magasin de comestibles, Palais-Royal, n° 220, près du Théâtre-Français. Je suis pour elle un client plus fidèle que gros consommateur : nos rapports datent de son apparition sur l'horizon gastronomique, et elle a eu la bonté de pleurer ma mort ; ce n'était heureusement qu'une méprise par ressemblance.

Mme Chevet est l'intermédiaire obligé entre la haute comestibilité et les grandes fortunes. Elle doit sa prospérité à la pureté de sa foi commerciale : tout ce que le temps a atteint disparaît de chez elle comme par enchantement. La nature de son commerce exige qu'elle fasse un gain assez prononcé ; mais le prix une fois convenu, on est sûr d'avoir de l'excellent.

Cette foi sera héréditaire ; et ses demoiselles, à peine échappées à l'enfance, suivent déjà invariablement les mêmes principes.

Mme Chevet a des chargés d'affaires dans tous les pays où peuvent atteindre les vœux du gastronome le plus capricieux ; et plus elle a de rivaux, plus elle s'est élevée dans l'opinion.

2° M. ACHARD, pâtissier-petit-fournier, rue de Grammont, n° 9, Lyonnais, établi depuis environ dix ans, a commencé sa réputation par des biscuits de fécule et des gaufres à la vanille qui ont été longtemps inimitées.

Tout ce qui est dans son magasin a quelque chose de fini et de coquet qu'on chercherait vainement ailleurs ; la main de l'homme n'y paraît pas. On dirait des productions naturelles de quelque pays enchanté : aussi, tout ce qui se fait chez lui est enlevé le jour même, on peut dire qu'il n'a point de lendemain.

Dans les beaux jours équinoxiaux, on voit arriver à chaque instant rue de Grammont quelque brillant carricle, ordinairement chargé d'un beau titus et d'une jolie emplumée. Le premier se précipite chez Achard, où il s'arme d'un gros cornet de friandises. A son retour, il est salué par un : « Oh ! mon ami, que cela a bonne mine ! » ou bien : « *O dear ! how it looks good ! my mouth...* » Et vite, le cheval part, et mène tout cela au bois de Boulogne.

Les gourmands ont tant d'ardeur et de bonté, qu'ils ont supporté pendant longtemps les aspérités d'une demoiselle de boutique disgracieuse. Cet inconvénient a disparu ; le comptoir est renouvelé ; et la jolie petite main de Mlle Anna Achard donne un nouveau mérite à des préparations qui se recommandent déjà par elles-mêmes.

3° M. limet, rue de Richelieu, n° 79, mon voisin, boulanger de plusieurs altesses, a aussi fixé mon choix.

Acquéreur d'un fonds assez insignifiant, il l'a promptement élevé à un haut degré de prospérité et de réputation.

Ses pains taxés sont très beaux ; et il est difficile de réunir dans les pains de luxe tant de blancheur, de saveur et de légèreté.

Les étrangers, aussi bien que les habitants des départements, trouvent toujours chez M. Limet le pain auquel ils sont accoutumés ; aussi les consommateurs viennent en personne, défilent, et font quelquefois queue.

Ces succès n'étonneront pas quand on saura que M. Limet ne se traîne pas dans l'ornière de la routine ; qu'il travaille avec assiduité pour découvrir de nouvelles ressources, et qu'il est dirigé par des savants du premier ordre.

XXVII

les privations. *Elégie historique.* Premiers parents du genre humain, dont la gourmandise est historique, qui vous perdîtes pour une pomme, que n'auriez-vous pas fait pour une dinde aux truffes ? mais il n'était dans le paradis terrestre ni cuisiniers, ni confiseurs.

Que je vous plains !

Rois puissants qui ruinâtes la superbe Troie, votre valeur passera d'âge en âge, mais votre table était

mauvaise. Réduits à la cuisse de bœuf et au dos de cochon, vous ignorâtes toujours les charmes de la matelote et les délices de la fricassée de poulets.
Que je vous plains !

Aspasie, Chloé, et vous toutes dont le ciseau des Grecs éternisa les formes pour le désespoir des belles d'aujourd'hui, jamais votre bouche charmante n'aspira la suavité d'une meringue à la vanille ou à la rose ; à peine vous élevâtes-vous jusqu'au pain d'épices.
Que je vous plains !

Douces prêtresses de Vesta, comblées à la fois de tant d'honneurs et menacées de si horribles supplices, si du moins vous aviez goûté ces sirops aimables qui rafraîchissent l'âme, ces fruits confits qui bravent les saisons, ces crèmes parfumées, merveilles de nos jours !
Que je vous plains !

Financiers romains qui pressurâtes tout l'univers connu, jamais vos salons si renommés ne virent paraître ni ces gelées succulentes, délices des paresseux, ni ces glaces variées, dont le froid braverait la zone torride.
Que je vous plains !

Paladins invincibles, célébrés par des chantres gabeurs, quand vous aviez pourfendu des géants, délivré des dames, exterminé des armées, jamais hélas ! jamais une captive aux yeux noirs ne vous présenta le Champagne mousseux, la malvoisie de Madère, les liqueurs, création du grand siècle ; vous en étiez réduits à la cervoise ou au surène herbé.
Que je vous plains !

Abbés crossés, mitrés, dispensateurs des faveurs du ciel ; et vous, templiers terribles, qui armâtes vos bras pour l'extermination des Sarrazins, vous ne connûtes pas les douceurs du chocolat qui restaure, ou de la fève arabique qui fait penser.

Que je vous plains!

Superbes chatelaines, qui, pendant le vide des croisades, éleviez au rang suprême vos aumôniers et vos pages, vous ne partageâtes point avec eux les charmes du biscuit et les délices du macaron...

Que je vous plains!

Et vous enfin, gastronomes de 1825, qui trouvez déjà la satiété au sein de l'abondance, et rêvez des préparations nouvelles, vous ne jouirez pas des découvertes que les sciences préparent pour l'an 1900, telles que les esculences minérales, les liqueurs résultat de la pression de cent atmosphères, vous ne verrez pas les importations que des voyageurs qui ne sont pas encore nés feront arriver de cette moitié du globe qui reste encore à découvrir ou à explorer.

Que je vous plains!

ENVOI
AUX
GASTRONOMES DES DEUX MONDES

Excellences!

Le travail dont je vous fais hommage a pour but de développer à tous les yeux les principes de la science dont vous êtes l'ornement et le soutien.

J'offre aussi un premier encens à la Gastronomie, cette jeune immortelle, qui, à peine parée de sa couronne d'étoiles, s'élève déjà au-dessus de ses sœurs, semblable à Calypso, qui dépassait de toute la tête le groupe charmant des nymphes dont elle était entourée.

Le temple de la Gastronomie, ornement de la métropole du monde, élèvera bientôt vers le ciel ses portiques immenses; vous les ferez retenir de vos voix; vous les enrichirez de vos dons; et quand l'académie promise par les oracles s'établira sur les bases immuables du plaisir et de la nécessité, gourmands éclairés, convives aimables, vous en serez les membres ou les correspondants.

En attendant, levez vers le ciel vos faces radieuses; avancez dans votre force et votre majesté; l'univers esculent est ouvert devant vous.

Travaillez, Excellences; professez pour le bien de la science; digérez dans votre intérêt particulier; et si, dans le cours de vos travaux, il vous arrive de faire quelque découverte importante, veuillez en faire part au plus humble de vos serviteurs.

L'Auteur des Méditations gastronomiques.

TRADUCTION DES CITATIONS LATINES

P. 35. — Juvenal, *Sat.* I, v. 1.
Et moi je ne serai toujours qu'un auditeur ? Je ne paierai jamais les autres de retour ?

P. 67. — Où je pris une grande part.

P. 93. — Horace, *Od.*, III, 1, v. 1.
Je hais la foule inculte et la tiens à l'écart.

P. 101. — Juvenal, *Sat.*, XI, 14.
... Dans tous les éléments ils cherchent des saveurs.

P. 107. — Lucain, *Phars.*, III, v. 237.
et boivent les doux sucs extraits des roseaux tendres.

P. 141. — Puisse Dieu détourner ce malheur de nos têtes !

P. 173-174. — Horace, *Sat.*, II, 2, v. 118-122.
Mais si, après longtemps, je revoyais un hôte,
si j'avais à dîner un voisin bienvenu
que désœuvre la pluie, nous avions pour festin
non des poissons qu'on a achetés à la ville
mais poulet et chevreau ; puis la table, au dessert,
s'ornait de raisins secs, de noix, de figues doubles.

P. 208. — Virgile, *En.*, II, v. 684.
... (et l'on vit) une flamme lécher sa chevelure et grandir sur ses tempes.

P. 248.
La mort exige tout ; mourir est une loi, et non un châtiment.

P. 260. — Martial, *Epigr.* XIII, 59.
Moi je dors tout l'hiver et je grossis surtout
Quand rien ne me nourrit excepté le sommeil.

Note sur *glires fabri* :
Apicius, *Ars culin.*, VIII, ix.
Les loirs
Farcissez les loirs avec une quenelle de porc et la chair pilée de leurs membres ; ajoutez du poivre, des pignons, du laser et du garum ; les coudre, les placer sur une tuile et les mettre au four ; ou bien les farcir et les cuire au four cloche.

P. 261. — Horace, *Od.*, III, 21, v. 1.
(Flacon) né avec moi sous le consul Manlius...

P. 265. — Catulle, *c.* 32, v. 10-11.
Car mon repas fini je gis là sur le dos
Repus, et je transperce et tunique et manteau.

P. 265. — Horace, *Od.*, I, 22, v. 10-11.
J'aimerai Lalagè aux doux éclats de rire
A la douce parole.

P. 266. — Catulle, *c.* 7, v. 1-2.
Tu veux donc savoir le nombre, Lesbie,
De baisers de toi qui me suffiraient...

Ibid., Gallus, *Ad Lydiam*, v. 5-8.
Laisse voir, ma mie, tes jolis cheveux,
Fauves et brillants comme l'or luisant,
Laisse voir, ma mie, ton cou pur et blanc
Que portent si bien tes blanches épaules...

P. 342. — Ovide, *Trist.*, I, 1, v. 1.
Petit livre sans moi tu iras à la cour
Et je ne t'en veux pas...

Le texte original d'Ovide dit *in Urbem* : à Rome et non *in aulam*.

P. 364. — Virgile, *En.*, IX, v. 106.
   Il acquiesça : son signe ébranla tout l'Olympe.

P. 388. — Horace, *Od.*, I, 7, v. 32.
   Demain nous reprendrons la plaine maritime.
   (Horace dit *ingens iterabimus aequor*)

P. 374. — Horace, *Epist.*, I, 19, v. 2-11.
   Aucun vers ne pourra plaire et vivre longtemps
   S'il est d'un buveur d'eau. Dès qu'avec les Satyres
   Et les Faunes Bacchus enrôla les poètes
   A l'esprit dérangé, les charmantes Camènes
   Fleurèrent d'ordinaire le vin dès le matin.
   Son éloge du vin trahit le goût d'Homère ;
   Le vénérable Ennius ne s'élança jamais
   Pour chanter les combats, sans boire au préalable.
   « Je laisse aux gosiers secs le forum, les affaires ;
   J'interdis de chanter à ces esprits maussades. »
   Après un tel édit, les poètes sans trêve
   Ont, grâce au vin, lutté la nuit, et bu* le jour.
   *(Horace dit *putere diurno* : « pué le jour ».)

TABLE

Sept questions à Hervé This...................... I
Présentation de Jean-François Revel..................... 7

PHYSIOLOGIE DU GOÛT

PREMIÈRE PARTIE

Aphorismes..	21
Dialogue entre l'Auteur et son Ami................	23
Biographie...	28
Préface...	33
MEDITATION I. DES SENS	39
Nombre des Sens.................................	39
Mise en action des Sens.......................	40
Perfectionnement des Sens....................	41
Puissance du Goût...............................	44
But de l'action des Sens.......................	44
MEDITATION II. DU GOÛT	46
Définition du Goût...............................	46
Mécanique du Goût..............................	47
Sensation du Goût...............................	49
Des saveurs..	50
Influence de l'Odorat sur le Goût	51
Analyse de la Sensation du Goût............	52
Ordre des diverses impressions du Goût....	54
Jouissances dont le goût est l'occasion.....	54
Supprématie de l'homme.......................	56
Méthode adoptée par l'auteur.................	58

MEDITATION III. DE LA GASTRONOMIE .. 60
- Origine des sciences 60
- Origine de la Gastronomie 61
- Définition de la Gastronomie 62
- Objets divers dont s'occupe la Gastronomie 63
- Utilité des connaissances gastronomiques . . . 64
- Influence de la Gastronomie dans les affaires 65
- Académie des Gastronomes 66

MEDITATION IV. DE L'APPÉTIT 66
- Définition de l'Appétit 66
- Anecdote 67
- Grands Appétits 70

MEDITATION V. DES ALIMENTS EN GÉNÉRAL.
— SECTION PREMIÈRE. DÉFINITION 73
- Travaux analytiques 73
- Osmazôme 74
- Règne végétal 76
- Observation particulière 78

MEDITATION VI. — SECTION II. SPÉCIALITÉS 80
- Pot-au-feu, Potages, etc. 81
- Du Bouilli 82
- Volailles 83
- Du Coq-d'Inde 84
- Des Dindoniphiles 85
- Influence financière du dindon 85
- Exploit du professeur 86
- Du Gibier 91
- Du Poisson 94
- Muria-Garum 96
- Réflexion philosophique 99
- Des Truffes 100
- De la Vertu érotique des Truffes 100
- Du Sucre 106
- Origine du Café 111
- Du Chocolat. Son origine 116

TABLE DES MATIÈRES

MEDITATION VII. THÉORIE DE LA FRITURE .	124
MEDITATION VIII. DE LA SOIF	129
Causes de la soif	132
Exemple	133
MEDITATION IX. DES BOISSONS	135
Boissons fortes	137
MEDITATION X. SUR LA FIN DU MONDE . . .	139
MEDITATION XI. DE LA GOURMANDISE . .	141
De la Gourmandise (*suite*)	143
Pouvoir de la Gourmandise	143
Portrait d'une jolie gourmande	145
Effets de la Gourmandise sur la sociabilité . .	147
Influence de la Gourmandise sur le bonheur conjugal	147
MEDITATION XII. DES GOURMANDS	150
N'est pas Gourmand qui veut	150
Prédestination sensuelle	151
Gourmands par état	154
Les Médecins	155
Objurgation	156
Les Gens de lettres	158
Les Dévots	159
Les Chevaliers et les Abbés	160
Longévité annoncée aux Gourmands	161
MEDITATION XIII. ÉPROUVETTES GASTRONOMIQUES	163
MEDITATION XIV. DU PLAISIR DE LA TABLE	168
Origine du Plaisir de la Table	169
Différence entre le plaisir de manger et le plaisir de la table	170
Effets	171
Accessoires industriels	171
Dix-huitième et dix-neuvième Siècles	172

MEDITATION XV. DES HALTES DE CHASSES ... 180
Des Dames ... 182

MEDITATION XVI. DE LA DIGESTION ... 184
Ingestion ... 185
Office de l'Estomac ... 186
Influence de la Digestion ... 189

MEDITATION XVII. DU REPOS ... 192
Temps du Repos ... 195

MEDITATION XVIII. DU SOMMEIL ... 196
Définition ... 196

DEUXIÈME PARTIE

MEDITATION XIX. DES RÊVES ... 201
Recherche à faire ... 202
Nature des Songes ... 203
Système du Docteur Gall ... 203
Influence de l'Age ... 206
Phénomènes des Songes ... 207
Observation ... 208
Idem ... 208

MEDITATION XX. INFLUENCE DE LA DIÈTE SUR LE REPOS, LE SOMMEIL ET LES SONGES ... 211
Effets de la Diète sur le travail ... 211
Sur les Rêves ... 212
Suite ... 213
Résultat ... 213

MEDITATION XXI. DE L'OBÉSITÉ ... 215
Causes de l'obésité ... 215
Anecdote ... 221
Inconvénients de l'Obésité ... 222
Exemples d'Obésité ... 223

MEDITATION XXII. TRAITEMENT PRÉSERVATIF DE L'OBÉSITÉ ... 225
Généralités ... 226

TABLE DES MATIÈRES

Suite du Régime	230
Dangers des Acides	230
Ceinture antiobésique	233
Du Quinquina	234

MEDITATION XXIII. DE LA MAIGREUR 235
- Définition 235
- Effets de la Maigreur 236
- Prédestination naturelle 236
- Régime incrassant 237

MEDITATION XXIV. DU JEÛNE 240
- Définition 240
- Comment on jeûnait 241
- Origine du Relâchement 243

MEDITATION XXV. DE L'ÉPUISEMENT ... 245
- Cure opérée par le professeur 245

MEDITATION XXVI. DE LA MORT 248

MEDITATION XXVII. HISTOIRE PHILOSOPHIQUE DE LA CUISINE 251
- Ordre d'alimentation 251
- Découverte du feu 253
- Cuisson 253
- Festin des Orientaux, des Grecs ... 257
- Festin des Romains 259
- Résurrection de Lucullus 262
- Lectisternium et Incubitatium 263
- Poésie 265
- Irruption des Barbares 266
- Siècles de Louis XIV et de Louis XV ... 270
- Louis XVI 273
- Améliorations sous le rapport de l'art ... 273
- Derniers perfectionnements 275

MEDITATION XXVIII. DES RESTAURATEURS 276
- Etablissements 277
- Avantages des Restaurants 278
- Examen du Salon 279

Inconvénients	280
Emulation	280
Restaurateurs à prix fixes	281
Beauvilliers	283
Le Gastronome chez le Restaurateur	284
MEDITATION XXIX. LA GOURMANDISE CLASSIQUE MISE EN ACTION	285
Histoire de M. Borose	285
Cortège d'une Héritière	296
MEDITATION XXX. BOUQUET	297
Mythologie gastronomique	297
TRANSITION	303

VARIÉTÉS

I. L'omelette du Curé	307
II. Les œufs au jus	311
III. Victoire nationale	312
IV. Les ablutions	317
V. Mystification du professeur et défaite d'un général	319
VI. Le Plat d'anguille	322
VII. L'Asperge	324
VIII. Le Piège	326
IX. Le Turbot	329
X. Divers Magistères restaurants	334
XI. La Poularde de Bresse	337
XII. Le Faisan	339
XIII. Industrie gastronomique des Emigrés	342
XIV. Autres Souvenirs d'Emigration	346
XV. La Botte d'Asperges	353
XVI. De la Fondue	354
XVII. Désappointement	356
XVIII. Effets merveilleux d'un dîner classique	357
XIX. Effets et Dangers des liqueurs fortes	358
XX. Les Chevaliers et les Abbés	359

XXI. Miscellanea	362
XXII. Une Journée chez les Bernardins	363
XXIII. Bonheur en voyage	369
XXIV. Poétique	374
XXV. M. H. de P.	382
XXVI. Indications	383
XXVII. Les privations	385
Envoi	387
Traduction des citations latines	389

Cet ouvrage a été mis en pages par

<pixellence>

Imprimé en France par Maury Imprimeur en septembre 2017
N° d'édition : L.01EHQN000968.N001
Dépôt légal : octobre 2017
N° d'impression : 220963